国际政治论坛

二战后美国东亚政策的逻辑与重心

美国对华、对日政策竞合研究

THE LOGIC AND CORE OF U.S. EAST ASIA POLICY AFTER WORLD WAR II

The Co-opetition Study Between U.S. - China and U.S. - Japan Policy

李少丹　著

社会科学文献出版社
SOCIAL SCIENCES ACADEMIC PRESS (CHINA)

序　言

吴心伯

李少丹博士的学位论文《二战后美国东亚政策的逻辑与重心》即将出版，邀我为之作序，作为他的博士生导师，我欣然命笔。

当年少丹在与我讨论博士论文选题时，之所以建议他研究二次大战后美国东亚政策的逻辑与重心变化，是因为我在关于美国亚太政策和中美关系的教学与研究中发现，二战后美国东亚政策一直面临着如何确立中国和日本在其中的地位的问题。二战期间罗斯福总统的设想是在东亚扶华抑日，但战后国际形势的变化使杜鲁门政府逐渐将日本确立为美国东亚政策的支点，并与日本缔结了同盟关系。尼克松访华之后，中美苏战略人三角构想浮出水面，中国在美国东亚政策中的地位显著提升，日本作为美国东亚政策支点的地位开始动摇。自此以降，历届美国政府几乎都面临着东亚政策中对华对日孰轻孰重的问题，而华府对这一问题的拿捏无一例外地体现了其全球和地区战略、对东亚地区形势的认知、执政团队的政策理念、中日两国各自的发展态势等因素。因此，以美国东亚政策逻辑与重心的变化为专题研究对象，不仅抓住了美国东亚政策研究的内核，亦有助于更好地把握美国东亚政策变化的内在规律，这无疑是一个具有较高的学术价值和应用价值的课题。此外，鉴于现有研究成果中缺乏对这一问题的深入系统研究，这一选题也填补了美国东亚政策研究的一个空白。

经过两年多的不懈努力，少丹的论文终于得以定稿，在我看来，它较好地达到了研究预期，尤其在以下几方面可圈可点。

首先，论述方法另辟蹊径。通篇将美国二战以来历任总统及其领导下的外交决策团队的东亚地区观作为分析对象和切入点，通过引入认知分析方法，对决策过程中当事人的回忆、访谈和各种渠道流露出来的信息进行综合分析，进而梳理美国外交决策团队东亚地区认知的形成过程、争论与分歧和主流认知的确立，等等，这一分析框架对现有的研究思路与方法形成了一种有益的补充。

其次，论述铺陈脉络清晰。全书结构清晰，将二战后的美国东亚政策分为冷战前、冷战初期、冷战中后期和冷战后四个阶段，通过对历任总统及其政府东亚政策逻辑与重心特别是对华对日政策的梳理，以时间为“经”展开纵向比较，同时以对华与对日政策为“纬”展示二者之间的竞争与互动关系。经纬结合，清晰地勾勒了美国东亚政策的演变轨迹。

最后，恰如其分地确立相关分析变量。作者将中日两国的外交能动性、国际危机和国际环境的演变作为影响美国外交决策团队东亚地区认知的最关键变量。全书对外交能动性的内涵和国际危机等概念进行了精准的界定；元首外交、跨国政策联盟、国际结构和国际进程等国际政治概念也被纳入上述三大变量，从而使全书的分析能够超越新现实主义、自由主义和建构主义的分野，突破不同范式的藩篱约束，研究手段更加全面而得当。

这部著作的研究虽然截止于奥巴马任期，但其对美国东亚政策演变规律的揭示却使得其具有长远的参考价值。事实上，在中国崛起的大背景下，亚太地区格局正在发生深刻的变化，亚太国家的政策也在经历重大调整，美国的东亚政策亦是如此。在这样一个格局大变化和政策大调整的时期，相信本书对我们思考和展望美国的东亚政策未来走向不无裨益，这也是李少丹博士论文出书的意义所在。

少丹当年是以在职研究生的身份完成博士论文的。本职工作占据了他的大量时间和精力，但他能够克服困难，顺利完成学业，现在博士论文又付梓问世，这不仅是其学术努力的结晶，也是其在人生之路上取得进步的重要标志，可喜可贺！相信这一经历会成为他人生中的重要财富，激励他在未来岁月中奋斗和成长。

是为序。

2017 年 7 月仲夏

于复旦园

目　录

导 论

美国是东亚地区最重要的域外大国，中国和日本是东亚地区最为重要的两个国家，同时中日关系也是东亚地区最重要的双边关系之一。在21世纪的头三十年乃至更长的时间里，美国仍将是中美日三国关系组合中最关键的行为体，其对中日两国的政策在很大程度上决定着三国关系的未来，乃至东亚地区的未来。理解美国对华和对日政策之间的互动与联系对于把握未来的中美关系和中美日三边关系大有裨益。

第一节 研究问题的提出

本书探讨的核心问题是：这几任美国政府东亚政策的逻辑与重心是什么？其东亚政策有何规律性的模式？产生这种模式的原因何在？这种模式对美国的对日、对华政策有何影响？对这些问题的探讨和解答对于我们理解美国亚太政策的制定和更加准确地把握中美关系、美日关系乃至中日关系都大有裨益。

早在二战临近尾声之际，美国总统罗斯福便开始构思战后的世界秩序和国际格局，并初步确立了美、苏、英、中“四警察”的设想，这一设想成为后来确定联合国安理会常任理事国的基础。在这一战略设想的指导下，战后美国在东亚地区的战略重心是以中国为战略支点，扶持中国并把以中国为重心的亚洲纳入美国势力范围，彻底消除日本再次成为威胁和平的国家的可能性。

但随着美苏冷战的爆发和随后中国革命的胜利，继任的杜鲁门总统在坚持联合国制度的同时，对美国的东亚地区战略进行了修正，通过对日和约和美日安全保障同盟将日本逐步打造成美国东亚战略的重心和支点；美国转而通过美日同盟来实现东亚前沿军事存在以遏制共产主义在亚洲的"扩张"。在中苏结盟、朝鲜战争爆发以及中国参战后，美国逐步将中国视为东亚地区最具威胁的头号敌人，是遏制的首要对象之一，中美关系也开始步入二十余年的对抗时期。这一阶段美国东亚政策的逻辑由"扶持中国控制日本"转向"复兴和重新武装日本，遏制共产主义扩张"。

美国对越南战争的持续介入，使自己背负了沉重的负担，在与苏联的全球争夺中出现了力不从心的局面和态势，为改善与苏联冷战的不利局面，尼克松总统从"全球五大力量中心"的现实主义政策视角出发，积极推动中美关系的正常化，并于1972年成功访华，从而打开了美国对华接触的大门。但在尼克松访华的问题上，日本朝野对尼克松的越顶外交表示了不满。自此，从中美两军在朝鲜半岛交战以来，美国首次需要与中国、日本两国同时发展正常的双边关系，于是，如何处理好美国的对华和对日政策这两者之间的关系，中日两国孰是美国东亚政策的支轴和重心，成为此后美国历任政府必须面对和解决的难题。[①]

---

① 罗伯特·萨特指出，尽管美国一直将美日关系视为其东亚政策的基石，但自尼克松以来的历任总统都考虑过将发展与中国的合作关系视作更加优先的选项；冷战终结后，随着日本经济陷入停滞状态，美国朝野再次传出应优先发展与中国等国家的关系来确保美国在东亚地区的利益。参见 Robert G. Sutter, *The United States in Asia*, Lanham, Md.: Rowman & Littlefield Publishers, 2009, pp. 85 - 86。

在国际政治实践中，尼克松－基辛格组合推出了“中美苏战略大三角”的框架用以指导和处理中美关系，同时在对日关系中构筑一道高高的防火墙，不使贸易冲突影响安全关系，形成中美日共同阻止苏联向太平洋扩张的态势。卡特政府执政之初，卡特总统及其国务卿万斯都持有美国战略乐观主义态度，并主张推进美苏缓和，因此对中国的战略作用表现出了轻视，对加快美中关系正常化的态度较为冷淡；而对于日本，卡特上任后第二天即派副总统蒙代尔访日，并且卡特政府希望日本加强自身的军事力量，更多地承担起保卫自己的责任。随着苏联在全球的猛烈扩张和美国战略态势的恶化，卡特政府重新审视中国的战略作用，在1978年底与中国就关系正常化达成一致，并于次年初与中国建交，以改善美国在与苏联对抗中的不利态势。

里根相对于之前的三位总统，最初更加倾向于拥抱日本，其在任期间推动日本明确界定日本自卫队的新角色和新任务，并坚持认为作为亚洲最大经济体的日本，是美国的关键战略伙伴。而在处理对华关系上，里根政府内部因处理对台军售问题，引起了一场围绕美国东亚政策的重大争论。“重华派”从中美苏战略大三角出发，强调美国同中国关系的重要性；而“重日派”则认为中国的战略重要性被夸大，在抵御苏联扩张方面发挥不了什么作用，中国需要美国甚于美国需要中国，因此亚洲政策的落脚点应该是日本而非中国。[①] 但因为苏联威胁的存在，中美两国在处理了关于台湾问题的一系列争论之后，军事、经济和教育等方面的交流也随之发展起来，中美关系重新升温。

苏东剧变和冷战的结束，使中美关系原有的战略基础顷刻消失，美国的东亚战略、对华和对日政策都面临着调整，从而形成了美国亚太安全战略的大辩论。克林顿政府作为冷战后的第一届美国政府，在

① George Pratt Shultz, *Turmoil and Triumph*: *My Years as Secretary of State*, New York: Scribner's; Toronto: Maxwell Macmillan Canada; New York: Maxwell Macmillan International, 1993, pp. 382 - 386.

享受冷战胜利果实的同时，将经济安全确定为美国外交政策的三大支柱之首，把攻克美日贸易不平衡这一“顽症”放在首位，美国在两国贸易磋商中的高压态度引起了日本朝野普遍的反感，这使得美国的战略家们呼吁克林顿政府从战略的角度重新审视美日同盟，而非过度突出贸易摩擦，此举最终导致 1996 年 4 月美日两国发表《日美安全保障联合宣言》，实现了对美日同盟的再定义；相比之下，中国的战略地位在克林顿政府执政的最初两年里却并未得到足够重视，其将中国视为摇摇欲坠的共产主义国家，即使在中国经济呈现迅猛发展势头后，也只是倾向于通过接触政策来谋求中国在人权和核不扩散等议题上出现美国所希望的进展和转变。与美国对日政策已经形成大战略相比，对华政策在克林顿入主白宫的最初几年，则表现为缺少内部整合和部门间的协调；随着朝核危机、东南亚金融危机、南亚印巴两国的核试验以及非传统安全问题凸显所表现出的亚太安全、经济形势复杂化，美国逐步意识到以美日同盟为基轴的地区秩序安排并不足以应对美国在亚太地区所面临的安全、经济和政治挑战，因此，克林顿政府逐步确立与中国发展建设性战略伙伴关系的政策，以谋求中国在建立冷战后美国主导下的国际秩序方面的合作。克林顿政府在给予中国永久正常贸易伙伴关系地位和推动中国入世等方面的努力，以及 1998 年访问中国而没有经停日本，被日本朝野视为“忽视、边缘化日本”的重要标志。

奉行新保守主义理念的小布什政府，试图从地缘政治的角度界定美国的亚太战略，其以美日同盟为抓手，遏制中国在东亚地区的力量上升态势，中国被定位为战略竞争者，而美日关系则随着小泉政权的“追随政策”日益紧密，甚至有超越美英特殊关系之势；然而，“9·11”恐怖袭击事件打乱了小布什政府的全球战略，构建反恐统一战线成为首要任务，其对华政策渐趋务实；基于朝核问题日益凸显以及美国在阿富汗战争、伊拉克战争上需要中国的合作与支持，美国对中国的重视程度不断增加，美国期望中国成为“国际体系中负责任的利益攸关方”；与此相对的是，随着小布什政府中“知日派”官员相继离任，再加上小泉政权的结束，美国政府疏远日本的说法不绝于耳，安倍和福田首相的先后辞职也在很大程度上削弱了美国对日本政治的信赖，各界再次传出了“美国是否不再关心日本”的呼声。①

通过上述史实，我们可以看到，在尼克松政府推动中美重新接近之后，卡特、里根、克林顿和小布什四任政府的东亚政策中都表现出以下特点：对日政策由亲密合作到疏远忽视，而对华政策则由最初的关系紧张转变为日益重视。因此，尼克松之后的历任政府的东亚政策的逻辑都经历了一个转变的过程，相对应的是其东亚政策重心也同步发生转换，并体现在对华和对日政策上。厘清美国东亚政策的规律性模式及其原因所在，在理论和现实层面有着重要的意义。

第二节 理论与现实重要性

（一）选题的理论意义

作为东亚地区最重要域外大国的美国，其战后六十余年间的东亚政策既有成功之处也有脱离实际的失误。从理论高度对这些成功和失误进行归纳、概括和反思，是丰富和创新国际关系理论以及美国外交政策研究的重要途径。同时，相当多的学者认为，从西方国际关系实践和西方哲学思想传统演变发展而来的众多国际关系理论在被用于分析东亚地区的国际政治时，出现了“水土不服”的困境，即既不适应东亚地区悠久的历史和复杂的国际政治现状，也不符合东亚地区经济上的迅猛发展和经济一体化的发展方向，迫切需要进行理论研究的

---

① 〔日〕加藤洋一：《美国是否不再关心日本?》，樊小菊译，《世界知识》2007 年第 23 期。

创新。[①] 因此，本书希冀通过对美国在东亚地区的外交政策实践进行梳理和归纳，在推进理论研究创新的基础上增强国际关系理论的东亚特色。[②] 本书将着力在以下两个方面进行理论研究方面的创新。

第一，透过东亚地区多样的文化、悠久的历史、多元政治体制、快速发展的经济和不断转换中的力量均势这些背景因素，勾勒出美国东亚政策的逻辑与重心的演变历程，在此基础上解读美国对华和对日政策变化的动力所在，这是本书期望实现的第一个目标。

第二，探究推动美国东亚政策的逻辑与重心形成及转变的根本动因，并上升到理论高度，从而丰富美国东亚政策的理论研究视野，这是本书研究的第二个目标。

（二）选题的现实意义

中国和日本是东亚地区最为重要的两个国家，是东亚地区的关键国家行为体。在东亚内部，目前为止最重要的关系乃是中国和日本之间的关系，这不仅因为它们是该地区两个最具实力的国家，还因为日本是确保美国作为一个外来力量在东亚具有强大影响力的关键因素。[③] 因此，二战后美国在东亚地区的前沿军事部署和美日同盟的存

① G. John Ikenberry and Michael Mastanduno, "International Relations Theory and the Search for Regional Stability," in G. John Ikenberry and Michael Mastanduno, eds., *International Relations Theory and the Asia – Pacific*, New York: Chichester, West Sussex, 2003, pp. 1 – 2; 大卫·康也持类似观点，即单一的欧洲经验已经不能满足国际关系理论研究的需要，参见 David C. Kang, "Getting Asia Wrong: The Need for New Analytical Frameworks," *International Security*, Vol. 27, No. 4 (Spring 2003), pp. 57 – 85。

② 这方面的研究在 20 世纪 80 年代已经开始，相关研究成果可参见 Stephen D. Krasner, *Structural Conflict: The Third World Against Global Liberalism*, Berkeley: University of California Press, 1985; Edward Azar and Chung – in Moon, *National Security in the Third World: The Management of Internal and External Threats*, Aldershot, U. K.: Edward Elgar, 1988; Caroline Thomas, *In Search of Security: The Third World in International Relations*, Boulder, Colo.: Lynne Rienner, 1987; Mohammed Ayoob, ed., *Regional Security in the Third World: Case Studies from Southeast Asia and the Middle East*, Boulder, Colo.: Westview, 1986。

③ 〔英〕巴瑞·布赞、〔中〕刘永涛：《中国崛起过程中的中日关系与中美关系》，《世界经济与政治》2006 年第 7 期。

在，使得美国成为东亚地区最重要的域外国家行为体。在21世纪的头二十年里，美国仍将是中美日三国关系组合中的关键行为体，其对中日两国的政策关乎中日之间的战争与和平，从而决定着三国关系的未来，因此，美国对三国关系的处理将在很大程度上决定亚太地区的未来。但是在中美日三国互动的背景下，美国的对华和对日政策经常处于相互竞争的状态。①

因此，从战略高度理解美国东亚政策的逻辑是今后中国准确把握中美、中日和美日关系的关键所在，也是把握东亚乃至亚太地区未来国际格局的关键所在。对此，正如著名美国国际问题研究专家约翰·埃肯伯里（John Ikenberry）所述：亚太地区的和平稳定在很大程度上取决于中美日三国之间的关系和互动。② 本书期望通过研究在以下三方面对政策实践有所裨益。

首先，厘清影响美国东亚政策逻辑与重心的国际、国内因素，有助于决策者对症下药，规避中美关系中的浅滩和陷阱，扩大双边关系的合作面，提早化解矛盾冲突。

其次，了解美国东亚政策的逻辑与重心所在及其转变的规律和相关影响因素，有助于决策者更为准确和前瞻性地制定相应政策，妥善处理中美日三国之间的安全、政治和经济关系，并为东亚地区真正有效的多边对话合作机制的形成和发展奠定安全和政治互信的基础。

最后，从战略的高度把握美国东亚地区政策的逻辑和重心，透过众说纷纭的美国对华、对日政策的辩论，勾勒出未来美国对华、对日政策的走向，发挥国际关系理论的预测作用。

---

① Ming Zhang and Ronald N. Montaperto, *A Triad of Another Kind*: *The United States*, *China and Japan*, Macmillan, 1999, pp. 115 - 118, 123.

② G. John Ikenberry and Michael Mastanduno, "International Relations Theory and the Search for Regional Stability," p. 3.

第三节 美国对华、对日政策互动与竞争关系研究现状

对于美国二战后的东亚或者亚太政策的演变这一课题，国内外学者已经从历史的角度进行了详细的梳理，借此我们得以管窥美国东亚政策的全貌。① 并且还有学者将中美日三国关系的演变作为研究对象，例如刘建飞所著《敌人 朋友 还是伙伴——中美日战略关系的演变（1899—1999》就对中美日百年关系史进行了系统总结，并从战略层面上总结了中美日三国合作、冲突的历史。在此基础上，针对美国东亚政策的逻辑与重心的形成与演变以及其如何影响美国对华、对日政策这一论题，众多的学者从不同的理论视角进行了研究和分析，并提出了各自的理论解释模式。大致来说，有下面四类理论解释模式，分别是：对中美日三国关系进行整体研究的三角关系理论和三边关系理论、以美国战略理念更迭为分析中心的视角和国内政治视角等模式。

（1）零和博弈：从三角关系理论视角出发理解美国东亚政策的逻辑与重心，并试图以此作为理解美国对华、对日政策的出发点。英

① 国内相关著作有：王玮主编《美国对亚太政策的演变：1776—1995》，济南：山东人民出版社，1995；赵学功《巨大的转变——战后美国对东亚的政策》，天津：天津人民出版社，2002；吴心伯《太平洋上不太平——后冷战时代的美国亚太安全战略》，上海：复旦大学出版社，2006；等等。国外的相关论文和专著有：Thomas J. Christensen，“China，the U. S. – Japan Alliance，and the Security Dilemma in East Asia，” *International Security*，Vol. 23，No. 4（Spring 1999），pp. 49 – 80；John Chay and Cho Chang – Hyun，*The Problems and Prospects of American – East Asian Relations*，Boulder，Colo.：Westview Press，1977；Robert G. Sutter，*The United States and East Asian：Dynamics and Implication*，Lanham，MD：Rowman & Littlefield，2003；Akira Iriye，*Across the Pacific：An Inner History of American – East Asian Relations*，Chicago：Imprint Publications，Inc.，1992；Kente E. Calder，*Pacific Alliance：Reviving U. S. – Japan Relations*，New Haven：Yale University Press，2009。这些论文和专著也对美国东亚政策的动力、目标和演变进行了梳理和介绍。

国国际关系学者马丁·怀特（Martin Wight）在《国家体系》一书中，以专门一章研究三角关系。[①] 美国学者洛厄尔·迪特默（Lowell Dittmer）在1981年发表于《世界政治》杂志上的《战略三角：博弈理论基础分析》一文中，清晰地界定了三角理论的概念、内在逻辑和动力，并富有创意地提出了三种形式的国家间三角关系。[②] 美国学者傅高义（Ezra F. Vogel）认为：尽管美中日三国仍然从双边关系的角度去思考自己与其他两国的关系，但它们事实上已经形成了一个经济和政治的三角，但这三角并不对称，且变化不定。在1972年至1991年，美中日三国基于对抗苏联的共同战略目标而联结到一起，而后苏联解体和中国国力的迅速上升则使三角关系发生了转变。但无论如何，东亚地区缺少一个强有力的地区组织，东亚要实现和平与繁荣必须依靠主要大国之间的合作：美国、中国和日本的合作。[③] 1998年，傅高义依据三角关系理论提出：只有中国、日本和美国取得了力量均势的稳定，并在应对这一地区的危险方面高度一致，东亚的和平与繁荣才有可能实现。[④] 20世纪90年代美日同盟调整的政策设计者、前国防部部长助理约瑟夫·奈（Joseph Nye）也在1999年表达了同样的观点："东亚的稳定取决于中美日三国关系。"[⑤]

与此相呼应，相当多的学者认同中美日三角关系这一观点。吴金平提出，"冷战结束到现在，中美日三国之间的确已形成一种三角关

① Martin Wight, *Systems of States*, Leicester: Leicester University Press, 1977, p. 174.

② Lowell Dittmer, "The Strategic Triangle: An Elementary Game - Theoretical Analysis," *World Politics*, Vol. 33, No. 4 (July 1981), pp. 485 - 515.

③ 〔美〕傅高义、〔中〕袁明、〔日〕田中明彦主编《中美日关系的黄金时代：1972—1992》，归永涛译，重庆：重庆出版社，2009，序言、第1~11页。

④ 傅高义：《中美日三角关系有利于亚洲的稳定》，《国际先驱论坛报》1998年9月1日，转引自吴心伯《太平洋上不太平——后冷战时代的美国亚太安全战略》，上海：复旦大学出版社，2006，第79页。

⑤ 吴心伯：《太平洋上不太平——后冷战时代的美国亚太安全战略》，上海：复旦大学出版社，2006，第78页。

系。这一三角关系从冷战结束之际便已萌芽，到 1996 年日美新安保协定签署时定型，目前仍在发展之中，维持一种三者既相互斗争又妥协、既相互冲突又合作的三角关系。"[①] 张蕴岭等学者对此也持类似观点。[②]

三角关系使国际关系成为零和博弈，三国中任一国都倾向于怀疑另两国会共谋以增强讨价还价的能力。[③] 因此，根据三角关系的分析视角，美国的东亚战略目标首先是要保持美国在东亚地区相对于中日两国的超然地位。对此，曾在布什（George H. W. Bush）政府中担任国家安全委员会亚洲事务部主任的道格拉斯·帕尔（Douglas Paal）认为，无论如何也不能让蓬勃发展的中国同日本建立起同盟关系。[④] 这样，美国的东亚政策逻辑就表现为通过加强美日同盟使日本继续留在美国的东亚双边同盟体系内，并防止出现中日携手挑战美国在东亚地区的地位和利益的局面。相对应的是美国的东亚政策重心应当是寻求重新定义和强化美日同盟，对日关系成为美国东亚地区战略中的主要关注点。

但学界对于中美日三国之间是否真正形成了三角关系尚有争论。一些学者认为中美日三角关系正在形成，贾庆国认为，有关国家决策的自主性、有关国家利益的相关性和三组双边关系的互动性是判断三角关系是否成立的重要依据。中美日关系还不能满足三角关系的所有条件，但种种迹象表明，它正在朝三角关系演变，而且就现在的势头看，这一趋势将很有可能继续下去。[⑤]

---

① 吴金平：《中美日三角关系在亚太理论检视与前景展望》，《东南亚研究》2005 年第 6 期。

② 张蕴岭：《转变中的中美日关系》，《当代亚太》1996 年第 6 期。

③ Ming Zhang and Ronald N. Montaperto, *A Triad of Another Kind: The United States, China and Japan*, p. 3.

④ 汤浅博：《美国对东亚的战略》，《产经新闻》1995 年 1 月 31 日，转引自吴心伯《太平洋上不太平——后冷战时代的美国亚太安全战略》，上海：复旦大学出版社，2006，第 33 页。

⑤ 贾庆国：《中美日三国关系：对亚洲安全合作的影响》，《国际政治研究》2000 年第 2 期。

美日同盟的存在，使得美日关系属于联盟内部的双边关系，所以另一些学者对中美日三角关系持否定态度。唐世平认为："一个正常的三角关系意味着始终存在着两个国家联合起来针对剩下的一方的可能性。但是在政治和安全方面，中美日三边关系中基本上不存在中日联合起来对付美国，或者中美联合起来对付日本的可能性……因此，中美日关系不是一个三角关系，而是一个联盟（美日）对另一个国家（中国）的关系。"[①] 与此观点类似的是，时殷弘通过界定国家间交往层次和国家层次的五个条件而得出"中、美、日之间基本上不存在严格意义上的三角关系"这一结论。[②] 也就是说，因为日本坚持以美日同盟为核心的外交政策，在许多重大外交问题上均唯美国马首是瞻，所以通常情况下的三角关系概念不适用于中美日关系。[③]

三角关系分析方法是研究中美日关系的一种重要思路，但美日同盟的存在和中美日三国之间在政治、经济和军事等方面力量对比的巨大差距，以及美国相对中日的绝对优势地位，使中美日三国并不能构成真正的三角关系。所以，三角关系解释框架并不能充分阐释美国东亚政策逻辑和重心的转变，也不能对中美日三国在20世纪80年代的密切合作关系做出解释。

任晓和胡永浩合著的《中美日三边关系》一书是国内较早从国际政治中三角关系的理论层面对中美日关系进行剖析的著作，尽管该书从三角关系理论的介绍和应用入手，但在著作的最后，两位学者却提出了"发展建设性的中美日关系"这一观点，即防止三方之间的某种互动关系以"零和三角"告终，应把这种关系发展为具有增量

① 唐世平：《寻求中美日相互安全的基点》，《战略与管理》2002年第1期。

② 时殷弘：《中美日"三角关系"——历史回顾·实例比较·概念辨析》，《世界经济与政治》2000年第1期。

③ 肖刚：《中美日三角关系的不对称性与应对之策》，《现代国际关系》2008年第8期。

的“正和三角”。其中既有利益增量（寻找和发现共同利益、发展共同利益），又有信任增量（相互信任的增长）。这一观点与中美日三边关系理论的观点不谋而合。[①]

（2）追求赢集：从中日美三边关系的互动出发理解美日、美中关系，进而从中归纳出美国东亚政策的逻辑和重心。有的学者从中日美三边关系互动或者回应的视角理解美国东亚政策的逻辑。吴心伯提出：在不同的时期中日美三边关系呈现出不同的互动模式。从尼克松访华到80年代末，在共同应对苏联扩张的基础上，中日、中美和美日关系良性互动，平衡发展；后冷战时期美国在三边关系中处于主动地位，其可以根据自身利益需要，或是选择亲中疏日，或亲日疏中，或同时与中日两国保持较密切的关系，其下限是不能同时疏远这两个东亚大国；中美关系的改善和发展会使中日美三边关系出现良性互动的局面，也就是一对双边关系的发展会促进而非妨碍其他两对双边关系的发展。[②] 张鸣（Ming Zhang）和罗纳德·芒达帕都（Ronald N. Montaperto）在合著中通过实例论证了传统现实主义理论并不能全面诠释中美日三国间复杂的关系组合，转而使用“回应（reciprocal）模式”来概括中美日三国之间的关系组合。[③] 他们认为，中美日三国间的关系模式不是二敌一的博弈模式，而是一种积极或消极地回应对方先前行为的模式，因此各国的行为是克制和回应式的。这些观点都推动美国东亚政策的逻辑的研究迈向三边理论模式，相对于三角关系解释框架的零和逻辑，三边关系框架则更多地强调各对双边关系之间的良性互动所带来的双赢或多赢态势。

---

① 任晓、胡永浩等：《中美日三边关系》，杭州：浙江人民出版社，2002，第278~285页。

② 吴心伯：《谋求中日美三边关系的平衡发展》，《世界经济与政治》1999年第2期。

③ Ming Zhang and Ronald N. Montaperto, *A Triad of Another Kind: The United States, China and Japan*, p. 113.

一些主张巩固和强化美日同盟的美国学者和官员，主张以美日同盟为中心开展东亚外交，自然该地区的其他国家也就成为美日同盟的第三方因素。当然，美日同盟包含有平衡中国力量不断上升的考虑，但如果认为美日同盟完全是针对中国则也不符合事实。因此，主张进一步巩固和强化美日同盟的观点实际上也是属于一种中美日三边互动的分析观点，尽管这种三边关系是以美日关系为基础的。

曾担任美国国务院助理国务卿帮办的柯庆生（Thomas Christensen）从美国发挥区域安全保证者的视角出发，建议美国通过对美日同盟的合理的定位与管理来实现“缓解东亚安全困境”和“推动中美日三方良性互动”两大目标。[①]

同时，另有学者将中美关系与美日关系进行对比，例如美国学者坎特·卡德（Kent E. Calder）基于历史考察的深邃视野，应用比较的研究方法，从军事安全、经济、文化和非官方交流网络四个领域对美中关系与美日同盟关系进行了细致的比较。其不无忧虑地指出，看似稳固的美日同盟实际面临着严峻的挑战，其中一个重要的挑战就是中国力量上升所带来的影响，随着中国经济的快速增长，其巨大的东亚区域内贸易额和跨太平洋投资将会对美日两国产生巨大的影响。[②]也就是说，冷战后安全因素影响力的减弱和日益多元化的国内政治考量使得更为重视经济利益的国内利益集团不再满足于既有的美日关系框架，因此，美日关系应该进一步深化以跟上美中关系不断深入的步伐。对此，卡德建议美国的日本政策也应该从美中关系的发展中有所借鉴，不断拓展美日交往的维度并深化密切程度，以使美日同盟成为服务和支撑美国全球战略的真正基石。卡德同时指出，中国经济的快

---

① Thomas J. Christensen, “China, the U. S. – Japan Alliance, and the Security Dilemma in East Asia,” pp. 49 – 80.

② Kent E. Calder, *Pacific Alliance: Reviving U. S. – Japan Relations*, pp. 27 – 28.

速增长既对美日同盟提出了挑战，同时也为美日同盟的发展提供了新的动力。例如，卡德指出，中国的崛起、台湾问题、中日关系中的紧张因素等相关内容也使得小布什执政期间，日本被紧密地与美国全球战略目标联系在一起。① 这一类观点的要旨在于，提醒美国决策层既要与不断崛起的中国保持密切的接触和联系，同时也要不断拓宽美日同盟的合作领域以跟上时代的步伐，以保证美国在中日美三边互动中始终居于主导地位。②

三边互动分析视角否定了三角关系的零和思维，追求三边良性互动的多赢局面，比较符合全球化时代各国相互依存不断深入对合作的需求。其所主张的美国东亚政策逻辑是美国在促进中美日三边关系良性发展的同时，通过对美日同盟的合理定位来保证美国在中日美三边互动中占据主导地位。相对应的政策重心表现为美国对美日同盟的合理定位和优化以使其不断适应东亚地区快速发展和变革的安全、经济和政治态势。

三角视角和三边视角都将美国东亚政策的研究聚焦于中美日三国之间的互动关系，尽管很多研究声称不否认其他行为体影响的存在，但其却将研究重心置于中美日之间关系的内生变量，而将区域和全球范围内的其他事件的影响视为外生变量。这一研究的范围局限在于忽视了美国作为全球主导国家的国际地位和影响，也未能体现全球化时代国际关系牵一发而动全身的联动趋势。

（3）从美国战略理念更迭的视角理解美国东亚政策的逻辑和重心的转变。

第一，从“多米诺骨牌”理论到传统现实主义理论。冷战期间，对苏联和共产主义进行遏制是美国外交政策和国家安全政策的首要战

---

① Kent E. Calder, *Pacific Alliance*: *Reviving U. S. – Japan Relations*, p. 140.

② 袁鹏：《保持中美日动态平衡仍是美战略首选》，《现代国际关系》2014 年第 1 期。

略目标。针对朝鲜战争后的东亚地区，艾森豪威尔总统提出了著名的“多米诺骨牌”理论，[①] 在这一理论的指导下，艾森豪威尔、肯尼迪和约翰逊三任总统均将中国视为亚洲共产主义扩散的策源地和对美国利益的主要威胁。但是到尼克松就任总统时，美国几近完全主宰世界舞台的时代已经接近尾声，对苏联的核优势日渐式微，经济独霸地位也不断受到欧洲和日本的挑战，而原来被视为坚如磐石的共产主义阵营也已开始出现严重裂缝，中苏分裂公开化。[②] 为摆脱美国在全球冷战中的不利态势，尼克松于 1971 年 7 月 6 日在堪萨斯城的演讲中正式提出了“全球五大力量中心”的说法，即世界上不再仅仅有两个超级大国，而是有美国、苏联、欧洲、日本和中国五大力量中心，这五大力量中心将决定在 20 世纪最后三分之一时间里的世界前途。[③] 基于上述对国际形势的总体判断，尼克松政府决定在五大力量之间开展均势外交，并在战略均势的基础上建立稳定的新世界秩序，以确保美国立于不败之地。

根据这一全新的政策理念，尼克松政府在东亚地区战略和对华外交中提出了“大三角”的外交政策，把中国视为有助于遏制苏联势力的一个战略资本而向中国靠拢。在中苏之间爆发两次边境冲突之后，尼克松加紧与中国进行接触，以形成对苏的联合战线，这使中美关系成为尼克松政府对苏策略的关键因素；同时，美国还需要中国帮助说服北越接受和谈条件以实现从南越体面撤军，推动越南战争以体面的方式结束。[④] 这些因素都使中国在美国全球战略中的地位大大提

---

① Public Papers of the President of the United States: Dwight D. Eisenhower, 1954, Washington D. C. : GPO, 1960, pp. 382 - 388.

② Henry Kissinger, *Diplomacy*, New York: Simon & Schuster, 1994, pp. 703 - 704.

③ 美新署密苏里州堪萨斯城 1971 年 7 月 6 日电，转引自王绳祖《国际关系史》第十卷，北京：世界知识出版社，1995，第 5 页。

④ 〔美〕罗伯特·罗斯：《风云变幻的美中关系（1969 ~ 1989）：在谈判中合作》，丛凤辉等译，北京：中央编译出版社，1998，第 40 ~ 43 页。

升。为实现上述政策目标，尼克松政府将其东亚政策重心置于中国，这既可以防止中国为苏联所控制而增强苏联的实力，又可以形成中美联合反苏的有利态势。

而此时的日本却拒绝为美国分担义务，拒绝向越南西贡政权提供援助，这使美国感到不满，并且渐渐使美国的亚洲安全政策发生了根本性的变化——转向构建中美苏大三角关系，[①] 这标志着二战后美国东亚地区政策逻辑的重大转折。

第二，从传统现实主义理论到权力转移理论、霸权护持理论。冷战终结后，美国挟冷战胜利之威而将美国主导下的霸权体系扩展到全球范围，成为唯一的一个真正的全球性大国并拥有至高无上的地位。在这一背景下，美国的对外战略更多的是考虑如何维系和巩固其所主导的霸权体系。权力转移理论和霸权护持理论因此成为美国外交的重要指导思想之一。权力转移理论（power transition theory）由国际关系学者奥根斯基（A. F. K. Organski）所开创。[②] 其核心观点是，当一个后来居上的国家超越原有的国际体系的领导者时，战争也就不远了，因为后来居上者取代原有霸权的尝试将会导致战争的爆发。例如英德两国间的竞争通常被认为是一战爆发的根源。[③]

国际体系中的国家兴衰是较为普遍的现象和规律。美国作为二战后的霸权国家，对于能够对其构成挑战的国家保持着高度警惕，冷战中的美苏对抗毋庸赘述；面对着盟国日本在 20 世纪 80 年代的高速经济增长，美国国内对日本超越美国的忧虑也迅速蔓延，打压日本的呼

---

① 姜长斌、〔美〕罗伯特·罗斯主编《1955—1971 年的中美关系——缓和之前：冷战冲突与克制的再探讨》，北京：世界知识出版社，1998，第 211 页。

② A. F. K. Organski, *World Politics*, New York: Alfred Aknopf, 1958; A. F. K. Organski and Jacek Kugler, *The War Ledger*, Chicago: University of Chicago Press, 1980.

③ 参见 Steve Chan, *China, the U. S., and the Power Transition Theory: A Critique*, London: Routledge, 2008, p. 2。

声不断。[①] 20世纪90年代中后期以来，权力转移理论也开始被应用于与中国有关的政策分析，依据权力转移理论的分析逻辑，中国国力的迅速上升会引起国际体系的动荡不安，甚至引起北京和华盛顿之间的军事对抗，美国需要对此给予足够重视和关注。[②]

同样关注美国霸权兴衰的霸权护持理论认为，霸权护持的根本目的是消除其他对霸权地位的威胁和挑战，即维持霸权国与其他国家之间的权力距离，从而保护霸权国的根本国家利益。[③] 霸权护持理论认为，全球霸权不能允许区域霸权的出现，也就是说，从全球霸权国家的角度出发，区域权力分配的最佳状态是全球霸权国家同时在世界各个区域占主导地位，而区域内部各国则保持一种权力均势。为保持这些均势，美国必须支持弱小国家反对强大国家。[④]

随着中国国力的不断提升，上述两种理论框架指导下的美国东亚政策逻辑可以表述为：美国在东亚地区的首要政策目标是确保中国不构成对美国霸权的威胁和挑战，以确保美国在东亚和全球的主导地位，实现这一目标的政策手段是强化美日同盟以制衡中国谋求地区霸权的意图和行为。

权力转移理论和霸权护持理论，都为理解美国东亚政策提供了有

---

① 〔日〕石原慎太郎、盛田昭夫：《日本可以说“不”：新日美关系的对策》，军事科学院外国军事研究部译，北京：军事科学出版社，1990。该书生动地描述了当时美国各界对于日本可能超越美国的警惕和不安。

② 近年来应用“权力转移理论”分析中国崛起与中美关系的相关著作可参见 Ronald L. Tammen，Jacek Kugler，Douglas Lemke，Allan C. Stam Ⅲ，Mark Abdollahian，Carole Alsharabati，Brian Efird，and A. F. K. Organski，*Power Transitions：Strategies for the 21st Century*，New York：Chatham House Publishers，2000；《国际互动》期刊在2003年第四季度还专门以“权力转移理论与中国崛起”为主题出了一期专刊，具体参见 *International Interactions*，Vol. 29，Issue 4（October - December 2003），2003。

③ 秦亚青：《霸权体系与国际冲突：美国在国际武装冲突中的支持行为（1945～1988）》，上海：上海人民出版社，2008，第111页。

④ 秦亚青：《霸权体系与国际冲突：美国在国际武装冲突中的支持行为（1945～1988）》，上海：上海人民出版社，2008，第175页。

益的视角，其对国家间力量对比转换的重视使得众多美国学者和官员倾向于采用零和逻辑来分析和制定美国的东亚政策。但现实主义色彩浓厚的权力转移理论和霸权护持理论都过于突出强调力量对比等物质因素，忽视了认知因素即本国对他国政策意图的判断和定位等内容；并且盲目地将相关国家对号入座，容易弄巧成拙，成为自我实现的预言。这些不足使这两种理论在被用来分析美国的东亚地区政策时，经常表现为漏洞百出，或是带有误导作用。①

第三，进攻性现实主义理论和防御性现实主义的争论。既然冷战后的美国最关注的关键问题之一是如何巩固和维系其主导下的霸权体系，那么如何界定来自其他国家的挑战和如何应对挑战便成为美国对外政策的重要内容。对此，现实主义理论产生了两种不同的解释框架：进攻性现实主义和防御性现实主义。二者均认为在国际无政府状态下，安全通常是国家追求的首要目标；两者的分歧则主要体现在：在国际无政府状态的性质、国家对此的反应以及国家如何才能获得安全等问题上，意见不一致。

---

① 例如，也有学者认为中国和美国之间的力量对比并不符合权力转移理论的条件，而且中美之间也并不必然出现权力转移所带来的不稳定性和冲突。史蒂夫·章（Steve Chan）在对较为通行的权力转移理论进行逻辑推理和实证分析后，提出了相反的观点。他认为，权力转移理论所主张的后起的崛起国家倾向于挑战霸权国来改变现状从而引起国际体系的动荡这一逻辑并不完全成立。一是不能简单地把后崛起国家视为一定是倾向于改变现状的国家。因为在特定的国际体系中，每个国家从中获益的程度不同，与此相对应就会存在满意和不满意这两种类型的国家，而只有对现状不满意的国家才会考虑改变现状。二是权力转移理论实际上也不可避免地受到认知因素的影响。根据历史案例来看，权力转移理论的分析家和应用者们其实都是站在自身立场上来分析挑战现状国的行为，分析自身的政策考虑通常多强调客观环境等外在因素，而分析他国的行为时更多地归因于国家特质等内在因素。因此，史蒂夫·章认为，中国可以通过对美国霸权进行管理和引导的方式以避免对美国的直接挑战而引发冲突，并非一定要采取“提升自身实力”与“结盟”这两种带有现实主义色彩的平衡美国力量的方法。三是美国并非是一个现状维持国家。美国小布什政府所奉行的先发制人战略和发动伊拉克战争等事实都表明美国并非是一个倾向于维持现状的国家。详见 Steve Chan, *China, the U. S., and the Power Transition Theory: A Critique*。

以米尔斯海默为代表的进攻性现实主义学者从权力政治逻辑出发，提出了“最大的力量确保最大程度安全”“任何大国的最终目标都是支配其所在的区域，确保世界的另一地区不会有大国成为霸权国”等观点。[①] 根据进攻性现实主义的逻辑推理，崛起的中国随着实力的日益增长，最终会在亚洲提出自己版本的“门罗主义”，挑战美国在亚洲的主导地位和影响力，中美之间的安全竞争不可避免，因此中国就成为美国在东亚地区的“潜在遏制”对象，所以美国会采用“离岸平衡手”策略来制衡中国而非采用接触政策。

与进攻性现实主义不同，另一些学者从防御性现实主义的角度理解美国在东亚地区的外交政策。防御性现实主义的理论内涵主要有以下几点：不是所有的国家都是怀有恶意的；除了武力和（暂时的）联盟可以获得安全之外，国家也可以通过安全合作来获得安全，真正意义上的合作是可能的。国家的安全战略根据对其他国家的意图的判定而定，对善意的国家寻求合作（包括制度化合作）；对恶意的国家，抵抗（但不发动战争）并寻求以和平方式改变对方；对态度不确定的国家，试图了解对方的意图，然后视情况而定。[②] 他们认为，中国未来的对外政策将可能向积极的方向转化并最终融入国际社会，而接触政策则正是为了实现这一目标。[③]

---

① 〔美〕约翰·米尔斯海默：《大国政治的悲剧》，王义桅、唐小松译，上海：上海人民出版社，2008，第33~35页；Eric J. Labs, “Beyond Victory: Offensive Realism and the Expansion of War Aims,” *Security Studies*, Vol. 6, No. 4 (Summer 1997), pp. 11-12。

② 1991年，杰克·斯奈德（Jack Snyder）在其《帝国的神话：国内政治和国际野心》一书中提及侵略性现实主义（即后来所说的进攻性现实主义）和防御性现实主义两个概念。具体见 Jack L. Snyder, *Myths of Empire: Domestic Politics and International Ambition*, Ithaca: Cornell University Press, 1991, pp. 11-12。唐世平对防御性现实主义进行了评论和总结，其相关研究著作和论文有：Shiping Tang, *A Theory of Security Strategy for Our Time: Defensive Realism*, New York: Palgrave Macmillan, 2010; Shiping Tang, “Fear in International Politics: Two Positions,” *International Studies Review*, Vol. 10, No. 3 (September 2008), pp. 451-471; 等等。

③ David C. Kang, “Getting Asia Wrong: The Need for New Analytical Frameworks,” p. 72.

遵循这一理论主张，约瑟夫·奈认为，美国应通过广泛参与东亚地区事务来实现美国的地区主导地位，并反对将中国视为需要加以遏制的对象，主张通过接触政策使中国遵守国际规则并在地区乃至全球事务上与美国合作，但同时又要保持对华防范与威慑；对日政策则主张延续冷战时期的美日同盟体制，反对将对日安全保证与美日贸易逆差挂钩，以避免美日贸易摩擦影响美日安全同盟和两国的政治关系。[①] 沈大伟（David Shambaugh）通过对比对华遏制和接触战略的后果，也提出了类似的主张。他认为对中国进行遏制是一项非常错误的政策选择，但是接触战略并非是政策目标，最终的目标是要通过接触战略来推动中国认同和遵守现行的多边国际机制，简而言之，接触是手段，而将中国整合进现行的国际秩序才是最终的目标。[②]

因此，防御性现实主义理论指导下的美国东亚政策的逻辑可以归纳为，美国东亚政策的首要目标是继续维系主导地位和对美国有利的地区秩序，确保东亚地区安全稳定；在政策手段上，美国应把加强双边同盟作为战略核心，积极与中国进行接触，同时积极参加和建立地区多边论坛以通过多边合作的方式来作为双边同盟体系的补充。相对应的东亚政策重心也被置于日本，以强化美日同盟。克林顿政府的东亚地区政策在很多方面是上述政策逻辑的应用和实践，只是到了克林顿的第二任期内，随着对华全面接触战略的实施，中国在美国东亚政策中的分量越来越重，原来的政策重心——对日外交则有被边缘化的趋势。

战略理念的取舍通常反映了政策理念的变换，不同的政策理念导向不同的世界观、地区观和对主要威胁、核心利益和自身角色的界定

---

① Joseph S. Nye, "The Case for Deep Engagement," *Foreign Affairs*, Vol. 74, No. 4 (July - August 1995), pp. 90 - 102.

② David Shambaugh, "Containment or Engagement of China? Calculating Beijing's Responses," *International Security*, Vol. 21, No. 2 (Autumn 1996), pp. 180 - 209.

等政策内容。国际格局的发展变化和国内各派政治势力的消长都促使美国政府决策层在不同的政策理念中进行取舍，从而导致美国东亚政策的逻辑与重心也相应地发生转变。但目前从大战略视角阐述美国东亚政策的解释模式较多地偏向于静态分析，未能对中美重新接近以后历任美国总统任期内东亚政策的逻辑与重心的转变做出动态跟踪分析并构建合理的解释框架。

（4）从美国国内政治视角出发解读美国东亚政策的逻辑与重心。冷战结束后，因为缺少直接的类似苏联所构成的安全挑战和威胁，美国国内政治对外交政策的影响日益凸显，影响美国东亚地区战略的因素也开始日益多元化。随着美国外交政策的国内政治化程度日益加深，国内各类利益集团和游说团体也广泛地参与到美国对外政策的制定中来，使美国的东亚政策逐渐失去一致性，从而使得国内政治也成为影响美国东亚政策的逻辑与重心的重要变量之一。[①] 例如，唐世平强调，从安全化（或去安全化）、社会习得、建构到群体认同、哥本哈根学派、社会建构主义与社会心理学所强调的所有的过程影响国家目标界定与战略选择的关键途径都是国内政治。[②]

第一，国会、行政当局和利益集团三方博弈的视角。美国学者迈克尔·奥克森伯格（Michel Oksenberg）认为美国国会、行政当局以及利益集团三方之间的博弈构成了美国对华、对日政策转变的国内政治原因。例如，在美国对华政策上，“铁三角”的互动与博弈就起着巨大的推动作用，而在美国对日政策制定中，白宫、国务院和国防部中设计国家安全政策的官员，坚持认为在与日本的关系中国家安全利益比商业利益更重要，因此，他们为了避免美日安全关系遭受破坏，

① 参见李巍《国际政治经济学的演进逻辑》，《世界经济与政治》2009 年第 10 期。该文对国际政治经济学领域里国内 - 国际两个层面的政策根源相互影响与作用进行了详细阐述。

② 参见唐世平《一个新的国际关系归因理论——不确定性的维度及其认知挑战》，《国际安全研究》2014 年第 2 期。

尽力顶住贸易保护主义者的压力。①

第二，比较中日两国推动与美国双边关系深入发展的国内政治侧重点。国内政治是影响美国东亚政策的重要考量，因此中日两国都意识到国内政治是美国东亚政策制定过程中的重要因素之一。但相比之下，两国影响美国国内政治的努力方向却各有侧重，归纳起来，中国政府推动中美关系良性发展的努力主要可以归纳为以下几方面：首先，充分发挥中美经贸关系在中美关系中的压舱石作用；其次，注重与商界、国会议员和州政府的沟通和联系，借此深化与美国平民的经贸联系；最后，高度重视一些推动中美关系发展的民间团体的角色和作用。相比之下，日本方面则主要将影响美国国内政治的着力点置于美国联邦政府。同时，中美之间的民间团体数量要比日美之间的多得多，且官方级别和受重视程度也较高。② 因此，中日两国影响美国国内政治动向的努力及其侧重点也在很大程度上影响着美国东亚政策的逻辑与重心。

第三，通过分析总统外交决策团队中外交政策顾问间的争论及其人事变动来理解美国东亚政策逻辑和重心的形成与转变。这一分析视角立足于国际政治分析层次的第一层级——个人作用来探讨个人层次的因素如何影响美国东亚政策的制定，从而弥补国内政治层次和国际体系层次对这一问题的解释的不足之处。

在美国对华政策的研究上，盖瑞森（Jean A. Garrison）通过聚焦外交决策顾问团队的构成及其相互间的互动来探究美国总统如何做出对华政策的相关决策。③ 这种分析视角认为，总统的个人性格或者偏好会对其外交决策顾问团队的构成模式以及由此发展而来的内部互动

---

① 〔美〕迈克尔·奥克森伯格：《美国的国内政治与亚太政策》，载〔美〕傅高义、〔中〕袁明、〔日〕田中明彦主编《中美日关系的黄金时代：1972—1992》，重庆：重庆出版社，2009，第9页。

② Kent E. Calder, *Pacific Alliance: Reviving U. S. – Japan Relations*, pp. 197 – 207.

③ Jean A. Garrison, *Making China Policy: From Nixon to G. W. Bush*, Boulder, Colo.: Lynne Rienner Publishers, 2005, pp. 1 – 3.

模式产生很大的影响；而总统的核心决策顾问团队的成员则致力于对某个问题进行界定并为其特殊的政策选择寻求认同和支持；政策的最终出台源自总统——决策者在国际体系和国内政治所带来的约束与机遇背景下对个人、国内政治和政策收益等因素的综合考虑。[①] 也就是说，在总统的外交决策顾问团队内部可能存在着多种东亚政策逻辑，而哪一个付诸实施或者新的政策逻辑如何取代原有的则取决于外交决策顾问团队内部的辩论、互动和总统本人最后的权衡与判断。

根据上述分析，国内政治的确是影响美国东亚政策的逻辑和重心的重要因素之一，这一视角开辟了从美国外交政策的国内根源出发理解美国东亚政策逻辑和重心以及对华、对日政策的研究路径，但其不足在于：面对飞速变化的国际格局和中国的迅速崛起这一现实，片面地从国内政治的角度阐释美国东亚政策的逻辑与重心变化的动因，常常有失偏颇。例如，克林顿政府在其第二任期里，尽管面对着巨大的国内反对意见，仍然坚持主张与中国发展建设性战略伙伴关系，其访问中国而未经停日本的行为也在国内招致众多非议。其根本原因在于克林顿政府的东亚政策逻辑较之于克林顿就任总统之初发生了转变，相应地使其更为重视中国在亚洲的作用和影响。因此，在不影响国内政治议程的情况下，克林顿会通过自己所认为对美国国家利益最为有利的东亚政策逻辑来确定东亚政策的重心，进而制定和实施对华、对日政策。

第四节　主要研究问题、基本逻辑、研究方法与结构安排

（一）主要研究问题

本书拟从二战后美国政府东亚政策的逻辑与重心的转变入手，将

---

① Jean A. Garrison, *Making China Policy: From Nixon to G. W. Bush*, Boulder, Colo.: Lynne Rienner Publishers, 2005, p. 7.

研究聚焦于美国东亚政策逻辑的形成与改变以及该逻辑如何带动美国东亚政策重心的形成与改变，并分析这一现象形成的动因及产生、发展的相应规律所在。对此问题的研究，本书主要通过回答下列四个问题来实现。

第一，决定一任美国政府的东亚政策逻辑形成的因素和这些因素发挥作用的模式；

第二，美国东亚政策逻辑的确立与政策重心之间的联系；

第三，哪些因素导致了一任美国政府的东亚政策逻辑的修正或者改变以及这些因素发挥作用的模式；

第四，逻辑以及政策重心的形成与改变对美国对华、对日政策的影响。

（二）基本逻辑与研究方法

因为国家的对外政策都是人做出的，并由人来执行，因此作为决策者和政策执行者的个人的作用是不容忽视的，其对客观现实的认知和判断在很大程度上影响了其对主要威胁、利益目标和政策手段的遴选过程。另外，政策手段在经过一段时间的应用，并与政策对象产生互动之后，来自国际、国家和国内政治三个层次的反馈将推动决策行为体对原有的认知进行修正甚至形成新的认知，从而对威胁、利益进行重新界定并对政策手段进行调整以使之更加有利于国家利益的实现，最终形成新的政策逻辑和相应的重心。因此，本书将应用认知理论，遵循“认知—确立政策逻辑—形成相应的政策重心，认知修正或改变—政策逻辑修正或者改变—形成新的政策重心”这一模式，探寻二战后美国外交决策中对东亚地区的认知即地区观形成与改变的动因所在，以揭示美国东亚政策逻辑和重心形成及其转变的规律。

本书的研究目的在于对历史进行解释并验证相应观点，以提出一种新的理论解释模式。首先，在借鉴国际政治认知理论的基础上，构建一个“认知—决策”分析框架；其后，综合应用文献研究方法、案例研究方法和比较研究方法，选取战后几任美国政府的东亚政策作为案例研究对象，通过文献梳理和分析进行案例解读，在空间、时间和逻辑三个维度上展开实证分析，对美国东亚政策的逻辑与重心的转变进行归纳和实证；从而分析归纳形成和影响东亚政策逻辑与重心转变的因素，最终实现对现有理论的突破和创新，以更好地服务于外交政策实践。

第一，文献研究方法。文献研究方法是政治学研究中搜集资料的主要途径之一，是搜集和分析以文字形式为主要载体、记录政治现象的各种形式的信息资料的一种研究方法。[①] 本书在分析中将以美国东亚政策为研究的中心，对以文字形式为主要载体、记录相关政治现象的各种形式的文献做细致而全面的检索，包括个人文献、官方文献、大众传播媒介三大类，并对文献资料依次做鉴定和分析，打破时空界限，得以研究那些无法亲身体验的过往政治现象。

第二，案例研究方法。一般说来，社会科学研究中检验理论的方法有三种一般性的基本检验方法：实验法、使用大样本统计分析的观察法和使用案例分析的观察法。案例研究方法被许多社会科学学者认为是上述三种检验方法中最弱的一种。[②] 但案例研究通过对案例过程的追踪，可以细致地考察案例的初始条件转化为案例结果的过程，并可以观测到相应的理论是如何发挥作用的。相比之下，大样本统计分析则重在分析大量的、有详细记录的研究案例，实验法在国际政治研究中难以实现，这都使得案例研究依然是可行的、较为完善的研究方法。

本书的研究问题——二战后美国东亚政策的逻辑与重心的转变及

① 张铭、严强：《政治学研究方法》，苏州：苏州大学出版社，2003，第227页。

② 〔美〕斯蒂芬·范埃弗拉：《政治学研究方法指南》，陈琪译，北京：北京大学出版社，2006，第48页。

其对华、对日政策的影响，要求对国际政治进程和结果进行细致的梳理，从经验中归纳出恒定不变的或可能存在的因果联系，为从理论上解释这些可能的因果联系奠定基础，而这正是案例研究法的优势所在。同时，对案例的解读也可反过来可以检验理论的解释力。

第三，比较研究方法。比较研究是根据一定的标准，对两个或两个以上有联系的事物进行考察，寻找其异同，探求其普遍规律与特殊规律的方法。因此比较研究方法能够帮助我们发掘出进行比较的事物之间的异中之同和同中之异，帮助我们透过现象抓住事物的本质。

（三）概念界定

概念是对经验世界的描述，主要回答“是什么”的问题。[①] 为方便研究的开展，本书首先对东亚的范围和二战后美国的东亚地区观、东亚政策逻辑、东亚地区战略、东亚政策重心等概念进行界定。

东亚的地理范围。一般说来，狭义上的亚太地区指东亚和西太平洋地区，主要指太平洋西岸的亚洲地区、大洋洲以及太平洋上的各岛屿。因此，东亚地区主要指中国、日本、蒙古国、朝鲜、韩国和东盟十国所涵盖的地理范围。[②]

东亚地区观。本书在研究的本体论上坚持“社会系统范式”，即人类社会是由行动者（包括他们各自拥有的观念）、社会结构（即社会的制度系统和文化系统）和物理环境（包括时间和空间）组成的复杂系统。[③] 基于此，本书将美国的东亚地区观界定为：在一定的时空背景下，美国外交决策团体基于自身的价值观、理念和所处时期的社会思潮的影响，对美国视野中东亚地区的发展态势（安全、经济

---

① 张铭、严强：《政治学研究方法》，苏州：苏州大学出版社，2003，第 43 页。

② 美国有学者认为东亚地区包括中、朝、韩、日、东盟等诸国，参见 Gerald Segal, “East Asia and the ‘Constrainment’ of China,” *International Security*, Vol. 20, No. 4 (Spring 1996), p. 109。笔者基本赞同对这一地理范围的界定。

③ 唐世平：《社会科学的基础范式》，《国际社会科学杂志》（中文版）2010 年第 1 期。

和政治）及其对美国的机会与挑战的界定与判断。例如，美国克林顿政府在1995年2月发布的《东亚—太平洋地区安全战略报告》中所确立的美国东亚地区观是：亚洲的安全对于全球安全至关重要；考虑亚太地区时，安全因素摆在首位；东亚地区各国是美国重要的商业伙伴，并对全球经济起着日益重要的作用；该地区的主要威胁在于朝鲜的核计划、大规模杀伤性武器的扩散和民族主义对立以及尚未解决的领土争端等。[①] 在这一地区观的认识基础上，美国详细列举了其在东亚地区的特定安全目标、政策方针和实施手段等内容。

东亚政策逻辑。本书中的逻辑，取自汉语“逻辑”一词的“思维的形式和规律”这一层意思。[②] 在英语中，logic 意指一种推理的方法或体系（method or system of reasoning）。[③] 因此，政策逻辑可以理解为政策制定和实施的逻辑，也就是政策制定和实施过程中的推理方法或者推理体系。美国的东亚政策逻辑就是美国决策者制定和实施东亚政策的基本思路。

例如，上述《东亚—太平洋地区安全战略报告》便集中体现了克林顿政府在东亚政策上的逻辑，即“对于经济发展来说，安全是必要的；安全和经济发展使人权更有可能得到尊重，使民主更有可能出现；而民主化使得国际冲突更不容易发生，因为民主国家之间不大可能会打仗”。[④]

同样，在美苏冷战正酣的20世纪50~60年代，随着美国逐步确立在全球遏制苏联和共产主义扩张的战略目标，意识形态成了美国政府划分敌我的关键标准和政策制定的逻辑出发点。这一时期，美国制

---

① U. S. Department of Defense, *United States Security Strategy for the East Asia - Pacific Region*, February 1995.

② 商务印书馆辞书研究中心编《现代汉语学习词典》，北京：商务印书馆，2010，第826页。

③ 《牛津高阶英汉双解词典》（第四版增补本），北京：商务印书馆，2002，第873页。

④ U. S. Department of Defense, *United States Security Strategy for the East Asia - Pacific Region*, February 1995, p. 3.

定政策的推理方法是根据一个政权或者势力集团的意识形态，即是不是共产主义政权来确定敌友关系。美国对华奉行20余年的敌对政策就是这一逻辑的集中体现。到了尼克松当选总统的20世纪60年代末，面对着新的国际形势和东亚地区形势，基辛格提出了多极世界的观点，即美国应在塑造全球均势的过程中营造最有利于美国的国际格局。这反映在东亚地区，表现为美国为了构建中美苏战略大三角的战略格局，开始摒弃以意识形态画线的逻辑，转而从权力均势格局的逻辑来制定和实施美国的东亚政策。从意识形态画线到构建权力均势格局，正是美国外交决策者基于全新的东亚地区观改变政策逻辑的结果。

根据上述分析，美国东亚政策逻辑主要包含以下几个要素和特征：第一，东亚政策的优先项或者处于首位的考虑事项；第二，东亚政策的目标；第三，为实现政策目标而需要付诸实施的政策手段；第四，政策逻辑并非是一成不变的，可以随着主客观因素的变化而相应地发生转变。

东亚地区战略。“战略”原为军事用语，顾名思义就是作战的谋略。《中国大百科全书》诠释“战略”一词说：“战略是筹划和指导战争全局的方略。”[①]《大英百科全书》中“战略”意指：“在战役中应用一国所有的军事、经济、政治和其他资源去实现战争目标的科学或者艺术。”[②]德国军事战略家冯·克劳塞维茨认为：“战略是为了达到战争目的而对战斗的运用。战略必须为整个军事行动规定一个适应战争目的的目标。”[③]另一位德国军事战略家毛奇曾经说过：“战略是一位统帅为达到赋予他的预定目的而对自己手中掌握的工具所进行的实际运用。”[④]

---

① 《中国大百科全书》（第27卷），北京：中国大百科全书出版社，2009，第595页。

② *The New Encyclopaedia Britannica*, Volume 11, Micropaedia, Chicago, 2005, p. 305.

③ 〔德〕冯·克劳塞维茨：《战争论》第一卷，中国人民解放军军事科学院译，北京：解放军出版社，2005，第166页。

④ 王方华：《企业战略管理》，上海：复旦大学出版社，1997，第31页。

毛泽东同志也曾经指出："战略问题是研究战争全局的规律的东西。"[①] 因此，综合上述定义，战略包含两层含义，一是确立的全局目标，二是为实现目标的政策设计和运用。为此，本书将美国东亚地区的战略界定为：在美国外交决策团队的东亚地区观及相应的政策逻辑的基础上，该决策团队为实现美国在东亚地区的国家利益和服务于美国的全球利益，所树立的政策目标和实现这一目标的政策、方针及其应用。

东亚政策重心。本书中的重心，取自汉语"重心"一词的"事情的核心或主要部分"这一层意思。[②] 在战略的制定和实施过程中，一个基本的问题就是有限的资源如何分配和优先分配在哪里。[③] 而在东亚政策逻辑确立的同时，优先项或者处于首位的考虑事项也相应得以确立。因此，美国东亚政策的重心是指战略中最关键、最首要的组成部分，需要投入最大的外交资源和注意力，并且政策的成败得失将关系到整个东亚战略的成败得失。值得强调的是，美国东亚政策的逻辑与重心的确立不一定仅仅限于服务和促进美国在东亚地区的相关利益，也有可能是为了增进其他地区乃至全球战略利益；同时，重心国家不一定是美国政府认为的最友好的国家，也可能是最需要予以关注的国家。

（四）结构安排

在前人研究的基础上，本书选择"认知分析"视角展开问题研究，并提出如下基本观点。

---

① 《毛泽东选集》第1卷，北京：人民出版社，1991，第175页。

② 《中国大百科全书》第27卷，北京：中国大百科全书出版社，第1656页。

③ 王方华：《企业战略管理》，第74页；美国经济战略研究所所长克莱德·普雷斯托维茨在《重心从亚洲转向美国》一文中认为重心意味着关注点和优先权，这也与本书将重心定义为资源的优先分配和重点投入所在相吻合。参见 Clyde Prestowitz, "Pivot away from Asia to America," *Foreign Policy*, February 13, 2012, http://prestowitz.foreignpolicy.com/posts/2012/02/13/pivot_away_from_asia_to_america。

观点1：美国政府外交决策团队的决策认知——东亚地区观——是确立其东亚政策逻辑并制定其东亚地区战略的基础；东亚地区战略体现了东亚政策的逻辑与重心。

观点2：美国政府外交决策团队在实施东亚政策的过程中会伴随着新决策信息的输入而产生新的决策认知，从而导致东亚政策逻辑的修正或改变，相应的政策重心也会同步发生变化。

观点3：中美关系、日美关系是美国在这一地区诸多双边关系的重中之重，但相对有限的美国外交资源在不同的地区政策逻辑推动下，会投向不同的政策重心，因此使美国的对华与对日政策存在着一定程度的竞争和互动关系。

本书的“认知—决策”分析框架从决策者基于自身性格、信仰和价值观的决策认知过程入手，进而将国际环境变化、国际危机等客观因素与“政策对象国对美国的政策能动性”等主观因素结合起来，动态地反映出美国东亚政策逻辑的形成、确立和修正或者改变的过程。这既是本书研究上的创新点，也是难点之一。在上述观点和研究思路的基础上，下文将分四个部分对美国战后东亚政策的逻辑与重心进行剖析与解读。

第一部分是导言。本章主要包括研究问题的提出及意义、研究综述、研究方法和基本观点等内容。

第二部分主要进行“认知—决策”分析框架的构建。第一章在对相关理论进行评述的基础上，构建一个有关美国东亚政策逻辑与重心的“认知—决策”分析框架。该框架由两个部分构成，第一部分主要讨论认知形成的关键条件和认知的形成，其中，决策行为体的性格、价值观和世界观是影响认知形成的首要因素，国际环境是影响认知形成的最重要外部条件；第二部分主要讨论认知转变的关键条件，本书将国际环境、政策对象国的能动性和国际危机作为推动美国东亚地区认知修正或转变的三大关键因素。

第三部分是本书的分析框架应用与观点验证部分。第二至七章应用“认知—决策”分析框架对美国冷战开始前后的罗斯福和杜鲁门政府两任政府，冷战中后期的尼克松、卡特和里根三任政府，冷战结束后的克林顿、小布什两任政府、刚刚结束任期的奥巴马政府的东亚政策及对华、对日政策进行具体的案例分析，对特朗普政府的东亚政策前景做展望和判断，从而解读美国东亚政策逻辑与重心的演变并验证本书观点和分析框架的可靠性。

第四部分是全书的总结。结语部分在对前面七章进行总结的基础上，归纳了全书的理论贡献和有待进一步研究的问题，并提出了一些政策建议。

第一章
认知理论与认知—决策分析框架的构建

本书将应用“认知—决策”研究路径分析和归纳美国东亚政策逻辑与重心的演变，因此本研究首先从认知—决策分析框架的建构开始。本章主要分为两个小节，第一节主要讨论国际政治研究中的认知理论的由来、发展、理论内涵以及现实主义、自由主义和建构主义三大理论学派与认知理论的联系，并对认知理论进行了简单的评述；第二节主要是认知—决策分析框架的建构。在第一节对认知理论进行简单评述的基础上，本节分别遴选出认知形成、认知修正或者改变的关键因素，并对这些关键因素进行了理论抽象，最终形成一个“认知—决策”研究路径，该路径对集体认知的形成、转变及其动力所在进行了阐述，以方便后续案例研究的展开。

第一节　国际政治研究中的认知理论

认知，最初是一个心理学上的概念，意指通过推理、直觉或感觉来获取知识的行为或过程。[①] 认知心理学是研究人们如何学习、构

① 《牛津高阶英汉双解词典》（第四版增订本），北京：商务印书馆，2002，第 262 页。

造、存储并使用信息的学问。[①] 其随着政治心理学的发展而被引入政治研究领域。一般说来，决策者如何定义所面临的决策形势，对他们如何做出自己的决策有重要的意义。绝大多数决策理论家认为，决策者所认识的世界至少和客观现实同等重要。决策实体带着心理环境在其所处的操作环境内活动。[②] 决策者根据他们关于现实的意象进行决策，而这种意象是由决策者的认知过程，或者说是由决策者如何认识具体的决策形势来决定的。这一过程就是信息的接受、编码、存储、交换、控制、检索、提取、使用和输出的过程。对于认知与决策之间的联系，不同的理论学派给予了不同的阐述。

随着心理学与政治学研究相结合，认知路径先是被应用于国内政治研究领域。[③] 同时，一部分学者也将政治心理学引入国际政治研究，特别是国际安全研究领域。[④] 这也直接推动作为心理学分支之一的认知心理学研究路径被应用于国际政治研究。

一 认知分析路径的提出及其发展

1968 年，罗伯特·杰维斯（Robert Jervis）在《世界政治》（*World Politics*）上发表了《关于错误知觉的假设》一文，引发了国际政治学界对微观层次研究的极大兴趣。作为该学派的代表人物，杰维斯在《国际政治中的知觉与错误知觉》一书中，就将知觉作为理

---

① 〔美〕斯滕伯格：《认知心理学》，杨炳钧等译，北京：中国轻工业出版社，2006，第 10 页。

② James E. Dougherty, Robert L. Pfaltzgraff, *Contending Theories of International Relations: A Comprehensive Survey (5th Edition)*, 北京：北京大学出版社，2004，pp. 165 – 166.

③ 参见 S. Iyengar and W. McGuire, eds., *Explorations in Political Psychology*, Durham: Duke University Press, 1993; P. Sniderman and P. Tetlock, *Reasoning and Choice: Explorations in Political Psychology*, New York: Cambridge University Press, 1991。

④ Rose McDermott, *Political Psychology in International Relations*, Ann Arbor: the University of Michigan Press, 2004; Christer JÖnsson, ed., *Cognitive Dynamics and International Politics*, London: Frances Pinter (Publisher) Limited, 1982; J. M. Goldgeier and P. E. Tetlock, "Psychology and International Relations Theory," *Annual Review of Political Science*, Vol. 4, 2001, pp. 67 – 92.

解外交决策和国家行为的重要因素进行了系统研究。[①]

杰维斯强调，“了解知觉的主要目的就是考察决策者对客体的目的和意图的认知，但是由于决策者自身条件的限制尤其决策的制定总是处于不确定的复杂条件下，决策者对环境和他人的判断常常是一个选择性知觉、错误知觉和知觉扭曲不断发生的过程，这就使情况变得更加复杂。”[②] 因此，如果不考察决策者对客观世界的看法和对其他人的认识，就无法解释重大决定和政策是怎样形成的。[③] 换句话来说，对外政策分析的认知视角认为一切客观的环境和现实因素只有通过决策者的心理过程才能影响外交政策的结果，决策者的价值观和其他心理倾向指导着他有选择地关注周围的环境，他根据观察到的“心理环境”制定外交政策。外交政策制定者的价值观、性格等因素在很大程度上影响对外政策的结果。[④] 最终形成决策者自己的信念体系，其由一系列关于过去、现在和将来的意象构成，包括吸收各类知识建构起来的关于自身和世界的理解与判断，并用作过滤所接收到的来自自然界和社会的各类信息的透镜组合，以帮助决策者确立目标和进行优先性排序。[⑤] 也就是说，决策者脑海中所形成的客体意象，才是真正影响其决策的因素。对于这一点，有学者已经在对冷战的研究中以“知觉”（perception）概念为主要研究对象，研究领导人对于利益的认知与其政治行为之间的相互作用机制。[⑥]

---

① 参见〔美〕罗伯特·杰维斯《国际政治中的知觉和错误知觉》，秦亚青译，北京：世界知识出版社，2003。

② 申玉庆：《外交决策的微观认知视角——对杰维斯认知理论的几点评价和思考》，《外交评论》2005 年第 5 期。

③ 〔美〕罗伯特·杰维斯：《国际政治中的知觉和错误知觉》，秦亚青译，北京：世界知识出版社，2003，第 18 页。

④ 张清敏：《外交政策分析的认知视角：理论与方法》，《国际论坛》2005 年第 1 期。

⑤ Ole R. Holsti, “The Belief System and National Images: A Case Study,” *Journal of Conflict Resolution*, Vol. 6, No. 3, 1962, pp. 244 - 252.

⑥ Daniel Yergin, *Shattered Peace: The Origins of the Cold War and the National Security State*, Boston: Houghton Mifflin, 1977, p. 8.

同时，杰维斯在其著作中阐述了错误知觉的生成机制："认知相符、诱发定势和历史包袱"，[①] 而这三者无一例外地强调人们倾向于看见他们预期看见的事物，并趋于将接收的信息归入自己原有的认识中去。另外，当新的信息与最初认识不相符合的时候，杰维斯归纳了维系原有认知的八种机制，指出只有当这八种机制不足以化解矛盾信息的时候，人们才会被迫在一些重大问题上改变态度，并随着外围信念的改变，新观念的内涵逐步扩展，从而形成新的认知和判断。[②]

行为主义学派也做出了类似的论断，他们认为对政治行为的分析必须把政治领导人对其所处环境所做的假设考虑在内，一些行为主义学派的国际政治学者例如斯普拉特夫妇，提出了"心理环境"和"操作环境"两个概念，对观察者所认识的环境和现实环境进行了区分。人类对环境的正确和错误认识都能影响情绪、偏好、决策和行动。现实环境就是决策者所处的操作环境；而所谓心理环境，是指"个人通过感觉器官有选择地从环境里接受的东西与其价值体系、有意识的记忆以及下意识储存的经验之间互动所产生的形象或观念，可以把它比作柏拉图提出的洞穴里的影子"。[③] 这也是强调了人们对客观环境的主观认知之于决策的关键作用。尽管行为主义也注意到"心理环境"之于政治行为的影响，但行为主义政治理论主要研究的是行为和环境，在行为主义者看来，任何表现都是机体的反应，而反应则是对环境刺激的回答。因此，行为主义认为人类行为中存在统一性，这些统一性能够通过实证实验加以证实，并出于

---

① 详见〔美〕罗伯特·杰维斯《国际政治中的知觉和错误知觉》，秦亚青译，北京：世界知识出版社，2003，第4～6章。

② 〔美〕罗伯特·杰维斯：《国际政治中的知觉和错误知觉》，秦亚青译，北京：世界知识出版社，2003，第304～319页。

③ James E. Dougherty, Robert L. Pfaltzgraff, *Contending Theories of International Relations: A Comprehensive Survey (5th Edition)*，北京：北京大学出版社，2004，pp. 165－166.

实证研究的需要而主张非价值或价值中立。[①] 实际上，人的行为不同于自然现象，必然受到人的性格、动机、目的和价值观等主观因素的影响，具有很大的不确定性。因此，相对于行为主义理论对于行为规律的研究，认知研究更为重视形成心理环境的过程、机制和影响因素。

随着认知研究的不断深入，研究的关注点逐步由认知的内容和结果——知觉这一静态的内容拓展到认知过程，也就是应用认知理论来研究态度转变的过程。例如20世纪80年代，相关学者对遏制政策的起源和卡特政府的信仰对政策的影响等方面的研究就是这方面的成果之一,[②] 从而推动着认知研究转向动态研究。同时，国际政治中认知理论的研究层次也由个体层面延伸到集体层面。这方面的研究主要集中在群体思维研究上，例如艾文·加尼斯（Irving L. Janis）所构建的“小集团思维”（groupthink）决策模式就是这方面的代表之一，加尼斯认为“决策团队的决策模式和内部互动机制经常会导致对外部环境做出偏离现实的判断”。[③]

二　现实主义学派对认知因素的阐述

以汉斯·摩根索（Hans J. Morgenthau）为代表的经典现实主义者或人性现实主义者认为：“以权力界定的利益这一关键概念是普遍适用的客观范畴，……对于绝大多数人来说，利益都是起着

---

① David Easton, “Political Science in the USA - Past and Present,” in David Easton and Corinne S. Schelling, eds. , *Divided Knowledge: Across Disciplines, Across Cultures*, Newbury Park, California. : Sage Publications, 1991, p. 41.

② Deborah Welch Larson, *Origins of Containment: A Psychological Explanation*, N. J. : Princeton University Press, 1985; Jerel A. Rosati, *The Carter Administration's Quest for Global Community: Beliefs and Their Impact on Behavior*, South Carolina: University of South Carolina Press, 1987.

③ Irving L. Janis, *Groupthink: Psychological Studies of Foreign Policy Decisions and Fiascoes*, Boston: Houghton Mifflin Company, 1982.

支配作用的原则。”但摩根索同时也指出：“鉴于外交政策依赖这种权力估算，外交政策的成功或失败就取决于那些对特定国家的特定外交政策负责的人以及其他国家负责处理外交事务的人所产生的正确的或错误直觉和预感的相对重要性。”①因此，尽管以摩根索为代表的人性现实主义者强调政治对权力的永恒追求，国家被拟人化地假设为追求权力最大化的行为体，但是对权力的评估则仍然在很大程度上取决于外交决策者的主观认知。结构现实主义代表人物肯尼思·沃尔兹在关于战争起源的三个意象理论中，认为“没有第三种意象（国际无政府状态），就不可能估计这些力量的重要性或预测其结果（指第一意象‘人性和人类行为’和第二意象‘国家内部结构’）”。②在之后的《国际政治理论》中，他更加明确地主张国家的对外政策受制于国际结构——自助原则下各国追求生存的排列原则，而国际政治结构是根据物质因素来定义的，即无政府状态、该领域的秩序原则以及国家间实力的分配状况。③很显然，决策者的认知等理念性因素在结构现实主义理论里面出于理论简化的需要而被过滤和省略掉了。对此，沃尔兹曾说：“心理学因素对于构建国际关系的体系理论而言并无帮助。”④

进攻性现实主义的代表人物米尔斯海默在《大国政治的悲剧》一书中认为“一国的终极目标是成为体系中的霸主，国际体系迫使大国最大化地扩充它们的相对权力”，“因为这是获得最大安全的最

① 〔美〕汉斯·摩根索：《国家间政治：权力斗争与和平》，徐昕等译，北京：北京大学出版社，2006，第34~35、191页。

② 〔美〕肯尼思·沃尔兹：《人、国家与战争》，倪世雄等译，上海：上海译文出版社，1991，第206页。

③ 〔美〕肯尼思·沃尔兹：《国际政治理论》，信强译，上海：上海人民出版社，2003，中文版前言和第五章。

④ J. M. Goldgeier and P. E. Tetlock, “Psychology and International Relations Theory,” *Annual Review of Political Science*, pp. 67 – 92.

佳途径”，“对于任何一个国家来说，使其生存概率最大化的最好办法是成为本地区的霸主”。[①] 他基本否定了国家之间建立政治互信的可能性，因此，进攻性现实主义主张对其他国家的意图做最坏的判断，并以此为基础开展行动。对于安全困境，进攻性现实主义理论主张通过进攻性的手段来解决这一难题。[②] 至于领导人的权衡和知觉等因素，塔利亚法罗（Taliaferro）认为在进攻性现实主义理论中没有这些因素发挥作用的空间，直接导致国家行为的因素就是物质力量。[③]

与进攻性现实主义相反，防御性现实主义则主张国家通过“战略再保证”（strategic reassurance）来辨明他国的意图，并在他国表示出善意的时候寻求合作。[④] 面对安全困境，防御性现实主义主张通过国家间的合作来缓解安全困境。[⑤] 也就是说，防御性现实主义认为相互合作可以解决安全困境，防止双方陷入军备竞赛的泥潭，而在无政府条件下开展合作，就需要对对方国家的意图进行判断，认知过程必然对此发挥重大的影响。[⑥]

因此，尽管结构现实主义和进攻性现实主义将行为体的认知因素从理论构建中予以省略，但是认知因素在经典现实主义理论中却有着

---

① 〔美〕约翰·米尔斯海默：《大国政治的悲剧》，王义桅、唐小松译，上海：上海人民出版社，2008，第16、421页。

② Shiping Tang, *A Theory of Security Strategy for Our Time: Defensive Realism*, New York: Palgrave Macmillan, 2010, p. 16.

③ Shiping Tang, *A Theory of Security Strategy for Our Time: Defensive Realism*, p. 17.

④ Charles L. Glaser, "Realists as Optimists: Cooperation as Self - Help," *International Security*, Vol. 19, No. 3 (Winter 1994/1995), pp. 50 - 90; Andrew Kydd, "Sheep in Sheep's Clothing: Why Security Seekers Do Not Fight Each Other," *Security Studies*, Vol. 7, Issue 1 (September 1997), pp. 114 - 155.

⑤ Shiping Tang, *A Theory of Security Strategy for Our Time: Defensive Realism*, pp. 14 - 17.

⑥ 唐世平：《一个新的国际关系归因理论——不确定性的维度及其认知挑战》，《国际安全研究》2014年第2期。该文中，唐世平对意图判定如何影响他者的原因与认知做了详细的阐述。

相应的一席之地，并且防御性现实主义理论对“国家意图”的重视使得认知因素成为影响国家行为的关键考量之一。

三　自由主义学派对认知因素的阐述

相对于现实主义对权力的强调，新自由主义不仅将制度、规范这些属于社会范畴的非物质性内容引入国际关系理论体系之中，并且还使之成为最主要的理论概念和研究变量。例如，在 1993 年，戈尔茨坦（Judith Goldstein）和基欧汉（Robert O. Keohane）主编的国际关系理论论文集《观念与外交政策》，便将观念作为与物质性变量并列的因素，用以解释国家的冲突与合作行为。[①]

一般说来，自由主义理论有三个分支：经济自由主义、社会自由主义和政治自由主义，同时政治自由主义又分为两种，一种关注制度的作用，另一种则比较重视民主的影响。在上述三个分支中，经济自由主义者特别关注贸易，其认为贸易能够改变国家对自身机会的认识，从而可能导致一个反对战争的社会结构；社会自由主义者认为，人与人之间的交流会增进相互了解，从而减少冲突；政治自由主义在强调自由民主国家不会和其他自由民主国家打仗的同时，也强调国际制度的作用，认为国际制度提供了一个影响人们预期的框架。[②]

国际关系理论中的经济自由主义和社会自由主义者所强调的贸易和交流带来和平，其实可以用“相互依存和平论”来加以概括。《权力与相互依赖》一书对相互依存（或者相互依赖）这一概念进行了详尽的阐述，其中，基欧汉和奈强调：“由于相互依存限制自主权，相互依存关系总是与代价相关；但是，我们无法事先认定某种关系的

① 〔美〕罗伯特·基欧汉、约瑟夫·奈：《权力与相互依赖》，门洪华译，北京：北京大学出版社，2002，总序第 4 页。

② 〔美〕小约瑟夫·奈：《理解国际冲突：理论与历史》（第 5 版），张小明译，上海：上海人民出版社，2005，第 54～58 页。

收益会大于其所付出的代价。这取决于行为体的评价以及该关系的本质。”[①] 也就是说，对国家间的相互依存关系的评价和如何认识相互依存对国际关系的影响也是需要突出主观评价、权衡等认知性因素的。

另外，新自由制度主义者认为，为了管理国际相互依存关系，需要必不可少的国际制度干预力量。[②] 基欧汉在阐述国际机制与国家利益实现之间的关系时，提出了“国际机制同样会影响国家的利益，因为自身利益的含义本身是弹性的，具有很强的主观性。自身利益的认知既取决于行为者对特定行动所产生的可能的结果的预期，也取决于他们本质性的价值观念，国际机制当然能够影响预期以及价值观念”这一论断。[③] 对于这一点，基欧汉等人在其早期著作《权力与相互依赖》一书中也富有前瞻性地提出了“利益也可以因规范变迁而重新定义，国家利益也可以通过学习而变化”[④]。对此，我们可以理解为，通过国际机制的运作，创设和应用国际机制的国家将会逐步产生对权力和利益的重新认定，即尽管根据理性原则，国家行为体在国际体系中的行为源于追求利益这一原动力，但国际制度对国家行为体的认知有着相当大的影响力。

归纳起来，自由主义理论无论是以“相互依存”还是以“国际机制或者国际制度”为分析重点，都需要强调利益形成中的认知过程。

---

① 〔美〕罗伯特·基欧汉、约瑟夫·奈：《权力与相互依赖》，门洪华译，北京：北京大学出版社，2002，第10页。

② Robert Keohane, “International Liberalism Reconsidered,” in John Dunn, ed., *The Economic Limits to Modern Politics*, Cambridge: Cambridge University Press, 1990, p. 174.

③ 〔美〕罗伯特·基欧汉：《霸权之后》，苏长和等译，上海：上海人民出版社，2006，第62页。

④ 〔美〕罗伯特·基欧汉、约瑟夫·奈：《权力与相互依赖》，门洪华译，北京：北京大学出版社，2002，第344页。

四　建构主义理论与认知理论的联系

建构主义学派的主要代表人物亚历山大·温特认为，建构主义是一种结构性和理念性的理论。其理论基础是假定行为体是社会构建的，通常所定义的国家或民族利益是建立在各种行为体社会认同之上的结果。这些利益和认同在行为体所构成的体系结构中不断变化，由共有的理解、期望和社会知识构成；共有观念的存在取决于具有知识的行为体之间的互动；观念最重要的作用是建构作用，而非因果作用，也就是说权力和利益之所以具有意义和内容并因之产生作用，首先是观念使然。[①] 相对于现实主义理论，建构主义比较重视理念性因素，这与认知理论有类似之处，都重视观念对于客观环境、权力和利益的界定等因素的建构作用；同时，建构主义理论对社会互动产生共有观念的阐述也从一个侧面说明了决策者的认知如何产生和变化。

五　对上述各学派与认知理论关系的简短评论

国际关系理论中的各个学派分别从不同的假设出发，从不同角度对认知的形成、认知的转变和认知与国家的政策选择等方面进行了阐述，大大丰富了国际政治研究的视角，为解读国际政治中的种种现象做出了自己的贡献。

第一，认知心理学派是从微观层次上入手，通过研究个体的知觉、动机等因素来还原国际政治行为的原因所在。其随着心理学理论的发展和传统现实主义理论解释力的不足而逐步发展起来，成为传统国际关系理论的重要补充。正如迈克尔·杨和马克·斯沙夫（Michael D. Young and Mark Schafer）所强调的，“认知——个体的信

---

① Alexander Wendt, "Collective Identity Formation and the International State," *The American Political Science Review*, Vol. 88, No. 2, June 1994, pp. 384 - 396;〔美〕亚历山大·温特：《国际政治的社会理论》，秦亚青译，上海：上海人民出版社，2008，第 31、33 页。

仰和推理过程是重要的，因为它们构成了所有的政治行为的基础，并形成了如何理解权力和利益的基础。”[①] 杰瑞·罗萨迪（Jerel A. Rosati）也强调，“政策制定者都是认知行为体”，“外交政策和国际政治理论必须建立在认知行为体对现实的理解的基础上。”[②] 上述论断对于传统的、完全物质主义的现实主义理论既构成了挑战，也成为其有益的补充。

第二，认知理论顺应了国际政治理论中对源自经济学中“理性经济人”这一假设进行批判的潮流。“理性经济人”这一模式将决策者假定为理性的个体，所以会争取预期效用的最大化，决策者在两个基本层面上进行权衡：效用和可能性。决策者在考虑了所有可能的备选方案，权衡了它们的价值，并评估了各种可能性之后，决策者们就能够做出最优选择。同时，组织规则、一定时期内相同的组织经验、决策单位可获得的信息，都是偏好形成的原因，也就是说决策集体也是可以被抽象为单个的决策者而使用理性选择决策模式加以分析的。[③]

而认知心理学则认为，由于人的认知能力的局限性，再加上信息不充分和外部环境所施加的压力，个体在决策及问题解决中往往并不是理性的统一体。基于此，美国诺贝尔经济学奖获得者西蒙（Herbert A. Simon）提出了“有限理性”概念，以此与实体理性、非理性相区分。有限理性是指在引入风险、不确定性、不完全信息和环境约束极其复杂等限制性条件后，行为体应用全面理性对全部方案进

① Michael D. Young and Mark Schafer, “Is There Method in Our Madness? Ways of Assessing Cognition in International Relations,” *Mershon International Studies Review*, Vol. 42, No. 1, 1998, p. 64.

② Jerel A. Rosati, “The Power of Human Cognition in the Study of World Politics,” *International Studies Review*, Vol. 2, No. 3 (Autumn 2000), pp. 46, 50.

③ James E. Dougherty, Robert L. Pfaltzgraff, *Contending Theories of International Relations: A Comprehensive Survey (5th Edition)*, 北京：北京大学出版社，2004, pp. 560 - 561.

行计算和比较难以实现，从而无法计算出最佳行动方案，而只能用某些准则——“寻求满意”来确定最终方案。[①] 换而言之，人类的大脑并没有被赋予系统性思考的天赋，而系统效应给我们的认知带来了更为艰巨的挑战，为此人类大脑倾向于以省力模式（Effort - Saving Model）来运行，即通过简化过的认知框架来完成理解现实世界的任务。[②]

理性决策模式的不足在于，首先，其假设决策者是全能全知的，并要进行面面俱到的分析。这不仅需要高昂的成本，而且时间上也不允许。[③] 其次，理性选择模式将每个决策者假定为同样理性的个体，根据预期效用最大化进行选择，但实际上每个个体完全有可能基于自身的认知背景做出完全不同的选择。最后，国家间的沟通以及二者的关系情境——合作抑或冲突都会对决策者的认知产生重大影响。以中美关系正常化之前的美国外交决策为例，美国在面对中日两国的同时，与日本是盟国，因而与日本有着良好、顺畅的沟通机制；但是因中美两国处于对抗状态，双方并没有一个类似的沟通渠道，无法进行坦诚的沟通和交流，理性决策模式受到了极大的限制，这使美苏之间那种较为直接的讨价还价在中美关系中难以复制。因此美国外交政策制定者只能是在一定的价值取向和理论的指导下，遴选出其较为满意的对华政策。

第三，认知理论将“意象”（或者心理环境）作为重要的研究对象。在国际问题研究中，意象是一个国家对其在国际政治斗争中对手

---

① 〔美〕赫伯特·西蒙：《现代决策理论的基石》，杨砾等译，北京：北京经济学院出版社，1989，第45~62页。

② 参见 A. K. Shah and D. M. Oppenheimer, “Heuristics Made Easy: An Effort - Reduction Framework,” *Psychological Bulletin*, Vol. 134, No. 2 (March 2008), pp. 207 - 222; Gerd Gigerenzer and Daniel G. Goldstein, “Reasoning the Fast and Frugal Way: Models of Bounded Rationality,” *Psychological Review*, Vol. 103, No. 4 (October 1996), pp. 650 - 669。

③ 参见 David Braybrooke and Charles E. Lindblom, *Strategy of Decision*, New York: Free Press, 1963, chap. 4。

的本质特征的认识，是认知者处理输入信息的认知系统的一个重要环节。[①] 认知理论通过将意象与现实环境相区分，提出了认知意象决定政治行为，认知意象不一定符合客观实际，认知意象很难改变但是最终会发生改变等系列命题。[②] 这与建构主义强调的"认同、观念对于权力和利益的构建"和新自由制度主义所提倡的"机制的运行会导致结果预期、利益认识等内容的改变"等观点在很多方面不谋而合，也与防御性现实主义理论对他国意图的重视有类似之处。对这一概念的重视与研究为丰富国际关系理论研究的视野做出了较大的贡献。

第四，认知研究具有进步性。传统的现实主义范式对国际政治的悲观预期使国家间关系的进步举步维艰，而认知分析框架则使得国家之间可以在一定的环境影响下，通过互动机制等实现国家间关系质的变化。[③]

但同时，现行国际政治研究中的认知理论应用也存在相应的问题和不足。

第一，过分依赖心理学分析成果。玛尔塔·科塔姆（Martha L. Cottam）强调说：不能盲目地把心理学应用到政治分析中去。心理学实验室中的实验是可以控制的，但是在政治分析中很难做到这一点……心理学只能为有关人们如何进行政治决策的讨论提供一般性的指导。[④] 绝大部分决策理论家认为，了解政策制定者们的个人背景，如教育背景、宗教信仰、重要的生活经历、接受的专业训练、在国外

---

① Jianwei Wang, *Limited Adversaries: Post - Cold War Sino - American Mutual Images*, New York: Oxford University Press, 2000, p. 33.

② Ole R. Holsti, "The Belief System and National Images: A Case Study," *Journal of Conflict Resolution*, pp. 244 - 252.

③ Jerel A. Rosati, "The Power of Human Cognition in the Study of World Politics," p. 49；尹继武：《认知心理学在国际关系研究中的应用：进步及其问题》，《外交评论》2006 年第 4 期。

④ Martha L. Cottam, *Foreign Policy Decision Making*, Boulder, Colo.: Westview Press, 1986, pp. 23 - 29, 33 - 56.

的经历、身心健康状况以及以往的政治活动等，都有助于理解他们的决策的深层动机和他们的价值观，但如何在个人的心理经历和政治行为之间建立起明确的因果关系则完全是另外一回事。心理历史学的解释方法有一个缺陷，就是容易相信十分戏剧化的想象，而不是对事实进行严格的分析。[①] 归纳起来，心理学视角的政治分析主要存在以下几个难题：一是心理学实验难以比拟心理体验的复杂性；二是心理学实验所承受的价值观、观念、各种压力、信息以及政治和文化因素的约束的冲击没有政治领导人的大；[②] 三是现代社会的决策多为决策团队集体做出，因此单个人的心理活动分析难以与最终的政治决策之间建立科学的逻辑推理关系。

第二，认知理论更多的是研究单个个体的学习、构造、存储和使用信息的过程，具有明显的局限性。例如，就研究美国外交决策而言，美国的外交决策很少由单个人做出，美国政治多元化的特征，使得单纯分析个体层次上的认知并不能对美国外交政策形成足够完备的解释力。也就是说，我们需要了解集体决策时的认知是如何形成和变化的，其并非是单纯个体认知的简单相加。

第三，许多研究缺少对国际政治中“认知”的具体内涵界定。虽然现实主义理论中的人性现实主义、防御性现实主义对“认知”因素有所提及，自由主义理论强调行为体之间的互动和相应的国际机制会导致对权力和利益的重新认识，建构主义主张理念建构权力与利益，但这些“认知”具体指什么尚有待进一步深入论述。有的认知研究使用“图式”（schema）来指代个体对外部环境的信息输入和整合过程，但也没有指出其在现实的国际政治实践中的具体体现。

---

① James E. Dougherty, Robert L. Pfaltzgraff, *Contending Theories of International Relations: A Comprehensive Survey (5th Edition)*，北京：北京大学出版社，2004，p. 559.

② James E. Dougherty, Robert L. Pfaltzgraff, *Contending Theories of International Relations: A Comprehensive Survey (5th Edition)*，北京：北京大学出版社，2004，p. 596.

第四，认知如何发生改变。罗伯特·杰维斯在其分析中认为知觉很难发生改变，只有维持态度的八种机制不足以化解矛盾信息的时候，人们才被迫在一些重大问题上改变态度。并且决策过程中渐进性变化占据主导地位，核心认识发生了变化，深远的认知变化就会随之而来。①但这一论述并未能明确影响认知变化的核心要素，并且渐进性变化模式对危机事件的影响力的解释也颇显不足。自由主义认为"相互依存"和"国际制度"会影响国家间的认知，但也是属于渐进性的变化模式。建构主义理论在分析进程理论时认为，"社会进程模式，尤其是身份和利益的进化问题中，文化选择才是主导逻辑"②；文化选择是一种进化机制，指"通过社会习得、模仿和其他类似的过程，将决定行为的因素从个体到个体，因之也就从一代人到另一代人的传播"。③ 建构主义强调文化结构的转变，并提出了"互动"这一核心概念，但并没有明确影响国家文化选择过程的核心因素，即有哪些关键因素导致一国的外交决策的认知背景发生根本性的转变。

因此，无论是杰维斯的知觉分析还是自由主义的相互依存论、国际制度论，以及建构主义的文化选择逻辑都未能清楚地梳理影响认知改变的核心要素，并存在着对一些认知现象的突变性解释力不足的困境。由此可见，认知理论的一个重要研究方向集中在"认知"如何发生转变和影响认知转变的因素两个方面，即哪些因素在改变（或修正）决策者或决策团队认知的过程中产生影响，它们是如何发挥作用的。本书从四个层面对这一领域的研究成果进行了简单的归纳。

---

① 〔美〕罗伯特·杰维斯：《国际政治中的知觉与错误知觉》，秦亚青译，北京：世界知识出版社，2003，第303、304~310、317~319页。

② 〔美〕亚历山大·温特：《国际政治的社会理论》，秦亚青译，上海：上海人民出版社，2008，第327页。

③ 〔美〕亚历山大·温特：《国际政治的社会理论》，秦亚青译，上海：上海人民出版社，2008，第318页。

个体层面。唐世平认为，“在决策者的心目中，存在着类似于不同国际政治理论的国际政治观，它对于决策者来说类似于一种信仰”，“判断具有主观性，所以不同的决策者对同样的安全环境往往会有截然不同的判断”。同时，唐世平也指出，“也存在着‘领导人的国际政治观发生大转变的可能性’，尽管这种可能性较小”。[①]

官僚体系层面。有的研究成果表明，官僚体系的运作也会对认知产生重要的制约和塑造作用。在决策过程中，领导人会通过建构一种决策顾问团队或者官僚渠道，借此决策者接受或管理信息与建议，从而使官僚体系的内部运作对认知过程产生直接的影响。[②] 综合上述两个层面，本书认为，从某种意义上来说，领导人的变更和相应的人事更迭是认知发生转变的重要条件之一，但这并未涉及某个决策个体（或团队）的认知如何发生转变。

国家间关系层面。对于国与国之间的“安全困境”难题，很多认知理论研究学者提出了“信任”概念，希望能够通过物质和心理等因素来实现国家间的相互信任。[③] 由此出发，尹继武分析了霸权国和新兴大国之间有可能产生的“安全困境”及如何克服相互之间的恐惧等问题。对此，他指出：“信任是国际关系中的一个重要问题，尤其是在国际无政府状态下，信任的原因和结果对于促进国家间关系的发展、减缓安全困境程度具有重要的意义。”[④] 但有关“信任”方面的研究正如阿伦·霍夫曼（Aaron M. Hoffman）所述，目前对于信任问题的研究，主要局限于信任的结果，而非信任的内涵和信任如何

① 唐世平：《作为信仰的国际政治理论》，《国际经济评论》2003 年第 1 期。

② Alexander L. George, *Presidential Decision Making in Foreign Policy: The Effective Use of Information and Advice*, Boulder Colo.: Westview Press, 1980, pp. 109 - 116.

③ Ken Booth and Nicolas J. Wheeler, *The Security Dilemma: Fear, Cooperation and Trust in World Politics*, New York: Palgrave Macmillan, 2008, pp. 173 - 174, 231.

④ 尹继武：《国际政治心理学的知识谱系》，《世界经济与政治》2011 年第 4 期。

形成等方面。[①] 这方面的研究还有待研究者进一步深入拓展。

国际体系层面。有的学者将前景理论（Prospect Theory）用于国际政治研究，并运用美国总统罗斯福对于二战态度的转变来解释这一理论。法汉姆（Barbara Farnham）强调："正是因为罗斯福对欧洲大陆形势的认识发生了变化——形势的变化对美国来说日益接近一种'损失'，他的认知才发生改变，认为美国必须干预欧洲战争，从而为美国最终参战奠定了认知基础。"[②] 由此可见，国际体系的变化也是带动决策者（或决策团队）认知变化的重要因素之一。

第二节　认知—决策分析框架的构建

一　本书展开研究所需要的认知理论

本书的分析对象是二战后美国东亚政策的逻辑与重心的形成与变化，研究的重点是美国政府东亚政策逻辑的转变动因所在。而国际政治中的认知理论重在分析人类认知与政治行为之间的关系，并且强调认知意象决定政治行为，因此，认知的形成和认知的转变是本书应用认知—决策研究路径所要解读的目标。另外，关于美国东亚地区认知和政策逻辑的形成与演变的特征则进一步界定了认知—决策研究路径的应用范围与基本前提。

第一，必须符合美国政治特别是外交政策形成的特点。美国的国内政治过程具有典型的分权、多元化等特点，通过行政、立法、司法

① Aaron M. Hoffman, *Building Trust: Overcoming Suspicion in International Conflict*, Albany: State University of New York Press, 2006, p. 1.

② Barbara Farnham, "Roosevelt and the Munich Crisis: Insights from Prospect Theory," *Political Psychology*, Vol. 13, No. 2, Special Issue: Prospect Theory and Political Psychology (June 1992), p. 206.

三个方面之间的相互制约保持国家的民主特性。即使在行政当局内部也正如小约瑟夫·奈所声称的，几乎所有的国内政府机构都扮演着某些国际角色。[①] 因此，美国的外交政策的制定不可能是单个国家领导人乾纲独断地做出决定，而是应该在很大程度上受到复杂的国内政治的影响，体现出各方面相互妥协的结果。所以，尽管单个决策者的认知会在外交政策的制定中产生一定的影响，但真正对政策逻辑产生影响的应该是外交决策团队的“集体认知”；这是因为，“偏见并不仅仅限于认知个体，有时候也会因为个体之间的协调而成为集体的认知背景”。[②] 结合本书的研究对象，这主要体现在美国政府的东亚地区观上。为此，本书所需的认知—决策分析框架将不会把分析重点置于单个个体的心理过程对政治行为的影响这一层次，而是通过文献分析梳理出美国政府的东亚地区观，通过地区观——“认知形成的知觉”——这一整体概念，体现出决策团队的整体认知过程和结果及其对政策逻辑的影响。

第二，必须体现出东亚地区大国影响美国政府东亚认知的能动性。本书研究的主要问题是美国东亚政策的逻辑与重心的形成及其变化，并进一步揭示美国对日、对华政策的地区动力。因此，尽管美国相对于中日两国的力量优势使美国占据着政策制定和实施的主动权，但中国、日本都是东亚区域内举足轻重的大国，日本自 20 世纪 60 年代至 2010 年长期稳坐世界第二大经济体的交椅，中国作为安理会常任理事国再加上自身庞大的人口和市场规模，这都使得两国对于国际格局特别是东亚地区格局具有较强的塑造能力和影响力，并非单纯是美国东亚地区政策的被动受众。因此，中日两国虽然相对于美国在政治、经济和军事等各方面的国力都要略逊一筹，但对美国政策的塑造

---

① 〔美〕小约瑟夫·奈：《理解国际冲突：理论与历史》（第 5 版），张小明译，上海：上海人民出版社，2005，第 208 页。

② Rose McDermott, *Political Psychology in International Relations*, p. 5.

能力也不容忽视，因此分析美国政府的东亚地区观必须给予中、日两国的“能动性”以充分的考虑，特别是在美国决策团队的“东亚地区认知”转变的过程中。

第三，必须适应东亚地区进行中的深刻发展和变革。自二战结束以来，东亚地区各国逐步摆脱殖民主义的束缚实现政治自主，并伴随第三次科技革命和西方发达国家的产业转移浪潮而逐步发展起来，在世界经济中的分量和世界政治舞台上的话语权不断增强。与此相对应的是东亚地区不断发生着深刻的变革，相较于欧洲和拉美地区，东亚地区在二战之后经历了多次的政治、经济和社会方面的深刻变革；另外，东亚地区并没有形成类似于欧洲—大西洋地区的北约那样的政治军事组织或其他涵盖全地域的多边机制和统一的行为规范，美国对东亚地区事务的参与更多的是通过双边机制实施。因此，伴随着亚太特别是东亚地区不断变化的形势，美国决策团队的地区认知也相应地不断发生转变。

为适应上述特殊性，本书对将要应用的认知—决策分析框架设定如下前提。

（1）认同经济学家和管理学理论家西蒙对世界进行的“有限理性”的假设，即政策制定者并不会对所有的备选方案进行价值取向和预期结果的评估，而是依次分析各种备选方案，直至找到一个能够满足最低要求的方案为止。[①] 也就是说，决策者不可能如同理性选择模型假设的那样，能够获取完全充分的信息。决策者只能在比较有限

① 参见 Herbert Alexander Simon, “A Behavioral Model of Rational Choice,” *The Quarterly Journal of Economics*, Vol. 69, No. 1 (February 1955), pp. 99 – 118; Herbert Alexander Simon, “A Behavioral Model of Rational Choice,” in Herbert Alexander Simon, ed., *Models of Man: Social and Rational*, New York: Wiley, 1957。进入 20 世纪 80 年代后，西蒙对“有限理性”的概念进行了重新定义，参见 Herbert Alexander Simon, *Models of Bounded Rationality*, Cambridge, Mass.: MIT Press, 1982; Herbert A. Simon, “Human Nature in Politics: The Dialogue of Psychology with Political Science,” *The American Political Science Review*, Vol. 79, No. 2 (June 1985), pp. 293 – 304。

的时间内，对客观环境和政策对象进行比较有限的了解从而获取一定的决策信息。

（2）决策者或决策团体基于已有的个人特质、信仰、价值观、社会文化背景和政治系统的压力，在上述信息的基础上，形成其对于客观环境的认知，也就是所谓的心理环境或者意象。意象（images）通常被定义为认知的构建，也就是形势在头脑中的反映。[①] 认知形成的意象并非一定是对真实环境的客观反映。时间的紧迫和信息的有限，再加上决策者或决策团队基于已有的个人特质、信仰、价值观、社会文化背景和政治系统的压力，所形成的心理环境或意象并不一定完全客观，在很大程度上是决策者或决策团队对客观环境的主观解读，既可能是贴近客观现实的，也可能对现实有一定的扭曲和误读，但决策者却是基于这一认知意象来形成制定政策的逻辑。[②]

（3）总统在外交决策中处于首要地位。美国的外交决策体制并非是独裁式的、高度集中的决策体制，但这丝毫不影响总统在美国外交政策制定中的首要地位，因此本书的研究仍然对于总统对决策的影响予以高度重视。最高决策者位于决策机构的顶端，现代信息技术和交通手段的发展，使他们既能通过外交顾问团来感应与认知问题，同时也能够通过自身的外交活动来感应与认知问题。[③] 同时，总统根据个人偏好所组建的外交决策团队及其决策模式和人员配置也都是决定集体认知形成的关键因素之一。最后，为了有效应对和“管理”危机，美国三权分立、彼此制衡的政治权力架构所赋予国会的对总统外交决策的分权和制衡也经常被打破。例如，由于危机决策的特殊性、

---

① James E. Dougherty, Robert L. Pfaltzgraff, *Contending Theories of International Relations: A Comprehensive Survey* (*5th Edition*)，北京：北京大学出版社，2004，p. 592.

② Ole R. Holsti, “The Belief System and National Images: A Case Study,” *Journal of Conflict Resolution*, Vol. 6, No. 3, 1962, pp. 244 – 252.

③ 钟开斌：《认知 – 心理、官僚 – 组织与议程 – 政治——西方危机决策解释视角的构建与发展》，《世界经济与政治》2007 年第 1 期。

总统享有对情报的掌控权，以及对武装力量的指挥权，总统成为危机决策中近乎独断的“领导者”，而国会则基于维护国家安全利益等方面的考虑，扮演了忠实的“服从者”的角色，从而导致府会之间形成了一种独特的“领导—服从”互动模式。[①] 因此，总统的个人认知对于外交决策团队集体认知的形成具有重大的影响力。

（4）符合美国政治特别是外交政策形成的特点。认知—决策分析框架以外交决策团队的“集体认知”为分析对象，这主要体现为美国政府的东亚地区观。同时，随着时间的推移和外在条件的变化，原有决策团队中的少数派可能夺得主流地位，推动形成新的集体认知。而且，决策团队中的成员能够认识到，最初的判断和政策逻辑可能是错误的或者有所偏差，并逐步改变这种偏差，及时观察不断发展的外部环境，从而形成更为有效的政策框架。[②]

结合上述研究目标和前提条件，本书将所采用的认知—决策分析框架做如下概括，如图 1－1 和图 1－2 所示，并在下文对其做具体的解释和说明。

二　认知形成的关键条件与认知、政策逻辑的形成

本书将美国的东亚地区观界定为：在一定的时空背景下，美国外交决策团队基于自身的价值观、理念和所处时期的社会思潮的影响，对美国视野中东亚地区的发展态势（安全、经济和政治）及其对美国的机会与挑战的界定与判断。根据这一定义，影响一届美国政府东

---

① 参见 James Lindsay, *Congress and the Politics of US Foreign Policy*, Baltimore: The John Hopkins University Press, 1994, p. 22; John Bourke, *Congress and the Presidency in US Foreign Policy Making: A Study of Interaction and Influence, 1945-1982*, Boulder, Colorado: Westview Press, 1983, p. 207；信强《危机决策中的美国府会互动模式》，《美国研究》2008 年第 4 期。

② 参见 Glenn H. Snyder and Paul Diesing, *Conflict Among Nations: Bargaining, Decision - Making and System Structure in International Crises*, Princeton, NJ: Princeton University Press, 1977, pp. 333 - 335。

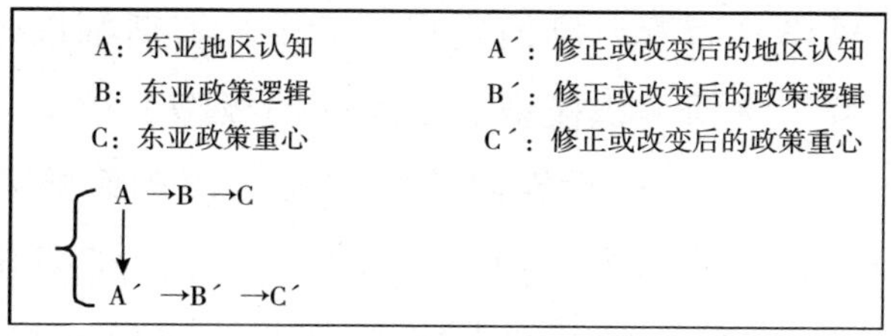

图 1－1

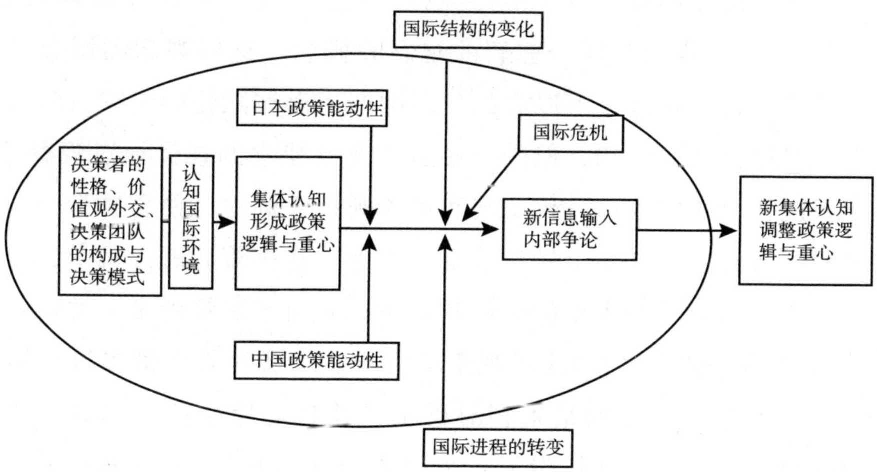

图 1－2

亚认知形成的主要因素有决策行为体的性格、价值观与国际环境两个方面。

（一）决策行为体的性格、价值观和世界观是影响认知形成的首要因素

詹姆士·戴维·巴伯（James David Barder）认为："总统的世界观由其主要的、与政治有关的信念，尤其是他对社会因果关系、人类本性和当代主要的道德冲突的看法组成"，"这些想法和看法会帮助他理解他的世界，并给这个浑浊的世界建立某种秩序井然的外表。也许更重要的是，一个人的世界观会决定他注意什么"；并且，依据性

格、世界观、风格等因素，巴伯还将西奥多·罗斯福以来的美国总统归纳为4种类型：主动-积极型、主动-消极型、被动-积极型、被动-消极型。[①] 同时，关于世界政治的假设，深刻影响着一个人所看到的世界以及他如何建构解释国际事件的理论。[②] 很明显，个体的性格、价值观和世界观对他在外交决策中的认知的影响是显而易见的。[③] 另外，个体关于价值观和世界观的看法逐步在童年后期、成年早期集聚并慢慢形成一种个体的风格。对此，罗伯特·杰维斯认为，"人们在成年早期会接触一些新的观念和概念。这些观念和概念一旦扎下了根，就会在这个人以后的生活中产生潜移默化的影响。后来的事件虽然也会产生影响，但是往往透过业已建立的视镜加以观察。"[④] 也就是说，个体的性格、价值观和世界观一经确立，便会成为个体认知过程的基础，而且很难发生改变。因此，在决策者的心目中，存在类似于各种国际政治理论的国际政治观，它对于决策者来说类似于一种信仰，[⑤] 而这些"信仰或者观念将引导认知者对外部世界进行简化和构建"，[⑥] 这些简化的结果相对稳定，并且对后续信息的输入进行选择性记忆和关注，并作为下一步因果推理的基础。[⑦] 也就是说，决策团队成员基于自身的国际政治观对国际环境进行分析、理解和获取

---

① 〔美〕詹姆士·戴维·巴伯：《总统的性格》，胡杰等译，成都：四川人民出版社，1991，第7页。

② 〔美〕罗伯特·基欧汉、约瑟夫·奈：《权力与相互依赖》，门洪华译，北京：北京大学出版社，2002，第24页。

③ Lloyd S. Etheredge, "Personality Effects on American Foreign Policy, 1898－1968: A Test of Interpersonal Generalization Theory," *The American Political Science Review*, Vol. 72, No. 2 (June 1978), pp. 434－451.

④ 〔美〕罗伯特·杰维斯：《国际政治中的知觉与错误知觉》，秦亚青译，北京：世界知识出版社，2003，第258页。

⑤ 参见唐世平《作为信仰的国际政治理论》，《国际经济评论》2003年第1期。

⑥ Alexander L. George, *Presidential Decision Making in Foreign Policy: The Effective Use of Information and Advice*, p. 57.

⑦ Jerel A. Rosati, "The Power of Human Cognition in the Study of World Politics," p. 53.

信息，并通过学习历史经验和类比等途径来对信息进行筛选和整合，最终形成认知的结果——意象或图式，在本书的分析中被称为美国外交决策团队的东亚地区观，而地区观正是美国政府形成东亚政策的认知基础和前提条件。基于上述分析，本书认为，决策行为体的性格、价值取向会在美国对东亚地区的认知的形成过程中产生较大影响，但对于认知的改变则仅有相对较小的影响力，所以本书将不把其作为影响美国东亚地区认知转变的分析要素。

（二）国际环境是影响认知形成的重要外部条件

环境对行为的影响是国际关系理论家和实践者长期关注的问题。这在认知研究中也不例外，正如杰维斯所述："如果要了解一个人将会如何行事，首先要弄清楚他所处的境地和已经做了什么。"① 肯尼思·沃尔兹认为："环境是指对政策具有影响的一系列物质性制约因素。"② 这也是符合政治心理学领域的"情境论"的观点，即个体所处的环境和情境对行为者行为的塑造是最重要的因素。③ 美国地区政策的制定自然也不能脱离国际环境的制约。本书认为影响美国东亚地区认知的国际环境因素可以归纳为国际结构和国际进程两个方面。

首先，国际结构是国际环境的主要外在表现。一般而言，国际结构具体表现为一定的国际格局，是指在国际关系中起主导和支配作用的国家或国家集团基于力量对比关系而形成的一种相对稳定的互动结构和状态。④ 根据这一定义，国际结构的概念同新现实主义和新自由主义所说的"体系结构"或"系统结构"意义相同，意指在无政府状态下，功能相同的自助单位——国家在体系中的权力排列和能力分

① Robert Jervis, "Political Psychology: Some Challenges and Opportunities," *Political Psychology*, Vol. 10, No. 3 (September 1989), pp. 481 - 493.

② 〔美〕肯尼思·沃尔兹：《国际政治理论》，信强译，上海：上海人民出版社，2003，第 55 页。

③ 〔美〕戴维·P. 霍顿：《政治心理学：情境、个人与案例》，尹继武、林民旺译，北京：中央编译出版社，2013，第 4 页。

④ 李义虎：《国际格局的定义前提及其基本特征》，《河南社会科学》2005 年第 3 期。

配状况。[①] 自二战结束以来，冷战期间是美苏两强对峙的两极格局；而在苏联解体冷战结束之后，美国一家独大，形成了一超多强的国际格局。根据现实主义理论，在国际体系中一个国家最重要的就是它在结构中的相对位置或者它相对于其他国家所拥有的权力份额，借此实现国家利益。也就是说，通过行为者的社会化以及行为者之间的竞争，结构对一个体系里面的行为者的行为起引导作用。[②] 因此，国际格局通过其中的国家间力量对比来影响一国对安全、经济和政治的发展态势以及威胁的判断，从而影响地区认知的形成。

其次，国际进程指体系单位之间互动的模式与类型。[③] 因此，它揭示的是构成一个国际体系的国家之间相互关系的形式，例如，国家的目标和手段有温和性的，也有革命性的。[④] 这主要表现为国家间所讨论的国际政治议题；同时，随着经济全球化的不断深入和全球性问题的浮现，国家间的互动过程日益复杂化，互动议程日益多样化。为此，国际政治在某种程度上被划分为几个不同的议题领域，这些领域之间的权力资源难以相互联系和转化，各个领域里面的利益关系也各不相同。同时，国际进程也日渐包含因应跨国问题和非传统安全的功能性治理议题，因为随着全球化的不断深入，在相当多的功能性领域里面，单个国家无法依靠单边手段解决问题并取得满意的效果。

---

① 关于国际结构的定义，可以参见〔美〕肯尼思·沃尔兹《国际政治理论》，信强译，上海：上海人民出版社，2003，第5章，第106~134页；〔美〕罗伯特·基欧汉、约瑟夫·奈《权力与相互依赖》，门洪华译，北京：北京大学出版社，2002，第39~61页；〔美〕罗伯特·吉尔平《世界政治中的战争与变革》，宋新宁等译，上海：上海人民出版社，2007，第91页。

② 〔美〕罗伯特·吉尔平：《世界政治中的战争与变革》，宋新宁等译，上海：上海人民出版社，2007，第93页。

③ 〔美〕小约瑟夫·奈：《理解国际冲突：理论与历史》（第5版），张小明译，上海：上海人民出版社，2005，第45页。

④ 〔美〕小约瑟夫·奈：《理解国际冲突：理论与历史》（第5版），张小明译，上海：上海人民出版社，2005，第46页。

与此同时，伴随着国际政治议题而产生的是国际制度或者国际机制，这也是国际进程的重要外在表现。与结构现实主义强调结构对单元行为的决定性影响不同，新自由制度主义国际关系理论学者诸如基欧汉和奈等人对“国际格局的概念和结构对国家行为具备决定性影响”这一论断进行了丰富和发展，通过认识国际制度对相互依赖格局的影响，以进程—权力结构内的分配和讨价还价的过程这一概念对新现实主义的结构概念进行了补充。① 在基欧汉的理论框架中，国际制度成为独立的解释变量，并赋予国家进行合作的能力，以降低交易成本，获得共同利益；使一国政府信守诺言，并督促他国也这样做；既然遵从国际制度已有的规范使他国的行为可以预见，强国也从遵守规则中获益。② 于是，伴随着对议题的讨论，国家间形成了一系列的国际机制。在国际机制的作用下，交易成本不断降低，非法交易逐步下降，他国行为的不确定性也得以减少，各国对自身长远利益的计算开始发生改变，最终导致认知过程对利益的权衡必须重视相关机制的作用和影响。

（三）认知——地区观、地区政策逻辑——的形成

一位美国总统入主白宫之后，便会根据自身的性格特点、价值观和行事方式组建自身的外交决策团队，并在很大程度上决定着决策团队的结构及其内部的互动模式。在某一特定的总统外交决策团队内部，其核心决策团队的成员们“都致力于界定某一问题的本质并为其特殊的政策选择寻求认同和支持”。③ 因此，决策团队的集体认知和判断源自一个互动的过程，每个个体都有自己的认知方式、信仰等个人思考问题的模式，在信息被共享和沟通、团队成员尝试着影响其

---

① 〔美〕罗伯特·基欧汉、约瑟夫·奈：《权力与相互依赖》，门洪华译，北京：北京大学出版社，2002，第 22 页。

② 〔美〕罗伯特·基欧汉、约瑟夫·奈：《权力与相互依赖》，门洪华译，北京：北京大学出版社，2002，第 28 页；〔美〕罗伯特·基欧汉：《霸权之后：世界政治经济中的合作与纷争》，苏长和等译，上海：上海人民出版社，2006，第 86 ~ 100 页。

③ Jean A. Garrison, *Making China Policy: From Nixon to G. W. Bush*, p. 3.

他成员的认知等社会性互动过程中形成决策团队的集体认知。[①] 也就是说，围绕“何种关于政治现象的解读是‘主流’”的争论是总统决策过程的中心要素。[②] 总统作为最终的外交决策拍板者，从决策顾问们的不同认知中遴选出其所认为最为符合决策需要的地区认知，从而使得某种认知开始成为外交决策团队的集体认知，当然，暂时被边缘化的某些认知主张者可能被说服接受这一认知，也可能继续成为少数的反对派。

上述认知过程的结果就是对国际形势和外部环境的信息收集和整合后所形成的最初的全球观和地区观，也是用于决策的意象。这是因为，“个体在认知过程中倾向于对现实进行简化，从而形成自己可以依赖的图式或意象”。[③] 在决策意象形成并为总统领导下的决策团队所接受的过程中，决策的推理体系——政策逻辑也开始逐步成型。至此，决策者开始根据他们关于现实的意象和确定的政策逻辑进行战略制定，选择较为满意的战略实现利益目标。

在关于某个决策问题的认知形成后，总统及其决策顾问团队的中心任务就转向通过宣传和介绍战略框架来影响决策的目标受众的认知，努力通过战略表述的方式形成全国范围内的主流认知，以营造政策实施的良好国内政治氛围。[④]

因此，最初决策团队中包括总统在内的多数成员对于国际形势的意象相对一致，并倾向于通过这一意象来简化和处理源源不断输入的

---

① 参见 Jean A. Garrison, *Making China Policy: From Nixon to G. W. Bush*, p. 14；对此，其他认知研究学者也表示了认同，即集体认知绝非个体的简单相加，而是有着自己的不同特点，比较常见的分析模型有组织进程（organizational process）、官僚政治（bureaucratic politics）和集团思维（groupthink）等。相关方面的研究可参见 Irving Janis, *Groupthink: Psychological Studies of Foreign Policy Decisions and Fiascoes*; Rose McDermott, *Political Psychology in International Relations*, chap. 9。

② Jean A. Garrison, *Making China Policy: From Nixon to G. W. Bush*, p. 13.

③ Jerel A. Rosati, “The Power of Human Cognition in the Study of World Politics,” p. 57.

④ 参见 Jean A. Garrison, *Making China Policy: From Nixon to G. W. Bush*, p. 14。

决策信息，美国的对华政策也是如此。但集体意象乃是由众多的个体意象聚合而成，因此个体意象随着时间推移所发生的变化也可能导致集体意象产生改变。[①] 为此，本书也将分析重点置于美国外交决策团队认知结果——意象的转变上。

四　认知转变的关键条件与认知、政策逻辑的修正或转变

罗伯特·杰维斯认为："知觉很难发生改变，只有态度维持的八种机制不足以化解矛盾信息的时候，人们才被迫在一些重大问题上改变态度；并且在决策过程中渐进性变化占据主导地位，核心认识发生了变化，深远的认知变化就会随之而来。"[②] 换句话说，个体仅仅接收到新信息并不足以引发意象转变，引起个体的注意还必须要使意象（或者知觉）中的核心认识发生转变。而能够引起这一转变的主要有两大类信息：轰动性的事件和不断累积的事件。[③] 同时，一部分学者提出，对认知研究的重心应当聚焦于决策系统内部最佳（或有效）的信息传递和处理进程，因此研究者们的注意力也就应当转向导致决策信息无法有效传递的障碍上。[④] 这是因为，单纯有新的或者不同于原有意象的信息输入并不一定能够导致意象的转变，还需要对信息加以吸收和处理以促使原有意象的核心认识发生转变。

认知所形成的知觉是对客观世界的心理反映，唯物主义告诉我们，物质决定意识，意识是客观世界在人脑中的反映。因此，一方面，国际环境的变化是决策行为体认知变化的必要条件；另一方面，

---

① Jerel A. Rosati, *The Carter Administration's Quest for Global Community*: *Beliefs and Their Impact on Behavior*, p. 21.

② 〔美〕罗伯特·杰维斯：《国际政治中的知觉与错误知觉》，秦亚青译，北京：世界知识出版社，2003，第303、304～310、317～319页。

③ Jerel A. Rosati, *The Carter Administration's Quest for Global Community*: *Beliefs and Their Impact on Behavior*, p. 26.

④ Alexander L. George, *Presidential Decision Making in Foreign Policy*: *The Effective Use of Information and Advice*, Preface, p. 15.

认知作为一个社会化的概念，需要在国际社会中各国之间的交往和联系的过程中形成。但肯尼思·沃尔兹在分析系统理论时强调："适用于自助系统的理论是根据系统的主要组成部分来建构的，关注作为一个系统的国际政治，也需要我们专注于能够造成最大变化的国家。"[①]因此东亚地区内的大国对于美国东亚地区观的修正或转变具有较大的能动性，能够最大限度地规避阻碍信息有效传递的障碍以推动其认知的修正或转变。此外，危机因其突发性、颠覆性和危险性而成为决策者关注的头号问题，围绕危机的应对和解决将有可能推动决策者对国际格局、利益界定、安全态势和主要威胁进行重新界定与判断，从而修正或转变原有认知。因此，本书遴选出国际环境的转变、地区大国能动性和国际危机作为推动美国东亚地区认知修正或变化的关键因素。

（一）国际环境的变化是影响认知形成的最重要外部条件但并非充分条件

认知心理学认为，"一旦外部环境变得较为复杂和呈现出不确定性，这将可能导致相当多的认知不符和困惑出现"，"随着时间的推移和环境的变化，有可能形成新的意象"。[②] 下文将从国际结构和国际进程两个方面对国际环境变化影响认知过程进行论述。

第一，国际结构的调整。肯尼思·沃尔兹将国际政治中的结构定义为："根据物质因素来定义的，即无政府状态、该领域的秩序原则以及国家间实力的分配状况。"同时，定义一个结构应该"关注单元在彼此的联系中所处的地位（即如何排列和定位），"[③] 也就是排列原则、单元的特定功能和单元间的能力分配。国际政治结构

---

① 〔美〕肯尼思·沃尔兹：《国际政治理论》，信强译，上海：上海人民出版社，2003，第97页。

② Jerel A. Rosati, "The Power of Human Cognition in the Study of World Politics," pp. 57, 59.

③ 〔美〕肯尼思·沃尔兹：《国际政治理论》，信强译，上海：上海人民出版社，2003，第16、107页。

的无政府状态特征，使单元间的能力分配成为界定结构的唯一标准，因此国际格局的变化就主要体现在单元之间的能力分配和权力大小的对比上。

反映在东亚地区，东亚地区的权力结构既是全球权力结构的一个组成部分，同时也反映了东亚地区大国之间的力量对比。在二战结束后初期，亚洲地区大部分尚未摆脱西方殖民主义的控制，基本上还从属于美苏两极对峙格局之下；到20世纪60年代末，从东亚地区国家的国民生产总值视角来看，中国和日本两国遥遥领先于其他国家，成为东亚地区的两强，也是唯一两个能够在地区层面采取独立行动的国家，[①] 中日两国的力量上升标志着东亚地区子系统的出现，开始能够影响全球力量结构的平衡，这也推动东亚地区国际政治子系统在全球国际体系中的分量不断增强，并成为全球经济的引擎和政治重心之一。此外，实行改革开放政策后的中国国力迅速上升，也使得中日两国的力量对比发生了巨大的变化，东亚地区子系统的内部权力结构也随之发生变化。为因应这一新的地区形势，在亚洲拥有巨大利益的美国必然做出反应。因此，无论是全球权力结构的变化，还是地区子系统内部权力结构的变化及其在全球系统中分量的调整，都构成推动美国地区认知修正与转变的重要因素。

第二，国际进程的改变。尽管国际结构在很大程度上塑造着国家的行为，但是国际结构发生变化的概率较低，而且变化的速度较慢，因此，对于国际环境的理解还需要考虑国际进程因素。[②] 对此，约瑟夫·奈指出："世界经济活动、技术革新、国家间互动的模式和国

---

① 参见 Donald C. Hellmann, "The Emergence of an East Asian International Subsystem," *International Studies Quarterly*, Vol. 13, No. 4 (December 1969), Special Issue on International Subsystems, pp. 421 - 434。

② 参见 Glenn H. Snyder, "Process Variables in Neorealist Theory," *Security Studies*, Vol. 5, No. 3 (March 1996), p. 186。

际规则与制度的改变等因素都能够在国家间力量分布不发生剧变的情况下改变对国家利益的权衡。"① 因此，在一定国际格局下的国际进程的变化也是国际环境变化的重要组成部分，这首先表现为国际政治议题的不断调整。例如，日本经济在20世纪70～80年代的优异表现，使得美日两国的双边议题中增加了汽车、汇率乃至经济结构等方方面面迥异于传统权力政治的领域，尽管美苏对峙格局依然存在，但美国对于日本的经济扩张开始表现出较强的警惕心理。同样，进入21世纪后，随着中国外汇储备的增长和持有美国国债数额的增加，中美互动的议题领域新增了金融合作和人民币汇率问题，美方也相应提出了"中国是国际体系中重要的、利益攸关的参与者"的新提法。因此，某一议题领域的突出将在很大程度上影响国家间关系的认知。

另外，在具体功能领域中，各国有着共同的利益，合作行为所带来的收益超过了单独行动的收益。由于认识到合作的必要性而在某一功能领域进行的合作，将会推动合作态度的改变，或者使合作的意向从一个领域扩展到其他领域，从而在更大的范围内进行更深入的合作。② 在合作中，国家间相互沟通和达成互利协定，逐步改变国家传统的战略选择，从而影响到决策者认知的修正与改变。

根据上述分析，国际环境的两个内容——国际结构和进程两个方面的变化，都会向决策行为体对原有国际形势的认知系统中注入新的信息，从而可能使原有的认知图式或者意象难以容纳不断涌入的新信息，最终推动新的意象产生。

---

① Joseph S. Nye Jr., "Neorealism and Neoliberalism," *World Politics*, Vol. 40, No. 2 (January 1988), p. 250.

② 参见 James Patrick. Sewell, *Functionalism and World Politics: A Study Based on United Nations Programs Financing Economic Development*, Princeton, N. J.: Princeton University Press, 1966; James E. Dougherty, Robert L. Pfaltzgraff, *Contending Theories of International Relations: A Comprehensive Survey* (*5th Edition*), 北京：北京大学出版社，2004, pp. 512－513。

但一位美国总统在任时间通常最多八年，因此，理解美国外交决策团队的决策意象转变的关键在于，什么因素和作用机制使得美国外交决策团队能够在较短的时间内就转变决策意象呢？因此，推动国际环境变化的相关信息为决策团队成员所感知和吸收才是问题的关键所在，因为“个体接收到新信息并不足以引发意象转变，还必须要引起个体的注意并增加新信息被接收者吸收的可能性”。[①] 由此可见，单一的国际环境变化并不能成为推动美国对华决策意象生成的充分必要条件，真正使其成为充分必要条件的是使这一变化的信息能够激发原有意象的核心内容转变的关键因素。

（二）政策对象的能动性

一般来讲，能动性意指对外界或内部的刺激或影响做出积极的、有选择的反应或回答。马克思主义哲学认为人具有主观能动性，主观能动性是指认识世界和改造世界过程中有目的、有计划、积极主动的有意识的活动能力。从社会心理学的视角来说，具备对自身的思维过程、动机和行为施加控制的能力是人类的一种独有的特性。由于人类的判断和行为都是在一定程度上受自身控制的，所以人类能够通过自身的努力来推动自身和所处境地的变化。在相同的外界条件下，那些能有效选择和熟练地规范自身动机与行为的人，在实现目标方面将能够比那些能动性有限的人更为成功。[②] 在这一点上，马克思主义所强调的发挥主观能动性与社会心理学的研究成果相吻合。

国家作为国际体系中的单元，通过与其他国家之间的互动参与到国际社会的运行中来。同时，国家作为拟人化的国际政治行

---

① Jerel A. Rosati, *The Carter Administration's Quest for Global Community: Beliefs and Their Impact on Behavior*, p. 26.

② 参见 Albert Bandura, "Human Agency in Social Cognitive Theory," *American Psychologist*, Vol. 44, No. 9 (September 1989), pp. 1175, 1182。

为体和国际社会的成员，其在这一互动过程中必然会发挥自身能动性以谋求有利于自身国家利益实现的国际秩序和互动规则，也可称之为国家对国际环境的塑造能力。[①] 因此，在特定的时空背景下，国家特别是大国对国际事务的能动性也成为影响他国外交决策者认知发生改变的重要外在动力之一。此外，值得强调的是，某个国家的能动性处于不断的动态演化中，一条根本的原则是经济、军事等硬实力的强度与对外影响力的强度成正比，是能动性的基础。也就是说，一国国力的不断提高，将会在客观上不断提升一国的能动性。

美国东亚政策的对象国涵盖东亚地区各国，因此区域内各国自然会像发挥反作用力一样积极发挥自身能动性，谋求在与美国的政策互动中影响、塑造美国的政策走向，改变美国的东亚地区观使其政策制定更加有利于本国利益的实现。例如，中美日三国都有学者主张："管理中美日三边关系不能仅仅从单纯的实力角度出发，更需要各方的'移情'和对彼方处境的理解。"[②] 从认知视角来说，这等于是将基于功能性合作的"信任"进一步发展为"基于情感纽带的信任"——"友谊式信任"。[③] 因此，中日两国对美国东亚地区认知的影响正是为了谋求美国能够深入理解中国和日本的核心诉求和利益关切，这在某种程度上也是中日两国对美外交的重点之一。

---

① 刘江永在《国际格局演变与未来的中美日关系》（《日本学刊》2010 年第 1 期）一文中，将"软国力"概括为四种无形的国家能力，分别为国家的战略决策能力、危机管理能力、系统整合能力与国际环境塑造能力。

② Yoshihide Soeya, Jianwei Wang, and David A. Welch, "A New Look at the U. S. – China – Japan Triangle: Toward Building a Stable Framework," *Asian Perspective*, Vol. 27, No. 3, 2003, pp. 177 – 219.

③ Ken Booth and Nicholas J. Wheeler, *The Security Dilemma: Fear, Cooperation and Trust in World Politics*, New York: Palgrave Macmillan, 2008, p. 229; Martin Hollis, *Trust Within Reason*, Cambridge: Cambridge University Press, p. 10.

在国际政治实践中，“意象变化通常伴随着对外部环境知觉的变化”。[①] 但这种外部环境的变化，如果不是非常紧张的类似国际危机的事件，通常要以国内政治进程的方式予以筛选和过滤。因此，国内政治的需要自然成为影响总统外交决策团队认知的重要考量因素。基于这一政治特征，对总统外交决策团队决策意象修正或者变化的影响就需要通过美国国内政治进程来实现。

在这种多元化的条件下，他国外交政策能动性就成为推动国内政治信息不断输入决策团队并重构决策意象的关键因素，一方面通过美国国内政治进程来引导总统外交决策团队意象的转变，另一方面还可以与现行决策意象的反对派相呼应，成为其说服国内各方的证据。

本书依据传统权力政治和相互依存两类分析范式将国家能动性的发挥归纳为两类。

第一，传统权力政治范式下的能动性。在无政府状态下，每个国家都可以在很大程度上自行其是，这就为国家能动性的发挥提供了前提条件。传统权力政治的明显特征就是均势政策，摩根索将均势视为制约国家权力的重要手段之一。[②] 因此，国家可以在国际体系中通过自身的能动性改变国际权力结构，从而形成新的均势，最终影响其他国家对国际形势新的认知的形成。这一点在20世纪60年代末部分地得到了验证，随着中苏关系的破裂和珍宝岛冲突的发生，原有的美苏两极格局开始演变为中美苏战略三角格局。而这一大三角格局的形成，也与当时的中国领导人积极谋求打开中美外交新局面的努力密不可分，这是中国在对美外交中发挥自身能动性的明显例证。

---

① Michael Roskin, “From Pearl Harbor to Vietnam: Shifting Generational Paradigms and Foreign Policy,” *Political Science Quarterly*, Vol. 89, No. 3 (Autumn 1974), pp. 563 - 588; Donald L. Thistlethwaite, “Impact of Disruptive External Events on Student Attitudes,” *Journal of Personality and Social Psychology*, Vol. 30, No. 2 (August 1974), pp. 228 - 242.

② 参见〔美〕汉斯·摩根索《国家间政治：权力斗争与和平》，徐昕等译，北京：北京大学出版社，2006，第205～215页。

另外，国家还可以通过体现自身能动性的外交政策来减少结构性变化和物质因素对他国认知以及决策的影响。美国学者史蒂夫·章在分析权力转移理论对中美关系的影响时认为，“两国之间的关系是否一定会出现权力转移所伴随的国际动荡和冲突，在很大程度上取决于中国是否尝试一种规避美国直接压力并避免与美国直接对抗的战略。”① 而这一战略能否顺利实现，则取决于中国的能动性，以及能否避免自身与美国之间产生安全困境，也就是能否减少“由于行动不够谨慎和沟通失败而导致其他国家对自身行为的担忧，从而采取相对应的行动，最终引发的循环反应。”②

同样，对于日本来说，也有其发挥能动性影响美国东亚政策的案例可循。有观点认为，一方面日本不允许它与美国的同盟关系演变为开放的、东亚国家均平等参与的多边安全机制；另一方面日本并不看好中国积极改善中日关系的期望和努力，而是频繁表示日本与美国的关系具有压倒一切的重要性。③ 日本著名的前外交官冈崎久彦曾表示，“亚洲的未来将由中国和美日同盟的双边平衡来决定，而不是由美、日、中这三个国家之间的三边平衡决定。日本未来的中国政策是什么？加强美日同盟；有关朝鲜日本能做什么？加强美日同盟”。④ 这实际上就是日本所致力于保持的美日联合对华的态势，为实现和维系这一态势，日本历届政府付出了巨大的努力。

第二，相互依存条件下的国家能动性。时至今日，美国相对于东亚地区各国，仍然是具备绝对优势的霸权国家。但全球化的发展和国

---

① Steve Chan, *China, the U. S., and the Power - Transition Theory: A Critique*, p. 8.

② Nicholas Wheeler and Ken Booth, "The Security Dilemma," in John Baylis and N. J. Rengger, eds., *Dilemmas of World Politics: International Issues in a Changing World*, New York: Oxford University Press, 1992, p. 29.

③ James Brooke, "The Dragon for Trade, The Eagle for Safety," *New York Times*, February 6, 2005, http://www.nytimes.com/2005/02/06/weekinreview/06brook.html.

④ James Brooke, "The Dragon for Trade, The Eagle for Safety," *New York Times*, February 6, 2005, http://www.nytimes.com/2005/02/06/weekinreview/06brook.html.

家间相互依存不断加深，使得各国之间交往的形式与内容不断发生新的变化，一个很重要的内容就是国际政治不再完全依赖军事作为单一的支配力量，强国难以运用其军事力量来控制全部议题和结果。在某些议题领域，相对弱小的国家可以运用自身在某一领域的优势，扭转自己在国际政治和外交领域的弱势，这一方面依赖一国自身的各方面资源禀赋和实力，另一方面也需要国家领导人和外交人员熟练把握和应用国际规则。也就是说一国可以在某一议题领域发挥能动性，积极改变政策对象国的国际认知。如果成功地实现说服，软权力和自由信息就能够改变对自我利益的认识，从而改变硬权力和战略信息的使用方式。[①]

以外资政策为例，外国直接投资是巩固政治经济联盟的关键，因为这能够产生既定的利益关切，从而鼓励领导人致力于双边关系的稳定。[②] 单纯的比较成本优势并不一定会吸引到大量的跨国公司投资，例如20世纪90年代中期前的印度和非洲一些国家同样具备类似中国的比较优势但并未吸引到同样多的外国投资。有学者认为，为拓展中美两国之间的共同利益，属于社会主义国家的中国却采取了最为积极的措施鼓励外国直接投资来华，[③] 从而使中国对外国直接投资具有较强的吸引力，而在华拥有巨大经济利益的美国工商界在美国的对华认知形成中充分发挥了经济压舱石的作用，确保中美关系尽管时有曲折却不断向前发展。这正是中国积极发挥自身能动性影响美国对华认知的具体体现。

相互依存的不断深入使国家间的联系日益紧密，复合相互依赖所带来的多渠道联系使主管同类事务的政府官僚之间的联系不仅会改变

---

① 〔美〕罗伯特·基欧汉、约瑟夫·奈：《权力与相互依赖》，门洪华译，北京：北京大学出版社，2002，第271页。

② Kent E. Calder, *Pacific Alliance*: *Reviving U. S. – Japan Relations*, p. 154.

③ Kent E. Calder, *Pacific Alliance*: *Reviving U. S. – Japan Relations*, p. 197.

他们的预期，也会导致在具体政策问题上建立跨政府联盟。[①] 美国学者罗伯特·罗斯（Robert Ross）也认为，早在中美关系解冻之初，中国就开始寻求支持最倾向于同中国发展关系的美国决策人的权威。[②] 在中美建交之后，中国政府在对美外交中高度重视与往届政府官员、国会议员和地方政府的沟通与联系，深化与美国平民的经贸联系；并且通过给予一些发展中美关系的民间团体半官方的地位和副部长级的接待标准，使得这些民间交往机构成为拓展中美共识，影响美国东亚地区观和对华认知的重要平台。[③] 这些都是国家发挥能动性的重要标志。

综上所述，中日两国的外交政策能动性是使决策信息尽快累积并实现改变美国东亚决策意象核心结构的重要外在影响因素。

（三）国际危机是推动意象快速转变的第一要素

在人类社会的生存和发展过程中，存在着各种各样的危机。诸如社会各领域的政治危机、经济危机、环境危机、能源危机、人口危机等；在国际关系领域，则有外交危机、军事危机和国际经济危机等。早在古希腊时期，历史学家修昔底德便用危机来描述改变人与人之间、国与国之间的关系的关键点。[④] 20 世纪 60 年代，美苏古巴导弹危机曾经使人类社会处在核战争的边缘，人类社会有面临毁灭性灾难的危险。自此，危机开始在国际政治中被作为世界政治中的一个独立分支领域加以研究。

围绕国际危机的内涵与特征，众多的国际问题学者给出了不同的

---

① 〔美〕罗伯特·基欧汉、约瑟夫·奈：《权力与相互依赖》，门洪华译，北京：北京大学出版社，2002，第 35 页。

② 〔美〕罗伯特·S. 罗斯：《风云变幻的美中关系（1969 ~ 1989）：在谈判中合作》，丛凤辉等译，中央编译出版社，1998，第 331 页。

③ Kent E. Calder, *Pacific Alliance: Reviving U. S. – Japan Relations*, pp. 199 – 207.

④ James E. Dougherty, Robert L. Pfaltzgraff, *Contending Theories of International Relations: A Comprehensive Survey (5th Edition)*, 北京：北京大学出版社，2004，p. 578.

定义。乔纳森·威尔肯菲尔德（Jonathan Wilkenfeld）认为，危机会对业已建立的制度和信念体系构成巨大的挑战，能够永久性地改变国际体系和地区次体系中的权力分配。[①] 格伦·斯奈德（Glenn H. Snyder）和保罗·蒂辛（Paul Diesing）在《国家间冲突：国际体系危机中的博弈、决策和体系结构》一书中提出："危机指两个国家的政府之间的互动发生严重的利益和行为冲突，几乎爆发战争的态势。"[②] 奥兰·扬（Oran R. Young）认为，一个国际危机包括"一系列迅速爆发的事件，这些事件使不稳定性对整个国际体系或任何一个子系统的影响都超过了正常水平，并增加了在系统内部发生暴力的可能性"。[③] 罗斯·迈克德默特（Rose McDermott）将危机定义为一种突发、高危和需要短时间内决策的情境。[④] 张沱生和美国的史文（Michael Swaine）两位学者在合编的著作中指出，"国际政治－军事危机主要由三个因素构成：危机双方或各方的重大利益或核心利益受到威胁；存在时间限制或紧迫感；有发生军事冲突的严重危险。发生于大国之间的危机，可能对国际体系带来严重挑战。国际危机通常开始于某个破坏性的行动或事件，这一事件既可能是意外发生的，也可能是故意造成的，还可能是长期紧张对抗所导致的。当一个事件具备了上述三个基本因素而事件当事方又都不愿退却时，危机就发生了。"[⑤] 此外，还有学者从经济学的视角来界定危机，认为"经济危

① 〔美〕乔纳森·威尔肯菲尔德：《国际危机管理研究：概念与方法》，载张沱生、〔美〕史文主编《对抗·博弈·合作——中美安全危机管理案例分析》，北京：世界知识出版社，2007，第78页。

② Glenn H. Snyder and Paul Diesing, *Conflict Among Nations: Bargaining, Decision Making, and System Structure in International Crises*, p. 2.

③ Oran R. Young, *The Intermediaries: Third Parties in International Crises*, Princeton, N. J.: Princeton University Press, 1967, p. 10.

④ Rose McDermott, *Political Psychology in International Relations*, p. 124.

⑤ 张沱生、〔美〕史文：《中美危机管理的基本概念、原则与变量》，载张沱生、〔美〕史文主编《对抗·博弈·合作——中美安全危机管理案例分析》，北京：世界知识出版社，2007，第2页。

机标志着根本性的平衡失调，其与周期性经济衰退不同，因为周期性衰退只是平衡中的暂时现象，而要摆脱经济危机就必须进行经济结构的改革”。[①]

上述定义既有相同之处，也因侧重点的不同而存在着分歧。查尔斯·赫尔曼（Charles Hermann）曾经将危机众多的定义归为两类：一类将危机界定为关键性的转折点，另一类则重在阐述或者概括危机的特征。[②] 第一类定义主要关注的是与作为转折点的危机相联系的迅速而突然的变化和变化的幅度等内容。例如，从经济学视角而言，经济危机可以被定义为“对经济均衡的突发和严重的冲击所导致的经济失调”;[③] 沃尔芬斯登（E. V. Wolfenstein）将危机视为“可能危及现存政治与社会秩序的一种情境”,[④] 这两种定义的共同点在于强调与危机相伴随的经济、政治结构与秩序的巨大变化。第二类定义则将危机研究的重点指向危机的特征与内涵等方面。在这一点上，相关学者对于危机基本特征的归纳大体趋同，概括起来不外乎严重性、危险性和紧迫性三大特征。[⑤]

---

① ［加拿大］罗伯特·W. 考克斯：《生产权力与世界秩序：社会力量在缔造历史中的作用》，林华译，北京：世界知识出版社，2004，第 196 页。

② Charles F. Hermann, *Crisis in Foreign Policy*, New York: Macmillan Publishing Company, 1969, pp. 21 – 36, 转引自 Phil Williams, Donald M. Goldstein and Jay M. Shafritz, *Classic Readings of International Relations*, Beijing: Peking University Press, 2003, p. 349。

③ J. Lescure, “Crisis,” in E. R. A. Seligman, ed., *Encyclopedia of the Social Sciences*, New York: Macmillan, 1937, 转引自 Phil Williams, Donald M. Goldstein and Jay M. Shafritz, *Classic Readings of International Relations*, p. 346。

④ E. V. Wolfenstein, “Some Psychological Aspects of Crisis Leaders,” in L. J. Edinger, ed., *Political Leadership in Industrialized Societies*, New York: Wiley, 1967, p. 156.

⑤ 参见 Glenn H. Snyder and Paul Diesing, *Conflict Among Nation: Bargaining, Decision Making and System Structure in International Crises*; Michael Brecher, “A Theoretical Approach to International Crisis Behavior,” in Michael Brecher, ed., *Studies in Crisis Behavior*, New Jersey: Transaction Books, 1978; Michael Brecher and Jonathan Wilkenfeld, *A Study of Crisis*, Ann Arbor: University of Michigan Press, 1997; 蒋晓燕、信强《美国国会与安全决策》，北京：时事出版社，2005。

此外，有的中国学者认为，（国际）军事危机是一种特殊的社会状态，即国家间因某种矛盾激化而导致的一种破坏正常国际关系的恶性状态，是一种改变或破坏社会系统当前平衡状态的现象。它既非和平也不是战争，而是介于战争与和平之间的“混沌态”——它既可能导致国际社会新的不稳定和混乱，也可能使得国际社会某一矛盾得以解决；它既可能是通向战争的最后一个阶梯，也可能是走向长期和平的最后一道山梁。[①] 这也符合辩证法的观点，即危机也可能具有一定的积极作用，例如老子在《道德经》中通过“祸兮福之所倚，福兮祸之所伏”[②] 提出了祸福相生相依的辩证法思想，庄子在《庄子》中也提出了类似观点，即“安危相易，祸福相生”[③]。

根据上述分析，对危机的影响与后果的认识可以分别从体系单元、结构与进程三个方面入手。从单元角度来说，危机情境意指威胁到高度优先的价值目标、仅有有限的反应时间和发生军事敌对的高度可能性。从结构层次来说，国际危机则可能导致系统的稳定性降低，从而使体系结构的转变成为可能。对于体系进程而言，危机可能会使国家间的互动过程、模式和强度发生根本变化。

综上所述，本书对国际危机做如下界定：在政治－安全领域，对于一国或多国的优先价值观形成较大冲击并可能形成军事敌对和冲突，且反应时间有限；在经济领域，指的是世界经济或多个国家国民经济的均衡被突然间打破，并在一段比较长的时间内不断收缩，从而可能引发国内或地区政局动荡的经济失调与衰退；无论是政治－军事危机还是经济危机的处理和善后都会对国际体系的结构和进程产生较大影响乃至使其发生显著的变化。

---

① 夏立平：《关于中美危机管理的比较研究》，载张沱生、〔美〕史文《对抗·博弈·合作——中美安全危机管理案例分析》，北京：世界知识出版社，2007，第54页。

② 《道德经》，李湘雅解读，北京：人民文学出版社，2006，第182页。

③ 《庄子正宗》，马恒君译著，北京：华夏出版社，2005，第462页。

从历史上来看，一些案例也证明国际危机对于国际政治的影响是显而易见的。以1929～1933年世界经济危机为例，它激化了世界各大国之间的关系，瓦解了自由主义国际贸易规则，助长了法西斯和军国主义国家的军事冒险主义，直接推动了第二次世界大战的爆发，导致了国际秩序的颠覆性变化，也使得美国的外交政策由原来的不介入欧洲大陆事务的孤立主义转向广泛介入全球事务的干涉主义。这是因为极端情况——法西斯扩张所导致的国际危机为美国罗斯福政府提供了转变立场的机遇。①

根据国际危机的特征，危机是对一国价值观的冲击，并能够对国际体系的进程和结构产生较大影响，所以危机的产生标志着国际系统（或地区系统）的稳定受到冲击和威胁。因此，一旦国际危机对国际体系形成较大的冲击，则可能推动国际结构的调整，并且还会对国际进程产生影响，催生新的国际议题、国际制度、机制和规范等。所以危机在导致体系内各国之间的互动模式和互动强度的变化的同时，也必然导致新的决策信息被一国的外交决策团队所感知，从而在修正或改变其对国际形势和政策对象国的认知后形成新的决策意象——地区观。以中苏珍宝岛冲突为例，1969年3月的中苏珍宝岛冲突和之后的中苏铁列克提事件不仅将中苏同盟的破裂公开化并表现为国家利益上的激烈冲突，而且表明统一的社会主义阵营和统一的国际共产主义运动不复存在。针对苏联意图对中国实施核打击的设想，美国尼克松总统及其外交决策团队充分意识到这是改变国际格局的重要机遇。尽管中苏之间爆发战争的危机因柯西金与周恩来的机场会晤而得以逐步缓和，却仍然大大加速了中美关系正常化的步伐。因此，国际危机对于国家外交决策团队认知的影响是显而易见的。

与此同时，尽管危机本身能为国际体系特别是当事国带来较大的

① Rose McDermott, *Political Psychology in International Relations*, p. 67.

危害，但作为关键性转折点的国际危机当中也可能包含一定的契机。所谓契机，是指事务转化的关键环节或时机。[①] 危机一般都是对国际、国内的社会、经济、政治等方面产生重大影响的事件，在这一点上，危机作为国际关系中“真相暴露”的时刻就成为影响国家决策层对外认知的重要因素。通过危机，国家之间可以增进相互了解，对他者的意图、实力有了更加确切的了解，为以后的交往打下基础，因此也为国家的外交决策团队提供了改变认知的机遇或转折点。

（四）认知修正的作用机制类型以及对政策逻辑和重心的影响

第一，决策团队相对一致的集体意象发生分裂。总统外交决策团队成员的成长背景、价值取向和个性各异，因此随着时间的推移和外交政策的实施，每位成员对国际和国内政治形势、政策实施绩效的评估都会出现差异，进而对某一政策对象国的预设性和倾向性的感情化认知也会趋弱，从而能够开始进行较为客观的评价。在一定时间之后，这种成员的分歧会逐渐拉大，最终使总统不得不对决策意象进行重构和确认。这一类型主要是部分决策团队成员的认知变化推动整体决策意象的变化。

第二，原先的少数派认知重新崛起。前文已经提及，围绕“何种关于政治现象的解读是‘主流’”的争论是决策过程的中心要素。[②] 随着国际环境的变迁、政策对象国能动性的发挥和国际危机的综合影响，原来决策顾问团队中那些试图重塑政治辩论以有助于其观点主张的政治精英便通过宣传、比喻、历史类比、树立典型或者可见的意象来表达他们的认知，[③] 而这些认知持有者通常是“现行认知”的反对派。他们努力通过社会和政治互动来建构含义，从而将自己的认知和

---

① 商务印书馆辞书研究中心编《现代汉语学习词典》，北京：商务印书馆，2010，第993页。

② Jean A. Garrison, *Making China Policy: From Nixon to G. W. Bush*, p. 13.

③ Jean A. Garrison, *Making China Policy: From Nixon to G. W. Bush*, p. 14.

政治大背景的变化联系起来。[①]

第三，决策团队内部的人事变化。性格、价值观和世界观是影响认知形成的首要因素，因此，决策团队内部成员的调整和更换也会使得具有不同性格与价值观的个体进入决策团队，从而使得决策团队内部出现不同的“声音”并呈现出与之前不同的内部运作模式。而在决策过程中，个体通过建构一种官僚渠道，借此决策者接受或管理信息与意见，从而对认知过程产生直接的影响。[②] 归纳起来，美国作为一个讲究创新的国度，外交决策团队的人事更替使新团队不会走前任的“老路”，更多的是基于自身的价值观和外交理念来谋划具有新意的施政蓝图。

随着国际环境的变化再加上国际危机和中日两国外交政策能动性发挥的综合影响，上述三种类型的作用机制都会输入新的决策信息以重构集体认知。这就推动形成了决策顾问系统内部的争论，盖伦·斯奈德和保罗·蒂辛认为，战略修正或者转变源自预期的调整或者瓦解，而预期的调整则源于新的信息不断突破原有预期的羁绊和约束；预期的调整通常是由于最初的目标和约束条件在新的情境中不能够被满足。[③] 也就是说随着足够的新信息的输入，原有认知被修正和瓦解，并形成新的认知意象，新的认知导致新的预期，从而导致战略修正或者转变的产生。至于战略修正所需要的信息数量则取决于产生预期的意象和信念体系的刻板程度，也就是认知的刻板程度。

最终，作为外交决策最终拍板人的总统也开始认同新的认知意象，美国的东亚地区观开始逐步发生变化，最后推动形成决策团队的

---

① Jean A. Garrison, *Making China Policy: From Nixon to G. W. Bush*, p. 14.

② Alexander L. George, *Presidential Decision Making in Foreign Policy: The Effective Use of Information and Advice*, pp. 109 – 116.

③ Glenn H. Snyder and Paul Diesing, *Conflict Among Nations: Bargaining, Decision Making, and System Structure in International Crises*, pp. 390 – 391.

新的地区观——集体认知意象。认知一旦转变，政策逻辑的转变也将随之产生。逻辑的转变主要可以归纳为以下几个部分：利益目标的改变，主要威胁的改变，实现目标的手段和应对威胁的手段的改变，如何在不同的业务领域、不同的部门之间分配有限的资源及有限资源优先分配给哪些方面等。在这一过程中，国际环境的变化是认知改变的基础，政策对象国能动性的发挥重在加速或延缓认知转变的过程，而国际危机则是推动认知产生质变的催化剂。

因此，决策团队的认知修正或转变会打乱原有战略的实施和操作步伐，只有不断地跟踪反馈才能增强战略的适应性，这样，外交决策团队为因应新的认知而对原有的政策逻辑做出修正，以更好地实现组织目标。尽管有时并非完全是心甘情愿的，很多时候只是形势使然，但政治行为不同于价值观，价值观具有稳定性和长期性，这些是单纯的政治行为所不具备的；而且政治行为更多的是为了实现政治目标，因此决策者可能会选择在与自身原则、价值观存在冲突的情况下对原有的认知做出修正或转变从而推动政策逻辑的调整。

第二章 冷战初期美国东亚政策逻辑与重心的形成

第二次世界大战使美国摆脱孤立主义并开始全面参与全球事务，伴随着二战末期的一系列世界秩序安排美国形成了自己的全球大战略。中国的抗日战争和1941年爆发的太平洋战争使作为反法西斯战争两大战场之一的东亚太平洋地区在战后的地位大为突出，因此，在对日作战结束之前，罗斯福总统便开始思考战后东亚地区的相关安排和地区秩序的构建，其中中国的政治地位被大大提升并成为美国在亚洲的重要盟友。但是到1950年之后，美国却将中国视为东亚地区的首要遏制对象，与此同时日本在美国东亚政策中的地位大为提高，并通过《日美安保条约》成为美国在东亚地区的战略支点和政策重心。本章将应用认知—决策分析框架重点讨论美国在这一阶段东亚政策的逻辑与重心的演变以及对美国对日、对华政策的影响。

第一节　二战末期和战后初期美国东亚政策的逻辑与重心

二战使美国全面摆脱孤立主义，开始在全球范围内广泛介入国际事务，并在二战临近结束和战后初期主导建立了一系列美国领导下的国际秩序。其中，罗斯福总统在二战期间所形成的战后和平计划的设想成为美国推行全球和地区政策的重要基础。

一　罗斯福的战后世界秩序设想及其东亚地区认知

罗斯福总统在步入政界乃至担任总统期间，都非常关注国际事务和外交。1919～1920 年前后，罗斯福成了威尔逊主义的强有力的倡导者，尽管美国在加入国联的问题上遭到失败，但罗斯福继续把美国加入国联说成是有效的外交政策的可靠工具，并认为“国际联盟”是对现实形势的一种比较现实的解决办法。这是因为在他看来，如果美国能在世界事务中起重要作用，就既能造福于本国人民，又可帮助全世界落后民族摆脱贫困。[①] 同时，为了确保重要的问题能由自己做出决策，罗斯福设法保证那些重大决策权始终掌握在总统手里；同样，在重大外交政策问题上，罗斯福通常是自己做出决策的。[②] 因此，罗斯福本人对战后国际格局和东亚地区的认知是决定战后美国全球和地区政策的关键考量。

随着第二次世界大战的全面爆发和美国最终参战，美国朝野对罗斯福所倡导的美国在战后积极主导重建世界秩序等基本达成共识，以避免世界大战的再次爆发。而担任总统一职十余年的罗斯福总统对于美国应该如何主导构建战后世界新秩序发挥了关键作用，并在生命的最后几年里主导建立了影响深远的战后世界政治、经济和安全秩序。

---

① 〔美〕罗伯特·达莱克：《罗斯福与美国对外政策（1932—1945）》（上册），伊伟等译，北京：商务印书馆，1984，第 7～19 页。

② 〔美〕罗伯特·达莱克：《罗斯福与美国对外政策（1932—1945）》（上册），伊伟等译，北京：商务印书馆，1984，第 41 页；同前书（下册），陈启迪等译，北京：商务印书馆，1984，第 758 页。

首先，是战后的世界安全保障机制。罗斯福所设计的战后世界安全秩序是大国主宰下的集体安全体系。这从联合国的制度安排上可以体现出来：各国不论大小在联合国里面都是平等的并受到同等的尊重；常任理事国通过大国一致原则来确保和平并在必要的时候使用武力。[①] 因此，罗斯福总统希冀通过联合国框架安排来实现战后世界和平。

其次，通过各方所接受的政治安排来体现二战后的世界力量格局。罗斯福主张进行大国合作，并且每个大国对其所在的地区负有特别的职责。[②] 联合国的制度安排除了可以实现集体安全，同时也能够适应二战结束之后的世界格局，雅尔塔体系的最终形成是战后世界政治秩序安排的集中体现。

最后，以开放、自由的经济秩序作为世界政治秩序稳定运行的基础。罗斯福认为，导致一战后的世界秩序崩溃并最终发展成为第二次世界大战的根本原因之一就是经济民族主义的兴起和随之而来的大量贸易壁垒。因此，打破各种贸易壁垒，实现国际贸易自由化就成为美国战后重建世界经济秩序的最重要的目标。相应的制度安排就是筹划建立国际货币基金组织和国际贸易组织，尽管国际贸易组织的创设最终未能成功，但这一设想缩水后所成立的关贸总协定机制也大大促进了战后的国际贸易自由化进程。

通过上述安全、政治和经济三方面的安排，以罗斯福总统为首的美国决策层判断，在美国的全球领导作用下，妥善照顾各大国的传统利益范围，通过大国一致来制止侵略和武力争端，并推行国际贸易自

---

① 参见 Willard Range, *Franklin D. Roosevelt's World Order*, Athens: University of Georgia Press, 1959, pp. 175 - 176。

② 〔美〕罗伯特·达莱克：《罗斯福与美国对外政策（1932—1945）》（下册），陈启迪等译，北京：商务印书馆，1984，第763页；赵志辉：《罗斯福外交思想研究》，合肥：安徽大学出版社，2009，第211页。

由化来防止20世纪30年代以邻为壑的经济民族主义再度引发世界经济危机从而导致世界大战是完全可行的。

对于这一构想，美国决策层的一个最大的不确定性来自如何在战后处理与苏联的关系。毕竟，美英与苏联的合作乃是出于共同抵抗法西斯轴心国的需要，美苏之间巨大的意识形态分歧并未随着二战中同盟国的合作而消失。但罗斯福认为对待苏联应采用融合政策(integration policy)，即通过给予苏联一个在国际体系中的显赫地位或者使它成为俱乐部中的一员来确保战后世界秩序的稳定；罗斯福认为苏联的敌意来自其不安全感，而这种不安全感又来自外部。罗斯福在1944年对苏联的评价可以证明这一点，“他们不了解我们，这是最根本的区别。他们是友好的且并未感染上任何疯狂的征服念头等；现在他们对我们有了了解，他们就比较愿意接受我们”。[①] 可以看出，罗斯福对苏联行为的理解是一种类似于防御性现实主义的观点，即坚持“国家并非先天具有恶意”这一假设，国家之间可以开展合作。[②] 即罗斯福认为，美国可以通过与苏联的协商和战略保证，实现美苏在战后的长期合作。

在上述带有防御性现实主义色彩的世界秩序设想的指导下，美国罗斯福政府的东亚地区观可以概括为：战后，日本将沦为战败国，日本军国主义的复活将是对地区稳定的主要威胁；其他国家或者尚未独立，或者难以发挥中国将起到的稳定作用，中国将成为一个能够在东亚地区发挥稳定作用的国家，并可以平衡战后苏联势力在东亚地区的扩张；假以时日，东亚地区将是一个巨大的、潜在的

---

① Roosevelt Informal Remarks to the Advertising War Council Conference, March 8, 1944, Samuel I. Rosenman, ed., *The Public Papers and Address of Franklin D. Roosevelt*, Vol. 13 (New York: 1938 - 1950), XIII, 99. 转引自 John Lewis Gaddis, *Strategies of Containment: A Critical Appraisal of Postwar American National Security Policy*, New York: Oxford University Press, 1982, p. 9。

② 关于防御性现实主义的理论介绍，请参见本书导言和第一章。

市场，美国需要全面介入东亚地区事务，确保东亚地区的安全、稳定和开放。[①]

二 "罗斯福东亚地区观"指导下的美国东亚政策逻辑与重心

根据上述美国罗斯福政府对东亚地区的认知，罗斯福领导下的外交决策团队为争取国内各界乃至同盟国对这一东亚认知的支持，将这一时期美国政府的东亚政策逻辑表述为，美国在东亚地区首先是要防止日本军国主义的复兴，其次是抵制苏联势力在东亚地区的扩张，以确保东亚地区的安全稳定；瓦解欧洲列强在东亚地区的殖民体系，实现商业机会的均等和开放；对美国来说，比较可行的政策是寻找一个与美国有共同利益、彼此需要而又能为其利用的代理人，作为其在东亚地区的战略支轴，亲美的中国国民政府正是美国需要扶持和联盟的目标。对于这一政策逻辑的推广，罗斯福本人及其领导下的决策团队付出了较大的努力。

第一，看好中国的发展潜力。罗斯福领导下的外交决策团队基于长远战略考虑构思美国东亚战略。20 世纪 40 年代的中国的确积贫积弱，名列四强实属勉强。但罗斯福倾向于从长远考虑出发制定对华政策。首先，他认为中国不仅是一个具有悠久历史的文明古国，而且"既不会侵略也不会变成帝国主义"。[②] 正如许多历史学家所述，罗斯福本人对于中国有一种情感上的依恋，对中国人民抱有深深的同情，并且坚定地支持中国抗击日本的侵略。[③] 其次，中国将会成为维护地

① 〔美〕罗伯特·达莱克：《罗斯福与美国对外政策（1932—1945）》（下册），陈启迪等译，北京：商务印书馆，1984，第 474、555、557、600、611、714、741 页；赵志辉：《罗斯福外交思想研究》，合肥：安徽大学出版社，2009，第 138～162 页。

② 〔英〕安东尼·艾登：《艾登回忆录（清算）》中册，瞿同祖、赵会玖译，北京：商务印书馆，1976，第 657 页。

③ 参见 Willard Range，*Franklin D. Roosevelt's World Order*，pp. 177－178。

区和世界和平的重要力量。早在1942年，罗斯福就强调：“将来，一个难以战胜的中国将不仅在东亚，并且在全世界都会起到维护和平与繁荣的合适作用。”① 关于对华政策，他进一步强调：“我们的政策是基于如下信念的，那就是尽管中国暂时还贫弱，而且有可能发生革命内战，但是四亿五千万中国人民有朝一日总会统一和实现现代化的，总会成为整个远东的最重要的因素。”② 也就是说，罗斯福基于长远考虑预见了中国的崛起，因此与中国建立良好的合作关系将最大限度地符合美国在东亚地区的战略利益。

第二，从空间维度上来说，罗斯福对东亚地区的地缘政治格局有着充分的理解和认识，从而意识到了中国的关键地缘政治地位。他认为，通过第二次世界大战，日本必将崩溃，“日本将在一个很长的时间内失去作为一个东方大国的资格，唯一真正的东方大国就是中国了，中国将取代日本成为战后东亚的主要大国。因而，如果要确保远东稳定的话，任何安排都应以中国为中心来进行。”③ 同时，罗斯福还将一个亲美的中国视为阻止苏联势力向东亚地区渗透的重要屏障。罗斯福说过：“在（我们）与苏联在政策上严重对立之时，（国民党的）中国任何时候都会站在我们一边”。④ 因此，为了抵御战后苏联势力的扩张，其必须支持一个亲美的中国政府，用以保证战后亚洲的稳定。为此，美国曾设想在中国的领土上建立强大的反苏军事基地，开罗会议前夕，罗斯福和美国军方就曾建议蒋介石讨论借助《租借法》为中国训练和装备90个师的问题。据美国史书披露，此举是希

① *Foreign Relations of the United States*, 1942, Diplomatic Papers, China, Washington D. C.: G. P. O., 1956, pp. 44 - 45.

② 〔美〕罗伯特·达莱克：《罗斯福与美国对外政策（1932—1945）》（下册），陈启迪等译，北京：商务印书馆，1984，第714页。

③ Cordell Hull, *The Memoirs of Cordell Hull*, New York: Macmillan Co., 1948, Vol.Ⅱ, p. 1587.

④ 〔日〕信夫清三郎：《日本外交史》，天津社会科学院日本研究所译，北京：商务印书馆，1992，第709页。

望“在远东建立一支能够在西伯利亚与红军对抗的强大军队”。[①] 归纳起来，无论是填补日本崩溃后的权力真空还是阻止苏联势力向东亚地区渗透，中国都当之无愧地成为美国在东亚地区战后安排的重心所在。

第三，在经贸往来上，罗斯福从美国与东亚地区经贸往来的大战略出发构思东亚战略。中国巨大的人口规模是一个潜在的巨大市场，能够打入这个市场将符合美国的国家利益。罗斯福总统大力扶持中国使其实现独立和强大，一个很重要的原因是中国的稳定、统一符合美国的经济利益。

归纳起来，在美国政府看来，中国在东亚地区将发挥的作用是：成为亚洲的稳定力量和领导者，看住日本并阻止苏联势力在亚洲的扩张，引导中国追随美国的全球战略目标并认同美国主导下的国际秩序，从而成为美国战后世界秩序安排中东亚政策的支轴和重心。

基于上述政策逻辑，在罗斯福政府的东亚战略构想中，罗斯福政府选中了中国作为未来东亚地区的稳定力量，把当时的中国视为“远东地区重要的稳定因素”。[②] 在经济和军事上援助国民政府，外交上抬升蒋介石的地位，把中国列入维护战后世界稳定的“四强”之中。对于罗斯福如此抬升中国的国际地位的做法，丘吉尔和斯大林最初均表示不能接受，因为当时的中国积贫积弱，根本谈不上是一个世界性的大国，连地区性关键国家也算不上。但罗斯福努力地说服苏联和英国接受美国将中国列为四强的建议，最终使中国成功位列四强。[③] 因此，在这一时期，扶持中国与巩固美中关系成为罗斯福政府

---

① 参见 Charles F. Romarus and Riley Sunderland, *Stilwell's Command Problems*, Washington D. C.: Office of the Chief of Military History, Dept. of the Army, 1956, p. 58。

② 〔日〕信夫清三郎：《日本外交史》，天津社会科学院日本研究所译，北京：商务印书馆，1992，第 709 页。

③ 参见〔美〕罗伯特·达莱克《罗斯福与美国对外政策（1932—1945）》（下册），陈启迪等译，北京：商务印书馆，1984，第 557、602 页。

东亚政策的重心，而日本则沦为一个战败国，将受到严厉的惩罚，被同盟国占领。

围绕这一政策重心，二战期间，美国对于中国的抗日战争给予了大量援助和支持。在日本投降后，美国政府帮助中国国民政府大规模运兵，以迅速恢复国内秩序，并通过派遣军事顾问团、延长《租借法》等方式来装备国民政府的陆、海、空军，增强其战斗力。1946年6月，美国国会通过了《军事援华法案》，宣布美国将向国民政府提供5170万美元的“补给”装备；8月31日，美国与国民政府签署了《中美战时剩余物资出售协定》，美国将其存放在印度、中国及太平洋17个岛屿上的原价为9亿美元的物资以1.75亿美元的低廉价格出售给中国。据统计，从抗战结束到1946年6月，美国向国民政府提供了13.55亿美元的战争物资，共装备了国民党军队的45个师，为其训练了各种军事人员15万人。1946年3月，美国政府还成立了派赴中国国民政府的军事顾问团，并训令国务卿、陆军部长和海军部长：“这一顾问团的目标是帮助中国政府发展现代化的武装部队，并向其提供这方面的意见，以便使中国政府完成他在国际协议下将须负起的义务。”[①] 国际协议下的义务，自然是指希望中国能够发挥在东亚地区的稳定力量作用，看住日本并能够抵制苏联势力向亚洲扩张。

同时，为防止国共两党爆发内战而危及蒋介石领导下的国民政府，美国杜鲁门总统特意派遣在欧洲战场负有盛名、刚刚卸职的原陆军参谋长马歇尔（George Catlett Marshall）将军来华调停国共两党冲突，希望能够帮助中国实现两党和解，帮助蒋介石领导下的国民政府成为中国的唯一合法政府，以发挥履行国际义务的作用。

相比之下，这一时期美国的日本政策则主要是让日本不再成为太

① 参见王玮主编《美国对亚太政策的演变：1776—1995》，济南：山东人民出版社，1995，第243～244页。

平洋地区的危险的竞争者，并在日本建立一个尊重别国权利和履行国际义务的政府。1944 年 5 月，美国国务院战后计划委员会制定的《合众国的对日目标》决定把日本战后的发展分为三个阶段：第一阶段是对日本实施投降条款，作为对其发动军事侵略的报复，使之接受占领下的严格训练；第二阶段是实行严密的监督，随着日本表现出与别国和平相处的愿望和能力，对其逐步放松限制；第三阶段是使日本在和平的各国国民中恰当地完成自己的责任。①

美国国务院战后计划委员会的这一政策奠定了美国战后对日政策的雏形，1944 年 12 月 7 日，美国国务院、陆军部和海军部协调委员会（SWNCC，以下简称“三部协调委员会”）经讨论基本认同了上述原则，并将其修改稿作为 SWNCC16 号文件发表，成为美国战后对日政策的第一个正式官方文件。②

1945 年 9 月 6 日经杜鲁门总统批准的 SWNCC150/4 号文件（即《投降后初期美国对日政策》）再次声明：“美国对日占领政策的最终目标之一是确保日本今后不再成为美国的威胁，不再成为世界和平与安全的威胁。”③ 为实现这一政策目标，美国利用对日单独军事占领这一优势，对日本进行了改造和重塑。

第一是政治方面的改造。主要包括建立西方民主体制、逮捕和审判战犯、修改宪法等。第二是对日本进行经济改造。实现经济非军事化和民主化，通过解散财阀、农地改革和劳动立法改革等予以实现。第三是制定与实施日本战争赔偿政策。这是惩罚日本侵略行为并防止它重整军备的重要方法。根据《投降后初期美国对日政策》所规定的战争赔偿的基本政策，日本必须支付由于其侵略而产生的战争赔偿；

① 〔日〕信夫清三郎：《日本外交史》，天津社会科学院日本研究所译，北京：商务印书馆，1992，第 711 页；王绳祖：《国际关系史》第七卷，北京：世界知识出版社，1995，第 75 页。

② 于群：《美国对日政策研究》，长春：东北师范大学出版社，1996，第 10 页。

③ 于群：《美国对日政策研究》，长春：东北师范大学出版社，1996，第 33 页。

没收日本海外资产；将日本维持和平经济所不需要的物资及现存的工业设备，用作战争赔偿。[①] 杜鲁门总统解决日本战争赔偿问题的特使埃德温·鲍莱（Edwin W. Pauley）在 1945 年 12 月 6 日向杜鲁门提交的报告中，推荐拆除工业设备、没收商船和没收日本海外资产的赔偿方式，并认为这不仅为赔偿提供了财源，更重要的是实现了美国对日政策的根本利益：既从根本上削弱了日本的实力，又提高了日本周边国家的工业水平，加强了这些国家抗衡日本的能力，从而有助于保持亚洲与太平洋地区的战略平衡。在最后通过的美国有关日本赔偿问题的 SWNCC236/43 号文件中，为体现美国国内一部分反对鲍莱的严厉的赔偿意见的建议，也只是增加了力求减少美军占领费用的内容。[②]

综上所述，1945～1946 年美国的对日政策仍然是围绕"确保日本今后不再成为美国的威胁，不再成为世界和平与安全的威胁"这一目标展开，无论是政治、经济方面的改造还是赔偿问题，都没有因为二战结束和总统的更迭而立即开始转变原来的对日基本政策，罗斯福总统时期形成的美国东亚地区观和确立的政策逻辑仍然在发挥着重要的影响。这一时期美国对华、对日政策的具体对比如表 2－1 所示。

表 2－1

领域	分析层次	对华政策		对日政策	
	全球/东亚	定位	政策目标	定位	政策目标
政治	全球	全球四强	扶持中国名列四强和成为联合国常任理事国	战败国	尊重别国权利和履行国际义务的政府
	东亚	东亚地区大国	东亚地区的稳定力量和美国盟友	战败国	尊重别国权利和履行国际义务的政府

① 于群：《美国对日政策研究》，长春：东北师范大学出版社，1996，第 80 页。

② 于群：《美国对日政策研究》，长春：东北师范大学出版社，1996，第 81～85 页。

续表

领域	分析层次	对华政策		对日政策	
	全球/东亚	定位	政策目标	定位	政策目标
安全	全球	全球四强	地缘上遏止苏联战后势力扩张的重要屏障和可以依靠的力量	防范对象	不再成为世界和平的威胁
	东亚	东亚地区大国	防范日本军国主义东山再起	防范对象	不再成为东亚地区的威胁
经济	全球	潜在的巨大的市场	美国的巨大目标市场	改造对象	经济非军事化和民主化
	东亚	潜在的巨大的市场	美国的巨大目标市场	改造对象	经济非军事化和民主化

第二节 美国东亚政策逻辑和重心的第一次转变

如本书第一章所述，美国东亚政策的逻辑并非是一成不变的，而是随着主客观因素的变化而相应地发生转变。随着罗斯福总统的突然逝世和美苏冷战的爆发所带来的国际形势的巨大变化，美国决策层对东亚地区的认知也随之逐步发生变化，从而推动着美国东亚政策的逻辑也逐步发生转变。

一 杜鲁门任总统后美国决策层内部对“罗斯福东亚认知”的异议

杜鲁门总统对外交并不是很在行，在他继任总统后，原先对罗斯福政策逻辑持不同意见的决策顾问成员开始再度活跃，以期影响杜鲁门总统的东亚地区认知。杜鲁门继任总统后的次月即 1945 年 5 月，在代理国务卿格鲁（Joseph C. Grew）、海军部长弗雷斯特（James Vincent Forrestal）和陆军部长史汀生（Henry Lewis Stimson）的一次会谈中，海军部长弗雷斯特提出：“对苏联力量的增长，我们采取了什么样的政策？要不要有个能与之抗衡的力量，这个力量是中国还是日本?"[①] 也就是说，在反法西斯战争取得彻底胜利之前，美国决策层内部在讨论东亚地区的基本政策时已经开始考虑中日两国哪个是战后可以依靠的力量了。

二　杜鲁门继任总统后国际环境的变化

（一）国际结构的调整。随着反法西斯作战胜利后美苏在中东欧、中东的对抗，美苏冷战终于在 1947 年 3 月随着"杜鲁门主义"的出台而全面爆发。美国国务卿马歇尔得出结论，认为美国当初设想的和苏联人的合作已不可能。[②] 美国开始承担在全球遏制苏联扩张的义务，把苏联作为对手而非伙伴，并使用遏制政策长期而耐心地在全球对付苏联。[③] 1948 年 6 月至 1949 年 5 月的第一次柏林危机等一系列美苏交锋事件的发生，使美国在欧洲逐步确立了对苏联的全面遏制政策，全球战略形势也逐步演变成美苏两极冷战的态势，从而使对苏联进行遏制成为美国全球政策的首要目标，这使得美国决策层内部开始透过美苏对抗的视角来对东亚地区进行认识。

（二）国际进程的改变。美苏冷战的爆发使意识形态成为划分两大阵营的重要标志，从而使意识形态因素在美国战后的外交政策中异军突起，成为美国辨别敌友的重要考量之一。与此同时，1948 年下半年开始，中国的国民党政权开始在内战中逐渐显露出败象，中国内战向着有利于中国共产党夺取政权的方向发展。由于中国共产党是马克思列宁主义意识形态的政党，美国国防部、军方和国会中的部分人士——亲蒋反共议员、院外援华集团等从遏制苏联和共产主义扩张的

---

① Walter Millis, ed., *The Forrestal Diaries*, New York: Viking Press, 1951, p. 52.

② 〔美〕威·艾·哈里曼：《哈里曼回忆录》，复旦大学资本主义国家经济研究所编译组译，上海：上海人民出版社，1975，第 33 页。

③ 郝雨凡：《白宫决策：从杜鲁门到克林顿的美国对华政策内幕》，北京：东方出版社，2002，第 17 页。

立场出发，认为中共取得全国政权将是苏联和共产主义势力在东亚地区的扩张。例如在1949年3月，美国国防部就断言“共产主义势力在远东的扩张对毗邻中国的东南亚地区造成了直接危险”。[①] 意识形态因素的凸显使得美国从共产主义扩张的视角来看待中国革命的胜利，罗斯福原来所希望的中国成为一个亲美的、强大的国家，从而能够看住日本并遏制苏联在亚洲扩张的这一设想受到了中国急剧变化的形势的冲击和挑战，美国不得不考虑如何应对苏联势力扩张至中国全境乃至整个东亚地区的局面。因此，美国与东亚地区国家之间的互动更多地开始表现为以意识形态画线的冷战，通过以中国为中心的力量均势来防止日本军国主义复活的政策则日益被边缘化。

三　杜鲁门政府东亚地区认知的初步形成（1947～1949年）

杜鲁门作为罗斯福的副总统而继任总统，最初其全球政策和东亚地区观有着深深的罗斯福烙印，因此战后初期的对日、对华政策还延续着罗斯福有关战后东亚秩序的设想。如前文所述，二战末期和战后的最初两年里，美国东亚政策的重心是延续战时形成的中美同盟，并以此为基础来构建一个有利于维护美国在该地区占主导地位的东亚地区秩序，中国是美国在东亚的主要盟友，以此防范日本军国主义的复兴和苏联势力的扩张。

但是随着美苏冷战的爆发，美国的全球政策和地区政策开始围绕对苏遏制展开。杜鲁门政府的东亚认知也不例外，杜鲁门总统的决策顾问系统内部开始出现一系列主张重新思考对东亚地区的认知的观点和主张。调停中国国共两党冲突失败的马歇尔将军回国就任国务卿后，凭借其战时声望、个人魅力以及领导才能，深受杜鲁门总统的信

---

① 杜鲁门文件，总统秘书档案第205盒。《美国对外关系文件》，1949年第7卷，第1129页；1949年第9卷，第860页。转引自时殷弘《1950年美国远东政策剧变的由来》，《南开学报》（哲学社会科学版）1995年第5期。

任与支持，他所领导下的国务院也因此在美国对外政策制定中发挥了核心作用。[①] 马歇尔主导成立了美国国务院政策研究室，而出任主任的则是大名鼎鼎的乔治·凯南（George F. Kennan）。在凯南担任政策研究室主任期间，该机构提交了多份研究报告，其中一部分被加以修改后成为以美国官方政策表述的国家安全委员会（NSC）文件，这些文件陆续成为美国政府对外决策的重要依据，代表着美国决策层对外政策的主流观点，更重要的是，这些文件的观点与罗斯福任职时期美国决策层对东亚地区的认知有着根本的不同。

首先，美国在东亚地区的战略目标发生了转变。在抵制苏联势力扩张和防止日本军国主义复活这两大战略目标中，前者开始凸显为主要战略目标，并逐步发展成在东亚地区全面遏制苏联和抵制共产主义的扩张。

其次，对中国在东亚地区的定位发生了变化。凯南认为，"'遏制'战略的重点就是保护欧美、日本等发达地区及对西方安全生死攸关的交通枢纽和战略要地，不让它们落入莫斯科控制之下。"[②] 而在东亚地区，凯南认为不能容许落入同美国敌对的势力之手的地区和国家是日本和菲律宾；同时，在凯南所认为的五个世界工业和军事力量中心里面，亚洲仅有日本一国入列。此外，1948 年 9 月 7 日，凯南领导下的政策研究室提出的第一份对华政策报告，以很长的篇幅来论证中国由于人口众多、资源缺乏、政治动荡等，很难在可见的将来成为工业和军事强国。[③] 在后来的回忆录里，凯南在谈到 20 世纪 40 年代末中国局势的发展时说："中国形势如此恶化本身并不对美国的

---

① 参见 Wilson D. Miscamble, *George F. Kennan and the Making of American Foreign Policy, 1947 - 1950*, Princeton, N. J.: Princeton University Press, 1992, pp. 4 - 5。

② John Lewis Gaddis, *Strategies of Containment: A Critical Appraisal of Postwar American National Security Policy*, p. 30.

③ 参见张小明《乔治·凯南与冷战时期美国的东亚政策》，《国际政治研究》2008 年第 3 期。

利益构成致命的威胁。中国并不是一个工业强国，它在今后很长时间里也没有希望成为这样一个强国。尤其是它不能在短期内成为影响超过亚洲大陆的军事强国。它没有能力发展大规模的两栖力量。”[①] 因此，以凯南为代表的美国部分决策咨询顾问认为，当时的中国并不具备重要的战略地位，在可见的将来也不会成为东亚地区重要的政治力量，而日本才是东亚地区真正具备重要战略地位的大国。杜鲁门政府在很大程度上采纳了上述建议，即区分美国的主要利益和次要利益，集中力量推动西欧的经济复兴，避免在东亚地区大规模直接介入，中国成为可以放弃的国家。

最后，对于原来的战败国日本，美国则给予了新的认识。时任美国国务院副国务卿的迪安·艾奇逊（Dean Gooderham Acheson）于1947年5月在密西西比州克利夫兰进行演讲时，将日本和西德称为亚洲和欧洲的两个最伟大的加工厂，这标志着美国开始重估日本在全球反对共产主义扩张战略中的作用，这主要反映在美国对日本的占领和媾和政策上。美国最早的对日媾和草案出炉于1946年底，主持人是国务院远东司东北亚处处长、日本问题专家博顿（Hugh Borton），这份又被称为“博顿草案”的文件规定，25年内不允许日本拥有军队，支付苛刻的战争赔款等。[②] 这一方案在1947年8月被国务院内部传阅后，政策设计委员会成员戴维斯（John Paton Davies）认为，“这样的和约无助于美国实现建立一个稳定、经济上融入太平洋经济圈并对美友好的日本之中心目标，并可能让苏联有机会插手日本事务。”[③] 他同时认为，美国对日媾和“应促进达到美国在日本和太平洋地区的目的”，“日本应纳入太平洋经济，对美国友好，而且在一旦需要

---

① George Kennan, *Memoirs*: *1925 – 1950*, New York: Pantheon Books, 1983, pp. 373 – 374.

② 参见王绳祖《国际关系史》第八卷，北京：世界知识出版社，1995，第161页。

③ Wilson D. Miscamble, *George F. Kennan and the Making of American Foreign Policy, 1947 – 1950*, pp. 250 – 251.

时可以随时成为美国的可靠盟友”。[①]

因此，伴随着冷战的展开，到 1949 年底中共即将取得全国政权前夕，杜鲁门政府的东亚地区观是：东亚地区面临着苏联共产主义的渗透与扩张，这是美国在东亚地区的主要威胁；中国因其自身国力的落后而无法发挥抵制苏联势力扩张的作用，并且中共获得内战胜利可能使其落入苏联的势力范围，但中国也可能会有“铁托主义”倾向；相比中国，日本才是美国必须控制和不能放弃的战略要地；美国失去中国并不会危及美国的根本利益，自日本列岛到菲律宾的第一岛链是美国必须坚守的遏制防御战线。

四　杜鲁门政府东亚政策逻辑与重心的初步形成

基于这一全新的东亚地区观，杜鲁门政府的东亚政策逻辑开始转变为：遏制苏联共产主义向东和向南扩张成为东亚政策的出发点；必须防止作为全球五大军事 - 工业中心之一的日本落入苏联控制之下；中国短期内难以成为重要战略力量，因此不值得美国在中国投入有限的遏制资源，可以考虑放弃这个战略地位不甚重要的区域；美国原来设想的在东亚地区实现美国主导下的均势政策转为在东亚地区构建抵御苏联扩张的遏制防线政策。这一政策逻辑带有浓郁的冷战色彩，主要具有如下特点。

第一，时间维度上主要考虑遏制苏联的战略需要。在凯南发给国务院的电文里，他认为，“苏联的对外行为对力量的逻辑高度敏感，因此在任何一点上遇到强大的阻力时可以轻易地退却，而且常常如此”。[②] 因此，从美国当时的国家安全角度来说，当下最紧急的是尽可能地遏制苏联共产主义势力的扩张，防止关键区域落入苏联控制

---

① 王绳祖：《国际关系史》第八卷，北京：世界知识出版社，1995，第 161 页。

② Department of States, *Foreign Relations of the United States*, 1946, Vol. 6, pp. 696 - 709.

下。在这些关键区域中，欧洲是重中之重，所以美国的遏制政策重心在欧洲；在亚洲地区，中国的工业实力远不如日本，因此丢失中国不会给美国带来灾难性的后果，1948 年至 1949 年美国对中国局势持“尘埃落定”的观望政策也充分体现了这两点。

第二，地缘政治思维上从将中国作为东亚地缘战略支点转变为以日本为中心构建岛链防御线。自 19 世纪末开始，马汉的海权论和麦金德的陆权论等地缘政治理论都对美国的地缘政治战略产生过较大的影响，但是经过二战的洗礼，自二战末期以来影响比较深远的地缘政治理论是斯皮克曼的“大陆边缘地带”学说。在二战尚未结束的 1944 年，美国耶鲁大学国际研究所出版了地缘政治学家斯皮克曼的遗作《和平地理学》，他在反驳麦金德大陆心脏地带学说的同时，提出了边缘地带学说，即“谁支配着边远地区，谁就控制欧亚大陆；谁支配着欧亚大陆，谁就掌握世界的命运”。[①]

换言之，大陆边缘地带地缘政治理论认为美国应该通过加强对欧亚大陆边缘地带的控制来防止这些地区落到与美国为敌的一个强国或几个联合起来的强国手里，从而全面控制欧亚大陆。斯皮克曼的观点建立在下述分析之上：“对于美国来说，海军和空军都必须看作是大陆上决定胜负的工具。军舰和飞机没有陆上基地是不能起作用的，因此，基地力量就始终是决定性的因素。”[②] 在东亚地区，中国就正好是控制欧亚大陆边缘地带的政治力量，所以依据这一观点，美国应该保持与中国的同盟关系来防止其他欧亚大陆上的强国控制这一边缘地带。但斯皮克曼同时也提出：“大陆边缘海对面的海岸都可以维持空军势力，用来对抗大陆上的空军。”[③] 而在东亚地区，日本、中国台湾地区和菲律宾等区域之于欧亚大陆就可以作为一个边缘海对面的海

---

① 〔美〕尼古拉斯·斯皮克曼：《和平地理学》，刘愈之译，北京：商务印书馆，1965，第 78 页。
② 〔美〕尼古拉斯·斯皮克曼：《和平地理学》，刘愈之译，北京：商务印书馆，1965，第 85 页。
③ 〔美〕尼古拉斯·斯皮克曼：《和平地理学》，刘愈之译，北京：商务印书馆，1965，第 103 页。

岸基地。因此，在中国内战形势急剧逆转和中共即将取得政权之际，美国因为战略重心在欧洲和自身力量的有限，开始放弃原来罗斯福政府时期所追求的以中国为地缘政治支点的地缘战略，退而求其次地追求对东亚地区边缘海对面海岸基地的控制，也就是以日本为中心构建第一岛链防御线，美国在东亚地区的地缘政治安排发生了一次重大的转变。

第三，对中国和日本在东亚战略中的角色进行了调整。美国开始重视日本的战略地位，中国则成为可以放弃的次要区域。正如凯南所述：日本是美国全球遏制苏联共产主义扩张战略中的五大战略区域之一和至关紧要的地区，而中国则短期内难以发展成为影响超过亚洲大陆的军事强国，也没有能力发展大规模的两栖力量，所以丢失中国不会给美国带来灾难性的后果。[①] 因此，美国一方面没有在面对国民党政权的失败时，大规模武装干涉中国内战以维系蒋介石政权，另一方面也做出了暂不承认新中国、静待尘埃落定的政治决定。

基于上述政策逻辑，美国东亚政策的重心开始逐步调整为将日本打造为美国的东亚遏制体系的支点和基轴，并开始以日本为中心构建环绕东亚大陆的第一岛链防御线，以服务于遏制苏联扩张的全球战略目标；而中国在美国东亚战略中的地位则相应地被不断弱化。

因此，美国政府在对日政策方面产生了较大的转变。1948 年 10 月被杜鲁门总统批准的国家安全委员会文件 NSC－13/2 文件，是一份详细的并且全新的对日政策纲领性文件，该文件指出，“经济复兴应成为美国对日政策中仅次于美国安全利益的主要目标”。[②] 这标志着美国对日政策的逆转：从抑制日本、惩治战犯、非军事化和民主

---

① George Kennan, *Memoirs*: *1925－1950*, pp. 373－374.

② 参见于群《美国对日政策研究：1945～1972》，长春：东北师范大学出版社，1996，第 110～111 页；肖蓉《抗战胜利后美国东亚战略的转变：历程、动因及其教训》，《太平洋学报》2005 年第 7 期。

化，转变为援助和扶植日本、放松对战争责任的追究、限制左派和劳工运动，以防止共产主义对日本的渗透。

日裔美国学者入江昭（Akira Iriye）等人认为：美国对日本的政策在冷战开始前后并没有发生根本的变化，美国早在二战结束之前就已经制定了在二战后把日本塑造成和平、负责任的国家，并使其成功融入国际经济体系等对日政策，后来美国执行的对日政策与之是一脉相承的；那种认为冷战从欧洲蔓延到亚洲从而引起美国对日政策转变的观点并不正确。① 笔者不赞同入江昭等人这一观点，如本书导言所述，美国东亚政策的重心意指美国东亚战略中最关键、最重要的组成部分，需要投入最大的外交资源和注意力，而非简单的经济复兴政策和战后改造政策，例如美国在欧洲地区同样对战败国联邦德国进行了经济复兴的扶持政策，但不能说美国的联邦德国政策是美国欧洲政策的重心。事实上，杜鲁门总统对罗斯福时期东亚政策逻辑的修正使美国的对日政策增加了如下内容：将日本打造成为美国在东亚地区的战略支点和军事前沿基地以遏制苏联共产主义的扩张，而这是罗斯福总统在二战期间所未设想到的。

第三节　美国东亚政策的冷战逻辑和日本重心的最终形成

截止到1949年底，杜鲁门政府基于新的东亚地区观，已经开始调整其东亚政策的逻辑和重心，但由于中国局势的不明朗和欧洲优先的战略考虑，这一调整的过程表现得相对缓慢，美国决策层内部也未达成完全一致的认知。美国在冷战前期二十余年的东亚政策的逻辑和

---

① 参见 Yonosuke Nagai and Akira Iriye, eds., *The Origins of the Cold War in Asia*, New York: University of Columbia Press, 1977, pp. 378 – 405。

重心的全面形成和强化还需要发挥政策对象国能动性和国际危机两大因素对认知的推动作用。

一　中日两国外交政策对美国东亚地区认知的影响

（一）新中国外交政策对美国政府东亚地区观的影响

1949 年渡江战役之后，中国共产党取得全国政权已经成为必然，即将取得全国政权的中共开始根据其所界定的国家利益开展外交，并开始结合自身的革命实践，主动地、自觉地、有目的地作用于其他国家，首先感受到这种变化的自然是美国，因为这对于原来美苏设计的雅尔塔体系，特别是其中的东亚力量格局构成了近乎颠覆性的冲击。

第一，新中国在外交政策上表明态度向苏联一边倒。在 1949 年，对于如何认识和处理与中国的关系，美国政府内部并未形成一致的意见。美国国务院、国防部、军方、国会中的部分人士——亲蒋反共议员以及院外援华集团人士等从遏制苏联和共产主义扩张的立场出发，对中国表现出敌视态度而主张采取不承认政策；并且在国务院内部有人开始积极谋求分离中国大陆和台湾的对策，以确保美国的西太平洋防御圈。① 但当时美国决策层中的这种仇视中共以及新中国的态度尚未形成主流。深受杜鲁门信任和赏识的国务卿艾奇逊曾经指出："一个国家的外交政策的第一需要是要能辨别出你的朋友和敌人。"② 这表明艾奇逊本人深谙国际政治中的现实主义权力政治，他明白，在冷战的大环境中，美国要在全球对苏联进行遏制，就需要阻止中国完全倒向苏联，而这样做是完全有利于美国国家利益的。艾奇逊在其回忆录中谈到南斯拉

---

① 美国国家档案馆文件，RG59，第 16 箱，第 56D151 号，转引自资中筠《追根溯源——战后美国对华政策的缘起与发展（1945—1950）》，上海：上海人民出版社，2000，第 262 页。

② Gordon H. Chang, *Friends and Enemies: The United States, China, and the Soviet Union, 1948 - 1972*, Stanford, Calif.: Stanford University Press, 1990, p. 1.

夫被开除出共产党和工人党情报局这件事情时指出："当时凡是莫斯科遇到的麻烦都是西方盟国的幸事。"[①] 由此，1949 年 4 月 4 日，艾奇逊对英国外交大臣贝文（Ernest Bevin）说："美国以后将采取一种更加现实主义的中国政策。"[②] 艾奇逊在此前一个月还曾预言，"共产党人只有在异常情况下才会表现出与苏联人合作的顺从态度。"[③] 因此，美国决策层在 1949 年底毛泽东赴苏访问、中苏之间展开缔结同盟条约的会谈之后，依然竭力地阻止新中国完全倒向苏联。例如，1950 年 1 月 5 日，杜鲁门公开阐述了美国对台湾的政策，明确而且正式地表示美国打算从中国内战脱身和不干预台湾局势。[④] 1 月 12 日，国务卿艾奇逊在记者招待会上再度公开阐述了同样的观点。[⑤]

而在中共方面，尽管与美国方面也进行了低级别的沟通，但是总体上来说，中国表现得并不是很急于与美国建立外交关系。1949 年 7 月 1 日，毛泽东发表了著名的《论人民民主专政》，提出了"联合苏联，联合各人民民主国家，联合其他各国的无产阶级和广大人民，结成国际的统一战线"，也即著名的"一边倒"的观点。1950 年 1 月 6 日，新中国政府开始征收包括美国在内的列强在京兵营，这是"打扫干净屋子再请客"这一说法的具体实践。新中国一系列的外交实践和声明都对美国对中国的看法产生了相当大的影响。

---

① 〔美〕迪安·艾奇逊：《艾奇逊回忆录》，伍协力译，上海：上海译文出版社，1978，第 205 页。

② Department of States, *Foreign Relations of the United States*, Vol. 7, 1949, pp. 1138 - 1141; Waldo H. Heinrichs and Dorothy Borg, *Uncertain Years: Chinese - American Relations, 1947 - 1950*, New York: Columbia University Press, 1980, pp. 23 - 24.

③ 〔美〕约翰·盖迪斯：《美国的政策与看法：1949～1950 年分裂中苏的楔子战略》，载袁明、〔美〕哈里·哈丁主编《中美关系史上沉重的一页》，北京：北京大学出版社，1989，第 253 页。

④ 资中筠：《追根溯源——战后美国对华政策的缘起与发展（1945—1950）》，上海：上海人民出版社，2000，第 277 页。

⑤ Waldo H. Heinrichs and Dorothy Borg, *Uncertain Years: Chinese - American Relations, 1947 - 1950*, p. 30.

第二，新中国表态支持亚洲民族解放运动。在毛泽东赴苏联访问期间，即 1950 年 1 月 18 日，中国承认了胡志明领导下的越南民主共和国，并开始对越共的抗法战争给予大力支持。对此，美国国家安全委员会于 1950 年 2 月 27 日制定的 NSC－64 号文件建议，美国需要采取一切切实可行的措施来阻止共产主义在东南亚的进一步扩张，以保护美国在该地区的重要利益。[①] 很显然，在美国看来，中国对越南抗法独立战争的支持行为是共产主义中国以中南半岛为桥梁进一步向南扩张的突出表现，中国已俨然成为东亚地区共产主义扩张的策源地和大本营。

第三，新中国与苏联签署《中苏友好同盟互助条约》。在新中国一系列的外交行为中，最具有震撼性影响的当属《中苏友好同盟互助条约》于 1950 年 2 月 14 日的签订了。《中苏友好同盟互助条约》的总纲提出：双方要共同对付日本帝国主义的再起及……与日本相勾结的国家……，而条约的第一条更是明确规定："缔约国双方保证共同尽力采取一切必要的措施，以期制止日本或其他直接间接在侵略行为上与日本相勾结的任何国家之重新侵略与破坏和平。一旦缔约国任何一方受到日本或与日本同盟的国家之侵袭，因而处于战争状态时，缔约国另一方即尽全力给予军事及其他援助。"[②] 十分明显，该条约所针对的并不是指名道姓的日本，而是在二战后单独占领日本的美国，这也就是说，实际上中苏同盟主要对付的是美国，就如美国学者韦斯塔（Odd Westad）所认为的那样，"中苏友谊的内容首先是作为一种反美联合，或者是一种在全球范围内反资本主义制度的联合，他将矛头直接对准了战后美国在亚洲的出现，以及以美国为首的世界资

---

① Department of States, *Foreign Relations of the United States*, Vol. 6, 1950, p. 745.

② 〔德〕迪特·海茵茨希：《中苏走向联盟的艰难历程》，张文武等译，北京：新华出版社，2001，第 693 页。

本主义制度”。[①]

新中国与苏联结盟的政策选择推动美国决策层开始思考进一步修正原来的东亚地区观中有关中国的部分，使得美国决策层内部认为应该改变原先对华政策的意见越来越强烈并开始获得广泛认同。

因此，新中国旨在维护国家的周边安全环境、履行无产阶级国际义务、争取苏联外交支持和经济技术援助等方面的一系列外交努力，使美国决策层中对中国产生“铁托主义”倾向的愿望日渐消退，转而将中国视为苏联的“卫星国”和“小伙伴”。这是因为，中苏同盟的结果使社会主义阵营在欧亚大陆连成一片，而且它的前线直逼太平洋，既使东亚地区的地缘政治形势发生了重大变化，也改变了东亚地区的原有均势结构和各方力量对比。1950 年 5 月 18 日，杜勒斯在给国务卿艾奇逊的备忘录中指出：“美国现在面对着一个全新和关键的世界形势，中国陷入共产主义并且好像将在亚洲扮演苏联共产主义的一个小伙伴的角色，这在全球产生了巨大影响，这标志着一个均势的转变，是不利于美国而有利于苏联的。”[②] 这份备忘录标志着美国决策层内部开始进一步修正 1949 年底形成的东亚地区观。

（二）战后初期日本政府在美日特殊关系形成过程中的能动性发挥

从理论上来讲，处于被占领状态下的日本并不存在外交，日本政府被禁止与外国进行联络，只能从属于麦克阿瑟领导下的盟军总司令部。但实际上，盟军最高司令部是通过日本政府实施间接统治的，因此日本政府与盟军总司令部之间开展了一系列的紧密谈判，并在被占领的末期，日本以即将独立的国家资格成为媾和谈判的当事者，因此被占领期间的日本政府与美国之间存在着事实上的外交关系。

---

① Odd Westad, *The Sino - Soviet Alliance and the United States: Wars, Policies and Perceptions, 1950 - 1961*, Paper for the International Conference, Hong Kong, January 1996, 转引自沈志华《毛泽东、斯大林与朝鲜战争》，广州：广东人民出版社，2003，第 129 页。

② Department of States, *Foreign Relations of the United States*, Vol. 1, 1950, p. 314.

1945 年 9 月至 1951 年 9 月占领期内，美日两国并未形成紧密的相互依存关系。日本主要还是基于全球力量格局这一背景通过发挥自身政策能动性来影响美国决策层的东亚地区认知特别是其中的对日认知。现有的研究成果表明，尽管日本政府和美国政府之间并非对等关系，而是被占领和占领之间的垂直关系，但是日本政府依然在以下几个方面通过自身能动性来影响美国决策层的对日认知。

第一，维持间接统治。这一时期日本外交的最高目标就是不让占领军的统治过渡为直接统治。日本首先设法使麦克阿瑟了解到日本政府对占领政策是合作的并且具有利用价值，从而使日本政府得以保存。1945 年 9 月 3 日，东久迩内阁派重光外相向麦克阿瑟提出撤销“三公告”的要求，表示日本政府诚心诚意与占领军合作，继续实行间接统治符合双方的利益。随着麦克阿瑟将“三公告”转换为“对日本政府的命令”，日本政府就此摆脱灭亡的危机，成功地维持了间接统治的中介功能，得以继续占据统治权的一角。1945 年 9 月 17 日，在麦克阿瑟与日本天皇的会面中，天皇谈到了自身的责任，要求对日本国民施以照顾。麦克阿瑟被他的态度所感动，进一步坚定了以天皇为合作者的决心，这意味着“通过天皇和日本政府实施间接统治”的路线又得到了进一步的巩固。① 此外，在日本政府的一再请求下，麦克阿瑟决定放弃军管，将对日本的占领统治形式最终确定为“盟总”指导日本政府的“间接统治”。②

第二，努力重建美国对日本政府的信任。1946 年 1 月，在币原

---

① 〔日〕五百旗头真主编《新版战后日本外交史：1945—2005》，吴万虹译，北京：世界知识出版社，2007，第 23、29 页。

② 宋成有、李寒梅：《战后日本外交史：1945—1994》，北京：世界知识出版社，1995，第 45～46 页。

首相与麦克阿瑟的会面中，币原认为战后日本应该放弃战争，以彻底的和平主义为国家大计。在1946年新年首相谈话中，币原首相向各界表达了“建设一个贯彻民主主义、和平主义、理性主义的新日本”的决心。[①] 而以美国为首的同盟国对日本的最大要求是使日本推行不能再次发动侵略战争的“和平政策”和作为保证的“民主化”。因此，随着日本政府自己提议制定彻底的和平主义和民主主义的宪法，美国决策层开始逐步加深对日本政府的信任，并将此视为可以避免“凡尔赛噩梦”的政策手段。

第三，主动配合“美国将日本拉入西方阵营”的意图。1948年5月26日，美国国务院远东司和国家安全委员会制定了对日政策的正式文件，10月9日，杜鲁门总统予以批准，这就是国家安全委员会NSC－13/2文件。它规定的对日政策目标是：在结束占领之前，日本在经济及社会方面强化和稳定起来，并努力使日本对美国友好，将经济复兴作为美国在日本的基本目标，冷战的观念被引入对日政策，美日关系的敌对性开始消失。[②] 对此，日本方面给予了积极的配合，1950年4月25日，日本吉田首相派大藏大臣池田勇人赴美，池田向美国方面表达了日本政府的态度，其中包括承认媾和后美军驻留日本等内容，也就是向美国方面转达了日本可以向美国提供基地的构想。[③] 这次会谈奠定了《日美安保条约》的基础，为美国推动单独媾和铺平了道路。在美日媾和谈判的过程中，日本积极配合美国将日本拉入西方阵营、美军长期驻留日本的设想，使美国意识到，日本将会

① 〔日〕五百旗头真主编《新版战后日本外交史：1945—2005》，吴万虹译，北京：世界知识出版社，2007，第36～37页。

② 宋成有、李寒梅：《战后日本外交史：1945—1994》，北京：世界知识出版社，1995，第68页。

③ 宋成有、李寒梅：《战后日本外交史：1945—1994》，北京：世界知识出版社，1995，第77页；〔日〕五百旗头真主编《新版战后日本外交史：1945—2005》，吴万虹译，北京：世界知识出版社，2007，第49页。

积极配合，以便成为美国在战后亚洲的重要战略支点和美军的前沿部署基地。

二　朝鲜战争对美国东亚地区认知的影响

1950 年 6 月 25 日爆发的朝鲜战争，毫无疑问是一次美国所需要直接应对的国际危机。在美国决策者看来，“其对于美国的价值观构成了严重挑战，并且是一次公开的、赤裸裸的对美国国际公认的韩国保护者的地位的挑战”。[①] 对此，美国需要在极短的时间内做出决策，美国直接的军事干涉有可能引发与苏联的直接军事冲突，并使中美从此走向二十余年的全面对抗。因此，朝鲜战争的突然爆发完全契合本书对国际危机的界定标准。

朝鲜战争作为战后东亚地区的第一场国际危机，对战后美国东亚地区观的最终形成起了最终的定型作用，类似足球比赛中最后的临门一脚，其使东亚地区也被全面纳入美苏全球冷战的大格局之内。这是因为，在朝鲜战争爆发之前，美国决策层内部主流的观点开始认为东亚地区也已经形成了类似欧洲那样美苏两极对峙的冷战格局，中国已经彻底沦为苏联的“小伙伴”或“卫星国”，共产主义集团会寻找美国等西方盟国势力比较薄弱的地带作为扩张的突破口，这一地区的主要威胁是以中苏同盟为核心的共产主义集团的扩张。但是上述观点并未得到全面的证实和认可，例如 1950 年 4 月形成的 NSC－68 文件，最初并未得到杜鲁门总统的批准。

而朝鲜战争的爆发使美国决策层对上述 1950 年上半年逐步形成的东亚地区观深信不疑。因此，在这一危机爆发后的 6 月 27 日，杜鲁门总统做出了军事上支援韩国政府、阻止解放军解放台湾、加快对菲律宾

① 〔美〕迪安·艾奇逊：《艾奇逊回忆录》，伍协力译，上海：上海译文出版社，1978，第 266 页。

的军事援助并开始大力资助在中南半岛作战的法国等系列决定。[①]

相关当事人员的回忆也证实美国杜鲁门政府在朝鲜战争爆发后所采取的各项政策措施正是建立在上述地区观的基础之上。美国五星上将布雷德利将军（Omar Nelson Bradley，时任美军参谋长联席会议主席）在回忆录中写道，当时“美国军方认为台湾远比朝鲜重要，我们认为朝鲜很可能是一次佯动，目的是转移我们对共产党急迫进攻台湾这一事实的注意力”。[②] 由此可见，美国军方是在美苏全球冷战的全球战略态势和东亚地区中苏同盟实施“共产主义扩张”的地区观基础上来理解朝鲜战争的，并且由此自然而然地将中国台湾问题与朝鲜战争的爆发联系在了一起。

美国这样决策的分析过程可以归纳为：《中苏友好同盟互助条约》中有“对有关中苏两国共同利益的一切重大国际问题，均将进行彼此协商”的条款，因此在美国看来，像朝鲜战争这样的大事，作为苏联盟国的中国不可能不事先知晓。因此，中国是挑起战争的共谋者或者至少是默许了朝鲜的进攻，于是合乎逻辑的结论就是美国认为朝鲜战争一爆发，中国大陆将马上发起对台湾的攻击。[③] 而台湾对于美国正在构建中的第一岛链防御线的完整与有效性至关重要，因此不可以再放弃台湾地区，使之落入以苏联为首的共产主义集团控制下而危及美国在东亚地区的战略地位。

朝鲜战争以中国志愿军参战为标志可以划分为两个阶段。首先，志愿军参战前，在美国决策层的东亚地区观中，中国被断定为苏联的“小伙伴”或“卫星国”。英国学者福特（Rosemary Foot）指出，美

---

① 〔美〕哈里·杜鲁门：《杜鲁门回忆录》（第一卷），李石译，北京：生活·读书·新知三联书店，1974，第396～402页。

② 〔美〕克莱·布莱尔：《将军百战归——布雷德利自传》，奥马尔·布雷德利口述，廉怡之译，北京：军事译文出版社，1985，第691页。

③ 参见 Henry Wei, *China and Soviet Russia*, Princeton, N. J.: Van Nostrand, 1956, p. 274。

国决策者对“中国是否会干预”这一问题的讨论被一系列假设所限制，这其中最重要的一点就是认为北京的政策是由莫斯科所决定的。而美国根据1950年8月和9月苏联的一系列举动判断出苏联并不想直接介入朝鲜战争，因此，中国政府对美军越过三八线的一系列警告和出兵干涉的暗示并未引起美国决策层的足够重视，因为按照《中苏友好同盟互助条约》的规定，那将导致苏联参战，而这显然是苏联所竭力避免的；另外，中国出兵干涉的最佳时机也已经错过，说明中苏共产主义集团一开始就没有打算让中国出兵。这一时期美国政府内部各种不同意这一看法的意见和建议都没有成为多数意见而被弃之不理。①

第二，在志愿军入朝作战后，中国变成了美国在东亚地区的主要遏制对象。由于志愿军在战斗中的卓越表现，美国对新中国的认知从积贫积弱的国家变为军事力量极强、极具威胁的共产主义扩张性国家，是东亚地区的主要威胁。中国不仅有在东亚地区进行共产主义扩张的强烈意图，而且还具有进行扩张的巨大能力。

朝鲜战争还使得日本在美国东亚地区战略中的地位和价值得到证实。冷战的开始，使日本的战略价值大大提升，美国认识到，从工业能力、人口、地理位置来看，如果日本落入敌手，那对美国的国防势必形成威胁；如果能够将日本作为己方伙伴加以利用，则其可以成为非常有效的战略据点。如果说，截止到朝鲜战争爆发之前这种认知还有些抽象的话，那么朝鲜战争的爆发则具体证实了日本的军事战略价值，更清楚地说，如果没有日本这个后勤基地，以美国为中心的联合国军甚至无法维持在朝鲜半岛的作战。同时，随着中美在朝鲜半岛的军事冲突，中国已成为美国在东亚的不共戴天之敌。反过来说，日本

① 参见 Rosemary Foot, *The Wrong War: American Policy and the Dimensions of the Korean Conflict, 1950 - 1953*, Ithaca: Cornell University Press, 1985, pp. 74 - 87。

作为美国在东亚协作国家的重要性也随之增加。[①]

到 1950 年底，美国决策层的战后东亚地区观最终成形：东亚地区已经成为冷战的前沿，并且面临着中苏共产主义集团“扩张”的威胁，其中中国是东亚地区需要遏制的首要对象。

三 20世纪五六十年代美国东亚政策的逻辑与重心的最终形成

基于上述东亚地区观，美国决策层将东亚政策逻辑表述为：东亚地区战略的首要任务是遏制中苏共产主义特别是中国的扩张；具体政策手段是以美日同盟为基础缔结多边或双边盟约，构建以美国为主导的军事防御体系；推行第四点计划，实施技术和经济援助，吸引地区内国家站到美国方面，消除共产主义的诱惑。为使这一逻辑得到必要的国内政治支持，美国决策层将这一逻辑具体表述为以下几个方面。

第一，在时间维度方面，一切政策的出发点都是首先要满足遏制战略的现实需要。相对于罗斯福总统从长远考虑对华政策，这一时期的艾奇逊尽管相信在未来的 10 年或者 15 年之后中国的态度可能会有改变，但他认为，如果在中国的长远未来上投机，而立即影响到美国的安全，那将是一笔亏本的买卖。杜鲁门对此的看法更为明确，在与来访的英国首相艾德礼（Clement Richard Attlee）会谈时他声称，“中国是苏联的卫星国，而且只要现在的北京政权掌权它就仍将是卫星，中国人民是有民族感情的，苏联人不能永远统治他们，但那是一种长远前景，现在对我们并没有帮助，对付共产主义的唯一办法就是消灭它。”[②]

第二，在地缘政治方面，中国东南沿海和南部边境线变成了美国需要大力构建的共产主义遏制防线。可以说，到 1950 年朝鲜战争爆

---

① 参见〔日〕五百旗头真主编《新版战后日本外交史：1945—2005》，吴万虹译，北京：世界知识出版社，2007，第 52 页。

② Department of States, *Foreign Relations of the United States*, 1950, Vol. 7, pp. 1397 - 1402.

发时，美国决策层已经开始认为东亚地区面临着苏联共产主义全线扩张的威胁，中南半岛、朝鲜半岛南部和日本，乃至印度都将是下一阶段共产主义扩张的目标，而朝鲜战争的爆发则完全证明了这一判断。美军协防台湾地区和接替法国扶持南越政权从根本上来说都是为了遏制所谓中国共产主义的扩张，防止共产主义多米诺骨牌现象在东亚各地出现，阻止这一现象的可靠手段就是通过“大规模报复”政策来阻止中苏集团可能的冒险行为。

第三，经济援助与建立军事联盟相挂钩。1949 年 1 月 20 日，杜鲁门在就职演说中概述了四点主要行动原则，其中第四点就是“技术援助落后地区计划”，1950 年 9 月，美国国会通过了《国际开展援助法案》，拨款开始执行第四点计划。通过有条件的技术援助，吸引第三世界国家站到美国这一边，以消除共产主义的诱惑；帮助这些国家维持政治局势的稳定，并以经济援助作为“诱饵”建立起美国主导下的冷战联盟体系。[①] 同时，为了使日本避免依赖中国资源，也为了实施对华禁运，美国完全放弃了中国的巨大市场，转而拓展日本与东南亚地区的经贸往来，发展日本与东南亚诸国之间的经贸联系，以确保从东亚非共产党地区安全地向日本及其沿岸岛屿提供粮食和其他战略物资的来源。

第四，中日两国的角色在美国决策者的视野中发生了根本性的逆转。如果说，随着中共在全国逐渐取得胜利之时，美国决策者的东亚政策逻辑中还是把日本视为岛链防御线的中心，中国可以成为美苏之间的中立国家，那么到了中苏同盟的建立和朝鲜战争爆发之后，美国已经开始把新中国视为遏制的对象了，原来已经逐步被打造成对苏遏制岛链防御线中心的日本，则被视为美国在东亚地区最重要的盟友。

---

① 王绳祖：《国际关系史》第八卷，北京：世界知识出版社，1995，第 147 ~ 148 页。

根据上述政策逻辑，美国东亚政策的重心就相应地演变为扶持日本、遏制中国从而服务于全球美苏冷战。1951 年 9 月，《日美安保条约》签署，标志着战后美国以日本为重心的东亚政策最终成形。[①]

四　美国对华和对日政策的逆转

在这一政策逻辑的指导下，美国将东亚政策的重心定位为日本，从而对日本开展了一系列扶持与帮助。

首先，对日媾和方针发生了转变。为了把战略价值上涨的日本留在西方阵营之内，美国做出了有必要以宽大政策尽早实现媾和的判断。[②] 到 1951 年 9 月 8 日，《日美安保条约》签订，这对于日本来说是一个惩罚色彩较弱的条约。例如，虽然对日本课以赔偿的义务，但考虑到了不给日本经济带来过重负担的问题；美军以双边条约的形式取得驻扎日本的权利；日本也应美国要求逐步重整军备等。[③]

其次，在美日媾和后，美国开始以各种方式帮助日本复兴和发展经济。除了战后不久的直接援助和以后的间接援助之外，1955 年美国支持日本加入关税及贸易总协定以使日本重返自由贸易体制；提供发展经济和提高生产率的技术援助；通过富布赖特奖学金计划，让日本学生接受美国大学的教育。其中最重要的是美国对日本开放市场，这对于失去了亚洲市场的战后日本经济来说具有非常重要的意义。[④]

---

① 〔日〕五百旗头真主编《新版战后日本外交史：1945—2005》，吴万虹译，北京：世界知识出版社，2007，第 14 页。

② 〔日〕五百旗头真主编《新版战后日本外交史：1945—2005》，吴万虹译，北京：世界知识出版社，2007，第 52 页。

③ 〔日〕五百旗头真主编《新版战后日本外交史：1945—2005》，吴万虹译，北京：世界知识出版社，2007，第 56 页。

④ 〔日〕五百旗头真主编《新版战后日本外交史：1945—2005》，吴万虹译，北京：世界知识出版社，2007，第 56 页。

最后，政治上帮助日本重返国际社会，在美国的帮助下，日本于1956年加入联合国，重新成为国际社会的一员。

在扶持和复兴日本的同时，为应对中国“共产主义的扩张”，美国在亚太地区构建了一系列的双边或多边形式的同盟体系以抵御中国“共产主义扩张”的威胁。

第一，军事上构建保卫亚洲大陆的半月形包围圈。自1950年开始，美国相继与菲律宾签署了《美菲共同防御条约》，与澳大利亚和新西兰签署了《美、澳、新安全条约》，与巴基斯坦和泰国等8国签署了《东南亚集体防务条约》，以及与蒋介石签署了《共同防御条约》等双边及多边军事条约体系，形成了以美国为轴心、各军事条约类似车轮上的许多辐条的军事体系。所有这些举措，都是服务于一个共同的目标，遏制中苏共产主义集团在东亚地区的扩张和颠覆活动。

第二，政治上对中国采取拒不承认和阻挠其加入联合国的敌视政策。中美双边几乎没有任何往来，仅靠时断时续的中美大使级华沙会谈保持联系；在联合国问题上，杜鲁门政府及后续的几任总统都一直反对中华人民共和国恢复合法席位和驱逐中华民国代表的要求，并在后来提出一项决议案，把任何要改变中国代表权的提案都作为一项“重要问题”，要求大会以三分之二的票数通过。上述情形一直到尼克松决心打开对华关系大门之后方才改变。

第三，经济上对华实施封锁和禁运。1950年12月4日，美国商务部宣布对运往中国的一切货物实施许可证管理制度，开始对华实施禁运。12月16日，美国国务院宣布“将中国共产党在美国管辖内的一切资产置于管制之下”，并禁止在美国登记的船只在另有通知以前驶往中国港口。为联合盟国和其他国家参与实施对华禁运，1951年5月18日，美国操纵第5届联大通过决议，“立即对中国实行汽油、原子能材料、枪支、弹药和其他军事物资的禁运”。为严格实行对华贸易管制，1952年9月，美国促使“巴黎统筹委员会”增设了一个专门针对中国的小组委员会。[①]

这一时期美国对华、对日政策的具体对比如表 2 - 2 所示。

表 2 - 2

领域	分析层次	对华政策		对日政策	
	全球/东亚	定位	政策目标	定位	政策目标
政治	全球	苏联卫星国	遏制共产主义的扩张	五大军事 - 工业中心之一	将日本拉入以美国为首的西方阵营
	东亚	共产主义在东亚扩张的根源所在	遏制其向外扩张并孤立甚至扼杀中国共产党	亚洲盟国	亚洲政策的支点
安全	全球	苏联卫星国	遏制共产主义的扩张	保护国	确保日本不落入苏联控制之下
	东亚	台湾“国民党政权”、中南半岛各国的威胁	构建军事同盟体系遏制其扩张	保护国	亚洲兵工厂和战略基地
经济	全球	苏联卫星国	通过封锁和禁运政策来孤立中共政权	亟待经济复兴的战败国	帮助日本经济复兴，并将之纳入以美国为首的西方世界经济体系中
	东亚	苏联卫星国	通过封锁和禁运来孤立中国共产党	亚洲盟国	使日本向由美国主导的东亚地区共同安全目标提供财政和物资援助

对比表 2 - 2 与前面的表 2 - 1，可以看出，随着美国决策层东亚地区观的变化，相对应的对日、对华政策也发生了逆转，中国从地区盟友变成了地区威胁的主要来源，而日本则由防范对象转变为新的亚洲盟友。

第四节　美国东亚认知的全球动力

美国在二战期间逐步摆脱孤立主义并开始在全球视角的基础上构

① 赵学功：《巨大的转变：战后美国对东亚的政策》，天津：天津人民出版社，2002，第 204 页。

思对外政策，即主导国际体系以避免世界大战再次爆发，据此制定全球政策和地区政策，也就是罗斯福所主张的“美国如果使本国和世界其他地方的利益不受到损害，就不能不参与国外事务”。[①] 在东亚和太平洋地区，罗斯福希望获得中国的支持来对付太平洋其他国家，即英国、苏联以及最后东山再起的日本。甚至看的更长远一点，他盼望中国能帮助美国“遏制日本”。因此，在美国正式参战后，罗斯福政府外交中的很大一部分内容是说服苏联和英国的领导人接受中国四大国地位这一设想。[②]

杜鲁门在继任总统后，鉴于其在外交和国际事务方面知之甚少，他在外交问题上大都依靠国务院，而不是像罗斯福总统那样自己做出决策。同时，他非常注意从各类备忘录中获取所需的信息，特别是收集直接参与对苏外交的工作人员所反馈的信息。以凯南为代表的驻苏人员传递的相关建议对杜鲁门的影响是非常大的，这些决策顾问人员对苏联行为、意图及其根源的意识形态判断，使杜鲁门最终采取了对苏“遏制战略”。而这些都迥异于其前任罗斯福的判断，例如在德黑兰会议后的记者招待会上，罗斯福认为“同斯大林的会谈将有助于在未来建立良好的关系，斯大林是一个现实主义者”。[③]

首先，在遏制逻辑的指导下，非此即彼、非黑即白的认知逻辑主导着美国决策者对东亚地区的认知——东亚地区观的形成，尽管亚洲并非遏制战略的重点，但东亚地区也开始向着顺应遏制战略和冷战格

---

① 〔美〕罗伯特·达莱克：《罗斯福与美国对外政策（1932—1945）》（上册），伊伟等译，北京：商务印书馆，1984，第22页。

② 〔美〕罗伯特·达莱克：《罗斯福与美国对外政策（1932—1945）》（下册），陈启迪等译，北京：商务印书馆，1984，第556、602、611页。

③ 〔美〕罗伯特·达莱克：《罗斯福与美国对外政策（1932—1945）》（下册），陈启迪等译，北京：商务印书馆，1984，第625页。

局的轨道行进，原有的对华和对日政策的调整已势在必行。[①] 因此，在影响美国东亚地区认知的三个关键变量中，国际格局的变化是首要的，中日两国的政策能动性和国际危机因素都在很大程度上受制于全球体系变化的影响。

其次，在两极大格局下，中国和日本两国的政策能动性也在很大程度上改变了美国的东亚地区认知。日本在战后初期的对美外交使得日本逐步成为美国可以信赖的地区盟友；而中共高层则基于自身对国际形势和国家利益的判断，于1950年2月14日与苏联签署了《中苏友好同盟互助条约》，这对美国对于未来中苏关系的判断的冲击是前所未有的，中国成为苏联“卫星国”的决策意象占据了上风，也使得之后美国制定东亚地区政策和对危机的应对与管理都以此为基本出发点。因此，虽然中苏同盟的建立并未导致美国马上做出阻止解放军解放台湾的决定，但美国做出“阻止台湾这一具有重要战略意义的岛屿落入中共控制之下的决策”的各种条件已经具备，只差合适的机会这一“东风”了。这是因为，尽管中国本身不会构成对美国的威胁，但是中苏的结盟使中国所得有变成苏联所有的可能性，从而威胁到美国在东亚的岛链防御体系的安全。

最后，朝鲜战争的爆发使美国相信，之前对苏联的判断、对中苏关系的判断和对东亚地区的主要态势及威胁的认知是正确的，即美国在东亚地区的战略目标应当是全面遏制中苏共产主义集团的扩张。在杜鲁门和艾奇逊二人的回忆录中，他们都提到了在讨论应对朝鲜战争的当晚，美国政府在决定援助韩国和介入战争的同时又做出下列决定：阻止解放军解放台湾；加强美国在菲律宾的部队及加速对菲政府的军事援助；对于在中南半岛的法国及其联邦成员国家的部队扩大军

---

① 萨特认为，二战后的国际形势再加上冷战的开始，使得罗斯福的战后安排设想被继任者所修正。随着冷战的开始，应对与苏联的军事对峙的战略成为美国外交政策的基本框架。参见 Robert G. Sutter, *The United States and East Asia: Dynamics and Implications*, p. 22。

事援助，并派遣军事使团，以便与这些部队建立密切工作关系。美国做出这一系列决策的认知基础就是朝鲜战争爆发前夕的美国东亚地区观。①

而美国基于东亚地区观所做出的越过三八线的决策，使中国直接参战，最终导致中美两国的直接军事冲突，推动美国原有东亚地区观的进一步修正，中国由苏联的“卫星国”进一步变为极具“共产主义扩张”威胁的东亚地区首要威胁，最终推动美国形成了指导战后东亚政策制定的长达二十余年的地区观，这一地区观一直到美国陷入越南战争的僵局和中苏关系公开破裂后才被打破。

① 〔美〕哈里·杜鲁门：《杜鲁门回忆录》（第一卷），李石译，北京：生活·读书·新知三联书店，1974，第396~402页；〔美〕迪安·艾奇逊：《艾奇逊回忆录》，伍协力译，上海：上海译文出版社，1978，第267页。

第三章
冷战中后期美国东亚政策的逻辑与重心的演变

中美在朝鲜半岛的直接对抗，使美国形成了指导其冷战中前期东亚政策制定的地区认知——中共政权及共产主义扩张是东亚地区的首要“威胁”，美国应全力遏制共产主义以中国为基地向外扩张。但随着时间的推移，这一地区认知及相应的东亚政策逻辑越来越难以适应现实国际形势的变化。

肯尼迪在其总统就职演说中，曾经信心十足地提出：“为确保自由的存在和自由的胜利，我们将付出任何代价，承受任何负担，应付任何艰难，支持任何朋友，反抗任何敌人。”① 肯尼迪执政时期的美国可谓志得意满，但是到了尼克松入主白宫的1969年，尼克松却没有了肯尼迪如此这般的底气，在1969年的关岛谈话和同年的全国广播电视演说中，尼克松明确指出：“直接遭受威胁的国家应承担为本身防务提供人力的主要责任。”② 这标志着美国开始逐步调整冷战初期

① John F. Kennedy, *Inaugural Address*, January 20, 1961.

② 王绳祖：《国际关系史》第十卷，北京：世界知识出版社，1995，第4页。

的各项外交政策，自然也包括东亚政策的调整。而政策的调整则主要是基于相应的认知变化和政策逻辑的转换，其中，尼克松总统对中国定位的转换以及相应的对华政策的转变构成了美国东亚地区认知变化的主要内容，并成为后续几任美国政府东亚地区认知的基础和原则之一。

本章通过对尼克松、卡特和里根三任总统东亚地区政策的逻辑形成与演变过程进行梳理，归纳冷战中后期美国东亚政策重心的转换以及相应的特点。

第一节　尼克松政府东亚政策逻辑与重心的形成

尼克松担任总统期间，美国的全球冷战政策发生了巨大的转变，这也直接导致了美国东亚政策的调整，其中最为引人注目的当属尼克松重新开启中美交往的大门，形成了中美苏战略大三角，东亚地区也开始进入被一些学者称为“中美日关系黄金时代”的新纪元。[①] 较之杜鲁门至约翰逊政府时期，美国东亚政策的逻辑发生了近乎颠覆性的转换。本节将应用认知—决策分析框架探讨和分析美国尼克松政府确立其全新的东亚政策逻辑的由来、发展和结果，并在此基础上分别阐述尼克松政府东亚政策的重心所在和相应的对华、对日政策，最后本节将着重分析推动尼克松政府确立新东亚政策逻辑的关键因素所在。

一　尼克松政府的东亚地区认知

（一）尼克松对东亚地区的认知

尼克松本人有着丰富的外交实践经历，其在准备竞选总统期间便已经对未来的全球战略有了宏观上的理解，从而相应地也形成了其对

① 参见〔美〕傅高义、〔中〕袁明、〔日〕田中明彦主编《中美日关系的黄金时代：1972—1992》，归永涛译，重庆：重庆出版社，2009。

东亚地区的初步认知。

尼克松所构思的美国全球战略。到尼克松就任总统时，“全球战略形势发生了巨大的转变，美国近乎完全主宰世界舞台的时代已经接近尾声，对苏联的核优势在不断弱化，经济独霸地位也受到欧洲和日本经济蓬勃成长的挑战，原来被视为坚如磐石的共产主义阵营也已开始出现严重裂痕”。[①] 与此同时，以中国为代表的亚非拉第三世界国家不断发展壮大，形成一股不容忽视的全新政治力量。

因此，尼克松上任伊始就意识到苏联已经或将很快取得对美国的初步核均势，所以“尼克松不打算进行费用高昂和很可能徒劳的努力去恢复军事优势，而是寻求通过统称为‘缓和’的经济和政治刺激来软化苏联的行为”；[②] 并通过使盟国与美国共同分担防务负担，来确保美国的战略地位和国家利益。归纳起来，就是后来所提出的以伙伴关系为核心，以实力为基础，以谈判为主要手段的“尼克松主义”。在这里，“实力”不仅仅是指美国自身的战略力量和冷战盟友的力量，还包含着国际政治中的“均势”手段——利用中苏对立等内容。而要实现这一点，首先需要对美国长期以来的东亚地区观做出重大调整。

尼克松就职之初的东亚地区观。“冷战期间，根据政治取向或意识形态取向来考虑的国家利益成为美国外交政策的主导因素之一。”[③] 这在冷战初期尤为明显，就连尼克松本人在冷战初期也是基于这一立场来审视美国东亚政策的。例如，尼克松在回忆录中提及他在 1953 年 1 月就任副总统时认为，“在意识形态方面一丝不苟的中国共产党人——仍与苏联人友好，并依靠苏联人取得经济上和技术上的援

① Henry Kissinger, *Diplomacy*, pp. 703 – 704.

② Michael Schaller, *Altered States: The United States and Japan Since the Occupation*, New York: Oxford University Press, 1997, p. 225.

③ Sara Steinmetz, *Democratic Transition and Human Rights: Perspectives on U. S. Foreign Policy*, New York: State University of New York Press, 1994, p. 4, 转引自周琪《“美国例外论”与美国外交政策传统》,《中国社会科学》2000 年第 6 期。

助——在外交政策上正处于向外扩张的阶段，如果美国不采取行动，那中国人和苏联人就肯定会与每个国家本国的共产党叛乱集团一起或通过他们采取行动，因此，问题不在于我们应否采取行动，而是怎样采取行动”。[①] 因此，透过冷战初期的意识形态视角，尼克松本人也很自然地得出中国是东亚地区的“共产主义扩张者”，是美国需要遏制的冷战乃至热战对象之一的结论。

但随着时间的推移和形势的变化，早在尼克松就任总统之前的1967年，其发表于《外交事务》（*Foreign Affairs*）上的《越战之后的亚洲》一文就认为亚洲在二战后已经发生了巨大的转变，美国应该顺应这一趋势，不应再四处承担世界警察的责任，而应该鼓励亚洲各国首先立足自身来抵御共产主义扩张；在对华政策上，他对“遏制但不孤立”的主张表示赞同；他还对日本能够在美国东亚政策中发挥积极的角色和作用寄予了厚望。[②]

也就是说，尼克松开始意识到“重要的不是国家内部的政治哲学，重要的是这个国家对世界其他国家和对我国的政策”，[③] 即尼克松判断国家利益和挑战的思维逻辑发生了巨大的转变。同时，尼克松意识到美国需要摈弃“多米诺骨牌理论”而尽快从越南战争的泥潭中“体面地”抽身，在战略收缩的同时集中精力同苏联进行竞争。

因此，到尼克松入主白宫之初，在他看来，东亚地区依然面临着共产主义扩张的威胁，特别是北越对南越的渗透和入侵对美国扶持下的南越政权的生存构成了巨大的威胁；政治上，中国与苏联围绕意识形态的争论正导致中苏关系不断恶化；亚洲的重要性在逐步上升，日

---

① 〔美〕理查德·尼克松：《尼克松回忆录》（上册），伍任译，北京：商务印书馆，1978，第179页。

② 参见 Richard M. Nixon, “Asia After Vietnam,” *Foreign Affairs*, Vol. 46, No. 1 (October 1967), pp. 111 - 125.

③ 〔美〕理查德·尼克松：《尼克松回忆录》（中册），裘克安等译，北京：商务印书馆，1979，第251页。

本不久就将成为仅次于美国和苏联的世界第三工业大国了，世界某些方面的经济发展的最高速度正出现在非共产主义的亚洲国家；中国共产党的力量已经发展得如此庞大，台湾蒋介石当局重返大陆是完全不现实的；[①] 越南战争的沉重负担导致美国将大部分注意力和资源投入到这一地区，因此，美国应该跳出对越南问题的单一关注并推动亚洲国家通过自身和集体的努力来遏制威胁；同时，共产主义世界的分裂——中苏论战——成为美国可资利用的一点，对华政策应从长期着眼以使中国重返国际社会并借以平衡日益增长的苏联威胁；美国还应该引导日本在未来的东亚稳定和力量均衡中发挥更大的领导作用。[②]

（二）尼克松外交决策团队内部关于东亚地区观的争论

为顺利实现美国全球战略和地区战略的调整，尼克松在组建政府时便计划由白宫主抓对外政策，他认为国家安全事务助理是个关键的岗位，为此，尼克松挑选基辛格担任国家安全事务助理，据《尼克松回忆录》（上册）所述，二人组合的形成更多的是出于在国际问题方面很多观点和看法的一致，言外之意在于尼克松了解到其全新的东亚地区观短时间内难以被很多人接受，因而需要一位能够领会和贯彻自己东亚认知的国家安全事务助理来修正原有的美国东亚地区观并推出新的地区认知来说服众人。

---

① 〔美〕理查德·尼克松：《尼克松回忆录》（上册），伍任译，北京：商务印书馆，1978，第 363 ~364 页。

② 参见 Richard M. Nixon, "Asia After Vietnam," pp. 111 -125；时任美国驻巴黎使馆的武官弗农·沃尔特斯（Vernon A. Walters）在回忆录中提到尼克松在当选总统后告诉他，在繁杂的各种事务中，他将设法去开启通向共产党中国的大门，引自 Vernon A. Walters, *Silent Missions*, Garden City, N. Y.: Doubleday, 1978, p. 525；同时，尼克松在同《美国新闻与世界报道》的谈话中提到，西欧各国和日本都已经成为富国，必须为它们自身的防务和区域安全承担更大责任，这表明尼克松期望日本能够为亚洲安全承担较多的义务和负担，具体内容参见时殷弘《尼克松主义》，武汉：武汉大学出版社，1984，第 30 页；日本学者五百旗头真也认为，把冲绳的管辖权交还日本，表明美国期待着日本肩负起更大的国际责任，参见〔日〕五百旗头真主编《新版战后日本外交史：1945—2005》，吴万虹译，北京：世界知识出版社，2007，第 116 页。

基辛格的地缘政治视角。从美苏冷战的地缘政治视角来看，美国首先要探寻同中国改善关系的可能性。因此，在尼克松就任总统后与基辛格的初次谈话中，尼克松便认为需要重新估量美国对共产党中国的政策。[①] 在基辛格出任国家安全事务助理后，尼克松指示基辛格起草一份代号为 NSSM－14 的政策研究报告，全面地研究美国对华政策及潜在的可供选择的政策方向。[②] 1969 年 12 月 18 日，基辛格在年终记者招待会上宣布："我们没有永久的敌人，我们对其他国家——包括共产党国家，特别是像共产党中国这样的国家——的判断，将以它们的行为为依据，而不是以国内的意识形态为依据。"[③]

这是因为，在基辛格看来，"世界各大国的安全利益在亚洲相互交错，这个大陆的心脏地区是中国，美国应该扩大同中国的联系以制衡苏联，并且使两个共产党大国都能同美国保持较好的关系，使得美国同共产党世界的关系慢慢演变成三角关系，从而塑造一个全球的均衡。这样一种均衡可以保证大国之间的稳定，甚至在七十年代末和八十年代最终实现合作"。[④]

---

① 参见〔美〕理查德·尼克松《尼克松回忆录》（上册），伍任译，北京：商务印书馆，1978，第 441 页。

② 参见 U. S. Department of State, *Foreign Relations of the United States, 1969－1972*, Vol. XVII, Foundations of Foreign Policy, Washington D. C. : U. S. Government Printing Office, 2006, Doc. 4, p. 8；Robert S. Ross, *Negotiating Cooperation: The United States and China, 1969－1989*, Stanford, California: Stanford University Press, 1995, p. 29；罗伯特·罗斯在该处的注释还罗列了他对当时一些国务院官员的采访。

③ 〔美〕亨利·基辛格：《白宫岁月——基辛格回忆录》第一册，陈瑶华等译，北京：世界知识出版社，1980，第 250 页；宫力：《跨越鸿沟——1969—1979 年中美关系的演变》，郑州：河南人民出版社，1992，第 49 页。

④ 〔美〕亨利·基辛格：《白宫岁月——基辛格回忆录》第一册，陈瑶华等译，北京：世界知识出版社，1980，第 249 页。但实际上，对于美国应当如何利用中苏交恶，基辛格最初表现出了某种犹豫不决，并非一开始就坚决主张扩大同中国的联系以制衡苏联，而是经过一段时间的观察和判断。详见 U. S. Department of State, *Foreign Relations of the United States, 1969－1972*, Vol. XVII, Foundations of Foreign Policy, Washington D. C. : U. S. Government Printing Office, 2006, Doc. 13, pp. 36－37。

同时，对于作为美国东亚太平洋地区政策基石国家的日本，基辛格则谋求继续加强美日同盟关系，鼓励日本在亚洲发挥更大的政治作用，使它的国防能力有适度的增加。[①] 为此，在尼克松就职后的第二天，基辛格就命令一些机构来共同研究美国对日本的政策，并把冲绳问题列为优先研究的问题之一。基辛格认为，冲绳复归日本，为美日日益亲密的关系打下了基础，这种亲密关系经受住了许多次冲击而终于成为美国外交政策中一个关键因素。

国务院的保守判断。对于外交决策主导权被基辛格所掌控，国务卿罗杰斯（William P. Rogers）是相当不满的，自然而然的，“罗杰斯成了基辛格在美国政府内部的竞争对手”。[②] 同时，由于行政机构的惯性，此时的国务院仍然试图延续已经僵化的下述美国东亚地区观：蒋介石当局还能够重新控制中国；必须在越南遏制共产主义的扩张；在亚洲同中国和苏联进行冷战，并将中国视为更具威胁性的头号敌人，甚至在肯尼迪和约翰逊时期曾经考虑与苏联联合对付中国。[③]

因此，在这一地区观的指导下，国务院并不认为中国有改善中美关系的愿望，并且认为中国依然保持着革命性的目标，从而主张只有中国做出和平解决台湾问题的保证后才可以开展双边的高层次会谈。[④] 1970 年 3 月 10 日，国务卿罗杰斯向尼克松提交了一份概述了国务院意见的备忘录。这份备忘录要求把下列问题列入中美大使级会谈议程：中国方面原则上同意和平解决台湾问题；扩大贸易和彼此间

---

① 〔美〕亨利·基辛格：《白宫岁月——基辛格回忆录》第一册，陈瑶华等译，北京：世界知识出版社，1980，第 416、434、436 页。

② James Mann, *About Face: A History of America's Curious Relationship with China from Nixon to Clinton*, New York: Vintage Books, 2000, p. 4.

③ 参见 Gordon H. Chang, *Friends and Enemies: The United States, China and the Soviet Union, 1948 - 1972*, p. 250。

④ 参见 Jean A. Garrison, *Making China Policy: From Nixon to G. W. Bush*, p. 24。

的接触；中国方面做出一些善意的姿态，诸如释放扣押的美国人或放宽旅游范围等，并主张只有中国对以上问题做出让步，才能进一步讨论派更高级别使节去北京的问题。[①] 同时，1970 年 3 月，负责东亚和太平洋事务的助理国务卿格林（Marshall Green）向基辛格提出，在美国特使访问北京之前，中国应先表示愿意“满足我们在双边问题上的要求”；[②] 格林还认为，“提升中美关系的可能性是很小的”。[③]

国务卿罗杰斯的备忘录和国务院内部的观点表明，国务院在长期的对华会谈中形成了一种偏见，即中国对改善中美关系缺乏诚意，因此中国必须先行做出让步方可举行双边会谈。正如基辛格所述：“当然，他们也看不见重新接近中国会得到的好处，甚至认为，三角关系将会打乱在他们政策范围里的一切预见性。”[④]

面对外交决策团队内部的争论，尼克松要想推进其全新的东亚地区认知，首先需要统一决策团队内部的东亚地区认知，避免造成混乱而危及战略调整的过程和目标。为此，尼克松首先安排国务卿罗杰斯于 1969 年 8 月在堪培拉发表一篇重要演说，宣布美国希望改善同中国的关系。[⑤] 据基辛格所述，罗杰斯对于尼克松和基辛格的对华政策并不完全赞同，尤其是反对单方面地向中国示好。因此，罗杰斯发表的上述重要演说——宣布美国希望改善同中国的关系，标志着尼克松和基辛格正在力排众议，努力使他们所主张的东亚地区认知成为主流

---

① 宫力：《跨越鸿沟——1969—1979 年中美关系的演变》，郑州：河南人民出版社，1992，第 53 页。

② 宫力：《跨越鸿沟——1969—1979 年中美关系的演变》，郑州：河南人民出版社，1992，第 54 页。

③ James Mann, *About Face: A History of America's Curious Relationship with China from Nixon to Clinton*, New York: Vintage Books, 2000, p. 25.

④ 〔美〕亨利·基辛格：《白宫岁月——基辛格回忆录》第一册，陈瑶华等译，北京：世界知识出版社，1980，第 246 页。

⑤ 〔美〕亨利·基辛格：《白宫岁月——基辛格回忆录》第一册，陈瑶华等译，北京：世界知识出版社，1980，第 237 页。

认知和制定政策的基础。

（三）尼克松政府东亚地区观的形成

尼克松外交决策团队的集体东亚地区观。对于尼克松来说，国务院在改变东亚地区认知上的步履蹒跚显然不能使他满意，因此，到 1970 年初，1 月 20 日和 2 月 20 日举行两次中美华沙大使级会谈后，尼克松结束了国务院在美国对华政策中的首要角色，转而依靠基辛格来推进中美关系的改善，自此，基辛格的个人外交开始全面登场。对此，美国学者盖瑞森（Jean A. Garrison）认为，尼克松及基辛格领导下的国家安全委员会通过掌控外交信息的传递从而确保其政策框架不受外界的干扰。①

基辛格 1971 年 7 月的秘密访华是其个人外交的精彩一页。对此，基辛格认为，一个美国使节访问北京必定会触发一场地缘政治革命，光是对河内就会造成创伤，这些都是压倒一切的“补偿”。② 在基辛格看来，同中国改善关系不仅是可行的，而且可以在很大程度上改善美国的地缘政治形势并有助于解决越南战争这一最令美国感到棘手的难题；同时，通过构建美中苏之间的三角关系，将促使中国和苏联意识到对美关系将比对越南北方的支持更为重要，这也就是基辛格所述的地缘政治收益。③

1971 年尼克松通过全国讲话发布即将访华的消息后，基辛格回忆说：“表示支持这一政策的人从来没有像现在这样踊跃，简直应接不暇。”④ 1972 年 2 月，尼克松访华期间中美双方发表了《上海公报》，坦诚地列举了双方对讨论过的每个重大问题的立场，其中不乏

---

① 参见 Jean A. Garrison, *Making China Policy: From Nixon to G. W. Bush*, p. 27。

② 〔美〕亨利·基辛格：《白宫岁月——基辛格回忆录》第二册，吴继淦等译，北京：世界知识出版社，1980，第 342 页。

③ 参见 Yoshihide Soeya, *U. S. - Japan - China Relations and the Opening to China: The 1970s*, Working Paper No. 5, Faculty of Law, Keio University, http://www.gwu.edu/~nsarchiv/japan/soeya.htm。

④ 〔美〕亨利·基辛格：《白宫岁月——基辛格回忆录》第三册，杨静予等译，北京：世界知识出版社，1980，第 39 页。

明显的分歧。但尼克松认为，中美《上海公报》中最重要的一段是规定任何一方“都不应该在太平洋地区谋求霸权，每一方都反对任何其他国家或国家集团建立这种霸权的努力”。这个规定微妙地但明白无误地表明，中美双方将反对苏联或任何别的大国想支配亚洲的努力。[①] 随着尼克松顺利结束访华之旅，尼克松和基辛格的东亚地区认知特别是其中有关中国的部分开始获得相当大的国内支持。至此，尼克松政府可以公开阐述其东亚地区观了，具体内容归纳如下。

（1）越南战争消耗了美国的国力并吸引了其近乎全部的注意力，因此应当尽快从越南战争中体面脱身。

（2）发展对华关系可以增加对苏外交的砝码，甚至成为制衡苏联的重要手段。

（3）中国开始被描述成同英国一样的朋友，打“中国牌”开始被广泛接受而成为主流认知。[②]

这一时期，美国东亚地区观转变的核心是中国观的转变，一个重要的标志是尼克松政府开始正视中华人民共和国的存在，并提出了两国在对方首都互派代表进行全面对话的倡议，这是一种对中华人民共和国的变相承认。[③] 而实际上，基辛格在秘密访华结束后向尼克松所递交的报告的核心内容已经标志着美国对华政策的基本定型，双方对彼此的意图都有了清晰的了解，接下来就是寻找合适的时机建立正式外交关系。这份报告强调：中国在原则范围之内与别人交往时，是精准的、可靠的；与一个过去有辉煌成就、未来有巨大潜力的国家继续隔绝的做法，是不可取的；美国新的对华政策就能够对莫斯科产生较

① 〔美〕理查德·尼克松：《尼克松回忆录》（中册），裘克安等译，北京：商务印书馆，1979，第269页。

② 参见 James Mann, *About Face: A History of America's Curious Relationship with China from Nixon to Clinton*, p. 60。

③ James Mann, *About Face: A History of America's Curious Relationship with China from Nixon to Clinton*, pp. 23 – 24.

长期的影响，这些影响对美国是有利的；对亚洲和全世界，美国需要表明，美国扩大外交范围这种做法，绝不会损害其他国家的利益，相反地还会证明对它们有利。[①]

美国国内围绕“尼克松东亚地区观”的争论。前文已经提及，在美国对华重新接近的过程中，美国国务院方面对于尼克松和基辛格的主张提出了异议，他们认为如此匆忙地派使节去北京，暗含有向中国人让步的意思。[②] 另外，如果说尼克松从越南脱身的政策还可以得到普通美国大众的理解和支持的话，那么尼克松的中国政策则动摇了美国制定冷战政策的基础，尤其是对于政治右派而言。例如，“美国到底为何要进行冷战？冷战是一场针对共产主义的意识形态斗争还是针对苏联扩张的地缘政治冲突呢?”[③] 这是因为，在冷战开始后的二十余年里，美国政府为进行冷战而用以说服国内民众的理由是反对共产主义扩张，而改善对华关系则可能意味着美国向共产主义妥协和出卖台湾这个“老朋友”。而且，在当时美国一部分主流舆论和相当多的政治精英看来，中国在意识形态方面要比苏联更为激进，所以更应该是遏制的对象。1969 年 7 月 4 日，在中苏之间爆发激烈的武装冲突之后，美国共和党参议员戈德华特（Barry Goldwater）对记者说：“如果中苏爆发战争，美国最后很可能同它在第二次世界大战期间的盟国苏联并肩作战。”[④] 尼克松时期的相关档案也表明，尼克松在推广他关于东亚地区的全新认知时，小心谨慎地安抚着“院外援华集

---

① 〔美〕亨利・基辛格：《白宫岁月——基辛格回忆录》第三册，杨静予等译，北京：世界知识出版社，1980，第 30 ~ 31 页。

② 宫力：《跨越鸿沟——1969—1979 年中美关系的演变》，郑州：河南人民出版社，1992，第 53 页。

③ James Mann, *About Face: A History of America's Curious Relationship with China from Nixon to Clinton*, p. 54.

④ 李长久、施鲁佳主编《中美关系二百年》，北京：新华出版社，1984，第 210 页。

团”的情绪，以减少其改变对华政策的国内政治阻力。[①]

即便到了基辛格秘密访华的1971年，美国决策层内仍有关键人士对于改变对华关系持不同意见。例如，1971年4月，副总统阿格纽（Spiro Theodore Agnew）对一群记者说，“我不同意与北京关系正常化的政策”。[②] 可见，对于尼克松与基辛格来说，构建全新的冷战和东亚政策逻辑并使它为大多数人所接受显得尤为迫切，不仅是在决策团队内部，还需要提出相应的政策逻辑来说服国内民众，营造有利于战略实施和政策推进的国内政治氛围。也是就说在决策团队的认知确定后，决策团队的中心任务不仅是据此制定相应的战略，还需要影响决策的日标受众的认知。[③]

二　尼克松政府东亚政策逻辑与重心的确立

如上文所述，政策逻辑的转变不仅需要在决策层内部达成一致，还需要推动政府内部各部门、国会和国内舆论等方面的认知的转变，从而形成有利的政策环境。朝鲜战争后美国官方所形成的东亚地区认知长期主导美国舆论和民众的地区认知，因此，尼克松政府转变地区认知的最大难点在于如何向心怀疑虑的公众推销全新改版后的东亚政策。当时的民调显示，“在谁是更大的威胁的调查中选择中国的人数是选择苏联人数的两倍多”。[④] 可见，尽管一些有识之士开始逐步意识到改变美国东亚政策特别是对华政策的必要性和重要性，但是美国国内一般民众由于长期受到媒体的反共、反华宣传，故而形成了对新中国

① 参见 James Mann, *About Face: A History of America's Curious Relationship with China from Nixon to Clinton*, p. 22。

② 〔美〕亨利·基辛格：《白宫岁月——基辛格回忆录》第二册，吴继淦等译，北京：世界知识出版社，1980，第371页。

③ 参见 Jean A. Garrison, *Making China Policy: From Nixon to G. W. Bush*, p. 14。

④ *The Gallup Poll: Public Opinion 1935 - 1971*, Vol. 2, 2003，转引自 Jean A. Garrison, *Making China Policy: From Nixon to G. W. Bush*, pp. 27 - 28。

的偏见，难以在短时间内接受东亚政策的全面调整，而必须要有一整套具有较强说服力的逻辑才能接受东亚政策特别是对华政策的调整。

在中苏珍宝岛冲突和新疆边界冲突相继发生后，中苏之间爆发战争的可能性急剧增大。对于这一紧张形势，基辛格认为，“尼克松和他将不得不在政府中——而且可能是全国——在‘我们认为支持中国是战略上的需要’这一观点得不到什么支持的情况下，来面对这种局面——不能听任中国被摧毁”。[①] 对此，尼克松采取了“小步快跑”的策略，通过多种渠道、多种方式为使美国国内接受“中国是北越扩张支持者到东亚稳定力量”这一知觉的转变营造了基础。到尼克松成功访华之后，一份比较成熟的美国东亚政策逻辑终于可以公开阐述了。

（一）尼克松政府东亚政策逻辑的特点

基于上述对尼克松政府东亚地区观的归纳，尼克松政府的东亚政策逻辑可以表述为：东亚地区政策的首要任务是从越南实现体面的撤退；东亚战略的目标是在实现战略收缩的同时不削弱反而加强美国利益；实现这一战略目标的具体政策手段是建立在地缘政治基础上的均势政策和伙伴关系，从而既可以减轻美国的战略负担，又可以形成有利于美国的地区均势，确保美国自越南撤退后能够集中力量在欧洲形成相对于苏联的战略优势地位。具体可以表述为以下几个方面。

第一，看好中国的发展潜力。尼克松认为：“从长远来看，美国并不能够长期将中国孤立在国际大家庭之外。”[②] 他在 1969 年与法国总统戴高乐会谈时强调：“不出十年，只要中国有了巨大的核进展，

---

① 〔美〕亨利·基辛格：《白宫岁月——基辛格回忆录》第一册，陈瑶华等译，北京：世界知识出版社，1980，第 239 页。

② Richard M. Nixon, “Asia After Vietnam,” p. 121; U. S. Department of State, *Foreign Relations of The United States, 1969 - 1972*, Vol. 1, Foundations of Foreign Policy, Washington D. C.: U. S. Government Printing Office, 2003, Doc. 3, p. 17.

我们就毫无选择的余地了。”[①] 尼克松的言外之意是早日承认中国比将来中国强大后被迫承认要来得好。在 1971 年 7 月 6 日介绍政府政策的吹风会上，尼克松向记者们表示：“中国的潜力极大，任何灵敏的外交政策都不能加以忽视或拒绝考虑。”[②] 尼克松还把中国与美、苏、欧、日并称为“五个超级力量”，尽管当时“有 1 亿人口的日本生产的东西比有 8 亿人口的中国还多”，但尼克松敏锐地指出：“这不应当使我们产生错觉……认为中国将始终是那样”。[③] 在访华回国后，尼克松认为：“对中国一周的访问证实了他的一个信念，即必须在今后几十年内在中国还在学习发展它的国际力量和潜力的时候，搞好同中国的关系，否则总有一天要面对世界历史上最可怕的强大敌人。”[④] 归根结底，尼克松认为美国必须从长远出发来制定对华政策，从而也就使得美国的东亚战略建立在长远考虑的基础之上。

第二，不再以抽象的意识形态作为界定国家利益的标准。艾森豪威尔总统在 1954 年讨论美国对东南亚的政策时提出了后来被称为“倒下的多米诺骨牌”的理论：“丢失任何一个国家可能导致这一地区的其他国家相当迅速地向共产主义投降或与之结盟。”[⑤] 而对美国的东亚政策而言，“基辛格的访华之旅正式宣告了多米诺骨牌理论的终结，取而代之的是中美苏战略大三角格局下的均势政策逻辑”。[⑥] 对此，尼克松和基辛格最初设想的是，“美国在美苏中三国关系中保

---

① 〔美〕理查德·尼克松：《尼克松回忆录》（中册），裘克安等译，北京：商务印书馆，1979，第 13 页。

② 〔美〕理查德·尼克松：《尼克松回忆录》（中册），裘克安等译，北京：商务印书馆，1979，第 239 页。

③ 《尼克松总统在堪萨斯城的讲话》，载《中美关系资料选编》，北京：时事出版社，1982，第 77 ~ 78 页。

④ 〔美〕理查德·尼克松：《尼克松回忆录》（中册），裘克安等译，北京：商务印书馆，1979，第 270 页。

⑤ Public Papers of the President of the United States：Dwight D. Eisenhower，pp. 382 – 388.

⑥ James Mann，*About Face*：*A History of America's Curious Relationship with China from Nixon to Clinton*，p. 34.

持完全自由的回旋余地，利用中国制约苏联，又利用苏联反对中国，从而成为均势的操纵者”。[①] 中苏边界冲突爆发后，基辛格更进一步提出：“美国应清除对外政策中的一切感情用事，塑造一个全球的均衡，同中苏双方都保持密切的联系，并要比中苏彼此间的关系更密切些。”[②]

第三，中日两国在美国东亚战略中的角色发生了较大的变化。对于日本，美国非常希望日本能够在亚洲地区承担一定的领导责任并帮助美国分担一些防务负担，日本由原来的被保护国变成了一定意义上的伙伴国。相对日本，中国的角色则发生了近乎颠覆式的变化：首先，中国不再是苏联的卫星国和扩张工具，尼克松关于“五大力量中心”的观点表明尼克松已经承认中国是独立于苏联的力量；其次，中国已经成为美国在东亚地区遏制苏联扩张的合作伙伴。在尼克松访华回国后，尼克松政府确定了关于中国的几个基本观点：与中国发展紧密的联系将有助于应对苏联的挑战、中美两国应该在东亚地区进行合作、美国不能也不会挑战中共在中国的领导地位。[③] 这三大支柱从根本上取代了20世纪五六十年代指导美国对华政策的原则和基础。

（二）尼克松政府东亚政策的重心

通过阐释以上东亚地区政策逻辑的表述，逐步获取各方认同和支持的尼克松政府得以稳步实施其东亚地区政策，来实现全球和东亚地区的战略目标。而尼克松政府正面临着两个需要应对的关键问题：一是正在进行的越南战争，二是不断发展的苏联战略武器计划。这两个问题都需要美国做出应对，而这种应对是美国根本无法单方面做出的。[④] 所以，此时美国的东亚地区政策重心在于既要有助于美国化解

---

① 时殷弘：《尼克松主义》，武汉：武汉大学出版社，1984，第87页。

② 〔美〕亨利·基辛格：《白宫岁月——基辛格回忆录》第二册，吴继淦等译，北京：世界知识出版社，1980，第370页。

③ 参见 James Mann，*About Face：A History of America's Curious Relationship with China from Nixon to Clinton*，p. 50。

④ Robert S. Ross，*Negotiating Cooperation：The United States and China，1969 - 1989*，p. 17.

在东亚地区的首要难题——从越战中体面脱身，又要有助于实现美苏缓和的全球目标。

对尼克松政府而言，因为越南战争已经排除迅速在军事上取胜的可能，唯一可能的方针就是努力寻求一项公平的、能保持南越独立的谈判解决方法，而且尼克松政府还清楚地意识到中国在越南战争中的作用，因而希望能够通过中国对越南施加影响，从而尽早达成和平协议。[①] 早在 1970 年初的中美华沙会谈上，美国方面就已经开始将美国从台湾地区撤军和中国帮助美国从越南体面地撤离联系在一起。[②]

根据解密的基辛格访华的相关档案材料，在 1971 年 7 月 9 ~ 11 日的六次中美会谈中，有关越南和平谈判议题是双方会谈的重点之一。基辛格委婉且巧妙地试图说服中国方面为越南和平谈判的成功向越南方面做说服工作，并表示美国准备在越南战争结束之后的某个特殊时间撤出与该战争相关的在台湾地区的军事力量。[③] 在尼克松访华后的 1972 年下半年，尼克松政府给北京发了一份照会，强调如果中国运用其对河内的巨大影响来促成已经十分接近实现的和平，美国将非常感激。[④] 在达成美越和平谈判最后协议前的一个月，为了说服北越尽快接受和平协议，美国尼克松政府在通知苏联方面向北越施加影响的同时，也请中国驻法大使将问题提到周恩来面前，否则其会影响

---

① 尼克松认为越南问题的关键不在河内，而在北京和莫斯科，即为了能够从越南体面地撤军，除了使越南战争越南化的军事途径外，尼克松也在考虑外交和政治途径，这样作为北越大后方和盟友的中国的影响力就凸显出来。参见〔美〕理查德·尼克松《尼克松回忆录》（上册），伍任译，北京：商务印书馆，1978，第 384、451 页。

② 参见 James Mann, *About Face: A History of America's Curious Relationship with China from Nixon to Clinton*, p. 23。

③ Memorandum for Henry A. Kissinger from Winston Lord, Subject: "Memcon of Your Conversations with Chou En - lai", July 29, 1971. Reproduced at the National Archives, Washington D. C., USA, p. 20.

④ 参见〔美〕理查德·尼克松《尼克松回忆录》（中册），裘克安等译，北京：商务印书馆，1979，第 431 页。

中美按照两国政府的愿望发展双边关系的能力。[①] 此外，尼克松政府还希望中国帮助制约共产主义在亚洲的扩张。[②] 而开启对华交往大门后，美国在客观上已经有至少两方面的收获：第一，美国得以升级越南战争并扩大轰炸规模而不用担心中国的反应；第二，约束了“中国共产主义在亚洲的扩张”，因为中国逐步停止了对马来西亚和印度尼西亚共产主义革命运动的支持，美国无需在自越南撤退后承担新的抵制“共产主义扩张”的义务。[③]

在美苏冷战态势上，随着中美关系的缓和，尼克松在美苏战略谈判中的地位大为提高。1973 年 6 月勃列日涅夫访美时，他向尼克松表达了苏联对中美关系的忧虑，如“美国是否可能与中国进行一些秘密的军事安排，中美双方是否可能签订一项共同防御条约等等”。[④] 由此可见，中国已经成为促进美苏缓和以及美国对苏外交的一张重要的牌，这在很大程度上改善了美国的安全状况，并最大限度地削弱了苏联利用美国劣势的能力。

相比之下，日本在越南战争中的角色却使得尼克松政府有些恼火。尽管日本从越战中间接收益特别是经济收益颇丰，但是日本却拒绝帮助美国进一步分担开支，并且拒绝向南越提供大量的援助。[⑤] 因为战后历任美国总统都坚持在对日政策上把安全和经济问题分开解决，尼克松政府也未找到有效的解决路径，只能将越南问题的解决路径转向中国。

---

① 〔美〕理查德·尼克松：《尼克松回忆录》（中册），裘克安等译，北京：商务印书馆，1979，第 461 页。

② 参见 Jean A. Garrison, *Making China Policy: From Nixon to G. W. Bush*, p. 31。

③ James Mann, *About Face: A History of America's Curious Relationship with China from Nixon to Clinton*, p. 50.

④ 〔美〕理查德·尼克松：《尼克松回忆录》（下册），马兖生等译，北京：商务印书馆，1979，第 161 页。

⑤ 参见姜长斌、〔美〕罗伯特·罗斯主编《1955—1971 年的中美关系——缓和之前：冷战冲突与克制的再探讨》，北京：世界知识出版社，1998，第 211 页。

因此，达成越南和平协议的迫切性使中国的重要性在美国外交中陡然上升，而且与中国发展关系，既能减轻美国在亚洲的防御负担，又会使苏联因害怕美中联手对付它而谨慎从事，中国从而成为美国改变东亚政策——战略收缩的重要保证之一，对华政策也因此成为美国尼克松政府东亚政策的重心所在。

三　尼克松政府调整美国东亚政策逻辑的原因分析

东亚政策逻辑的调整源于东亚地区认知的调整，但是最不可思议的是这一调整却发生在长期极端反共的尼克松担任总统期间。尼克松是美国政界以强烈反共著称的共和党右派，早在20世纪40年代末任国会众议院议员期间，便支持杜鲁门政府一系列重大的反苏反共措施并领导众议院“非美活动调查委员会”，随后靠“揭穿希斯伪证案”一举驰名全国。[①] 在当时及以后相当长的时间里，他将新中国描述为仅仅是苏联的工具。[②]

在国内舆论方面，美国早在1959年9月便发表了康伦报告，第一次比较详尽地提出与当时美国现行政策不同的对华政策方案及其具体实行步骤。[③] 1964年3月25日，美国参议院对外关系委员会主席威廉·富布赖特（J. William Fulbright）在参议院发表了题为《旧神话与新现实》的著名长篇演说，全面抨击了美国当时外交政策的各个方面，指出美国的政策建立在陈腐的观念和过时的“神话”基础上，与变化了的现实脱节。[④]

但是，美国决策层彻底改变东亚地区观和相应的地区逻辑直到尼

---

① 参见时殷弘《尼克松主义》，武汉：武汉大学出版社，1984，第27页。

② James Mann, *About Face: A History of America's Curious Relationship with China from Nixon to Clinton*, p. 16.

③ 参见《美国对亚洲的外交政策：美国康伦公司研究报告》，何慧译，北京：世界知识出版社，1960。

④ 参见资中筠《缓慢的解冻》，《领导文萃》2012年第8期。

克松执政期间才得以实施。为何推动和实现这一认知转变的是尼克松总统？为何这一转变到尼克松就任总统时才得以发生？因此，推动尼克松政府修正美国东亚地区认知并形成新的政策逻辑的原因是本节研究的核心内容，根据认知—决策分析框架，本节从国际环境变化、政策对象国能动性和国际危机三个层面来剖析尼克松政府地区认知改变的原因。

（一）美苏冷战态势转变所带来的国际环境的变化

当时国际环境的变化主要可以体现在国际结构和国际进程两个方面。在国际结构方面，“尼克松发现自己处于必须领导美国由自行其是过渡到领导世界的地位”。[①] 整个国际局势今非昔比，美苏力量对比发生了变化，美国迫切需要摆脱越战困境。到 1969 年，苏联已经获得大致和美国平衡的战略优势，并且由于美国国际经济地位的恶化，重新夺取战略优势的费用将高得使美国无法承受；越战的不断升级，使美国直接用于越战的开支逐年增加，并使美国在欧洲的军事能力大为削弱，因此美国无法同时承担既在欧洲又在亚洲实施遏制政策的迅速增长的费用，转而通过伙伴关系和地缘政治手段来减轻自身负担以便集中力量同苏联进行冷战并迫使其接受“缓和”政策。

在国际进程方面，美国开始发现再也无法用“遏制共产主义扩张”来界定所有的国际问题。首先，经济全球化的不断深入，使单纯的军事力量难以支配全部国际议题。1965 年，东亚地区的日本获得 1945 年以来同美国双边贸易的第一次顺差。[②] 而美国则由于全球遏制政策所产生的费用，政府开支不断增加、国际收支赤字日益增大和对外贸易状况渐趋恶化，上述三者结合在一起导致美国国内通货膨胀，进而使美元国际地位不断衰落和产生“美元危机”，最后于 1971

---

① Henry Kissinger, *Diplomacy*, p. 704.

② 姜长斌、〔美〕罗斯·罗伯特主编《1955—1971 年的中美关系——缓和之前：冷战冲突与克制的再探讨》，北京：世界知识出版社，1998，第 210 页。

年 8 月不得不实施新经济政策，这标志着美国主导下的布雷顿森林体系走向解体。其次，美国的亚洲政策特别是对华政策开始受到越来越多的质疑。到 1969 年尼克松就任总统时，美国国内政治气氛已有很大变化，美国国内从“精英舆论”到“公众舆论”，经过将近十年的酝酿，转变对华政策已经呼之欲出，很重要的一点是美国国内越来越多的有识之士开始意识到改变东亚政策特别是对华政策的必要性和重要性。例如，前文中尼克松表示赞同的“遏制但不孤立”的对华政策，就是在 1966 年 3 月美国国会参议院对外关系委员会主席富布赖特所组织和主持的一系列有关中国问题的听证会上，由中国问题专家鲍大可（A. Doak Barnett）所提出的。[①] 纳尔逊·洛克菲勒（Nelson Aldrich Rockefeller）在 1968 年角逐共和党总统候选人提名时声称：“我将开始与共产党中国对话，在华盛顿、北京和莫斯科之间微妙的三角关系中，我们加强对它们两者之选择，也就增进了与任何一方互相包容的可能性。”[②] 他还在纽约的一次演讲中承认：“战后世界已经历了巨大变化，包括核力量对比变化了的特点、美国经济优势地位的下降、共产党大国的分裂等，而美国承担了过多的义务。”[③] 洛克菲勒后来出任福特（Gerald Rudolph Ford）总统的搭档——副总统，因此也算是共和党内部的核心人物，其对国际环境变化的归纳至少应当代表了共和党内部的部分主流认知，即中美之间互动的内容不能仅仅是遏制和反遏制。

对于国际环境变化推动认知变化，尼克松本人也是高度认可的，他在访华期间同周恩来会谈时声称，“自己在担任副总统时，其观点同杜勒斯（John Foster Dulles，时任国务卿）的观点类似，但后来世

---

① 资中筠：《缓慢的解冻——中美关系打开之前十几年间美国对华舆论的转变过程》，《美国研究》1987 年第 2 期。

② Henry Kissinger, *Diplomacy*, p. 721.

③ 时殷弘：《尼克松主义》，武汉：武汉大学出版社，1984，第 24 页。

界变了，中国同美国的关系也必须改变”。[①]

（二）中国外交政策的调整对美国东亚认知的影响

中国影响美国东亚地区认知的能动性主要体现在客观和主观两个方面。中国自身实力的不断增强，是发挥政策能动性的客观物质基础。早在 1959 年发表的一份康伦报告便认为“新中国日益巩固，中国共产党人已经建立了一个强有力的国家，共产党中国在二十世纪末很可能以世界大国之一而出现”。[②] 到 1969 年，尼克松对此有着充分的认识，他指出：“不出十年，只要中国有了巨大的核进展，我们就毫无选择的余地了。”[③] 也就是说，在尼克松看来，与其等到中国强大之时再改善关系，不如趁中国尚比较弱小时就着手改善关系。

与客观实力相对应的是中国外交决策者的外交艺术在很大程度上加快了中美建立互信的进程。尼克松在基辛格动身前往中国的几个星期之前，仍然认为中国领导人的共产主义色彩要比苏联领导人强烈，因为中国尚且处在发展的早期和初级阶段。[④] 由此可见，尽管经历了通过罗马尼亚、波兰和巴基斯坦等秘密渠道的接触，在尼克松等人看来，中国仍然可能是意识形态狂热者，中美很难在东亚地区的相关议题上达成一致。对此，中国的外交决策者毛泽东、周恩来巧妙地发挥自身能动性，从而较快地推动了尼克松等人对中国看法的转变，并在很大程度上使美国决策层主张发展对华关系的观点得到正面的验证从而成为主流认知。

---

① 〔美〕理查德·尼克松：《尼克松回忆录》（中册），裘克安等译，北京：商务印书馆，1979，第 255 页。

② 《美国对亚洲的外交政策：美国康伦公司研究报告》，何慧译，北京：世界知识出版社，1960，第 240 页。

③ 〔美〕理查德·尼克松：《尼克松回忆录》（中册），裘克安等译，北京：商务印书馆，1979，第 13 页。

④ Notes of H. R. Haldeman, June 16, 1971, Nixon Papers, National Archives, 转引自 James Mann, *About Face: A History of America's Curious Relationship with China from Nixon to Clinton*, p. 8。

总体而言，中国的外交能动性主要在以下几个方面形塑着美国尼克松政府的东亚地区观。

第一，重点突出国家利益的优先性并营造中美联合共同应对苏联威胁的战略态势。首先，现有解密的中美双方当时的谈判材料表明，中国在谈判中更多的是强调自身对国家主权和国家利益的重视，并没有过多地强调意识形态，中国对于尼克松、基辛格所构思的美苏中战略三角设想给予了高度认同，尽管双方在理解上存在分歧，但中美双方明确了在反对苏联霸权扩张上的共同利益。另外，很重要的一点是，在达成越南和平谈判协议的过程中，中国发挥了不容忽视的影响力，这使美国能够尽快迈出越战的泥潭，从容应对苏联军力追平美国的不利态势。一方面，随着美国不再以中国为敌，而且在谈判中还透露出希望中国帮助美国说服越南在谈判中做出让步以使美国体面撤军，中国开始由原来主张以打为主解决越南问题转向赞同积极进行和平谈判并力促谈判成功。越南和平谈判的历史记载证明，越南方面最终接受了中国方面的建议，即在原先坚决不做让步的地方——美国必须抛弃阮文绍政权——做出某种妥协，从而大大加快了和谈的进程。[①] 另一方面，中国希望尽快结束越战的态度也使得尼克松政府能够扩大轰炸的规模来迫使越南让步而不用担心中国的反应。[②] 因此，尼克松政府出于增强自身战略地位的考虑，自然视中国为其可以倚重的战略力量。

第二，与美国方面积极互动。尽管中美相互隔绝已达二十余年，但中国在化解美方人员疑虑和恐惧的同时，还积极增进双方对口部门

① 参见袁文靖《越南战争史》，台北：国际现势周刊社，1977，第 422～423 页；叶江《越南和平谈判中的中国因素（1968～1973）》，《上海师范大学学报》（哲学社会科学版）2003 年第 5 期。

② James Mann, *About Face: A History of America's Curious Relationship with China from Nixon to Clinton*, p. 50.

工作人员之间的信任，并为非战略领域诸如经济、文化等方面的往来奠定基础。

中国主动做出改善中美关系善意的举动。毛泽东在捕捉到美方向中国频频示好的善意举动后，积极给予了回应。例如，1969 年 12 月 6 日中国释放了两名误入中国领海的美国游艇乘客并于 1971 年 4 月邀请美国乒乓球队访华，类似举动都在很大程度上向美方展示了中方的善意和诚意。

消除美方对中国的恐惧和不信任感。基辛格在回忆录中对自己乘坐飞机秘密前往中国之行做了如下描述：“（在飞机上）中国人和我们围着一张桌子闲谈，好像我们两国之间没有一天断绝过联系一样。”① 显然，中国外交人员的大方和自然大大化解了美方的疑虑和紧张。

充分利用中国巨大的贸易潜力和市场前景。在中美会谈当中，中国外交部副部长乔冠华向美国重点介绍了中国巨大的市场前景，并以此作为推动美国让步的砝码。② 而在此期间，尼克松已经注意到中国作为一个潜在市场的价值。③

在坚持原则的同时保持发展关系的灵活性。尽管美国尚未同台湾蒋介石当局“断交”，中国仍然爽快地同意了在双方首都建立联络处的提议。在联合国席位问题上，周恩来和黄华都坚持认为，尼克松访问中国的行程不会由于美国在联合国的立场而受到影响。④

综上所述，中国在中美重新接近和之后的双边公开或秘密的会谈

① 〔美〕亨利·基辛格：《白宫岁月——基辛格回忆录》第三册，杨静予等译，北京：世界知识出版社，1980，第 13 页。

② 参见 James Mann, *About Face: A History of America's Curious Relationship with China from Nixon to Clinton*, p. 47。

③ Richard Reeves, *President Nixon: Alone in the White House*, New York: Simon & Schuster, 2001, p. 53

④ 参见〔美〕亨利·基辛格《白宫岁月——基辛格回忆录》第三册，杨静予等译，北京：世界知识出版社，1980，第 56 页。

中都充分发挥了自身能动性，使美国尼克松政府意识到中美之间的共同利益不仅现实存在而且还极具可拓展性。首先，中国并非单纯的奉行狂热意识形态的国家，而是以国家利益为出发点来制定自身的对外政策，也就不会一味地推行共产主义扩张和输出革命的政策。因此，中国在美国决策者乃至社会精英的意象中不再是一个极具威胁的、狂热的共产主义国家，而是可以在对苏外交中加以借重的战略力量。这也符合基辛格对美国的一点论断："美国针对一个国家，从来都是一再以对其用心之评估做决策参考，而非以其实力或政策做标准。"[①]其次，中国方面向美国描绘了中美关系美好的发展愿景，使美国方面意识到中美在战略关系之外也存在着巨大的共同利益范围。事实证明，中方的努力在很大程度上获得了成功，尼克松认为"中国在谈判中表现得认真负责、落落大方"。[②] 也就是说，尼克松将中国视为可以信任的伙伴。

（三）日本外交政策的调整对美国东亚认知的影响

尼克松政府执政之初，基辛格强调美国对日本有两件事不放心：一是对美日之间的贸易逆差表示担忧；二是美国催促日本要对亚洲的经济发展和政治稳定乃至安全负起更多的责任。[③] 所以，美国对日政策首先是要减少美日贸易逆差以增强美国经济，其次是希望日本能够分担更多的地区安全责任，减轻美国的负担。一言以蔽之，美国尼克松政府对日政策的目标主要还是为了配合尼克松主义的战略目标，也就是美国将不再单方面地对日本开放国内市场，美国国力特别是经济实力的相对衰落使美国也需要开拓国际市场；同时，根据尼克松主义，美国期待盟国在安全保障上起到积极作用——地区盟国在防务等

---

① Henry Kissinger, *Diplomacy*, p. 813.

② 〔美〕理查德·尼克松：《尼克松回忆录》（中册），裘克安等译，北京：商务印书馆，1979，第465页。

③ 参见〔美〕亨利·基辛格《白宫岁月——基辛格回忆录》第一册，陈瑶华等译，北京：世界知识出版社，1980，第431页。

问题上为美国分担负担。

在这一时期，日本外交上依然坚持和平主义与日美基轴两个方面的内容，在政治和安保问题上，日本主要是按照美国的要求采取慎重态度被动应付，并随着经济水平的提高，日本逐渐加大以经济作为外交手段的力度。[①] 从佐藤内阁时期开始，日本对东南亚的经济援助金额便急剧增加，到1970年达到4.58亿美元。[②] 此举既使亚洲非共产主义国家内政稳定，也有利于美国遏制共产主义“扩张”的冷战目标。但在尼克松政府看来，日本政府的努力远远比不上日本从越南战争中所获得的经济收益和安全红利。

对于美国要求日本增强自身防务能力的提议，日本佐藤内阁最初表示认同，并任命中曾根康弘担任防卫厅长官。中曾根强调自主防卫，表达了修改国防基本方针的强烈愿望，但是此举受到来自日本国内的批评。最终，中曾根失去了防卫厅长官的职位，其打算实施的防卫政策也未能落实。随着越战的不断升级，日本国内掀起了反基地和反战运动，日本佐藤政府一方面要避免国内和平主义的批判，另一方面又需要迎合美国的意图，外交政策表现得左右为难。[③] 这些都在很大程度上限制了日本外交的能动性。这使尼克松和基辛格认为，“日本领导人很难进行战略和概念上的谋划，这样一个日本不值得美国将其作为概念的和战略的对手来认真对待（但中国值得）”。为此，尽管尼克松与基辛格相信日本有能力、有意图再度崛起为世界强国，但是却否认这样一个世界的稳定性，而只有通过美日同盟来保持对日本的影响力才是最佳选择，即阻止日本再次成为该地区军事大国的最好

---

① 〔日〕五百旗头真主编《新版战后日本外交史：1945—2005》，吴万虹译，北京：世界知识出版社，2007，第85页。

② 〔日〕五百旗头真主编《新版战后日本外交史：1945—2005》，吴万虹译，北京：世界知识出版社，2007，第102页。

③ 〔日〕五百旗头真主编《新版战后日本外交史：1945—2005》，吴万虹译，北京：世界知识出版社，2007，第96、116页。

办法，是使日本继续与美国结盟并接受美国领导。[①]

相比中国在说服北越政权与美国达成和平协议过程中所发挥的巨大作用，美日纺织品谈判中日本政府的表现和 1973 年日本政府拒绝基辛格提出的采取一致步调应对阿拉伯国家限制石油出口的要求，使尼克松意识到日本政府受制于国内政治难以有效地施展外交拳脚，只能发挥一般的盟友作用，无法承担更大的地区安全角色，从而难以发挥从根本上撬动东亚战略格局的作用。因此，日本在美国从越战体面脱身政策中的地位被逐渐边缘化。

（四）1969年中苏战争危机对美国东亚认知的影响

尽管尼克松和基辛格两人最初都主张修正原有的东亚地区认知特别是对中国的意识形态偏见，但是他们二人对于能够在多大程度上实现这一目标，心中并无太大把握，甚至有着很深的疑虑。在这种情况下，尼克松要想说服当时政府内部许多仍然以“所谓共产党世界铁板一块”为政治前提的外交决策团队成员，自然会面临不少困难。对于这种困惑和探索的历程，基辛格后来在回忆录中做了如下描述：“一直到 1969 年 3 月，中美关系看来实质上冻结在二十年来一样互不了解、互不信任的敌视状态中，尼克松政府有一个走向中国的意念，但还不是一个战略，这种想法付诸实施还需要一个机会。”[②] 而对于机遇的到来，基辛格是这样描述的：“当苏联和中国军队在一条默默无闻的江上冰封的西伯利亚冻土地带爆发冲突的时候，一切朦胧不清都消失了，我们毫不犹豫地走向世界外交的重大变化。”[③]

---

① 参见 Gerald L. Curtis, “U. S. Policy Toward Japan from Nixon to Clinton: An Assessment,” in Gerald L. Curtis, ed., *New Perspectives on U. S. - Japan Relations*, Tokyo: Japan Center for International Exchange, 2000, pp. 1 - 38。

② 〔美〕亨利·基辛格：《白宫岁月——基辛格回忆录》第一册，陈瑶华等译，北京：世界知识出版社，1980，第 225 页。

③ 〔美〕亨利·基辛格：《白宫岁月——基辛格回忆录》第一册，陈瑶华等译，北京：世界知识出版社，1980，第 226 页。

但美国应对中苏战争危机的实际过程远非基辛格事后所描述的这般简单。首先是自1969年3月开始中苏边界冲突多次爆发，一直到9月两国政府首脑机场会晤后才暂时告一段落；其次，在观望和应对危机的半年多时间里，美国决策层对危机的看法前后发生了较大的变化。1969年3月，中苏两国在乌苏里江的珍宝岛上发生武装冲突，对此，尼克松政府外交决策层最初的判断是“更可能是北京挑起了战斗”。[①] 也就是说，尽管尼克松已经开始考虑试图通过三角关系来重新构建中美苏三国关系，但是他与基辛格仍然认为中华人民共和国是一个更富“侵略性”的共产党国家，更可能是中国挑起了战斗。长期以来的东亚地区认知——中国是狂热的“共产主义扩张国家”和“地区主要威胁”这一政策意象仍在影响着美国决策层，即使有独到的地缘政治知觉的尼克松也不例外。

随着中苏边界冲突的不断升级，美国决策层特别是尼克松和基辛格的判断逐渐发生了转变，经过对中苏关系危机和爆发战争可能性的分析与应对，美国决策层对美中苏三方关系的判断主要可以归纳为三个方面：一是中国并非狂热的意识形态扩张者和冲突的挑起者；二是中苏关系已经破裂到无法挽回的地步；三是在对中国的角色定位上，中美苏三角关系渐露端倪，中美两国在对付苏联扩张这一点上形成了共同的战略利益。

首先，对中苏谁是好战者的判断。尽管最初尼克松和基辛格判断中国是冲突的挑起者，但是随着中苏边境冲突的接连发生，特别是在新疆发生的敌对行为打翻了美国决策层心中谁是可能的进攻者的天平。因为对照地图，中苏在新疆发生的边界冲突的地点离苏联的铁路终点只有几英里，而离中国的任何一个铁路终点都有几百英里。这使

---

① 〔美〕亨利·基辛格：《白宫岁月——基辛格回忆录》第一册，陈瑶华等译，北京：世界知识出版社，1980，第227页。

得基辛格意识到，中国领导人不会选择在这样不利的地点发动进攻。[①]

其次，中苏关系能否复合。1969 年 9 月 11 日，苏联部长会议主席柯西金（Alexei Nikolayevich Kosygin）在参加越南胡志明葬礼后回国途中，同周恩来总理在北京机场举行了会晤。双方一致同意缓和紧张的双边关系。但在基辛格看来，“声明中没有使用描述这种会谈的标准形容词‘兄弟般的’，这意味着双方存在着严重分歧，这是双方严阵以待，以准备下一个回合的斗争”。[②] 1970 年 11 月，在听到莫斯科和北京签订了贸易协定后，基辛格向尼克松陈述道：“这多半是形式上的而不是实质上的改善，没有迹象表明能够解决根本性的问题。我们得到的情报确实表明，沿着中苏边界的军事能力在继续不断地改进。”[③] 这说明，基辛格由于受到中苏战争危机的影响，已不再相信中苏关系能够得到实质性改善，他判断中苏关系已经完全分裂并濒临战争边缘，中苏关系已经是无可挽回地分裂了；社会主义阵营出现了大裂变，这对于美国来说自然是一个可资利用的机遇。

最后，中苏危机为美国提供了运用三角政治的机遇。1969 年 8 月 13 日，苏联出动武装力量入侵中国新疆裕民县铁列克提地区，包围正在执行巡逻任务的中国边防战士，并打死打伤中国边防战士多人。[④] 在国家安全委员会次日开会讨论如何认识中苏危机时，尼克松总统以他的革命性的理论使他的内阁同僚大吃一惊，即“苏联是更具侵略性的一方，如果听任中国在一场中苏战争中被摧毁，那是不符

① 〔美〕亨利·基辛格：《白宫岁月——基辛格回忆录》第一册，陈瑶华等译，北京：世界知识出版社，1980，第 231 页。

② 〔美〕亨利·基辛格：《白宫岁月——基辛格回忆录》第一册，陈瑶华等译，北京：世界知识出版社，1980，第 241 页。

③ 〔美〕亨利·基辛格：《白宫岁月——基辛格回忆录》第一册，陈瑶华等译，北京：世界知识出版社，1980，第 354 页。

④ 宫力：《跨越鸿沟——1969—1979 年中美关系的演变》，郑州：河南人民出版社，1992，第 25 页。

合我们的利益的”。[①] 基辛格还建议总统授权他通过国务院指示有关官员：在与苏联人或其他人进行交谈时，要对有关苏联计划对中国进行“先发制人的军事打击”的报道表示遗憾，对此尼克松表示赞同。[②] 为了表明尼克松政府的态度，9 月 5 日，副国务卿埃利奥特·理查森（Elliot Richardson）在美国政治科学协会于纽约召开的会议上发表讲话说：“我们不能不深深地关注，这种争论（中苏之间）的不断升级会造成对国际和平与安全的巨大破坏。”[③] 其言外之意在于强调：“不允许苏联对中国实施核打击从而使全世界屈服于苏联的核威胁，中国的安全与美国的国家利益密切相关。而之所以相关，在于美国不能无视苏联对中国的进攻，这会打破世界的力量均衡；会在全世界造成这样一种印象，苏联正在实现他的统治。”[④] 同时，尼克松还有地缘政治上的考虑：如果苏联针对中国实施勃列日涅夫主义，那么中苏集团将有可能复活，而美国对于任何可能爆发地缘政治动乱的情况，都必须加以抵制。[⑤] 基于此，中美之间已经形成了对抗苏联威胁的共同战略利益。

综上所述，1969 年的中苏战争危机在改变尼克松和基辛格以及当时美国决策层的东亚地区观的过程中发挥了巨大的推动作用，它使尼克松得以坚定地实施三角政治的理念并能够说服决策层内部持不同意见的幕僚，从而大大加快了改变东亚地区认知和政策逻辑的进程。

---

① 〔美〕亨利·基辛格：《白宫岁月——基辛格回忆录》第一册，陈瑶华等译，北京：世界知识出版社，1980，第 238 页。

② U. S. Department of State, *Foreign Relations of the United States, 1969 - 1972*, Vol. XVII, Foundations of Foreign Policy, Washington D. C.: U. S. Government Printing Office, 2006, Doc. 37, pp. 102 - 103, footnote 6.

③ 〔美〕亨利·基辛格：《白宫岁月——基辛格回忆录》第一册，陈瑶华等译，北京：世界知识出版社，1980，第 240 页。

④ 〔美〕亨利·基辛格：《白宫岁月——基辛格回忆录》第一册，陈瑶华等译，北京：世界知识出版社，1980，第 242 页。

⑤ Henry Kissinger, *Diplomacy*, p. 722.

首先是价值观上颠覆原先“共产主义集团铁板一块”的原则立场。艾森豪威尔总统的国务卿杜勒斯判断中苏关系的重要论据之一便是“共产主义集团铁板一块”，而经过中苏关系危机后，在尼克松政府看来，当意识形态让位于国家利益时，美、中之间的所谓“原则问题”也就不那么具有原则性了。

其次是中美苏三国在危机中的互动对国际体系产生了较大的冲击，推动国际体系由两级结构演变为中美苏战略大三角。1969 年 5 月 9 日，苏联国防部长安德烈·格列奇科（Andrei Antonovich Grechko）在纪念对德作战胜利二十四周年的文件中，把中国、美国和西德并列为苏联的主要敌人。显然，中国已经不再从属于两人阵营的任何一方，而成为一支独立的力量，这使中美苏大三角的形成成为可能。

最后是中美苏三方互动的模式发生了转变。危机爆发后，相关各方为了获取最大的利益，各方互动的强度大幅增加，各方的真实意图也因此在危机的处理过程中得以为他方所觉察。有学者指出：“美国决策层曾经考虑过默许苏联对中国核设施实施‘外科手术’打击来换取苏联大量削减或停止对北越的军事援助以使美国从越南‘体面’撤军。”[①] 对于这一点，尽管尼克松和基辛格的回忆录对此都没有提及，但在基辛格的回忆录中可以看出，苏联的意图让美国感到咄咄逼人和捉摸不透，相反中国则以自卫为主要意图。在这种条件下，美国决策层的“中国意象”开始发生变化：中国从一个扩张成性、不遵守国际规则的狂热国家变成了“勃列日涅夫主义”在亚洲的受害者，同时又可以成为阻挡苏联向东亚扩张的巨大屏障。美国的对中、苏的政策选项由曾经的“联苏制华”变成了“联华抗苏”，这是三国关系

---

① Patrick Tyler, *A Great Wall: Six Presidents and China*, New York: Public Affairs, 1999, pp. 47 - 89, 63.

互动模式的巨大转变。

简而言之，尼克松政府基于国际大环境的变化，希望推动与中国改善关系以服务于美苏缓和这一全球冷战总目标，而不再把中国视为东亚地区的首要遏制对象；中国方面敏感地捕捉到了这一变化，积极推动中美重新接近，并对基辛格所构思的战略大三角设想予以认同与合作；此时的日本受制于国内政治而未能跟上美国战略调整的步伐；1969 年中苏边界危机大大加快了中美相互接近的进程，并且使中美共同反对苏联威胁这一战略利益表现得格外现实和迫切。在中美正式开始接触后，中国在协助达成越南和平协议上的努力使美国将中国视为东亚地区的合作伙伴，双方甚至发展成为共同对付苏联的“准同盟”的关系。1974 年基辛格访问北京期间，其在与邓小平的会谈中，苏联成为会谈的中心议题。尽管后来“水门事件”迫使尼克松辞去总统职位，但继任的福特总统在东亚政策上大体萧规曹随，并且随着基辛格出任国务卿，中美虽尚未正式建交，但双方的战略互信和双边关系却日益深化。所以，尼克松所确立的东亚政策逻辑到卡特出任总统时才真正遭遇挑战。

第二节 卡特政府东亚政策逻辑与重心的演变

1977 年 1 月 20 日，卡特正式就任美国总统，相对于尼克松、福特执政时期，卡特政府的外交决策核心人物发生了巨大的改变，基辛格不再担任国务卿、国家安全事务助理等外交决策的核心角色，因此，不同于前两任总统并具有鲜明的“卡特”风格的外交政策也随之展现。本节继续应用认知—决策分析框架梳理美国卡特政府东亚政策逻辑的形成、转变及转变的原因，并在最后归纳了政策逻辑转变所对应的政策重心的演变和相应的美国对华、对日政策的变动脉络。

一　卡特政府初期东亚地区认知、政策逻辑与重心的形成

（一）卡特政府的外交思维和决策模式

第一，卡特的世界观和外交政策理念。在就任总统之前，卡特对外交事务了解极少，因为他并没有太多的外交经历且对世界政治缺乏了解。[①] 但卡特是“带着要使美国的外交政策更人道和更合乎道义的决心来就总统之任的，竞选期间他便批评上任政府过分专注于推行实力均衡政策，希望在自己的任期内能够把世界塑造得更公正一些”。[②] 因此，卡特的个人哲学是研究这一时期美国政府外交政策的出发点。

相对尼克松和基辛格的现实主义外交路线，卡特个人哲学中的理想主义成分较为突出。在1974年宣布参加竞选总统时，卡特公开表示希望美国在胆识、同情心、正直感以及献身于基本人权和自由方面给国际社会树立榜样。对此，有学者称：“人权这个概念被卡特在1976年大选期间置于美国政治舞台的中心位置。”[③] 在就职总统后，卡特又在公开演说中指出：“这是一个新世界，它要求美国执行新的对外政策——基于其价值方面保持永久体面和在我们历史观中保持乐观主义的政策。”[④] 可见，卡特希望通过人权外交与尼克松、基辛格的现实主义外交路线划清界限，摒弃同邪恶斗争要以其人之道还治其

---

① 参见 Raymond L. Garthoff, *Detente and Confrontation: America-Soviet Relations from Nixon to Reagan*, Washington D. C.: Brookings Institution, 1985, p. 563;〔美〕兹比格涅夫·布热津斯基《实力与原则：布热津斯基回忆录》（以下简称《实力与原则》），邱应觉译，北京：世界知识出版社，1985，第22页。

② 〔美〕兹比格涅夫·布热津斯基：《实力与原则》，邱应觉译，北京：世界知识出版社，1985，第58~59页。

③ Natalie Kaufman Hevener, *The Dynamics of Human Rights in U. S. Foreign Policy*, New Brunswick, N. J.: Transaction Books, 1983, p. 123.

④ 〔美〕吉米·卡特：《保持信心——吉米·卡特总统回忆录》（以下简称《保持信心》），裘克安等译，北京：世界知识出版社，1983，第127~129页。

人之身的现实主义外交，以恢复美国对第三世界的政治号召力。[①]

第二，卡特政府的外交决策团队构成及其运作机制。与尼克松的“总统掌控式”外交决策体系截然相反，卡特总统构建了一个较为开放的外交决策体系，并且允许持不同观点的决策顾问介入决策过程。外交决策核心成员主要有国务卿万斯（Cyrus Roberts Vance）、国家安全事务助理布热津斯基（Zbigniew Kazimierz Brzezinski）和国防部长布朗（Harold Brown）等人。卡特本人意识到国家安全事务助理与国务卿之间存在着观点分歧，但他很欣赏这种分歧，以便就外交政策做最后的决定时有尽量多的观点供自己权衡。[②] 与此同时，卡特并不满足让副总统蒙代尔（Walter Frederick Mondale）仅仅发挥象征性的作用，而是决心要使其成为一个真正活跃的副总统，蒙代尔因此被邀请出席卡特主持召开的一切官方会议，并帮助制定内政、外交和国防的战略计划。国家安全事务助理布热津斯基的任务之一就是要保证使蒙代尔了解国家安全事务领域发生的一切。[③] 这使得蒙代尔在东亚政策的制定中也有着举足轻重的影响力。

尽管卡特在做出决策之前希望听取尽可能多的不同观点，但是卡特仍然坚持对基本外交政策的最后决策要由总统定夺，而不是由国务院定夺。[④] 所以，卡特政府的外交决策模式可以归纳为，在决策团队成员充分辩论的基础上，由总统根据自己的判断选择其认为最为恰当的选项从而最终做出决策。

---

① 〔美〕吉米·卡特：《保持信心》，裘克安等译，北京：世界知识出版社，1983，第58~59页。

② 〔美〕吉米·卡特：《保持信心》，裘克安等译，北京：世界知识出版社，1983，第50页。

③ 〔美〕吉米·卡特：《保持信心》，裘克安等译，北京：世界知识出版社，1983，第36页；〔美〕兹比格涅夫·布热津斯基：《实力与原则》，邱应觉译，北京：世界知识出版社，1985，第40页。

④ 〔美〕吉米·卡特：《保持信心》，裘克安等译，北京：世界知识出版社，1983，第48页。

（二）影响卡特政府东亚地区认知的全球政策背景

前文已经提及布热津斯基和万斯在很多问题上的认知存在着分歧。这首先表现在对苏联意图和行为的判断上。以万斯为代表的一派认为，莫斯科并不期望回到20世纪50～60年代与美国对抗的情形中去。[①] 万斯认为，对于苏联介入非洲之角的冲突，不应视之为东西方之间全球性地缘政治斗争中的一场地区性战斗。因此，万斯对基辛格的大国均势外交政策提出了批评，认为后者违背了自己当初对第三世界冲突和变化诸问题所持的观点，将诸多地区冲突视为美苏地缘政治竞争。[②] 万斯主张本着现实主义精神，根据产生这些问题的当地因素加以处理。[③]

而以布热津斯基为代表的另一派则认为："美国应该对苏联不断增长的军事力量在政治上产生的长远影响表示关注，苏联可能会日益倾向于利用它的力量，或从第三世界的动乱中渔利，或在和美国的政治竞争中硬要按自己的意志行事。"[④] 在对苏联意图的判断上，布热津斯基认为，"苏联是利用美苏缓和作为幌子来掩饰自己的扩张野心，实现明修栈道暗度陈仓的效果"；在对苏联行为的判断上，布热津斯基判断，"苏联不是为了维护现状，而是为了改变现状"。[⑤]

---

① 参见 A. Doak Barnett, *China Policy*: *Old Problems and New Challenges*, Washington D. C.: Brookings Institution, 1977, p. 84。

② 〔美〕塞勒斯·万斯：《困难的抉择——美国对外政策的危机年代》（以下简称《困难的抉择》），北京：中国对外翻译出版公司，1987，第9页。1975年1月17日，基辛格描述道：在应对传统议程方面取得的进展已经不能满足要求。一类前所未有的新问题凸显出来，能源、资源、环境、人口以及太空和海洋利用等问题已经与构成传统外交议程的军事安全、意识形态和领土争端等问题并存。参见〔美〕罗伯特·基欧汉、约瑟夫·奈《权力与相互依赖》，门洪华译，北京：北京大学出版社，2002，第27页。

③ 参见〔美〕塞勒斯·万斯《困难的抉择》，北京：中国对外翻译出版公司，1987，第86、95页。

④ 〔美〕兹比格涅夫·布热津斯基：《实力与原则》，邱应觉译，北京：世界知识出版社，1985，第6页。

⑤ 〔美〕兹比格涅夫·布热津斯基：《实力与原则》，邱应觉译，北京：世界知识出版社，1985，第175页。

布热津斯基和万斯最大的分歧是哲学思想上的分歧，各自不同的背景导致他们对于世界是如何运转这一问题形成了本质不同的观念。[①] 万斯是律师出身，主张按照价值观和规则行事，因此，通过与苏联达成限制战略武器条约，美国就可以约束苏联的冒险行为。万斯还认为美苏之间的关系极端重要，美国应极力避免美苏之间发生冲突，同时努力寻求美苏之间形成真正的缓和。[②] 因此，万斯高度重视美苏缓和，力主积极推进第二阶段限制战略武器条约的谈判，把签订限制战略武器会谈协定当作美国外交政策的首选和中心任务，并且为实现美苏缓和的目标，美国应“加紧努力缓和政治上的紧张局势并确定调节东西方竞争的新概念和办法”。[③]

但是在布热津斯基看来，国家安全是第一位的，很多规则在全球化条件下都已经越来越不适用了，增强实力应该是达到合乎道义的目标的手段，必要的出发点是增强美国的实力。[④] 所以，他强调，“由于美苏敌对因素仍是个现实，缓和不能成为解决全球性问题的基础”。[⑤] 为此，布热津斯基主要从美苏冷战的地缘政治视角出发理解苏联的对外行为并制定相应的美国外交政策。例如，在 1979 年 5 月，在苏联加紧干预阿富汗局势时，布热津斯基提醒卡特总统注意俄国历来都有向南扩张的意图。[⑥]

归纳起来，万斯更多看到了美苏合作的可能性，而布热津斯基则

---

① 〔美〕兹比格涅夫·布热津斯基：《实力与原则》，邱应觉译，北京：世界知识出版社，1985，第 52 页。

② 参见 A. Doak Barnett, *China Policy: Old Problems and New Challenges*, p. 78。

③ 〔美〕塞勒斯·万斯：《困难的抉择》，北京：中国对外翻译出版公司，1987，第 11 页。

④ 〔美〕兹比格涅夫·布热津斯基：《实力与原则》，邱应觉译，北京：世界知识出版社，1985，第 59 页。

⑤ 〔美〕兹比格涅夫·布热津斯基：《实力与原则》，邱应觉译，北京：世界知识出版社，1985，第 11 页。

⑥ 〔美〕兹比格涅夫·布热津斯基：《实力与原则》，邱应觉译，北京：世界知识出版社，1985，第 482 页。

更多地考虑竞争的需要。两派对于实施对苏缓和政策都是没有异议的，区别在于何时和如何进行合作，并怎样在恰当的时机开展竞争和选择竞争的方式，以及是否应当将苏联在全球的行为联系起来考虑，美苏关系是否应建立在地缘政治竞争的视角之上等。这些问题也就是布热津斯基与万斯对全球战略形势判断的分歧所在。

在卡特总统的决策顾问团队内部，蒙代尔副总统最初是支持万斯上述推理逻辑的，他认为布热津斯基的反应会危及限制战略武器会谈。[①] 卡特本人也期望能够与苏联在军控和裁军上达成一致，以营造美苏既有合作又有良性竞争的缓和局面，从而腾出手来推行其人权外交政策理念。例如在给苏联领导人勃列日涅夫的信件中，卡特表示希望能够在互惠互利和相互尊重的基础上改善美苏关系。[②]

基于此，“卡特优先考虑的问题之一就是改善美苏关系，拒绝把限制战略武器会谈和整个美苏关系或者苏联在非洲的行动牵扯在一起”。[③] 因此，在1977年的外交决策中，卡特倾向于支持万斯的主张和推理逻辑，即美国其他方面的外交政策不能危及美苏缓和与限制战略武器会谈，对苏联有些挑衅性的外交行为不能过多地应用联系策略，应当视之为个案加以应对和处理。改善美苏关系、裁军和军备控制是卡特政府关注的优先议题。

卡特政府对达成“美苏缓和”的乐观预期和重建美国全球领导力的努力，都使得这一时期卡特政府不太可能较多地从地缘政治的视角出发构思全球和东亚政策，发展对华关系也必须小心谨慎以免危及美苏关系。在这一背景下，国务卿万斯所主张的东亚地区认知构成了

---

① 〔美〕兹比格涅夫·布热津斯基：《实力与原则》，邱应觉译，北京：世界知识出版社，1985，第42页。

② 参见 Raymond L. Garthoff, *Detente and Confrontation: America-Soviet Relations from Nixon to Reagan*, p. 565。

③ 〔美〕塞勒斯·万斯：《困难的抉择》，北京：中国对外翻译出版公司，1987，第109页。

这一时期美国外交决策层的主流认知。

（三）卡特政府初期东亚政策逻辑的形成与争论

1977 年初，卡特总统的智囊机构布鲁金斯学会完成的一篇研究报告认为：东亚地区存在着中美日苏四支主要力量（四强），因此该地区和平稳定与否取决于上述四国之间的平衡与互动；东亚地区首先需要关注的是安全和四强之间的力量均衡；东亚地区不太可能发生较大规模的军事冲突；该地区的主要威胁是任何一国寻求在东亚地区建立霸权；美国东亚地区政策应建立在如下前提之上——努力维系东亚地区四强之间的平衡，特别是要防止美苏之间发生军事冲突。[①] 这一表述基本代表了卡特政府执政之初的东亚地区观。

这一地区认知具体说来，美苏中日四强之中，美苏两国自不待言，是两个全球性超级大国。日本当时已经发展为资本主义世界的第二大经济体，是美国最大的海外贸易伙伴和农产品出口市场，并且美日同盟是美国东亚政策的基石，因此日本是美国在东亚的最重要盟国之一；[②] 此时的中国，经济上自然与日本无法同日而语，而且在美国看来，1976 年毛泽东和周恩来逝世后，中国开始进入权力交接时期，充满着不确定性，因此未来美中关系的发展前景尚不明朗。[③]

此外，在卡特政府的第一次国家安全委员会的非正式会议上，《巴拿马运河条约》和中东问题被确定为外交领域的重点，并且该会议所委托进行的 15 个研究题目中并没有亚洲问题和美中关系。[④] 可见，在卡特上任之初，东亚政策并非卡特政府外交政策的优先考虑之一。

---

① A. Doak Barnett, *China Policy: Old Problems and New Challenges*, p. 1, 78.

② 参见 Cyrus Vance, "American Foreign Policy for Pacific Nations," *International Security*, Vol. 5, No. 3 (Winter 1980/1981), pp. 3 – 13。

③ 参见 Raymond L. Garthoff, *Detente and Confrontation: America-Soviet Relations from Nixon to Reagan*, p. 561。

④ 〔美〕兹比格涅夫·布热津斯基：《实力与原则》，邱应觉译，北京：世界知识出版社，1985，第 63 页。

以国务卿万斯为首的一部分决策团队成员对东亚地区的认知与上述东亚地区观相吻合。根据这一认知，他们开始构思一整套的美国东亚政策的推理逻辑：东亚地区政策必须服从和服务于美国的全球缓和政策，保持东亚四强之间的均势和平衡是维系地区和平与稳定、确保美苏缓和的重要前提；实现四强之间平衡的关键在于保持美国与轻度武装、无核武器的日本之间的紧密关系，中国只是一个对美国目标的实现有一定积极作用的地区性角色与合作伙伴；同时，美国需要确保中苏之间保持不冷不热的关系——中苏两国既不共谋反美也避免发生公开的军事冲突，[①] 美国则可以在"避免与苏联发生军事冲突"的同时保持美苏两国之间的战略平衡，进而实现两国之间关系的真正的缓和。

根据上述政策逻辑，美国在东亚地区最为重要的目标是维持与日本之间长期、有效的合作关系；同时，对华政策不是美国最需要考虑的选项，也不是最为重要的问题。在处理中美苏三角关系时，一是要避免中苏重新接近，从而再度形成东亚地区的两极对峙局面，所以需要继续推进中美关系正常化；二是要避免中苏之间发生大规模军事冲突，中苏之间的冲突将会从根本上毁灭美苏关系缓和的预期，这要求美国在中苏之间保持平衡的政策。归纳起来，美国应着力维持中苏之间不冷不热的有限缓和状态，既要明确表示反对中苏任何一方借助美国来反对另一方，也应谨慎地避免与中苏任何一国关系恶化，还应该向中苏表明，美国不谋求与任何一国联合起来反对另一国。[②]

既然不能与中国发展密切的防务关系和军事合作，那么日本在美国东亚战略布局中的地位就显得更加重要。执政之初具有战略乐观主义的卡特政府认为，总体而言，苏联在亚洲的战略地位并没有因为美

① 参见 A. Doak Barnett, *China Policy*: *Old Problems and New Challenges*, pp. 78 - 81。

② A. Doak Barnett, *China Policy*: *Old Problems and New Challenges*, pp. 83 - 84, 86 - 87.

国撤离中南半岛而相应地增强，所以卡特政府仍然试图以日本为中心构建美国的东亚岛链防御线。通过美日防务合作，实现下述三大军事战略目标：第一，确保往返日本的海上航运；第二，确保能够快速有效地封锁苏联太平洋舰队出入日本海的航道；第三，配合美军保卫通往阿拉斯加的海上航运。[①]

在美苏冷战的大背景下，卡特政府内部关于全球政策的争论也必然反映在东亚地区政策上面。对于上述万斯所提出的东亚地区观和相应的政策逻辑，特别是其中关于中国的定位和美中关系的发展前景，布热津斯基自然难以认同，他同万斯辩论和产生分歧的焦点在于如何看待中国在美国东亚战略中的角色和对美中关系的定位。尽管万斯也认为在外交上全面承认中国会加强亚洲的积极趋势，但他认为与中国接近的行为会引起苏联的过度反应从而危及美苏关系缓和与限制战略武器谈判。[②] 在全球层面，布热津斯基认为美国与中国接近会迫使苏联更加谨慎地行事。他将中国定位为全球安全政策的中心要素之一。[③] 他还强调："在一个更为多中心的共产党世界中，美国自己应当有一项更为多中心的政策，而不是只和莫斯科打交道。因此，应给中国以更多的注意，因为中美关系对美苏关系具有十分直接的影响，应该推动中美之间的政治关系进一步升级。"[④] 具体到东亚地区，早在 1978 年 1 月，布热津斯基便将越南视为亚洲的古巴——起着苏联势力扩张代理人的角色，并且随着苏联向东亚扩张势力，中苏关系持续交恶；苏越关系日益密切后，中越关系也会交恶。所以，布热津斯

---

① 参见 Franklin B. Weinstein, *U. S. - Japan Relations and the Security of East Asia: The Next Decade*, Boulder, Colo.: Westview Press, 1978, p. 130, 258。

② 参见现代国际关系研究所选编《美中建交前后——卡特、布热津斯基和万斯的回忆》，北京：时事出版社，1984，第 108 页。

③ 参见 Michael Schaller, *Altered States: The United states and Japan Since the Occupation*, p. 253。

④ 〔美〕兹比格涅夫·布热津斯基：《实力与原则》，邱应觉译，北京：世界知识出版社，第 177 页。

基寻求与中国建立一种“阻止苏联扩张”的安全关系。①

面对国家安全事务助理与国务卿之间的分歧，卡特个人的认知以及对政策推理逻辑的选择就显得尤为重要了。② 尽管卡特意识到，“中华人民共和国拥有大约十亿人口，而且它在国际事务中的不可或缺的地位和战略上的重要性已经很明显，美国不能永远无视现实”，③ 但是卡特仍然选择支持国务卿万斯的东亚认知和政策逻辑，即避免因为发展对华关系而危及美苏缓和及影响第二阶段限制战略武器条约的达成，原因在于卡特“将维系美苏缓和并达成第二阶段限制战略武器条约置于最优先考虑的地位”，④ 所以，“同中国改善关系不能使美国同苏联已趋紧张的关系进一步恶化”。⑤ 正因为如此，在万斯表示反对美中发展军事联系和对华军售时，卡特总统于 1977 年重申“禁止将美国武器售予中华人民共和国的长期决定”，⑥ 因为这会导致其他亚洲盟国的疑虑，并会招致苏联歇斯底里式的反应。⑦ 此外，国内政治形势也影响了卡特的选择，卡特判断，“亲台的院外援华集团还在巴拿马条约问题上举棋不定，疏远台湾的举动都会使他们在运河条

① 参见 Raymond L. Garthoff, *Detente and Confrontation: America-Soviet Relations from Nixon to Reagan*, pp. 598, 701。

② 对此，罗萨迪（Jerel Rosati）在研究中发现卡特总统对世界形势的看法在万斯的乐观主义和布热津斯基的悲观主义看法之间有过摇摆。参见 Jerel A. Rosati, *The Carter Administration's Quest for Global Community: Beliefs and Their Impact on Behavior*, Columbia, S. C.: University of South Carolina Press, 1987。

③ 〔美〕吉米·卡特：《保持信心》，裘克安等译，北京：世界知识出版社，1983，第 173 页。

④ 参见 Raymond L. Garthoff, *Detente and Confrontation: America-Soviet Relations from Nixon to Reagan*, p. 697。

⑤ 〔美〕吉米·卡特：《保持信心》，裘克安等译，北京：世界知识出版社，1983，第 174 页。

⑥ 〔美〕塞勒斯·万斯：《困难的抉择》，北京：中国对外翻译出版公司，1987，第 123 页。

⑦ 万斯告诫总统，建立美中安全联系将是非常危险的，因为苏联会把美中之间的任何联盟都看作对它的敌视。参见 Robert S. Ross, *Negotiating Cooperation: The United States and China, 1969 - 1989*, pp. 116 - 117; Cyrus Vance, "American Foreign Policy for Pacific Nations," pp. 3 - 13。

约问题上投反对票"。[①] 因此，万斯所主张的东亚地区认知成为卡特政府这一时期的主流认知，基于这一认知的政策逻辑也成为卡特政府这一时期的东亚政策逻辑。归纳起来，这一阶段美国东亚政策的逻辑具有如下特点。

在对中国重要性的认识方面。尽管卡特政府意识到中国之于美国的重要战略意义，但卡特政府更为关注眼下达成"美苏第二阶段限制战略武器条约"的需要，发展对华关系的长远考虑只能暂时搁置一边。也就是说，"此时美国东亚政策的重心是维持美苏缓和关系的需要，而不是努力弥补美国在对付苏联机会主义时所表现的脆弱性"。[②]

在地缘政治方面。卡特政府仍然试图以日本为中心构建美国的东亚防御体系，使美国的东亚地缘政治战略由尼克松时期的战略大三角重新回归杜鲁门时期以"大陆边缘地带地缘政治理论"为基础的"第一岛链防御线"战略。

在对中日两国的角色定位方面。上述政策逻辑将中国定位为只是一个对美国实现目标有一定积极作用的地区性角色与合作伙伴，因此不值得做太多的让步来换取中国合作，而且这样做还可能危及美苏关系；日本则随着自身经济实力的快速上升而成为美国在该地区的最重要的盟友和战略基石。

综上所述，在布热津斯基 1978 年 5 月访华前的一段时间里，布热津斯基在卡特的外交决策团队中显得相对孤立，其强硬的对苏政策主张和基于地缘政治视角的东亚地区认知未能得到卡特总统的支持，对华政策主导权也被国务院所掌握，布热津斯基只能继续努力说服他人并寻找合适的时机对原有的东亚政策逻辑进行修正。

---

① 〔美〕吉米·卡特：《保持信心》，裘克安等译，北京：世界知识出版社，1983，第 178 页。

② Robert S. Ross, *Negotiating Cooperation: The United States and China, 1969 - 1989*, p. 98.

二　卡特政府东亚地区认知的调整

布热津斯基虽然暂时未获得卡特总统的支持和决策成员的多数支持，但他仍然努力通过广泛的社会和政治互动来推广基于自身认知所形成的政策逻辑，他将自己的认知与国际政治大背景的演进紧密联系在一起，并成功地赢取了决策团队的多数支持，最后说服卡特总统接受了布氏风格的认知和相应的政策逻辑。下文将应用认知—决策框架来分析布热津斯基如何成功地将个人认知推广为美国决策团队的集体认知，并在此基础上形成新的政策逻辑。

（一）国际环境的演变

国际结构层面，两极对峙局面重趋紧张。卡特及其外交决策核心成员万斯、布热津斯基等人都是成立于1973年的三边委员会的成员，该委员会希冀以美欧日为核心建立新的世界秩序，因此卡特决定改变长期以来美苏冷战对美国外交政策的压倒性影响，转而对美欧关系、美日关系投注了较多的注意力，并注重发展与发展中国家的关系，特别是与拉丁美洲的关系，因此将签署和争取国会批准《巴拿马运河条约》视为优先考虑的外交议题之一。①

对于上述选择，万斯在描述70年代的国际形势时认为，50年代两极分化的世界在70年代变成了相互依存的多极世界；② 随着国际环境的变化，美国战略的相对重点已从在军事上、政治上遏制苏联，逐渐转变为使“西方军事实力与促使莫斯科采取合作互利措施的谨慎努力”二者更均衡、更灵活地结合。③

因此，在万斯的影响下，卡特本人也意识到外交政策中出现了具

① 参见 Raymond L. Garthoff, *Detente and Confrontation: America-Soviet Relations from Nixon to Reagan*, p. 565。

② 〔美〕塞勒斯·万斯：《困难的抉择》，北京：中国对外翻译出版公司，1987，第9页。

③ 〔美〕塞勒斯·万斯：《困难的抉择》，北京：中国对外翻译出版公司，1987，第7页。

有爆炸性变化的力量，曾处于世界边缘的地区纷纷出现了新的力量和新的角色。例如，1973 年第一次石油危机时，美国所需石油的 35% 需要进口，1973 年能源危机使美国强烈意识到西方对中东石油有着十分危险的依赖性。[①] 而到卡特担任总统时，美国对进口石油的依赖率已经增加到总量的 50% 。[②] 国际舞台上新力量和新角色的涌现使卡特希望跳出单一的美苏冷战框架，推行以“人权外交”为特征的世界新秩序外交政策。1977 年 5 月，卡特在圣母大学所做的关于对外政策的第一次重要演讲中强调，美国的对外政策不再基于遏制苏联的扩张，也不再几乎全部依赖由欧洲的非共产主义国家与西半球所组成的联盟。卡特要求制定一项新政策以适应新世界的需要——这项政策应“以我们永远公平的价值观和乐观主义的历史观为基础”。同年 7 月底，卡特再次强调了类似的观点：“放弃过去关于美国安全的定义——经常几乎是单纯根据同苏联的军事竞赛的内容来定义美国的安全，考虑到世界本质的变化，美国的对苏政策必须由一种更友善、更自由和更美好的世界观来指导。”[③]

但现实的情况是，美国的全球和地区政策无法摆脱美苏两极对峙格局的约束。苏联的对外干涉行为遍布全球，从安哥拉到非洲之角的埃塞俄比亚和索马里，再到东南亚，乃至最后直接军事占领阿富汗，这一系列事件的积累逐渐改变了卡特政府对苏联意图的认知。[④] 因此，卡特也不得不向冷战的大格局回归，逐步摒弃原有的“世界新秩序”理念，在力争达成第二阶段限制战略武器条约的基础上遏阻苏联的地缘势力扩张。

---

① 〔美〕吉米·卡特：《保持信心》，裘克安等译，北京：世界知识出版社，1983，第 83 页。

② 〔美〕塞勒斯·万斯：《困难的抉择》，北京：中国对外翻译出版公司，1987，第 8 页。

③ Robert S. Ross, *Negotiating Cooperation: The United States and China, 1969 – 1989*, pp. 93.

④ 参见 Raymond L. Garthoff, *Detente and Confrontation: America Soviet Relations from Nixon to Reagan*, p. 691。

与全球力量结构相对应，东亚地区的力量结构也受制于全球冷战结构。总体而言，在卡特执政之初，美国方面认为，苏联在亚洲的战略地位并没有因为美国撤离中南半岛而相应地增强；[①] 过去塑造美国政策的遏制战略已经失效；[②] 国务卿万斯因此主张："美国决不可稀里糊涂地相信可以'打中国牌'来反对苏联，因为利用中苏任何一方反对另一方的利益，会带来巨大的风险，从而破坏美国有效处理同中苏关系的能力。"[③] 基于这一视角，对美国来说，其亚太战略支点非美日同盟莫属。进入 70 年代后，对日本的最大威胁是通往日本的海上航运遭到封锁，但总部设在符拉迪沃斯托克（海参崴）的苏联太平洋舰队尽管是大型现代化舰队却很容易被封锁在日本海里面。然而，如果苏联太平洋舰队获得在东南亚地区的基地，例如越南金兰湾等地，其海军在东亚地区的战略地位将大为改观。这将使日本的海上航线和中国沿海都面临苏联海军的威胁，印度洋上海军力量的平衡也将受到威胁。[④] 也就是说，卡特政府最担心的东亚地区形势是苏联在金兰湾等地获得海军基地从而危及美国相对于苏联在东亚地区的海军力量优势。但在美越关系正常化没有取得进展的同时，越南却于 1978 年 6 月加入经互会并于同年 11 月与苏联签订了《苏越友好合作条约》，苏联海军进而于 1979 年正式进驻金兰湾，这对于美国来说不啻于噩梦成真，使得美国在东亚地区的安全态势大为恶化，美国必须设法修复东亚地区的力量平衡格局。

国际进程层面，美苏以"缓和"为主要形式的互动模式日趋破

---

① Franklin B. Weinstein, *U. S. - Japan Relations and the Security of East Asia*: *The Next Decade*, p. 130.

② A. Doak Barnett, *China Policy*: *Old Problems and New Challenges*, p. 79.

③ 现代国际关系研究所选编《美中建交前后——卡特、布热津斯基和万斯的回忆》，北京：时事出版社，1984，第 125 页。

④ 参见 Franklin B. Weinstein, *U. S. - Japan Relations and the Security of East Asia*: *The Next Decade*, p. 246。

产。卡特和万斯的战略乐观主义再加上万斯本人的律师工作经历，使得卡特政府在执政之初认为可以用所谓“以水灭火”[①] 的方法对付苏联的扩张，并通过美苏缓和与限制战略武器条约来约束苏联的对外扩张行为，以腾出手来执行卡特主张的“世界秩序战略”。但苏联的对外行为并未如卡特所愿，缓和战略并未限制苏联的扩张，反而成为苏联到处发动攻势的掩护。

在全球范围内，自1975年苏联介入安哥拉内战开始，苏联不断在欧洲增强军事部署，加紧介入中东事务，与古巴联合武装干预埃塞俄比亚和索马里之间的欧加登边界冲突，通过政变使阿富汗政权更加亲苏，指使安哥拉军事攻击扎伊尔沙巴，策动南北也门武装冲突乃至最后直接入侵阿富汗，这些都使得缓和战略在美国各界的吸引力大为下降；另外，苏联扩张所带来的威胁也日益增加。在东亚地区，卡特政府原来寄希望于通过四强平衡战略来确保美国撤出中南半岛后的力量平衡，但美越关系的迅速升温使得苏联终于得以实现“哑铃战略”，越南也在苏联的支持下试图推行“印度支那联邦计划”。

苏联在全球和地区层面的扩张行为都使得美苏缓和将带来全球稳定这一主张遭到质疑，苏联的行为并没有因“缓和”的约束而变得温和，相反却利用“缓和”来掩盖其“革命性”的手段和目标。因此，缓和战略在美国日益不得人心，卡特本人对苏联的政策也只能日趋强硬。[②] 同样，卡特发展对华关系也不再像前一阶段那样过多地顾虑苏联的反应。所以，尽管国务卿万斯对派遣布热津斯基访华表示反对，[③] 但卡

---

① 指苏联直接或间接用军事手段把一个国家夺过去，美国则随后依靠自身经济技术优势，经过一段时期的努力把失去的地盘重新夺回来，而不是采取像越南战争那样的“以火灭火”的直接军事干预手段。参见王绳祖主编《国际关系史》第十卷，北京：世界知识出版社，1995，第21页。

② Raymond L. Garthoff, *Detente and Confrontation: America-Soviet Relations from Nixon to Reagan*, p. 602.

③ 〔美〕兹比格涅夫·布热津斯基：《实力与原则》，邱应觉译，北京：世界知识出版社，1985，第236~237页。

特在副总统蒙代尔的强烈支持下最终决定派遣布热津斯基访问中国，就与中国达成关系正常化进行磋商，并指示布热津斯基向中国表示“在与中国关系正常化等问题上美国决心已下”。[①]

（二）日本外交政策对美国东亚地区认知的影响

经过二战后60~70年代的高速经济增长，日本已经成长为资本主义世界第二大经济体，这为日本在影响美国东亚地区认知的能动性方面奠定了物质基础。这一时期，日本外交较60年代更为活跃和积极，主要可以归纳为以下三个方面。

第一，拓展美日同盟的适用范围。对于卡特政府执政之初重视美日同盟的政策选择，这一时期的历任日本内阁均给予了积极回应。1979年5月，日本首相大平正芳访问美国，会谈中，大平竭力向美国说明美日同盟对日本的重要性，并得到了美国的理解，此举也加深了其与卡特的私人关系。[②] 1978年11月，日本内阁会议确定了关于日美防卫合作的《美日防卫合作指针》，其中第六条首次声明以“在日本以外的远东局势对日本的安全产生重大影响的情况下，日美之间如何进行军事合作”为题进行研究。[③] 这使美国期望日本承担更大的防卫责任的设想部分得到了实现。

第二，政治上与美国保持一致。在苏联入侵阿富汗后，大平正芳在演说中明确表示“即使日本有所牺牲也在所不惜”，以示与美国立场保持一致。[④] 同时，在美国带头抵制莫斯科奥运会时，日本政府于

---

① James Mann, *About Face: A History of America's Curious Relationship with China from Nixon to Clinton*, p. 88;〔美〕兹比格涅夫·布热津斯基：《实力与原则》，邱应觉译，北京：世界知识出版社，1985，第228页。

② 〔日〕五百旗头真主编《新版战后日本外交史：1945—2005》，吴万虹译，北京：世界知识出版社，2007，第138页。

③ 〔日〕五百旗头真主编《新版战后日本外交史：1945—2005》，吴万虹译，北京：世界知识出版社，2007，第140页。

④ 〔日〕五百旗头真主编《新版战后日本外交史：1945—2005》，吴万虹译，北京：世界知识出版社，2007，第147页。

1980 年 4 月通知日本奥委会不参加在莫斯科举行的第 22 届夏季奥运会。

第三，利用经济资源为国际社会的稳定做出贡献。日本政府于 1978 年开始实施“综合安全保障”战略，即除了坚持《日美安保条约》和有节制地建设高质量的自卫队以外，还需动员经济力量、科技力量等综合谋求国家安全。① 其中经济力量就包括通过增加对外经济合作经费的方式来为地区和国际安全做出贡献。1977 年 5 月，福田内阁宣布在五年内将官方发展援助（ODA）额度增加一倍，1978 年上台的大平内阁不仅宣布提高援助，还进一步提出加强对周围存在争端的国家提供援助的政策。到 1980 年，日本官方发展援助金额超过 33 亿美元，为 1970 年的近七倍，所援助的国家也由亚洲国家扩展到全球。② 因此，通过以自身经济资源为国际社会的稳定做出贡献，日本找准了运用经济实力的角度，填补了美国因国际收支问题而削减对外援助金额留下的空白，从而受到了美国的欢迎。

因此，当时美国媒体、学界和政界有相当一部分人认为：与日本结盟是美国东亚政策的基石，紧密友好的美日关系保证了美国在东亚地区的战略、政治和经济地位；实现美苏中日四强之间平衡的关键在于保持美国与轻度武装、无核武器的日本之间的紧密关系，应该避免任何可能危及美日同盟的趋势；日本已经成为美国的一个平等伙伴，而不是附庸国，其将会有更多的独立性和主动性；美国在对华政策上要与日本保持沟通，并且在稳步提升对华关系的同时需要继续维系和强化美日特殊关系。③

---

① 樊勇明：《西方国际政治经济学》，上海：上海人民出版社，2006，第 161 页；王逸舟主编《全球化时代的国际安全》，上海：上海人民出版社，1999，第 191 ~ 192 页。

② 〔日〕五百旗头真主编《新版战后日本外交史：1945—2005》，吴万虹译，北京：世界知识出版社，2007，第 142 页。

③ 参见 A. Doak Barnett, *China Policy: Old Problems and New Challenges*, 1977, pp. 81 – 95; Cyrus Vance, “American Foreign Policy for Pacific Nations,” pp. 3 – 13。

但是，70 年代的日本政局不稳，五位首相各自的任期都不足两年，这使日本的内政、外交政策缺少连贯性。例如 1978 年 12 月大平正芳担任首相后，立即停止推行福田首相制定的 7% 经济增长率的政策，并免去了原经济担当大臣。同时，几位首相的政权基础都不牢固，在可能引起强烈反对意见的问题面前，都容易陷入退缩，始终未能使日本摆脱只是“经济大国”的外界印象。[①] 这也突出表现在防务问题上，1978 年，美国国会再次要求日本提高防务支出，为此，日本政府在 1979 年 12 月公布将“小规模”提高国防预算支出；但对“小规模”极为不满的美国国防部长布朗对此提出了公开批评：“尽管日本可以更大规模地增加防务开支，但日本无论是在应对安全形势的变化方面还是在公平地负担防务开支方面都做得远远不够”。[②]

因此，尽管日本在 20 世纪 70 年代中后期的外交能动性大为提升，但在面对 1979 年底开始急剧恶化的国际局势时，日本之于美国只能是维持东亚地区现状的盟友，看重实际成效的美国政府只能转向务实的政策选择，面对苏联在亚洲咄咄逼人的进攻态势，美国还需要借助中国的帮助。

（三）中国外交政策对美国东亚地区认知的影响

第一，巩固和拓展中美共同战略利益。在 1979 年初访美与卡特会谈期间，邓小平把越南比作“东方的古巴”，并指出越南和苏联都在谋求成立“亚洲集体安全体系”，这对全球和亚洲地区都是非常危险的。邓小平通过类比的方式对东亚地区的战略态势向卡特做了生动的阐述，间接地指出了在亚洲特别是在东亚地区，美国相对于苏联处于战略劣势，苏越结盟已经使美国的“岛链防御”策略和“确保对日海上航路不受威胁”的安全目标受到了严重的现实威胁，借助中

---

① 〔日〕五百旗头真主编《新版战后日本外交史：1945—2005》，吴万虹译，北京：世界知识出版社，2007，第 138 ~ 143 页。

② Michael Schaller, *Altered States*: *The United States and Japan Since the Occupation*, p. 253.

国的配合则可以大为缓解美国此时的战略窘境。对此，卡特当时表示了认同。[①]

同时，中国在中美建交谈判期间成功地使中美联合公报中写入“反霸”的字句，从而使得苏联对“中美建立针对苏联的同盟”这一说法的可能性进一步疑虑和警惕，进而采取更为强硬的对美政策，最终使得美国进一步坚信中美安全合作的必要性和紧迫性，遏阻苏联在东亚地区的扩张成为中美此时最为关键的共同战略利益。

第二，构建跨国政策联盟。新自由主义理论认为，认知群体可以确定问题知识的重要性，从而成为结盟和谈判进程中的重要行为体；他们创造知识，从而为有效合作奠定基础。[②] 自尼克松开启对华接触大门以来，中国方面一直努力设法支持最倾向于同中国发展关系的美国决策人的权威。[③] 在意识到卡特政府内部对华政策上存在着分歧之后，中国把崇尚地缘政治逻辑的布热津斯基视为卡特政府内最可信任的高级官员，并且在一定程度上响应他的战略观点。[④] 为进一步推动中美双方的沟通和理解，中国主动邀请布热津斯基访华。相对于1977 年 8 月国务卿万斯的访华，有学者认为，在 1978 年 5 月布热津斯基访华时，中国有意识地回馈布热津斯基，将他的访问宣传为积极的和有成效的，以扩大其相对于万斯的影响力；而布热津斯基在中国所受到的热情接待也使他与万斯在政府部门之间的争论中占据了上风。[⑤] 历史证明，基于自身地缘政治认知的布热津斯基在发展美中战略关系方面做了很大的努力，并一直致力于推动双方各个层面的交流

---

① 〔美〕吉米·卡特：《保持信心》，裘克安等译，北京：世界知识出版社，1983，第 180 页。

② 〔美〕罗伯特·基欧汉、约瑟夫·奈：《权力与相互依赖》，门洪华译，北京：北京大学出版社，2002，第 269 页。

③ Robert S. Ross, *Negotiating Cooperation*: *The United States and China*, *1969 - 1989*, pp. 253.

④ 〔美〕兹比格涅夫·布热津斯基：《实力与原则》，邱应觉译，北京：世界知识出版社，1985，第 239 页。

⑤ 参见 Jean A. Garrison, *Making China Policy*: *From Nixon to G. W. Bush*, p. 51。

和沟通。[①]

对待其他美国来访人士，中国也积极地在接待中施加正面影响，期望获得美国朝野各方更多的理解与认同。卡特在回忆录中说道："苏联和中国在接待外国贵宾方面区别之大是令人惊异的，本来期望访问过莫斯科的参议员会有所帮助，结果他们却成了对外关系的灾难；苏联领导人往往是粗暴无礼和爱好争辩的；他们（刚刚访苏的议员）对苏联持非常否定的态度。"[②] 这一苏中之间的鲜明对比正好突出了中国在双边人员交往中对"跨国政策联盟"的重视。

卡特在任期间，因为限制战略武器条约、《巴拿马运河条约》的批准以及与中国建交等事项都需要国会的支持和批准，所以卡特非常重视争取国会两院议员的支持，但国会议员却在很大程度上逐渐站到了布热津斯基的立场上。[③] 因此，中国构建"跨国政策联盟"的努力无形中也减少了卡特政府发展对华战略关系的国内政治阻力，使卡特政府对其初期的东亚地区认知的修正更为顺畅。

（四）国际危机对美国东亚地区认知的影响

一般说来，国际事务中的焦点性事件提供了政治辩论的环境，并且提供了施加影响的新机会。[④] 布热津斯基的认知和政策逻辑尽管未能成为卡特政府最初的主流认知，但是他并未放弃自己的努力，仍然在不断地谋求扩大自身的影响力并获取同僚特别是总统的支持和认可。在这期间，苏联在全球各地的冒险和扩张便成为布热津斯基个人努力的重要外在机遇。

---

① 参见 Michel. Oksenberg, "A Decade of Sino - American Relations," *Foreign Affairs*, Vol. 61 (Fall 1982), pp. 183 - 184; Jean A. Garrison, *Making China Policy: From Nixon to G. W. Bush*, pp. 63 - 64。

② 〔美〕吉米·卡特：《保持信心——吉米·卡特总统回忆录》，裘克安等译，北京：世界知识出版社，1983，第 222 页。

③ 参见 Jean A. Garrison, *Making China Policy: From Nixon to G. W. Bush*, p. 63。

④ Jean A. Garrison, *Making China Policy: From Nixon to G. W. Bush*, p. 17.

第一，非洲之角的埃索冲突。1978 年春天，苏联在非洲之角的冒险为布热津斯基提供了改变政策的机会和借口。[①] 1978 年初开始，卡特政府内部围绕苏联和古巴在非洲之角的所作所为以及美国应当做何反应的严重意见分歧已初露端倪。[②] 万斯主张以个案看待苏联介入非洲之角，而布热津斯基则强调苏联的行为表明苏联根本不在乎美国的利益，因此主张对苏联在非洲的扩张行为进行坚决的回应。[③] 他指出，苏联通过古巴军队进驻埃塞俄比亚，来加强苏联在沙特阿拉伯周边的地缘政治优势和战略地位，美国有必要从战略方面予以反击。[④] 虽然卡特最初拒绝在埃塞俄比亚和索马里之间发生的欧加登战争期间向非洲之角派遣舰队，但随着古巴的介入，卡特对苏联的意图和行为的认知开始发生改变，最突出的表现是卡特于 1978 年 3 月 17 日在威克·弗里斯特大学发表演讲时提醒人们关注“苏联表现出的恶劣倾向，即利用外国雇佣兵干涉地区性冲突”，这与早前他对“国际合作的重要性”的说教形成了鲜明对比。[⑤] 美国的媒体也注意到了卡特对苏联认知的细微转变，1978 年 5 月 30 日，《华盛顿邮报》称，“从某种意义上讲，政府正在集体地到达离布热津斯基的一贯观点不远的某一点”。[⑥] 这说明随着埃索两国欧加登冲突而来的美苏关系危机使布热津斯基获得了重新主导决策团队集体认知的机遇，并在相当程度上获得了成功。这突出表现在对华政策的变化上，布热津斯基重塑对华政策的努力被冠以反苏的政策立场，而这因为苏联的扩张行为显得理

---

① Jean A. Garrison, *Making China Policy: From Nixon to G. W. Bush*, p. 51.

② 〔美〕塞勒斯·万斯：《困难的抉择》，北京：中国对外翻译出版公司，1987，第 86 页。

③ Jean A. Garrison, *Making China Policy: From Nixon to G. W. Bush*, p. 58.

④ 〔美〕兹比格涅夫·布热津斯基：《实力与原则》，邱应觉译，北京：世界知识出版社，1985，第 236 页。

⑤ 参见 Robert S. Ross, *Negotiating Cooperation: The United States and China, 1969 - 1989*, pp. 121 - 123。

⑥ 〔美〕兹比格涅夫·布热津斯基：《实力与原则》，邱应觉译，北京：世界知识出版社，1985，第 585 页。

由更加充分。[1]

第二，苏联入侵阿富汗。1979 年 12 月 27 日苏联出动军队直接占领阿富汗，这对于力主美苏缓和的卡特政府来说不啻晴天霹雳，尽管自 1978 年以来，阿富汗局势一直动荡不安，苏联可能也介入了该国的内部纷争，但是对于直接派遣军队占领一个主权国家则是对二战结束以来公认的国际规则的公然践踏，这标志着自尼克松时代开始的美苏缓和进程已彻底终止，卡特也意识到 1979 年 6 月达成的第二阶段限制战略武器条约已经不可能被国会批准了。在地缘政治上，土耳其的东北边境、伊朗和巴基斯坦的北部边境以及阿富汗这个中立的缓冲地带原来一起构成了一个难以逾越的屏障，[2] 苏联军事占领阿富汗使阿富汗长久以来在中亚地区所发挥的缓冲国角色不复存在；另外很重要的一点是，苏联入侵阿富汗标志着苏联意图采取改变现状的方式来实现自身利益，对此，一直以来力主推进美苏缓和的万斯也不得不承认，“美国与苏联的关系现在和将来从根本上来说都是竞争性的”。[3] 也就是说，苏联入侵阿富汗使卡特政府意识到苏联并无诚意进行东西缓和进程，苏联全球扩张的霸权主义本质开始成为外交决策团队的新集体认知。

对于苏联入侵阿富汗这一重大国际危机，卡特政府的第一反应是对这一行为进行严厉的惩罚和批判。在 1980 年 8 月对国会的一次演讲中，卡特强调：“毫无疑问，如果苏联入侵阿富汗的冒险没有受到惩罚，将会诱使苏联进一步冒险和扩张，直到他们获得不冻港或者控制全球绝大多数的石油供应。”[4] 卡特政府采取的主要措施包括谷物

---

① 参见 Jean A. Garrison, *Making China Policy: From Nixon to G. W. Bush*, p. 57。

② 〔美〕兹比格涅夫·布热津斯基：《实力与原则》，邱应觉译，北京：世界知识出版社，1985，第 408 页。

③ “Afghanistan: American's Course,” Address Before the Council on Foreign Relations, Chicago, March 3, *Department of State Bulletin*, Vol. 80 (April 1980), p. 13，转引自 Raymond L. Garthoff, *Detente and Confrontation: America-Soviet Relations from Nixon to Reagan*, p. 968。

④ Presidential Document, Vol. 16 (January 14, 1980), pp. 40 - 41，转引自 Raymond L. Garthoff, *Detente and Confrontation: America-Soviet Relations from Nixon to Reagan*, p. 972。

禁运、经济制裁、对双边交往进行限制、抵制莫斯科夏季奥运会和联合世界舆论进行批判等。但这些政策均未能奏效，苏联罔顾世界舆论的批评和美国的警告依然不肯从阿富汗撤军，到此时，卡特政府已经祭出了几乎手中所有的牌。

对于美国来说，苏联入侵阿富汗后，美国更需要重视的是怎样阻止苏联在其他地方的进一步扩张，在中国国务院副总理、军委秘书长耿飚 1980 年 5 月访问美国期间，布热津斯基向他指出，“苏联是在发动钳形攻势，一方面通过阿富汗直逼波斯湾，另一方面是通过柬埔寨指向马六甲海峡”。[①] 随着最初的粮食禁运、抵制莫斯科奥运会等一系列非军事手段未能奏效，卡特政府自然会得出结论——只有在军事上进行威慑和构建全球反苏联盟才能有效遏阻苏联的进一步扩张，军事威慑已由“卡特主义”加以明确；在反苏联盟方面，中国毗邻苏联的亚洲边界和阿富汗的地缘位置自然使其在美国亚洲战略中的角色和作用大为提高。

此外，危机作为真相暴露的时刻使卡特政府对他国意图的判断和对敌友的甄别进一步清晰，在卡特向再次当选印度总理的英迪拉·甘地（Indira Gandhi）致电祝贺时，卡特请求她在伊朗人质事件和苏联入侵阿富汗两个问题上同美国合作，但英迪拉·甘地对此反应冷淡，并且在几天后的联合国会议上，印度代表发言竭力支持苏联侵略，跟捷克斯洛伐克和越南的代表一样坚决，在吹捧苏联方面甚至古巴都不像印度那样“大言不惭”。[②] 这是由于第三次印巴战争期间美国支持巴基斯坦所带来的后遗症，也使得美国在这一区域所能倚重的大国只有中国了。

如本书第一章所述，在一定的决策顾问系统内部，决策源于一个

---

① 〔美〕兹比格涅夫·布热津斯基：《实力与原则》，邱应觉译，北京：世界知识出版社，1985，第 480 页。

② 〔美〕吉米·卡特：《保持信心》，裘克安等译，北京：世界知识出版社，1983，第 453 页。

互动的过程，内部成员在社会性互动（例如信息如何被共享和沟通，团体成员怎样尝试影响其他成员的认知等）过程中获得影响力和主导力。[①] 随着国际环境的变化、中日两国外交上的能动性发挥和国际危机的影响，蒙代尔、布朗等人在卡特政府东亚政策的辩论中都逐渐站到了布热津斯基的政策立场上；同时，苏联入侵阿富汗的军事冒险使原本对"缓和"满怀希望的美国公众大为失望，"缓和"这一概念成了被怀疑的对象。[②] 同时，苏联入侵阿富汗还大大提高了布热津斯基的观点对国会和公众的说服力。最终，布热津斯基所代表的政策逻辑为大多数美国公众所接受和认同。

三　卡特政府东亚政策逻辑的重新确立与对华、对日政策

（一）东亚地区观的修正和政策逻辑的重新确立

美国学者雷蒙德·高特浩夫（Raymond L. Garthoff）认为，在外交政策上，卡特政府内部存在着分别以国务卿万斯和国家安全事务助理布热津斯基所代表的两派政策取向之争。[③] 对此，相当多的学者都注意到了这一点。[④]

但通过考察卡特政府的东亚政策的脉络可见，万斯和布热津斯基二人对总统的影响力呈现此消彼长之态势。在外交决策团队内部，布热津斯基所持的地区认知的影响力和所获认同度也在不断增加之中，国防部长布朗更是在东亚政策和对华政策上全力支持布热津斯基的立场。此外，在中国发起对越自卫反击战后，在美国外交决策团队内部

① 详见本书第一章。

② 参见 Jean A. Garrison, *Making China Policy: From Nixon to G. W. Bush*, p. 14。

③ 参见 Raymond L. Garthoff, *Detente and Confrontation: America-Soviet Relations from Nixon to Reagan*, p. 563。

④ 其他类似观点可参见 Jean A. Garrison, *Making China Policy: From Nixon to G. W. Bush*, pp. 55 - 57；〔日〕五百旗头真主编《新版战后日本外交史：1945—2005》，吴万虹译，北京：世界知识出版社，2007。布热津斯基和万斯在回忆录中也承认二人之间在政策取向上存在着分歧，并经常进行争论。

讨论是否取消财政部长迈克尔·布卢门撒尔（Michael Blumenthal）访华之行时，万斯和布热津斯基出于各自的推理逻辑再次成为争论双方，万斯主张取消此次访问以表达对中国军事冒险的不悦，但是国务院主管东亚太平洋事务的助理国务卿霍尔布鲁克（Richard Holbrooke）却站在了布热津斯基一边，最终卡特总统也决定同意布热津斯基、霍尔布鲁克等人的意见。[①] 万斯领导下的国务院主管东亚太平洋事务的助理国务卿赞同布热津斯基的观点，说明布热津斯基已经逐步扭转了其在卡特总统外交决策顾问中相对孤立的态势，其对东亚地区的认知开始成为新的主流认知。

布热津斯基所主张的东亚地区观可以归纳为：东亚地区首先需要关注的是遏制苏联向这一地区的扩张；苏联支持下的越南是东亚地区的最大威胁；美国可以寻求与中国建立一种“阻止苏联扩张”的安全关系以维护美国在亚洲的安全利益。

因此，相应的政策逻辑可以表述为：美国在东亚地区不能坐视苏联势力的扩张，应该着力巩固美日中三位一体的安全关系来遏阻苏联及其代理人在东亚地区扩张；为此，美国不仅需要与中国实现关系正常化，还需要进一步与之发展安全伙伴关系；美国在巩固美日同盟的同时应推动日本对一些处于重要战略地位的国家的发展做出更大贡献，从而形成美中日三位一体的东亚安全结构；美中战略合作能弥补美苏之间常规力量的不平衡，迫使苏联将相当一部分兵力部署在中苏边境，这反过来又能使日本更多地而且更加从容地介入安全问题。[②]

同卡特政府执政之初相比，美国东亚地区政策逻辑由“维系美苏中日四强平衡实现东亚地区的稳定”转变为“构建美中日三位一

---

① 〔美〕兹比格涅夫·布热津斯基：《实力与原则》，邱应觉译，北京：世界知识出版社，1985，第467页。

② 〔美〕兹比格涅夫·布热津斯基：《实力与原则》，邱应觉译，北京：世界知识出版社，1985，第359、609页。

体的安全伙伴关系”来遏阻苏联向东亚地区的扩张，也就是由“2+1+1”转变为“2+1—1”格局。基于上述政策逻辑，美国东亚政策目标是构建遏阻苏联扩张的美中日安全结构，因为美日早已经是多年的同盟关系，所以就相应地要求美国将政策重心置于发展对华安全伙伴关系上，在实现双边关系正常化的基础上进一步发展经贸往来乃至发展安全关系，使中国成为“非北约盟友”。

（二）政策逻辑转变视角下的美国对华、对日政策的演变

多位学者所注意到的卡特政府内部关于东亚政策的争论，在反映了美国东亚政策逻辑转变的同时，也相应地使得对华、对日政策在四年里经历了一个演变的过程：对华政策的逐步升温和对日政策逐步回归现实。

第一，对华政策的逐步升温。卡特政府刚刚执政时，对中美关系正常化持一种相对冷淡的态度。虽然实现关系正常化被列为本届政府前期施政的主要目标之一，但不是当务之急，而是被置于次要位置，因为卡特总统和国务卿万斯有许多更为紧迫的事务要处理，特别是美苏缓和问题。基于一种比较乐观的国家安全观，卡特政府并不把中国放在重要的战略地位上，因而卡特总统从其前任为迅速实现中美关系正常化进程而做出让步的立场上后退了。因此，卡特政府最初并没有具体的对华政策，并且看起来对制定对华政策也毫无兴趣。1977 年 1 月，国家安全委员会第一次非正式会议所委托进行的 15 个研究题目中竟没把对华政策列入其中；本应在 4 月发表的对华政策研究报告一直拖到夏季才完成。[①] 值得一提的是，这篇报告并没有确定一个实现中美关系正常化的时间表，也没有说明美国何时需为中美关系正常化做出

---

① 〔美〕兹比格涅夫·布热津斯基：《实力与原则》，邱应觉译，北京：世界知识出版社，1985，第 62、229 页；Robert S. Ross, *Negotiating Cooperation: The United States and China, 1969 - 1989*, pp. 92 - 93, 104。

让步，显然，卡特政府认为不必忙着去做出让步来迎合中国的利益。[①]

基于前文的分析，随着美国东亚政策逻辑的转变，中国在美国东亚政策中的角色和作用也相应地发生转变。对华政策的转折点就是卡特决定派遣布热津斯基在 1978 年 5 月访华，从这一刻起，卡特显然开始通过“打中国牌”向苏联施压；同时也仍然希望达成第二阶段限制战略武器条约，这一点从他同时决定派遣万斯 3 月前往莫斯科可以看出。[②] 自此，美中关系开始通过以下三个步骤逐步升温。

对苏外交开打“中国牌”。尼克松与基辛格推动对华接触的最原始动力就是希望能够对苏联构成牵制，可以在对苏外交中“打中国牌”。但是对于美苏中三角关系，万斯坚持认为，“不应把限制战略武器会谈和其他问题联系起来，所以美国对苏政策不能随意打中国牌，以避免引起苏联的过激反应”。[③] 但是在卡特总统逐步向布热津斯基的观点靠拢后，其外交决策团队开始决定重拾“中国牌”。卡特 1978 年 5 月 16 日的日记记载，在和蒙代尔、万斯、布热津斯基、布朗等人一起讨论布热津斯基即将开始的中国之行时，与会人员一致认为同中华人民共和国改善关系将有助于美苏限制战略武器会谈。[④]

到 1978 年 5 月布热津斯基访华时，卡特正式授予布热津斯基打中国牌的权威。[⑤] 这标志着卡特政府打中国牌的策略正式出台。在之后的美国对苏政策中，美国尽管一再表示发展美中关系不是以反苏为目标，但是却频频以此迫使苏联做出让步。在 1980 年苏联威胁干预波兰局势期间，卡特就苏联入侵提出警告，并间接让勃列日涅夫知

---

① 参见 Robert S. Ross, *Negotiating Cooperation: The United States and China, 1969 - 1989*, pp. 104 - 105。

② 参见 Yoshihide Soeya, *U. S. - Japan - China Relations and the Opening to China: The* 1970*s*。

③ 〔美〕塞勒斯·万斯：《困难的抉择》，北京：中国对外翻译出版公司，1987，第 58 页。

④ 〔美〕吉米·卡特：《保持信心》，裘克安等译，北京：世界知识出版社，1983，第 180 页。

⑤ Jean A. Garrison, *Making China Policy: From Nixon to G. W. Bush*, p. 51.

晓，如果发生此事，美国将把先进武器转让给中国。[①] 可见，随着美中关系的逐步升温，对苏联“打中国牌”已经成为卡特政府遏制苏联的重要政策选项。

实现中美关系正常化。卡特的前任福特总统认为，在美国政府消弭其在亚洲受到的挫折的努力中，中国起着“关键”的作用，是“至关重要”的中心环节。但是最终受国内政治的限制，福特未能迈出实现中美关系正常化的关键一步。罗伯特·罗斯（Robert S. Ross）认为，出于国内政治的考虑福特总统未能实现中美关系新的突破。[②] 其中，最关键的一个国内因素就是如何处理中美关系中的台湾问题。1977 年的民意调查显示，在被问到中美建交后美国继续保持对台湾“安全承诺”的重要性时，大约 61% 的被访者非常重要和相当重要，只有 22% 选择不是很重要和一点也不重要；与此相对应的是，在另一个调查中，只有 22% 的受访者非常赞同与中华人民共和国建立外交关系（如果这意味着终结同中国台湾的“外交关系”和“防务条约”等），而 47% 的受访者表示反对。可见台湾问题在中美关系正常化中的敏感程度。[③]

到 1978 年春，随着布热津斯基的全球和东亚政策逻辑逐渐获得较大影响力，美中关系开始成为美国全球政策中一个居于中心地位的稳定因素以及和平的基石之一。卡特总统由此下定决心实现美中关系正常化，并在给予布热津斯基访华的指示中要求他向中国说明，“美国已经下定决心要实现中美关系正常化”。[④] 所谓下定决心，就是向

---

① 〔美〕吉米·卡特：《保持信心》，裘克安等译，北京：世界知识出版社，1983，第 559 页。

② 参见 Robert S. Ross, *Negotiating Cooperation: The United States and China, 1969 - 1989*, pp. 72, 91。

③ Gallup Poll conducted in April 1977，转引自 Jean A. Garrison, *Making China Policy: From Nixon to G. W. Bush*, p. 47。

④ 〔美〕兹比格涅夫·布热津斯基：《实力与原则》，邱应觉译，北京：世界知识出版社，1985，第 228 ~ 229 页。

中国表明美国接受中国的三个基本条件，并在发表呼吁中国人自己和平解决台湾问题这项声明时请中国政府不要反驳来作为相应的妥协和变通方法。[①] 这样既满足了中国方面提出的“断交、废约、撤军”三大条件，也在很大程度上安抚了国内的各方政治势力。在参议院有议员提出，通过立法将台湾从中国分离出去并声明美国将把北京对台湾的任何武力手段视为对美国的直接威胁时，卡特领导下的行政当局做了大量的说服工作，卡特甚至以威胁使用总统否决权来削弱国会改变中国台湾地位的努力。[②] 最终，中美两国顺利实现关系正常化，为中美关系的进一步深入发展铺平了道路。

在这期间，为了确保与中国关系正常化的进程不受干扰，布热津斯基成功地说服卡特总统推迟美国与越南关系正常化的提议。[③] 因此，在 1978 年 10 月，为了适应中美关系正常化的需要，防止与越南关系正常化激怒中国，卡特决定中止与越南关系正常化的谈判。[④] 在实现中美关系正常化后的 1979 年 7 月底，国务院又提出要同越南谈判柬埔寨问题，但卡特认为应当事先同中国磋商。[⑤] 卡特在越南问题上的两次决策都说明卡特认为发展对华关系具有政策优先性，必须高度重视中国的利益关切并与之进行充分的沟通。

推动中美建立密切的战略和军事关系。1977 年布鲁金斯学会发布的一篇关于中国政策的研究报告强调，美国的对华政策在与美国的

---

① 〔美〕兹比格涅夫·布热津斯基：《实力与原则》，邱应觉译，北京：世界知识出版社，1985，第 618 页。

② Jean A. Garrison, *Making China Policy*: *From Nixon to G. W. Bush*, p. 62.

③ Jean A. Garrison, *Making China Policy*: *From Nixon to G. W. Bush*, p. 52.

④ 参见 Yoshihide Soeya, Ph. D., *U. S. – Japan – China Relations and the Opening to China*: *The 1970s*; Raymond L. Garthoff, *Detente and Confrontation*: *America-Soviet Relations from Nixon to Reagan*, p. 701;〔美〕兹比格涅夫·布热津斯基：《实力与原则》，邱应觉译，北京：世界知识出版社，1985，第 263 页。

⑤ 〔美〕兹比格涅夫·布热津斯基：《实力与原则》，邱应觉译，北京：世界知识出版社，1985，第 472 页。

全球政策、维系美苏日中四国平衡政策等相协调的同时，还要顾及美国与中国周边小国的关系以及美国在这方面的利益考虑等内容。[1] 这正是万斯所强调的，就经济发展和军事力量而论，中国并不是重要的战略大国，美国同中国建立安全关系并不明智，会使美苏关系以及美国同日本和其他亚洲盟国关系蒙受风险。因为中国同美国是友邦而不是盟国，形势和美国的利益都不要求美中正式建立安全联系、进行联合军事计划或对华出售进攻性武器，并且此举会使美国其他亚洲朋友感到不必要的担心，还会招致苏联狂想式的反应。[2] 万斯因此主张在尖端两用设备或技术转让方面，对中苏采取平等对待政策，如果放弃或放松在中苏之间一碗水端平的政策，就会损害美国的长期利益。

对于深化与中国的军事合作，卡特本人最初也是非常谨慎的。例如，在关于是否向中国转让先进技术和对华军售等问题上，1977 年卡特总统重申美国不向中国出售武器这个长期禁令，这表明卡特仍未下定决心同中国建立安全关系。[3] 即使在卡特决心实现中美关系正常化和正常化后的一段时间里，卡特仍然坚持美国不应该向中国提供武器或者军事装备。但苏联入侵阿富汗使事情发生了变化，中国已经正式成为美国的安全伙伴乃至“准盟友”。1980 年 1 月 4 日，在国防部长布朗动身前往北京前夕，卡特总统决定向中国提供非杀伤性军事装备，并重申了过去做出的要在高级技术的转让方面给中国特殊待遇的决定。[4] 1980 年 1 月 18 日，布朗在北京发回来的报告中说：此次访华使美国同中国在建立战略关系方面迈出了重要的一步。[5] 基于此，

---

① 参见 A. Doak Barnett, *China Policy: Old Problems and New Challenges*, p. 78。

② 现代国际关系研究所选编《美中建交前后——卡特、布热津斯基和万斯的回忆》，北京：时事出版社，1984，第 109、118、125 页。

③ 现代国际关系研究所选编《美中建交前后——卡特、布热津斯基和万斯的回忆》，北京：时事出版社，1984，第 117 页。

④〔美〕塞勒斯·万斯：《困难的抉择》，北京：中国对外翻译出版公司，1987，第 247 页。

⑤〔美〕兹比格涅夫·布热津斯基：《实力与原则》，邱应觉译，北京：世界知识出版社，1985，第 480 页。

美国批准向中国销售军事支持类装备，包括卡车、直升机和雷达等。[①] 1980 年 4 月，商业部把对中国的出口控制从与华沙集团归在一起的 Y 类调到新国家集团 P 类，从而扩大了对中国出口的商品范围，特别是像运输飞机、远程通信设备、军用直升机等。[②]

除了美国对华军售和技术转让之外，双方的军事与安全合作还体现在合作应对苏联军事威胁上，例如，使用美国装备在中国进行对苏联军事情报的收集和秘密向阿富汗抗苏游击队提供武器等。[③] 在布朗访问中国期间，中美双方就向巴基斯坦提供美国军事装备进行了具体的磋商，布朗还建议中美之间在越南进攻泰国时进行直接的合作。[④] 作为对布朗的回访，1980 年 5 月，中国国务院副总理、中央军委秘书长耿飚访问美国，双方讨论的主要内容还是如何应对苏联入侵阿富汗和越南在中南半岛的扩张等问题，[⑤] 这意味着中美安全关系从军售和技术转让发展到开展双边安全战略合作。

因此，卡特政府的对华政策大致可以划分为三个阶段：1978 年决心实现双边关系正常化，1979 年实现正常化目标并逐步发展双边经贸往来，最后到 1980 年双方开始进行战略和军事方面的合作。整体上呈现出从“美中苏三角外交”到“美中准联盟抗苏”的转变轨迹。

第二，对日政策逐步回归现实。卡特及其外交决策核心成员万

---

① 参见 Donald Zagoria, “Soviet Policy and Prospects in East Asia,” *International Security*, Vol. 5, No. 2 (Autumn 1980), pp. 66 – 78。

② 〔美〕兹比格涅夫·布热津斯基：《实力与原则》，邱应觉译，北京：世界知识出版社，1985，第 480 页；陶文钊：《中美关系史：1972—2000》（下卷），上海：上海人民出版社，2004，第 95 页。

③ 参见 Raymond L. Garthoff, *Detente and Confrontation: America-Soviet Relations from Nixon to Reagan*, p. 690。

④ Raymond L. Garthoff, *Detente and Confrontation: America-Soviet Relations from Nixon to Reagan*, p. 985.

⑤ 〔美〕布热津斯基：《实力与原则》，邱应觉译，北京：世界知识出版社，1985，第 480 页。

斯、布热津斯基等人都是成立于 1973 年的三边委员会的成员，该委员会希冀以美欧日为核心建立新的世界秩序，反映在东亚地区就是将日本视为亚洲地区维系和平与稳定的支轴，这也是维系“四强平衡”这一地区观的重要基础。但随着苏联威胁的不断增强，美日同盟开始告别维持地区现状的目的，朝着以对抗苏联扩张威胁为前提实行防务责任分担制的方向倾斜，美国因而希望日本在周边海域能承担更大责任。[①]

苏联入侵阿富汗后，美国开始对苏联实施经济制裁，非常需要作为资本主义世界第二经济大国的日本的配合。日本尽管原则上同意西方必须制止苏联进一步的侵略，并支持有限度的制裁和外交行动，可是，在贸易制裁和出口贷款方面，日本却拒绝采取强硬的手段；[②] 由于受国内政治的限制日本也难以大幅度提高防务支出，这都使得美国颇为失望。于是，现实的需求促使美国推动日本与中国进行安全合作，以构建美中日三位一体的地区安全结构，协同遏制苏联向太平洋地区的扩张。

从 1974 年 9 月开始，中国方面便提议进行“中日和平友好条约”的谈判，但是否将反霸条款写入条约成为双方僵持不下的难题之一。中国强烈要求将这一条款纳入条约，日本方面则提出了反对意见，理由是应该考虑与苏联的关系，苏联方面一直担心该条约具有反苏性质。[③] 布热津斯基主张，美国要通过在东亚增进同日本和中国的关系，来参与这一地区的事务。[④] 美国当时负责东亚太平洋事务的助

① 〔日〕五百旗头真主编《新版战后日本外交史：1945—2005》，吴万虹译，北京：世界知识出版社，2007，第 131 页。

② 〔美〕塞勒斯·万斯：《困难的抉择》，北京：中国对外翻译出版公司，1987，第 249 页。

③ 〔日〕五百旗头真主编《新版战后日本外交史：1945—2005》，吴万虹译，北京：世界知识出版社，2007，第 120 页。

④ 〔美〕布热津斯基：《实力与原则》，邱应觉译，北京：世界知识出版社，1985，第 616 页。

理国务卿霍尔布鲁克也敦促日本与美国和中国的反苏战略保持一致。[①] 这标志着中日两国已经成为美国在东亚地区安全政策的“双核”。为实现这一地区安全结构，布热津斯基在1978年离开北京途经日本时，说服日本福田赳夫首相接受反霸条款。[②] 日本学者五百旗头真认为，美国卡特政府基于对苏封锁的观点，要求日美协调一致，进一步密切对华关系，因此美国的支持对于中日缔结“和平友好条约”也起到了一定的促进作用。[③]

归纳起来，卡特政府最初寻求的是与苏联达成削减核武器的政策目标，而最终却做出同中国发展类似同盟关系的决定，这是一个巨大的转变。[④] 究其原因，卡特政府原有的东亚地区认知和政策逻辑未能与东亚地区的现实发展相吻合。对美苏缓和与达成第二阶段限制战略武器条约的重视，使卡特政府选择在东亚地区实施美苏中日四强相互平衡的政策逻辑。苏联以“缓和”为幌子的全球扩张使卡特政府的东亚政策也逐渐重归对苏遏制战略，1979年底苏联对阿富汗的直接占领则使得美苏缓和战略彻底失败，美国的东亚政策也转向着力构建美日中三位一体的东亚安全结构。

第三节　里根政府东亚政策逻辑与重心的演变

1981年1月，共和党人里根入主白宫，其所组建的外交决策团队在各方面不仅迥异于卡特时期，与同样来自共和党的尼克松政府也不相同。尼克松、基辛格二人的均势外交战略和卡特执政后期所

---

① Michael Schaller, *Altered States: The United States and Japan Since the Occupation*, p. 253.

② 〔美〕布热津斯基：《实力与原则》，邱应觉译，北京：世界知识出版社，1985，第251页。

③ 〔日〕五百旗头真主编《新版战后日本外交史：1945—2005》，吴万虹译，北京：世界知识出版社，2007，前言第16页和正文第134页。

④ 参见 James Mann, *About Face: A History of America's Curious Relationship with China from Nixon to Clinton*, p. 47。

面临的苏联疯狂扩张态势使中美之间形成了密切的战略关系，乃至最后形成了中美日三位一体的东亚安全结构，中美在台湾问题上也达成了相应的默契和妥协。而里根长期以来一直以台湾地区的坚定支持者的形象出现，早在1976年与福特总统竞争共和党总统候选人提名时便表示反对与中华人民共和国关系正常化；1980年竞选总统期间里根也多次表示如果当选将会恢复与中国台湾的官方关系。[①]因此，里根入主白宫预示着刚刚实现正常化两年多的中美关系将受到严峻考验。但在里根执政的八年里，中美在经济、科技和文化等方面却实现了前所未有的大发展，意识形态和台湾问题上的分歧并未阻止里根政府发展对华关系。

本章将继续应用认知—决策分析框架，对里根政府东亚政策逻辑的形成、逻辑的修正和修正的原因进行梳理和归纳，进而分析里根政府东亚政策重心的变化和对华、对日政策的演变。

一 里根政府初期东亚地区认知、政策逻辑与重心的形成

（一）里根政府的外交思维和决策模式

第一，里根的世界观和外交政策理念。里根总统对共产主义有着强烈的厌恶与反感，就职总统前已经在言论中表现出强烈的反共色彩，就职总统后也多次在公开场合表达自己对共产主义的厌恶之情。1981年2月，在与来访的英国首相撒切尔夫人会谈期间，他表示，"共产主义将趋消亡，因为它是在人类历史上悲哀黑暗而又非常怪异的一章中所做的角色"。据不完全统计，此后至1982年7月，他在公开场合共8次抨击共产主义，将共产主义视为邪恶轴心、暴政和国际

① 参见 Don Oberdorfer, "Two Top Reagan Advisers Are on Taiwan's Payroll," *Washington Post*, June 6, 1980, p. 1，转引自 James Mann, *About Face: A History of America's Curious Relationship with China from Nixon to Clinton*, p. 116。

和平的最大敌人。[①] 为此，里根将世界划分为美好的与邪恶的两个阵营，分别对应西方自由世界与共产主义世界。[②]

里根认为，美国不能单方面信任苏联的任何承诺，苏联不仅是现代世界的邪恶轴心和世界动荡不安的主要源头，而且苏联领导人搞两面派欺骗美国政府的信任，从而使美国在世界上的权力与威望都受到了损害。为了抵御来自共产主义世界特别是苏联的扩张，里根设想的应对策略是：一是要抛弃原先追求缓和的政策；二是要重建美国的经济和军事实力来恢复自身的领导力，并提出了自立自强的概念。[③] 由此可以看出，里根的对苏冷战策略是立足自身，通过增强美国实力，来确保美国赢得对苏冷战。[④]

里根在入主白宫前曾担任加利福尼亚州州长，因此较前几任总统更加重视亚太地区。里根政府的第二任国务卿舒尔茨（George Pratt Shultz）和国防部长温伯格（Caspar Weinberger）都曾在回忆录中说，作为加利福尼亚人，里根将亚太地区视为关键区域，更为重视亚洲在全球政策中的地位。[⑤] 但里根浓厚的意识形态背景使其东亚地区政策必然也呈现出相应的特色，例如在对华政策上，他就对台湾有着很深的情结并认为“放弃”台湾是一种对朋友的“背叛”。[⑥]

第二，里根政府的外交决策人员构成与简介。里根总统最初任命的国务卿是曾任尼克松政府白宫办公厅主任的亚历山大·黑格

---

① 袁文靖：《里根政府对华政策》，台北：国际现势周刊社，1984，第 25 ~ 29 页；Raymond L. Garthoff, *Detente and Confrontation: America-Soviet Relations from Nixon to Reagan*, p. 1010。

② 参见 Jean A. Garrison, *Making China Policy: From Nixon to G. W. Bush*, p. 88。

③ 参见 Raymond L. Garthoff, *Detente and Confrontation: America-Soviet Relations from Nixon to Reagan*, pp. 1010 - 1011。

④ 参见 George Pratt Shultz, *Turmoil and Triumph: My Years as Secretary of State*, p. 486。

⑤ 参见 George Pratt Shultz, *Turmoil and Triumph: My Years as Secretary of State*, p. 179;〔美〕卡斯珀·温伯格：《在五角大楼关键的七年：美国前国防部长温伯格回忆录》，军事科学院外国军事研究部译，北京：军事科学出版社，1991，第 177 页。

⑥ 参见 Jean A. Garrison, *Making China Policy: From Nixon to G. W. Bush*, p. 88。

(Alexander Meigs Haig, Jr.)。黑格在卡特政府时期任驻欧美军总司令与北约盟军最高司令，并曾为1972年尼克松访华打前站，上述经历使黑格主张对苏采取强硬政策，他处理国际问题的方式也更多的是出于实用主义和地缘政治的考虑而非基于意识形态视角，因此他在对华政策上没有强烈的意识形态色彩，[①] 而是将中国视为一支重要的政治力量，尤其是遏制苏联扩张的主要力量。所以，黑格在担任国务卿期间高度重视对华关系，并尽最大可能消弭台湾问题对双边关系的影响，以确保中美在遏制苏联上的战略合作。[②]

因为与里根在诸多国际问题特别是对华政策以及外交政策主导权上存在分歧，黑格于1982年6月辞职，里根随后任命舒尔茨继任国务卿。舒尔茨曾在尼克松政府时期担任劳工部长和财政部长，就任国务卿之前是里根的经济顾问委员会的主任。[③] 这些工作经历，使他更为重视经济和工业实力而非军事力量，其对世界的判断更多是建立在国家间的经济实力对比而非基辛格和布热津斯基所持的地缘政治视角之上。[④] 这一点也间接推动美国东亚政策取向产生了巨大的转变，美国开始重视东亚地区的经济发展与繁荣，原来被视为受保护国的日本、韩国和东南亚诸国，开始被视为未来的经济力量而受到重视和关注。[⑤]

此外，里根所挑选的顾问和助手也多是与他持相同观点的人员。总统国家安全事务助理理查德·V. 艾伦（Richard V. Allen）赞成向中国台湾出售先进的战斗机，并主张对美台关系给予更多的外交重视；

---

① 参见 Raymond L. Garthoff, *Detente and Confrontation: America-Soviet Relations from Nixon to Reagan*, p. 1011。

② Raymond L. Garthoff, *Detente and Confrontation: America-Soviet Relations from Nixon to Reagan*, p. 1041.

③ 参见 George Pratt Shultz, *Turmoil and Triumph: My Years as Secretary of State*, p. 12。

④ 参见 Gerald L. Curtis, ed., "U. S. Policy Toward Japan from Nixon to Clinton: An Assessment," pp. 1 – 38。

⑤ 参见 James Mann, *About Face: A History of America's Curious Relationship with China from Nixon to Clinton*, p. 130。

白宫办公厅副主任迪弗（Michael Deaver）、财政部长里甘（Donald Regan）和总统法律顾问米斯（Edwin Meese）也都持亲台立场。[①]

里根总统极具领导天赋，沟通能力超乎常人。即使与里根观点相左的黑格也认为里根“类似艺术家那样善于与人交往”。[②] 在做出决策之前，里根“总是鼓励内阁成员不仅向自己而且在互相之间提出不同的看法”。[③] 在内部的讨论会上，他习惯请与会成员对某个问题发表各方面的看法，如果里根本人倾向于某一种意见，也设法不泄露给顾问，以确保各方畅所欲言。[④] 此外，即使里根知晓国防部长温伯格和国务卿舒尔茨之间历来不合，关系总是非常冷淡和紧张，他仍然认为这不一定都是坏事，因为“每个内阁成员都是在本部门专家建议的基础上对国家大事形成自己的见解，并从其工作或所担负责任的特殊角度来解释世界大事”。[⑤] 因此，里根政府的外交决策总是在决策系统内部充分讨论和沟通的基础上成形的。

（二）里根政府东亚地区认知的全球政策背景

里根认为，“苏联的政策目标一直是连续而顽固地追求摧毁民主制度和确立共产主义制度；苏联是一种掠夺成性的专制、独裁统治，具有无节制的扩张性，向一切势力可及之处施以暴政；剥夺人民基本权利……这个制度与美国人民两百多年以来所维护和追求的一切格格

① 参见 Robert S. Ross, *Negotiating Cooperation: The United States and China, 1969 – 1989*, p. 29。

② 〔美〕小亚历山大·黑格：《黑格回忆录》，现代国际关系研究所选编，北京：时事出版社，1985，第 10 页。

③ 〔美〕罗纳德·里根：《里根回忆录》，萨本望等译，北京：中国工人出版社，1991，第 507 页。

④ 〔美〕罗纳德·里根：《里根回忆录》，萨本望等译，北京：中国工人出版社，1991，第 242 页。时任国防部长温伯格也认为，里根总统总是喜欢他的顾问和朋友们在会上发表各种系统而简明的观点，而后让大家就这些观点展开争论，参见〔美〕卡斯珀·温伯格《在五角大楼关键的七年：美国前国防部长温伯格回忆录》，军事科学院外国军事研究部译，北京：军事科学出版社，1991，第 5 页。

⑤ 〔美〕罗纳德·里根：《里根回忆录》，萨本望等译，北京：中国工人出版社，1991，第 506 页。

不入”。[①] 因此，里根领导下的美国外交决策层对苏联意图做出了近乎完全负面的评价。

同时，里根对前几任美国总统所推行的缓和政策没有丝毫认同，而是认为“苏联把‘缓和’解读为可以随意在世界任何地方推行颠覆、侵略和扩张的政策”。[②] 里根出任总统后，给勃列日涅夫写了一封私人信件，但是并未得到积极回应，这次失败的首脑个人外交尝试，更加坚定了里根对苏联行为的负面判断。[③]

基于上述对苏联意图和行为的悲观判断，里根决定对苏联推行以实力和现实主义为基础的政策。[④]

为赢得对苏冷战，里根认为，对苏政策应该立足自身来增强军事和经济两方面的实力，并且当务之急是首先恢复美国经济的活力和自信的美国精神。[⑤] 这是因为，20 世纪 70 年代末和 80 年代初，美国国内对未来的预测近乎悲观，诸如不断上升的油价、通货膨胀和经济滞胀等，美国人因而必须适应低水平的生活标准；美国人普遍信心不足，担心美国是否能重新树立信心并全力实现它。[⑥] 所以里根政府将恢复美国的经济活力和信心作为当务之急。里根政府全球政策中强烈的意识形态色彩和对经济问题的高度重视，必将使得里根政府的东亚地区认知呈现出与众不同的“里根”特色。

---

① 〔美〕罗纳德·里根：《里根回忆录》，萨本望等译，北京：中国工人出版社，1991，第 254、465 页。

② 〔美〕罗纳德·里根：《里根回忆录》，萨本望等译，北京：中国工人出版社，1991，第 254 页。

③ 〔美〕罗纳德·里根：《里根回忆录》，萨本望等译，北京：中国工人出版社，1991，第 262 页。

④ 〔美〕罗纳德·里根：《里根回忆录》，萨本望等译，北京：中国工人出版社，1991，第 255 页。

⑤ 参见 Raymond L. Garthoff, *Detente and Confrontation: America-Soviet Relations from Nixon to Reagan*, p. 1011; George Pratt Shultz, *Turmoil and Triumph: My Years as Secretary of State*, pp. 4 – 5。

⑥ 参见 George Pratt Shultz, *Turmoil and Triumph: My Years as Secretary of State*, p. 4。

（三）里根政府初期东亚政策逻辑的辩论与形成

第一，里根政府初期的东亚地区观。黑格出任国务卿后，意图将对外政策的主动权抓在国务院，在里根政府的外交决策团队中表现得相当强势。在东亚政策上，“黑格在很大程度上继承了布热津斯基所主张的中美在地缘政治上联合遏制苏联的思路”。[①] 所以，黑格对美中关系的战略意义非常重视，他认为就美国与西方在20世纪最后25年的战略利益而言，中国也许就是世界上最重要的国家，原因在于，一是中美两国存在战略共识——遏制苏联的扩张主义；二是中国的目标是实现现代化并非威胁他者；三是中国的政治、社会制度正在从毛泽东主义带来的僵局演变为旨在让中国人民发挥巨大务实干劲的模式。因此，黑格主张从务实的角度出发，发展与中国的战略关系，并提出了将尼克松时代中美之间的“战术性联盟”发展成为“战略联系”的观点；[②] 所以美国不应与台湾发展官方关系而殃及中美关系，从而危及遏制苏联扩张的目标。[③] 为突出对华外交的重要性，黑格挑选霍尔德里奇（John Herbert Holdridge）担任负责东亚和太平洋事务的助理国务卿，而霍尔德里奇通晓汉语，并曾在北京任职，被认为是知华派人士。[④] 因此，黑格这一任命凸显了其对发展对华关系的重视。同时，在黑格的回忆录中，只有两处提及日本，而且并未涉及美日关系和东亚政策。所以可以认为，在黑格看来，出于遏制苏联的战略需要，更需要重视对华政策。

但是黑格设想的以对华政策为重心的东亚政策在决策层内部却受

---

① Raymond L. Garthoff, *Detente and Confrontation*: *America-Soviet Relations from Nixon to Reagan*, p. 1038.

② 参见 Patrick Tyler, *A Great Wall*: *Six Presidents and China*, p. 296；〔美〕小亚历山大·黑格《黑格回忆录》，现代国际关系研究所选编，北京：时事出版社，1985，第86、87页。

③ 〔美〕小亚历山大·黑格：《黑格回忆录》，现代国际关系研究所选编，北京：时事出版社，1985，第91页。

④ 〔美〕小亚历山大·黑格：《黑格回忆录》，现代国际关系研究所选编，北京：时事出版社，1985，第31页。

到其他决策顾问和阁员的反对。而且这一认知首先与里根的东亚地区认知特别是对华认知格格不入。基于其浓重的反共背景，里根总统最初对于中国的认知是非常消极和负面的，这首先体现在处理中美之间的台湾问题上，尤其是对台军售议题上。早在竞选期间，里根便声称应当以《与台湾关系法》而非1978年《中美建交公报》作为美国对华政策的基础。对台湾的"同情"态度，使得里根在就任总统之初很难致力于发展一种积极的中美关系。[①] 里根第一任国家安全事务助理艾伦回忆说，在竞选总统期间，他本来期望里根会在出访台湾后接下来前往中国大陆，但是里根却丝毫没有兴趣，也不想前往苏联，而是在日本和台湾地区之行后径直前往伊朗了。[②] 因此，里根根深蒂固的意识形态背景和对台湾的"同情"态度使他很难认同黑格发展对华战略关系的观点。

里根政府外交决策团队的其他成员例如国防部长温伯格，起初也对发展中美军事关系没有太大的兴趣，并认为建立军事关系是美国与中国的各种关系中最没有发展前途的领域。[③] 相反，他十分看重日本对于美国太平洋战略的重要性，认为日本所处的位置是世界上战略意义最重要的地理位置之一；温伯格设想，"如果日本拥有十分有效的空中和水下探测及杀伤兵器，并将它们部署在其领土周围的海上和空中，那么部署在海参崴的苏联舰艇和飞机，不管向寒冷的北方航行300海里还是向南航行1000海里，都无法逃避日本的监视和跟踪，因此，日本和美国的军事能力相结合使苏联日具侵略性的太平洋计划大大地复杂化了"。[④]

---

① Jean A. Garrison, *Making China Policy: From Nixon to G. W. Bush*, p. 79.

② 参见 James Mann, *About Face: A History of America's Curious Relationship with China from Nixon to Clinton*, p. 115。

③ 参见〔美〕卡斯珀·温伯格《在五角大楼关键的七年：美国前国防部长温伯格回忆录》，军事科学院外国军事研究部译，北京：军事科学出版社，1991，第182页。

④ 〔美〕卡斯珀·温伯格：《在五角大楼关键的七年：美国前国防部长温伯格回忆录》，军事科学院外国军事研究部译，北京：军事科学出版社，1991，第156页。

黑格的对苏强硬政策与里根政府的强硬反苏倾向倒是相吻合，但问题在于黑格的东亚地区观与里根本人及其他外交决策顾问的强烈亲台倾向相矛盾，里根不愿意以台湾地区为代价来加强与中华人民共和国的关系。其中，里根本人和国家安全事务助理艾伦尤为明显，出于对共产主义的厌恶他们反对与任何共产主义国家进行密切的合作，即使是为了对付另一个共产主义国家。[①] 因此，发展对华关系不是里根政府优先考虑的议题。

这种对华政策的分歧导致美国东亚地区认知形成的过程中出现了两大派别：一是以黑格为代表的基于地缘政治视角的“中国优先”观点；另一派主张“泛亚洲视角”，这一观点更为强调中国台湾和日本的重要性，反对对华做出让步。两派都力图主导里根政府东亚政策的重心。[②]

黑格决定在其他人开始行动之前抢先行动以获得主动权，但并未成功。他领导下的国务院声明美国将在《中美建交公报》的基础上制定对华政策，而白宫方面随后强调美国将严格执行《与台湾关系法》。[③] 在1981年黑格访华期间的最后一天，里根总统在一次记者招待会上指出，“《与台湾关系法》将被视为国内法来执行”。[④] 在黑格担任国务卿的一年半时间里，类似上述白宫与国务院之间围绕东亚和对华政策的矛盾声明一再出现。

由于缺少里根的支持，黑格的观点难以成为主流。黑格后来回忆道：“里根很少和我单独谈话，在总统手下人员加以抵制的情况下，

---

① 参见 Raymond L. Garthoff, *Detente and Confrontation: America-Soviet Relations from Nixon to Reagan*, p. 1038。

② 参见 Jean A. Garrison, *Making China Policy: From Nixon to G. W. Bush*, p. 80.

③ 参见 Raymond L. Garthoff, *Detente and Confrontation: America-Soviet Relations from Nixon to Reagan*, p. 1039。

④ 〔美〕小亚历山大·黑格：《黑格回忆录》，现代国际关系研究所选编，北京：时事出版社，1985，第99页。

我直接打电话找总统也越来越困难了。”[①] 里根和黑格二人后来的回忆也都认为对华政策是二人产生分歧乃至黑格辞职的主要原因。[②] 因此，在 1981 年 1 月至黑格 1982 年 6 月辞职这段时间，里根政府内部围绕外交政策的争论并没有形成一项统一的对外政策，特别是没有形成一致的东亚地区观和相应的政策逻辑，东亚政策出现了缺乏协调的局面。

这种情形到舒尔茨继任国务卿后开始大为改观。在处理国务院同白宫之间的关系上，舒尔茨主张国务院是国务卿用来执行总统外交政策的工具。[③] 也就是说，国务卿及其领导下的国务院应当忠实执行总统的外交政策。而且，舒尔茨同里根总统相似，也非常重视亚洲，认为亚洲与美国的利益直接相关，美国在亚洲有着重大的经济和政治利益。在 1983 年 3 月 5 日的演讲中，舒尔茨坦诚地阐述了美国必须给予亚洲足够重视的几方面理由：一是美国与亚太地区的贸易额已经超过与世界其他地区的贸易额；二是美国在过去的四十年时间里已经在亚太地区进行了三场战争，所以美国必须保持在亚洲的存在。[④]

舒尔茨基于其自身的经济学背景和财政部长的工作经历，非常看重日本的经济成就。他将美日关系的重要性归纳为以下五个方面：(1) 日本是亚洲最大的经济体，并且是民主国家成功的典范，而这在亚洲是不多见的；(2) 美日两国的国民生产总值合起来占全球国民生产总值的三分之一，并且两国是主要的技术、金融和管理知识的来源，因此美日关系的重要性具有全球意义；(3) 美国应当确保日

① 〔美〕小亚历山大·黑格：《黑格回忆录》，现代国际关系研究所选编，北京：时事出版社，1985，第 71 页。

② 参见黑格与里根在各自的回忆录中关于对华政策的叙述。

③ George Pratt Shultz, *Turmoil and Triumph*: *My Years as Secretary of State*, p. 37.

④ 参见 “The U. S. and East Asia: A Partnership for the Future,” addressed by Secretary George Pratt Shultz before the World Affairs Council of San Francisco, San Francisco, California, March 5, 1983; George Pratt Shultz, *Turmoil and Triumph*: *My Years as Secretary of State*, p. 393。

本不因为西方的忽视、短见和敌视而谋求在亚洲构建经济和军事排他性区域组织；（4）一个强大的但是与美国结盟的日本不会造成亚洲和其他地区的不安与恐惧；（5）一个具有竞争力的日本有助于保持美国的竞争力并激发其巨大的潜力。[①] 为此，他将日本确定为美国至关重要的战略伙伴，对日政策才应该是美国亚洲政策的重心所在。

相比之下，此时的中国在综合实力方面依然比较落后，经济实力与日本相差甚远；同时，中国军队在 1979 年对越自卫反击作战中暴露出了很多的不足和弱项，因此到 20 世纪 80 年代初，华盛顿不再像十年前所认为的那样，一旦美苏发生冲突，中国将发挥举足轻重的作用。此外，里根政府从意识形态视角出发，认为价值观与美国相同的国家更可能奉行公正和明智的政策，这有助于地区和世界的和平与发展；而美中之间的摩擦不仅是因为台湾问题，还包括双方社会制度的差异。[②] 中日两国实力上鲜明的对比与中美之间的意识形态差别一起构成了影响里根政府最初东亚地区认知的重要因素。[③]

因此，舒尔茨对长期以来特别是在尼克松开启中美交往大门之后美国亚洲政策的大部分注意力都集中于中国而非日本这一做法提出了批评。[④] 他强调中国更多的是一个地区角色而非全球力量。而日本才是东亚地区更为重要的力量，发展对华关系不能以牺牲美国与盟友（包括台湾）的关系为代价。[⑤]

舒尔茨的上述东亚地区观得到了对“黑格版本”的地区认知一

---

① George Pratt Shultz, *Turmoil and Triumph: My Years as Secretary of State*, pp. 173 - 174.

② 参见 James Mann, *About Face: A History of America's Curious Relationship with China from Nixon to Clinton*, p. 130。

③ James Mann, *About Face: A History of America's Curious Relationship with China from Nixon to Clinton*, p. 129.

④ 参见 George Pratt Shultz, *Turmoil and Triumph: My Years as Secretary of State*, p. 173。

⑤ 参见 George Pratt Shultz, "The U. S. and East Asia: A Partnership for the Future"; Raymond L. Garthoff, *Detente and Confrontation: America-Soviet Relations from Nixon to Reagan*, pp. 1043 - 1044。

直持反对态度的相关人士的呼应。其中的代表人物是时任国务院政策设计署主任的保罗·沃尔福威茨（Paul Wolfowitz），尽管他也是美国政府中的对苏鹰派人士，却不同于布热津斯基重视中国的立场，而是认为布热津斯基高估了中国在对抗苏联中的作用和战略重要性。1982年初，沃尔福威茨便批评黑格领导下的国务院在与中国进行对台军售谈判时做出了太多的让步。[①] 沃尔福威茨认为，“中国在东亚地区的重要性仅相当于韩国和印度尼西亚，并且所谓的中国战略重要性只不过是基辛格用来突出自己外交艺术和用以说服别人接受对华接触政策的一个概念而已；中国需要美国胜过美国对中国的依赖程度”。[②]

在舒尔茨就任国务卿后不久的1982年9月10日，报纸上的评论文章便认为舒尔茨所执行的美国外交政策重新回归稳健和两党一致的主流观点。[③] 因此，舒尔茨的东亚地区观在很大程度上反映了里根总统本人的东亚地区观，也代表了里根政府内部的主流观点。

综上所述，里根政府初期的东亚地区观可以归纳为如下几方面：经济上，亚太地区经济发展迅速，势头良好，美国与东亚太平洋地区的贸易总额首次超过它同欧洲国家的贸易总额，所以对美国经济的复兴与繁荣相当重要；政治上，苏联继续在亚洲扩大自身在该地区的影响，并支持越南在该地区的霸权主义政策；军事上，苏联继续扩充其在东亚地区的军事力量，形成了对美国的巨大挑战，因此美国需要在实力基础上遏制苏联势力的扩张；美国在亚洲有着重大的经济和政治利益，最大的挑战依然是苏联霸权主义的扩张。

---

① 参见 James Mann, *About Face: A History of America's Curious Relationship with China from Nixon to Clinton*, p. 129。

② James Mann, *About Face: A History of America's Curious Relationship with China from Nixon to Clinton*, p. 128.

③ 参见 George Pratt Shultz, *Turmoil and Triumph: My Years as Secretary of State*, p. 156。

与卡特政府后期对于中国的定位相比，里根政府执政的最初两年里，美国外交决策团队内部逐步完成了对中国定位和认知的调整。调整的主要内容包括：（1）美国不再强调同中国发展对付苏联的“战略”关系，改变了原来试图将中国作为东方的“北约盟国”的念头，而更多地将中国视为“友好的非盟国”；（2）关于中国的战略地位，美国不再将中国当作一个世界大国对待，而更多地从亚太地区的地缘政治观念出发，将中国视为区域强国；（3）在亚太安全问题的处理上，美国不再像从前那样首先同中国磋商，而是更注重发挥日本等“盟国”的作用；（4）在中美双边关系中，更加注重发展包括经济技术合作和贸易关系在内的“全面”关系。[①]

对日本的定位与认知则大大突出了日本的地位和作用，这主要表现在以下几个方面：（1）要使日本能够作为一个独立的自由国家生存下来；（2）要使美国和日本能够继续通行无阻地进入太平洋地区这个新的世界经济中心；（3）要使日本和美国一直保持亲密的盟友关系，如果日本和美国能够联合起来，阻止苏联向太平洋地区发动进攻或使苏联不能在太平洋地区运用军事力量取得支配地位，那么美国在中东、欧洲以及世界其他地区运用军事力量阻止战争的灵活性就会更大。[②] 这一定位不仅突出了日本的经济重要性，还使日本的战略地位具备了全球意义，美国在东亚太平洋地区的军事部署因而也重新回归以日本为中心的岛链防御，重在遏制苏联海军太平洋舰队在西太平

① 参见资中筠主编《战后美国外交史：从杜鲁门到里根》，北京：世界知识出版社，1994，第923～924页；宫力《峰谷间的震荡：1979年以来的中美关系》，北京：中国青年出版社，1996，第108～109页；James Mann, *About Face: A History of America's Curious Relationship with China from Nixon to Clinton*, p. 130；刘沛《中美建交以来的两国安全关系》，载《中美关系十年》，中国社会科学院美国研究所、中华美国学会编，北京：商务印书馆，1989，第58页；苏格《美国对华政策与台湾问题》，北京：世界知识出版社，1998，第535页。

② 〔美〕卡斯珀·温伯格：《在五角大楼关键的七年：美国前国防部长温伯格回忆录》，军事科学院外国军事研究部译，北京：军事科学出版社，1991，第156～157页。

洋地区的扩张行为。

第二，里根政府初期的东亚政策逻辑。基于上述东亚地区观，里根政府初期的东亚政策逻辑可以归纳为如下几点：美国东亚政策的首要目标是恢复美国在东亚地区的影响力和领导力，进而巩固和发展美国与东亚地区的经贸往来，以带动美国经济尽快走出 70 年代开始的衰退，实现美国经济的复兴；美国经济的复兴可以为美国增强军力和继续与苏联冷战提供坚实的经济基础，这又有助于遏阻苏联及其支持下的越南在东亚地区的扩张，最终确保美国在该地区的影响力和领导力。

根据这一逻辑，对日政策而非对华政策才是美国东亚政策的重心，对之应该给予首要的关注和考虑。这是因为，里根政府期望通过增强自身经济实力以作为重振军备的物质基础，但此时的美国正陷入严重的经济衰退中，里根政府无论是实施新经济政策还是扩大与东亚地区的经贸往来，都需要经济实力巨大并且增长势头强劲的日本的响应和支持，这就突出了日本的地位和作用。

对此，1983 年 4 月 21 日的《远东经济评论》的报道形象地描绘了美国东亚政策重心的转变——从中国的“天安门”转向日本的“银座”。这标志着美国的东亚政策开始更为重视经济问题，而原先出于对苏遏制政策需要的战略考虑则被置于次要的地位。[①]

第三，东亚政策逻辑指导下的美国对华、对日政策。基于上述美国东亚政策逻辑，里根政府初期的对华、对日政策也分别体现出相应的特点。

首先，对中国的重大关切缺乏理解。1981 年 10 月，赵紫阳与里根在墨西哥坎昆举行会谈，尽管中方急于向美方表达台湾问题是中国

---

① James Mann, *About Face: A History of America's Curious Relationship with China from Nixon to Clinton*, p. 131.

的重大利益关切，但里根身边的工作人员一再提醒会见已经超过规定时间。[①] 美国外交决策层对总统与中国领导人会面的重视程度不高正说明了其对中国重大利益关切的忽视。在中美双方签署“八一七公报”后，中美围绕对台军售的外交纷争暂时告一段落。但里根随即口述了一段简短的备忘录，该备忘录强调，只有当台海两岸的军力平衡时，美国才会限制对台军售。[②] 这等于是对公报进行单方面的秘密解读。1982 年 10 月 5 日，里根的国家安全事务助理威廉·P. 克拉克（William P. Clark）等政府高级官员应邀出席中国台湾驻美机构“北美事务协调委员会”在华盛顿举行的“双十国庆”招待会，并代表里根表示祝贺，对中美在台湾问题上先前达成的默契——不开展官方往来——进行赤裸裸的挑战。

其次，降低美苏中战略大三角逻辑的重要性。根据上述东亚政策逻辑，美国不再强调中美之间联合遏制苏联扩张的战略关系，而更多的是强调塑造中国的外部行为，以符合美国在东亚地区的经济和政治利益。尽管里根政府依然认为中国是一个重要的地区性大国，其却倾向于看轻中国对全球均势的影响，把中国降格为区域力量，从而不再轻易在中美谈判中做出让步。1983 年 1 月中美纺织品谈判破裂后，美国决定对 32 类中国纺织品实行单方面进口限制就是例证之一。另外，美国开始对中国提出“人权问题”，企图通过施压来使中国接受美国的价值观，1983 年 4 月 4 日，美国宣布给予中国网球运动员胡娜所谓“政治庇护”，此举导致中方停止了中美之间的体育、文化交流。[③]

反观对日政策，则大不相同。

---

① 〔美〕小亚历山大·黑格：《黑格回忆录》，现代国际关系研究所选编，北京：时事出版社，1985，第 100 页。

② James Mann, *About Face: A History of America's Curious Relationship with China from Nixon to Clinton*, p. 127.

③ 赵学功：《巨大的转变：战后美国对东亚的政策》，天津：天津人民出版社，2002，第 370 页。

首先，美国开始着力恢复和重建日本对美国的信心。舒尔茨在谈到美日关系时认为，“毫无疑问，日本感到自身利益未得到美国尼克松政府的充分考虑，例如，推动中美关系正常化未同日本事先沟通、1971 年 8 月 15 日尼克松宣布新经济政策等事例都使日本感到自身被忽视；另外，1973 年石油危机后的石油价格飙涨也使日本对美国的信任度大大降低，尽管这与美国的政策无关，但是对石油价格波动异常敏感的日本历来将美国视为中东地区的稳定器和确保国际市场平稳的主要负责国家”。[①] 国防部长温伯格也强调：“在和日本打交道时，如果给予日本世界大国的礼遇，那么和日本的会谈就可以取得进展。”[②]

其次，对日政策重在协商而非公开施压。在谋求重建日本对美国信心的同时，舒尔茨进而主张美国不应对日本进行公开的批评和施压，认为这无助于解决美日贸易摩擦和达到推动日本增加防务开支的目标；[③] 与此相类似的是，温伯格也强调，“为达到让日本以更多的投入改善其自卫能力的目的，厉声谴责是最坏的方法；美国应当坦诚地但是秘密地向日本人解释自己的观点：美国希望日本在与美国的合作中也为共同的防卫付出他们的努力”。[④]

最后，刻意营造“美日特殊关系”。在日本首相中曾根访美后一周，舒尔茨即确定了访日的行程。尽管此前他早已确定访华的日期，但为了表示对日本的积极态度和重视，舒尔茨特意决定首先出访日本。[⑤] 1984 年 2 月，舒尔茨访华归国途中经停日本东京，并与日本外

---

① 参见 George Pratt Shultz, *Turmoil and Triumph: My Years as Secretary of State*, p. 176。

② 〔美〕卡斯珀·温伯格：《在五角大楼关键的七年：美国前国防部长温伯格回忆录》，军事科学院外国军事研究部译，北京：军事科学出版社，1991，第 163 页。

③ 参见 George Pratt Shultz, *Turmoil and Triumph: My Years as Secretary of State*, p. 175。

④ 〔美〕卡斯珀·温伯格：《在五角大楼关键的七年：美国前国防部长温伯格回忆录》，军事科学院外国军事研究部译，北京：军事科学出版社，1991，第 158 ~ 159 页。

⑤ 参见 George Pratt Shultz, *Turmoil and Triumph: My Years as Secretary of State*, p. 182。

相安倍晋太郎举行会谈。舒尔茨强调，日本作为出访亚洲的首站和最后一站标志着“美日之间的特殊关系”，并且成为他本人的“惯例”。这种特殊关系还进一步发展成为双方外交官之间的个人友谊，舒尔茨同安倍晋太郎建立了深厚的个人友谊，二人在五年多时间里会面达三十余次；舒尔茨还特意邀请安倍到自己家里举行非正式会谈，而这正是为了彰显美日关系和二人之间关系的密切程度。①

二　里根政府东亚地区认知的调整

在里根执政期间，尽管美国始终强调美日同盟的重要性，但是因台湾问题产生摩擦的美中关系却自 1983 年底开始逐渐升温，这使里根政府与中国形成了一种密切并且日益广泛的工作关系，其深度和广度远超尼克松与卡特等前几任政府。这其中很大一方面原因在于里根政府同卡特政府一样，随着与中日两国的政策互动以及国际环境的变化，逐渐对东亚地区形成了新的认知，并进而逐渐修正了原来的政策逻辑。

（一）中国和日本外交政策对美国东亚地区认知的影响

对于里根政府初期的东亚地区认知及其相应的对日、对华政策，中日两国有着深刻的感受，因此在接下来的几年时间里，两国积极顺应国际形势的变化，发挥自身能动性以谋求影响美国东亚政策逻辑的演变，并推动自身与美国关系的良性发展。其中，日本著名政治家中曾根康弘出任首相后，在政治、经济和军事战略等方面与美国紧密配合，使美日特殊关系进一步深入发展；同时，中国也在对美政策上扬长避短，运用三角政治、扩大双边经贸往来和文化交流等手段谋求增加美国对中国的正面认知。

第一，日本迈向“政治大国”的主动外交。到 20 世纪 80 年

---

① 参见 George Pratt Shultz, *Turmoil and Triumph: My Years as Secretary of State*, pp. 181 - 185。

代，日本经过三十余年的发展，已经成长为经济大国、技术大国和国际舞台许多领域中举足轻重的一支力量。特别是在贸易领域，日本已经与美国形成经济深度依存关系，例如，日本从美国进口了价值约 67 亿美元的农产品，这占到美国肉类出口的 60%。[①] 无论是里根还是舒尔茨、温伯格等人，都将日本视为亚太地区的主要大国，都认为彼时的日本已经成为太平洋地区主要的和至关紧要的经济大国。[②] 这都意味着日本发挥自身能动性影响里根政府东亚地区认知的能力大幅度提升。日本中曾根康弘首相在这方面的作用尤为突出，其就任首相后，几乎马上敲定了次年——1983 年 1 月访问美国的安排，以使美日关系尽快走出 70 年代漂浮不定的局面。[③] 通过以下几个方面的外交政策，日本在美国的东亚政策乃至全球政策中的地位和作用大为提升。

坚持以“日美命运共同体”为核心的日美同盟基轴外交。首先，就任首相一职不足三个月的中曾根在访美期间表达了发挥更大防务作用的意愿，主要包括建设防空设施抵御苏联轰炸机、阻止有事时苏联水面舰艇和潜艇通过日本周边的海峡、延伸日本自身对海运航路的保护等方面。[④] 这比 1978 年的《美日防卫合作指针》所规定的“日美进行军事合作维持远东的国际和平与安全”又向前迈进了一步。其后，面对苏联的战争威胁，中曾根不为所动，依然推动日本与西方特别是与北约保持一致，某种程度上比欧洲国家更加坚定地支持自由世界同盟。对此，舒尔茨给予了高度评价：“中曾根康弘是一位果断

---

① George Pratt Shultz, *Turmoil and Triumph: My Years as Secretary of State*, p. 180.

② 参见 George Pratt Shultz, *Turmoil and Triumph: My Years as Secretary of State*, p. 173；〔美〕卡斯珀·温伯格《在五角大楼关键的七年：美国前国防部长温伯格回忆录》，军事科学院外国军事研究部译，北京：军事科学出版社，1991，第 158 页。

③ 参见 George Pratt Shultz, *Turmoil and Triumph: My Years as Secretary of State*, p. 179。

④ George Pratt Shultz, *Turmoil and Triumph: My Years as Secretary of State*, pp. 181 - 182.

的、勇于承担责任和具有前瞻性的出色国家领导人。”[①] 在非安全事务领域，中曾根首相也非常配合里根政府。1983 年 5 月在美国威廉姆斯堡举行的西方七国首脑峰会上，中曾根以“自己做棒球接手和里根做投手”做比喻，表示自己将会全力配合里根以确保此次峰会圆满成功。[②]

防务上稳步增加日本的防务负担份额和防务贡献。从美国军方来说，更希望日本能够在东亚地区发挥遏阻苏联扩张的作用。1981 年 3 月，温伯格向来访的日本外相伊东正义建议，“日本应当承担起保卫其本国领土、附近空域以及西北太平洋、菲律宾以北和关岛以西的海上交通线的任务”。[③] 对于美国的倡议，中曾根内阁给予了积极回应。在中曾根访美之前的几个礼拜，日本方面宣布将把防务预算提高 5.1%，后来又改为 6.5%，从而使日本的防务预算占到国民生产总值的 0.98%，接近 1% 的“红线”；[④] 同时，中曾根内阁通过的 1983 ~ 1986 年的预算，在很多省、厅开支减少的情况下，防卫厅却例外地保持每年防务费用增长 5%。[⑤]

日本经过战后几十年的发展已经成为全球技术大国，因此，美国希冀日本在增加防务支出的同时，也能够突破对向美国转让防务技术的限制。国防部长温伯格强调，日本已经在电子学和航空电子学方面取得了一些居于世界前列的进展，其电子技术可能会导致常规武器在瞄准精度方面取得突破，使美国减少对核武器系统的依赖。1986 年，温伯格在接受一家日本报纸的采访时说：“没有什么能够比加强美日

---

① George Pratt Shultz, *Turmoil and Triumph: My Years as Secretary of State*, p. 182.

② George Pratt Shultz, *Turmoil and Triumph: My Years as Secretary of State*, p. 186.

③ 〔美〕卡斯珀·温伯格：《在五角大楼关键的七年：美国前国防部长温伯格回忆录》，军事科学院外国军事研究部译，北京：军事科学出版社，1991，第 160 页。

④ 参见 George Pratt Shultz, *Turmoil and Triumph: My Years as Secretary of State*, p. 180。

⑤ 〔美〕卡斯珀·温伯格：《在五角大楼关键的七年：美国前国防部长温伯格回忆录》，军事科学院外国军事研究部译，北京：军事科学出版社，1991，第 168 页。

之间的技术合作更能使我们在与苏联在亚洲的竞争中充分发挥我们的影响力了。”[①] 因此，温伯格非常希望日本能尽快为其工业界与美国分享防务技术找到合法的途径。对于美国在技术转让方面的渴望，中曾根在为1983年1月美国之行做准备的过程中，采取了一个勇敢的但政治上不怎么受欢迎的行动——取消对美国一国的防务技术出口禁令。而在当时，80%以上的日本国内受访者表示反对向外国进行技术转让，因为防务问题在日本国内是敏感的政治问题。[②] 所以，在美国看来，中曾根首相是力排众议而做出向美国出口军事技术的决定的。[③]

经济上密切配合里根总统的经济复兴战略。进入80年代后，“推动日本开放市场”与“解决美日贸易不平衡”等议题继续成为美日关系紧张的来源之一，尽管里根与舒尔茨等人都信奉自由贸易主义，但迫于国内政治的压力，也不得不在美日贸易问题上采取相应措施。为推动解决贸易摩擦，中曾根内阁自动削减了对美出口的47种农产品和28种工业产品，并增加6种农业品的对美进口。[④] 在听到舒尔茨关于美国和日本经济需要进行结构调整的讲话后，中曾根给予高度重视，并在1985年设立了作为首相咨询机构的“实现国际协调的经济结构调整研究会”，该研究会于1986年4月7日拟定了一份报告——“前川报告”，其具体内容与指导思想同舒尔茨的讲话精神基本一致。中曾根还向里根总统表示，日本将会努力在经济结构上做历

① 〔美〕卡斯珀·温伯格：《在五角大楼关键的七年：美国前国防部长温伯格回忆录》，军事科学院外国军事研究部译，北京：军事科学出版社，1991，第164、167页。

② 参见〔美〕卡斯珀·温伯格：《在五角大楼关键的七年：美国前国防部长温伯格回忆录》，军事科学院外国军事研究部译，北京：军事科学出版社，1991，第168页。中曾根在美国的一连串言行，引起日本国内在野党和舆论的强烈反对，2月份内阁支持率较上月暴跌5.1%。详见〔日〕五百旗头真主编《新版战后日本外交史：1945—2005》，吴万虹译，北京：世界知识出版社，2007，第154页。

③ 参见 George Pratt Shultz, *Turmoil and Triumph*: *My Years as Secretary of State*, p. 180。

④ George Pratt Shultz, *Turmoil and Triumph*: *My Years as Secretary of State*, p. 181.

史性的调整，变出口导向型经济为国内投资和消费拉动型经济。[①] 此外，日本从美国购买大量债券等于是变相向美国提供贷款，这使里根政府得以在实施减税财政的同时实行赤字财政政策，[②] 从而在大幅度提高国防支出的同时不影响复兴美国经济的目标。

获取美国舆论的好评。在 1983 年访美期间，中曾根公开将日本描述成“永不沉没的航空母舰”。[③] 对此，中曾根是颇为自矜的，他认为自己在 1983 年 1 月访美期间关于“日本是不沉的航空母舰”这一提法，使美国各界因日本在防卫问题上所表现出的消极态度而产生的不信任感一扫而光。[④] 对于中曾根在政治上紧密追随里根政府，军事上以美国的坚定同盟者的角色出现，并对美国东亚及全球政策给予紧密配合的姿态，美国朝野上下给予了高度评价。1983 年 1 月 23 日的《华盛顿邮报》评论说：“尽管中曾根康弘是第一次作为首相访美，但是已经表现为一名出色的和富有相当政治勇气的领导人。”[⑤] 温伯格则将之形容为：“到 1982 年 11 月底中曾根康弘开始接任首相时，日本的政策几乎立即开始发生巨大变化。”[⑥] 为此，中曾根博得了里根总统的欣赏，两个人以自己的名字来形容和构筑私人和两国之间的信赖关系，日美关系也开始迎来“罗纳尔—康弘时代”。[⑦]

里根政府本来就非常重视日本在东亚地区的战略重要性，日本中曾根内阁在外交上的能动性使里根政府初期的东亚政策逻辑在很大程

① 参见 George Pratt Shultz, *Turmoil and Triumph: My Years as Secretary of State*, p. 192；刘世龙《美日关系：1791—2001》，北京：世界知识出版社，2003，第 615 页。

② 参见 Michael Schaller, *Altered States: The United States and Japan Since the Occupation*, p. 255。

③ 参见 Michael Schaller, *Altered States: The United States and Japan Since the Occupation*, p. 254。

④ 〔日〕中曾根康弘：《政治与人生——中曾根康弘回忆录》，王晓梅译，北京：东方出版社，2008，第 239 页。

⑤ George Pratt Shultz, *Turmoil and Triumph: My Years as Secretary of State*, p. 182.

⑥ 〔美〕卡斯珀·温伯格：《在五角大楼关键的七年：美国前国防部长温伯格回忆录》，军事科学院外国军事研究部译，北京：军事科学出版社，1991，第 167 ~ 168 页。

⑦ 〔日〕五百旗头真主编《新版战后日本外交史：1945—2005》，吴万虹译，北京：世界知识出版社，2007，第 154 页。

度上得到了积极的回应，这使得美日同盟关系并未因为进入“美日综合经济摩擦”时代而过度紧张。

第二，中国独立自主和平外交政策的确立。尽管里根政府在舒尔茨接任国务卿后，确定了在亚洲“日本优先”的地区政策，但是中国自身巨大的战略、经济和军事体量，都使得美国里根政府不能完全小觑中国。中国的悠久历史文化、核武国家身份、对抗苏联的战略角色、联合国常任理事国身份、巨大的人口规模以及成为大型贸易和投资伙伴国的前景，都使里根与舒尔茨逐渐意识到中国的战略重要性。[①] 同时，为进一步推动中美关系的良性互动与发展，中国政府充分发挥自身能动性，综合应用经济、文化和战略资源拓宽中美双边的共同利益范围，并减少意识形态等因素在美国对华政策中的负面影响。

影响美国决策层中关键人物的对华认知。尽管中国政府对里根政府对台军售的态度非常不满，但是在坚持原则的同时并未完全放弃改善中美关系的努力。舒尔茨在 1983 年 2 月访华期间觉察到，中国外长吴学谦对会谈议程的精心设置表明中方对会谈成功非常期待和重视。[②] 对此，国防部长温伯格在 1983 年 9 月访华期间也体会尤深。在与温伯格的会晤中，中国国防部长张爱萍的夫人也在场，温伯格认为夫人们在场更能使双方把此次访问建立在更友好的基础上，所以这是中方表示友善和把双方的会晤看得非常重要的又一标志。对于中国的热情接待，温伯格给予了高度评价：“张爱萍的热情和体贴是我在以后访问世界其他地方时所从未遇到过的。”[③]

注重首脑外交。里根总统非常善于与人交往，因此非常重视国家

① 参见 George Pratt Shultz, *Turmoil and Triumph: My Years as Secretary of State*, p. 381。

② George Pratt Shultz, *Turmoil and Triumph: My Years as Secretary of State*, p. 388.

③ 〔美〕卡斯珀·温伯格：《在五角大楼关键的七年：美国前国防部长温伯格回忆录》，军事科学院外国军事研究部译，北京：军事科学出版社，1991，第 194～195 页。

间的首脑外交。当1983美苏日内瓦裁军谈判陷入僵局时，里根在日记中写道："我感到如果能单独与苏联最高领导人进行会谈，我们两人会有机会在缓和我们两国紧张关系问题上取得某些进展。我历来对个人解决问题的能力深信不疑。"[①]

里根在卡特政府与中华人民共和国建交时，为中国贴上了如下标签：中华人民共和国是建立在暴力和谎言基础上的集权国家，破坏了中国人民的人文传统。因此，里根做出访华的决定意味着其本人对中国政府合法性的承认，而且其还承受了很大的国内压力，一部分亲台议员认为里根出卖了台湾。[②] 为此，中国方面充分认识到，里根的这次访华成功与否，将决定里根本人的对华认知能否产生根本转变，进而决定新的美国东亚政策和对华政策能否形成。

为使里根对中国有一个全面与正确的认识，特别是对中国改革开放政策有进一步了解，在美国方面提出要求参观一个最近才开放的自由市场后，中国方面为里根选择了一个模范自由市场让里根等人参观。参观后里根得知，在新政策下，中国人民可以在集市上出售超出国家定额之外的任何产品。里根由此判断，中国政府是要培养出一些模范家庭，向人民发出这样一个信息：私有财产并不坏。[③] 所见所闻也使里根对中国社会主义体制的判断逐步改变。他后来回忆道："在入主白宫的后四年半时间里，我一直对中国缓慢出现的变化怀有极大兴趣。中国仍是一个共产党国家，但它鼓励小商业的发展，并将农场工人从集体生产中解脱出来，允许他们租赁所耕种的土地，让他们从

---

① 〔美〕罗纳德·里根：《里根回忆录》，萨本望等译，北京：中国工人出版社，1991，第559页。

② 参见 James Mann, *About Face: A History of America's Curious Relationship with China from Nixon to Clinton*, pp. 144－145。

③ 〔美〕罗纳德·里根：《里根回忆录》，萨本望等译，北京：中国工人出版社，1991，第361页。

中分得利润。……这毕竟是一种自由经营体制的开始。”①

由此可见，里根的访华对他改变对华认知具有非同寻常的意义。中国的改革开放政策使里根对中国的判断发生了转变，访华期间的所见所闻使他本人对中国的政治制度也有了全新的认识。在归国途中，这位对新中国持有30年敌意的总统，基于自身的观察将中国描述为“所谓的共产主义国家”，并对中国表达了乐观的态度，认为中国将在经济体制改革中采用资本主义体制。②

同时，对里根来说，他对基辛格的现实主义权力政治颇有微词，认为美国的对外政策需要考虑道义准则，而此次访问使里根找到了发展对华关系时能够自圆其说的逻辑——中国领导人并非真正的共产主义者，中国是所谓的共产主义国家。③ 也正因为如此，里根才将发展美中关系视为战后外交的重大事件之一，并判断美中友谊将会更加成熟。④

对于里根这次的访问，国务卿舒尔茨也认为里根的访华之行非常成功。《美国新闻与世界报道》在评论中认为，中美关系经过十余年捉摸不定的演变，中美两国终于开始认真地发展双边关系，中美关系也从此进入新的时期。⑤ 中美双方的关系也已经开始超越单纯的反苏联盟，谋求直接服务于中美各自利益的非战略合作关系。⑥

运用中美苏三角政治。里根政府尽管最初确定了对日政策重于对

---

① 〔美〕罗纳德·里根：《里根回忆录》，萨本望等译，北京：中国工人出版社，1991，第362～363页。

② 参见 Raymond L. Garthoff, *Detente and Confrontation: America-Soviet Relations from Nixon to Reagan*, p. 1042。

③ 参见 James Mann, *About Face: A History of America's Curious Relationship with China from Nixon to Clinton*, p. 147。

④ Raymond L. Garthoff, *Detente and Confrontation: America-Soviet Relations from Nixon to Reagan*, p. 1043.

⑤ George Pratt Shultz, *Turmoil and Triumph: My Years as Secretary of State*, pp. 397 - 398.

⑥ Robert S. Ross, *Negotiating Cooperation: The United States and China, 1969 - 1989*, p. 236.

华政策的政策逻辑，并且立足于增强自身军力来遏制苏联扩张，但是其决策层内部并未完全忽视中国在美国全球对苏冷战中的战略作用。美苏冷战的两极格局依然存在，一部分美国政府和军方人士基于“敌人的敌人是朋友”这一古老的格言，主张发展中美军事关系。国防部长温伯格对此深有感悟，他在不吝言辞强调日本经济实力和战略地位的同时，也不得不承认，“漫长的中苏边界牵制着苏联在亚洲的大部分地面部队，达 50 多个师”。[①] 在 20 世纪 80 年代中美双方的多次会谈中，很大一部分内容仍然是强调双方正面临着苏联庞大的战略与常规武器的威胁，例如温伯格对全球和地区性问题的看法中，就包括美国对苏联在太平洋地区海军和空军力量的增长以及苏联乐于使用这些力量（比如使用武力击落韩国客机）的担忧。[②] 因此，在被问到怎么会和共产主义者交朋友时，温伯格辩解道：“张爱萍是一个反苏的共产主义者。我们基本上同意，不论中国国内的政府如何，中国完全能够并且需要与我们建立良好的军事关系，而这样一种关系对我们两国都有利。”[③]

经过 70 年代中美苏战略大三角的外交洗礼和 80 年代国际形势的急剧变化，中国政府对三角外交的运用也日渐娴熟。1982 年 9 月，中共领导人在中共十二大召开前夕向外交部发出指示，要与美国拉开距离，与苏联松动关系；[④] 邓小平在中共十二大的开幕词中强调了坚持独立自主、自力更生的外交立足点；[⑤] 中共十二大之后，《瞭望》

---

① 〔美〕卡斯珀·温伯格：《在五角大楼关键的七年：美国前国防部长温伯格回忆录》，军事科学院外国军事研究部译，北京：军事科学出版社，1991，第 156 页。

② 〔美〕卡斯珀·温伯格：《在五角大楼关键的七年：美国前国防部长温伯格回忆录》，军事科学院外国军事研究部译，北京：军事科学出版社，1991，第 196 页。

③ 〔美〕卡斯珀·温伯格：《在五角大楼关键的七年：美国前国防部长温伯格回忆录》，军事科学院外国军事研究部译，北京：军事科学出版社，1991，第 197 页。

④ 熊志勇：《美国与中国——迈向新世纪的回顾》，河南人民出版社，1995，第 289 页。

⑤ 《中国共产党第十二次全国代表大会开幕词》，《人民日报》1982 年 9 月 2 日，第 2 版。

在大会精神的基础上对中国外交政策进行了集中阐述，特别强调了中国不会做两个超级大国的附庸，而是坚持独立自主的外交政策；[①] 在黑格 1981 年 6 月访华归国后，中国三天之内便恢复了与苏联的边界谈判；[②] 1981 年 6 月 16 日《人民日报》公布消息称中苏两国 1981 年换货和付款协定在莫斯科签字，中国驻苏联大使杨守正出席了签字仪式。[③] 显然，中方是在通过官方媒体向外界展示中苏关系正在恢复的可能性。1982 年 10 月，在坚持中苏关系正常化三大前提条件的基础上，中国与苏联重启副部长级会谈，中国也重新将苏联称为社会主义国家；随着中苏关系的缓慢解冻，1984 年 12 月，苏联海军中将阿奇波夫（Arkhipov）访华，成为自柯西金 1969 年与周恩来机场会面之后访华的最高级别苏联官员，[④] 这都意味着中苏关系逐步升温。

美国方面也注意到中国开始选择在美苏之间奉行独立自主的外交立场，并且也意识到中国恢复与苏联的直接对话是为了改善自身在三角外交中的地位。[⑤] 对此，国防部长温伯格认为："与中国建立更好的军事关系对美中两国大有益处，并能向中国表明，中国无需恢复或加强与苏联的军事联系。"[⑥] 1983 年出访中国前夕，温伯格表示："期望通过对华访问使中国意识到没有必要恢复同苏联的军事联系。"[⑦]对于这一阶段的中国对苏、对美外交，学者雷蒙德·高特浩夫做了如下

---

① 华庥：《探讨中国的独立自主外交——兼答某些"中国问题专家"》，《瞭望》1982 年第 10 期。

② 参见 Raymond L. Garthoff, *Detente and Confrontation*: *America-Soviet Relations from Nixon to Reagan*, p. 1047。

③《中苏签订今年换货和付款协定》，《人民日报》1981 年 6 月 17 日，第 6 版。

④ 参见 Raymond L. Garthoff, *Detente and Confrontation*: *America-Soviet Relations from Nixon to Reagan*, pp. 1047 – 1048。

⑤ 参见 Raymond L. Garthoff, *Detente and Confrontation*: *America-Soviet Relations from Nixon to Reagan*, pp. 1045 – 1046。

⑥〔美〕卡斯珀·温伯格：《在五角大楼关键的七年：美国前国防部长温伯格回忆录》，军事科学院外国军事研究部译，北京：军事科学出版社，1991，第 185 页。

⑦ James Mann, *About Face*: *A History of America's Curious Relationship with China from Nixon to Clinton*, p. 140.

评价：整个 80 年代，中国已经开始娴熟地运用三角外交以提高自身的外交地位。[①]

拓宽中美双边关系的领域与议题。在中美联合遏制苏联的战略合作被美国降到次要位置时，中国方面开始积极推动其他方面的合作以为中美关系的发展注入新的动力。相对于以高层会谈为主要形式、战略合作为主要内容的尼克松以及卡特时期对美外交，中国政府开始积极推动中美之间在科技转让、经贸往来、民间文化交流和功能层面的军事交流等方面的合作。

1983 年 5 月，中国新任驻美大使章文晋在拜会美国副总统布什时提到，“尽管台湾问题将长期存在，但是中美之间仍然需要建立互信，而最合适的领域就是技术方面”。[②] 之后，在美国总统科技顾问、白宫科技政策办公室主任乔治・基沃斯（George A. Keyworth）率专家团访华期间，中美签订了运输、航空学、核子学和生物医学 4 项联合研究合作协定，从而使得中美科技合作项目达到了 20 个。对此，基沃斯在记者招待会上说：“两国科技联合委员会目前的计划是世界上最成功的科学和技术合作。”[③]

在以中美技术合作作为建立互信的突破口的同时，中国政府积极向美国各界特别是经济界介绍中国巨大的经济发展前景。国务院总理赵紫阳 1984 年 1 月访美期间的一个重要内容就是向美国各界介绍中国的对外经济政策，其主旨就在于说服美国，同中国进行经济交流与合作具有巨大的潜力。赵紫阳访美和同年里根访华期间，中美签订了一系列的经济、技术和文化交流协定，随着这些协定的实施，美国公

① Raymond L. Garthoff, *Detente and Confrontation: America-Soviet Relations from Nixon to Reagan*, p. 1047.

② George Pratt Shultz, *Turmoil and Triumph: My Years as Secretary of State*, p. 394.

③ 参见《人民日报》1983 年 5 月 12 日，第 1 版；刘连第、汪大为主编《中美关系的轨迹——建交以来大事纵览》，北京：时事出版社，1995，第 119 页。

司所获得的对华出口许可由 1982 年的仅 5 亿美元增至 1985 年的 50 亿美元，3 年时间增至原来的十倍。[①]

随着中美正式建立外交关系，中美之间的民间外交也日渐活跃。顺应这一趋势，中国以此为抓手在多方面对美国朝野的对华认知施加影响。中国热情邀请美国有影响力的人士来华参观旅行，包括前政府官员、国会领袖、工商巨子以及文化科学大师等。另外，中国政府派遣学者、学生、文化体育团体赴美研究及表演，根据美国国务院负责东亚太平洋事务的助理国务卿沃尔福威茨在国会的发言，这些赴美的民间团体平均每月达 103 个之多，[②] 足见中国对美民间外交的频度之高。

中国人民解放军也积极开展中美两军之间的功能性交流。随着时间的推移，中美之间有关训练与后勤方面的相互交流有增无减，诸如中国人民解放军到美国参加训练讲座，两国海军互访，1986 年 9 月中国人民解放军空军歌舞团访美等军事外交活动等，这使中美之间一种宝贵的军事关系日趋成熟。国防部长温伯格在回忆录中强调，他是以非常赞赏的心情观察着这种关系的持续发展的。[③]

到 20 世纪 80 年代中后期，中美在经贸、科技合作、文化交流和军事功能性交流等方面都取得了极大的进展，双边的经济纽带也不再被视为可有可无乃至可以忽略的。到 1988 年，两国的一些重要部门都已在双边关系中建立了利益关系，这些关系在得到大幅度发展的同时也造就了一些中美关系中稳定的利益集团，[④] 从而使得美国对华政

---

① 参见 James Mann, *About Face: A History of America's Curious Relationship with China from Nixon to Clinton*, p. 140。

② 袁文靖：《里根政府对华政策》，台北：国际现势周刊社，1984，第 152 ~ 153 页。

③ 〔美〕卡斯珀·温伯格：《在五角大楼关键的七年：美国前国防部长温伯格回忆录》，军事科学院外国军事研究部译，北京：军事科学出版社，1991，第 208 页。

④ 参见 Robert S. Ross, *Negotiating Cooperation: The United States and China, 1969 - 1989*, pp. 240 - 243。

策有了压舱石和稳定器。

（二）国际环境的演变对里根政府东亚地区认知的影响

里根带着强烈的意识形态色彩入主白宫后，在着力复兴国内经济、增强军力并加强对苏遏制的同时，其所面临的国际环境也在不断发生着变化，这成为里根政府修正东亚地区认知的重要外因。这种变化主要体现在中美苏战略大三角互动模式的转变、美苏冷战态势的持续恶化、中美双边议题的多元化、美日同盟兼容性日益不足四个方面。

第一，中美苏战略大三角互动模式的转变。在里根政府逐步运用新的东亚政策逻辑的同时，国际环境也悄然发生了一个重要的变化——中苏关系渐露回暖的态势。中共十二大前后，中国酝酿已久的外交政策调整逐步明朗，其更加强调奉行独立自主的和平外交政策，明确提出不同任何一个超级大国结成同盟。与此同时，苏联也在积极采取行动改善中苏关系。1982 年 2 月，苏联部长会议主席尼·亚·吉洪诺夫（Nikolai Aleksandrovich Tikhonov）谨慎地提及苏联愿意在平等和相互理解的基础上采取具体措施改善双边关系；到了 3 月，勃列日涅夫更进一步表示，“我们愿意在没有前提条件、相互尊重的基础上改善和增进两国关系”。此外，勃列日涅夫还表示苏联长期以来一直支持中国在台湾问题上的立场。毫无疑问，苏联领导人上述声明在谋求改善中苏关系的同时，还想进一步通过台湾问题在中美之间“掺沙子”。[①]

在 20 世纪 80 年代，中美苏战略大三角仍然发挥着作用，苏联所释放的同中国改善关系的信号和中国的独立自主外交政策，也引起了美国方面的重视，里根政府为防止中苏过于接近，在全面发展中美经

---

① “Replies of Chairman of the Council of Minister of the USSR N. A. Tikhonov to Questions form the Editors of the Newspaper ‘Asahi’（Japan），” *Pravda*, February 17, 1982; “Speech of L. I. Brezhnev,” *Pravda*, March 25, 1982，转引自 Raymond L. Garthoff, *Detente and Confrontation: America-Soviet Relations from Nixon to Reagan*, p. 1048。

济、文化关系的同时，也要重新采取防止中国倒向苏联的政策。[①] 这就必须在一定程度上调低敌视中国言论的调门，并从实用主义角度出发来发展对华关系。1983 年开始，美国开始致力于修复与中国因台湾问题而受损的双边关系，[②] 以避免美中、美苏关系同时恶化，并确保中美关系的密切程度大于中苏关系的密切程度。

这里需要强调的是，1985 年 3 月戈尔巴乔夫当选苏共中央总书记及其之后提出的“新思维”并未能立刻导致美苏冷战的终结，而且认知理论也告诉我们美国并不会马上转变对苏联的认知，从而使得中美苏战略大三角仍然发挥着作用。戈尔巴乔夫当选苏共中央总书记后，在会见尼加拉瓜总统丹尼尔·奥尔特加（Jose Daniel Ortega Saavedra）时，承诺苏联将继续为尼加拉瓜桑地诺政府提供经济援助。类似行为使里根在日记中对戈尔巴乔夫做如下判断：“戈尔巴乔夫与其他任何苏联首脑一样，是个强硬派；如果不是意识形态的坚定者，就不会被政治局选中。”[③] 1985 年 11 月，舒尔茨在与戈尔巴乔夫会晤后，也做出了类似判断，即戈尔巴乔夫思维很僵硬，满脑子都是反美、反资本主义的宣传。[④] 因此，即使在 1987 年春天戈尔巴乔夫宣布苏联改革开放新计划后，里根仍然认为，苏联虽然正在发生变化，但是这种变化的本质还看不清。[⑤]

所以，20 世纪 80 年代的大部分时间里美国的全球政策重心依然是遏制苏联势力的扩张。在 1987 年初，当科威特向美国提出波斯湾

---

① 参见 Raymond L. Garthoff, *Detente and Confrontation: America-Soviet Relations from Nixon to Reagan*, pp. 1048－1050。

② 参见 Raymond L. Garthoff, *Detente and Confrontation: America-Soviet Relations from Nixon to Reagan*, p. 1050。

③ 〔美〕罗纳德·里根：《里根回忆录》，萨本望等译，北京：中国工人出版社，1991，第 611～613 页。

④ 〔美〕罗纳德·里根：《里根回忆录》，萨本望等译，北京：中国工人出版社，1991，第 630 页。

⑤ 〔美〕罗纳德·里根：《里根回忆录》，萨本望等译，北京：中国工人出版社，1991，第 685 页。

护航请求时，温伯格主张对科威特的请求做出积极回应，这样海湾国家将无法拒绝向它们的新保护者提供基地和港口设施，如此一来美国将实实在在看到苏联海军在海湾地区的大规模存在。[①] 也就是说直到1987 年，温伯格依然站在美苏两极格局的角度考虑地区问题；而且，1990 年的温伯格依然坚持如下判断：从 1987 年到 1990 年，尽管苏联人缓和了言辞，展开了狡诈的公共关系活动，但他们的军事进攻能力在这些年中同过去的 20 年一样，仍在稳步增强，戈尔巴乔夫尽管在进行变革，但其宗旨是建立一个更有效的社会主义制度，决不能说成是向西方式民主的迈进。[②]

里根等人对戈尔巴乔夫领导下的苏联的判断表明，尽管戈尔巴乔夫实施了改革，但是美国对苏联的不信任感依然存在，美国依然需要倚重中国对苏联的牵制作用。所以，戈尔巴乔夫开启的改革对于本书分析的大三角互动并不能构成较大的影响。

第二，美苏冷战态势持续恶化。苏联入侵阿富汗使美苏关系近乎降到冰点，里根总统上台后，苏联进一步扩张的威胁仍然存在并不断增加。苏联的扩张继通过支持越南向东南亚扩张进一步向拉丁美洲延伸，在美国看来，苏联正把尼加拉瓜桑地诺政权视为在加勒比地区获得第二个基地的良机。1983 年美国对格林纳达采取军事行动后缴获的文件表明，在过去 3 年中，格林纳达至少签订了 5 个秘密军事援助协定，其中与苏联 3 个，与古巴 1 个。[③] 基于此，里根就任总统后意识到美国正面临着苏联及其支持下的古巴向中美洲地区扩张势力的威胁，苏联和古巴领导人卡斯特罗正把整个中美洲作为共产主义颠覆的

---

① 〔美〕卡斯珀·温伯格：《在五角大楼关键的七年：美国前国防部长温伯格回忆录》，军事科学院外国军事研究部译，北京：军事科学出版社，1991，第 295 页。

② 〔美〕卡斯珀·温伯格：《在五角大楼关键的七年：美国前国防部长温伯格回忆录》，军事科学院外国军事研究部译，北京：军事科学出版社，1991，前言第 17 页、正文第 249 页。

③ 〔美〕卡斯珀·温伯格：《在五角大楼关键的七年：美国前国防部长温伯格回忆录》，军事科学院外国军事研究部译，北京：军事科学出版社，1991，第 1、83 页。

目标。[①]

里根总统任职期间，苏联共有四位领导人更迭，但领导人的更迭并未使得美苏关系有改善的趋势。1982 年 11 月，勃列日涅夫逝世后，里根本来期望能够与新任苏联领导人开启新的美苏关系，但是接下来的安德罗波夫、契尔年科和戈尔巴乔夫均未让里根政府如愿以偿，舒尔茨甚至认为安德罗波夫比勃列日涅夫更加顽固。[②] 结合汇总来的相关信息，里根政府断定安德罗波夫正在推行苏联旨在主宰世界的既定行动计划，像所有其他的苏联领导人一样行事。[③] 在安德罗波夫逝世后，继任者契尔年科给里根的来信使得里根认为，要很快改善美苏之间的关系是不可能的，契尔年科与勃列日涅夫和安德罗波夫一脉相承——都是强硬的共产主义分子。[④] 因此，在里根政府看来，不仅美苏两极格局将长期存在，而且冷战态势还可能更加恶化，从而中美苏之间的大三角互动关系也就依然在发挥作用并影响着里根政府的东亚认知。

第三，中美双边议题的多元化。里根强烈的意识形态背景使里根政府初期与中国就台湾问题特别是对台军售展开了激烈的交锋，最终以双方发表“八一七公报”而暂告一段落。中美双边关系的议题也随之转移至其他双边利益重合的领域。其中最为突出的两个领域是双边经贸关系的深入发展和两国在阿富汗战争中的密切合作。

20 世纪 80 年代，伴随着东亚经济的起飞，美欧日各国都将目光瞄向东亚市场。而在 80 年代初对中国市场份额的争夺中，日本、西

---

① 〔美〕罗纳德·里根：《里根回忆录》，萨本望等译，北京：中国工人出版社，1991，第 229 页。

② 参见 George Pratt Shultz, *Turmoil and Triumph: My Years as Secretary of State*, p. 126。

③ 〔美〕罗纳德·里根：《里根回忆录》，萨本望等译，北京：中国工人出版社，1991，第 567 页。

④ 〔美〕罗纳德·里根：《里根回忆录》，萨本望等译，北京：中国工人出版社，1991，第 587～588 页。

欧已经走在美国的前面，美国必须迎头赶上；中国的国内需求也迅速增长，不仅是一个潜在的市场，也已经成为一个发展中的现实市场。[1] 为此，美国陆续放宽美商对中国出口的限制，美对华出口的75%以上的商品原先需经多方审批，拖延时日甚至不予批准，而到1986年美商只需持有中国外经贸部签署的“最终用户证明书”，一个月内即可拿到美国商务部颁发的“出口许可证”。对此，美国商务部长马尔科姆·鲍德里奇（Malcolm Baldrige）解释说：“这是政府为继续改善同中华人民共和国的贸易关系所做的一部分努力，这些新的做法将加快对中国的出口，并将符合国家和多边安全的利益。”[2]

因此，80年代中美关系的一个鲜明特色是双方的合作领域从战略领域拓展至经贸领域。根据美方统计，1979～1984年，两国贸易额累计达到222亿美元，相当于建交前七年贸易总额的6.9倍，每年平均增长45%，是同期内世界贸易额增长率6.4%的7倍多。[3] 在美国来华投资方面，截止到1987年底，美国在华直接投资项目已达408个，合同金额为30.4亿美元，占外商在华总协议投资额的13.3%，居外国来华投资之首。[4] 在中美技术合作方面，从建交后的1979年至1987年底，中美共签订技术引进合同627项，总金额27.6亿美元。此外，双方经贸合作的领域不断扩大，从旅游服务、轻工业等方面发展到煤炭、石油、电力、采矿以及航空、电子、医药等许多重要工业技术部门。特别是1984年1月中美两国签署“中美工业技术合作协议”后，双方更是达成了机械、电子、航空、建材、医疗器械等领域的多项工作计划，大大促进了有关领域的技术交流和合

---

① 参见 Nicholas R. Lardy, *China's Entry into the World Economy: Implications for Northeast Asia and the United States*, Lanham, MD: University Press of America, 1987, pp. 53 – 55。

② 陈亚温：《中美经济关系的回顾与展望》，《世界经济》1986年第12期。

③ 安东：《中美经贸合作将获得持久稳定的发展》，《国际贸易》1984年第4期。

④ 吴初：《积极发展中美经济贸易关系》，《国际贸易》1988年第12期。

作。[①] 中美经贸关系的深入发展，使得中美之间的互动过程日益复杂化，互动议程也日益多元化，进而推动美国逐渐适应从多维度、长远角度考虑对华政策。

苏联入侵阿富汗后，美国一直秘密向阿富汗的反苏游击队提供武器弹药和人员培训方面的秘密支持，其中重要的合作伙伴之一就是中国。1980 年底中情局主任特纳（Stansfield Turner）访华后，双方的情报机构便开始了正式的合作，双方都希望苏联陷在阿富汗，以使得苏联再不会轻易向亚洲其他地方扩张。而对反苏游击队来说，其中最重要的驮运工具是驴，以用来在崎岖多山的阿富汗山区分发武器弹药。美国直接向阿富汗运送驴的成本很高，并且美国本土的驴难以适应阿富汗的地理环境，最终美国决定从中国购买数以千计的驴，经由巴基斯坦同其他的武器弹药一起输入阿富汗，提供给反苏武装力量。与此同时，中情局还通过中国情报机构购买中国制武器提供给阿富汗反苏武装。据估计，中国每年出售给中情局的武器弹药达 1 亿美元，构成了美国秘密提供给阿富汗反苏武装武器弹药的绝大部分。这主要是因为两点：一是中国同巴基斯坦是邻国并且两国关系友好，中国通过巴基斯坦向阿富汗运送武器比较便利；二是可以避免被发现美制武器而授苏联以口实，使苏联难以找到证据抨击美国资助阿富汗反苏武装的秘密行动。此外，在美国打算向阿富汗提供“毒刺”肩扛式导弹而巴基斯坦对此提议反应消极时，中国成功说服巴基斯坦同意协助向阿富汗反苏武装提供此类肩扛导弹。[②]

中美两国在阿富汗问题上的合作还产生了“溢出效应”，例如，当时主管防务政策的助理国防部长帮办白邦瑞（Michael Pillsbury）长期致力于支持阿富汗游击队的抗苏运动，在与中国开展了一系列军

---

① 吴初：《积极发展中美经济贸易关系》，《国际贸易》1988 年第 12 期。

② 参见 James Mann, *About Face: A History of America's Curious Relationship with China from Nixon to Clinton*, pp. 136 – 139。

事和情报合作后，他开始积极推动美中两国在对抗苏联上进一步采取合作。[①] 这是中美两国合作领域因"溢出效应"而不断扩大和多元化的鲜明例证。

中美经贸关系的深入发展、中美双方在阿富汗问题上的深度合作及由此"外溢"产生的合作领域，逐渐为里根政府的外交决策团队所关注，他们对中美关系的重要性和议题的多元性有了更为深刻的了解。特别是对于里根本人来说，尽管在竞选期间和执政之初对华认知偏于消极，但是在里根本人意识到对华政策的牵涉面如此之广后，他开始逐步改变其原有的对华强硬立场。[②]

第四，美日同盟关系的兼容性日益不足。里根政府时期，美日关系在政府层面保持着密切的战略协调，美国也对日本在东亚地区的角色和作用寄予厚望，为此，五角大楼的政策设计者们热切地推动日本提高自身的海军实力以便能够保卫1000英里的海上航线。[③] 但美日经济摩擦和美国国内"对日本威胁的担忧"等议题却给美日同盟蒙上了一层阴影。

美日经济不平衡日益成为美日关系的中心议题。进入80年代，在工业、科技、贸易、投资、债权等方面，日本都名列世界前茅，已经成为对世界有很大影响力的超级经济大国。而始于60年代的美日经济摩擦，在进入80年代后开始演变成美日之间全面的经济不平衡。首先，美国对日贸易逆差不断飙升。1982年和1983年，美国出口额连续出现负增长，1984年贸易逆差已高达1090亿美元，其中对日本

---

① James Mann, *About Face: A History of America's Curious Relationship with China from Nixon to Clinton*, p. 139.

② 里根本人，在入主白宫后逐步意识到中美关系的广度和深度，尤其是在对苏情报方面的合作。参见 Jean A. Garrison, *Making China Policy: From Nixon to G. W. Bush*, p. 189; Jonathan D. Pollack, *The Lessons of Coalition Politics: Sino - American Security Relations*, February 1984, published by The Rand Corporation, p. 74; Raymond L. Garthoff, *Detente and Confrontation: America-Soviet Relations from Nixon to Reagan*, p. 1039。

③ 参见 Michael Schaller, *Altered States: The United States and Japan Since the Occupation*, p. 253。

的贸易逆差约占50%。[①] 其次，日美国际金融地位出现逆转。在金融方面，1986 年美国丧失了保持 70 余年的债权国地位，外债达 2500 亿美元，而日本对外债权达 2210 亿美元，成为世界最大债权国和资本输出国。[②]

进入 20 世纪 80 年代后，美国国内对于美日经济摩擦这一痼疾的争论进一步增多，已经成为美国政府政策议程之一乃至优先考虑的对象。其一，经济摩擦给公众情绪投下了阴影。在美国，不时出现抵制日货和攻击日资的情况。美国许多制造业大企业、国会议员等强烈要求政府干预外汇市场，促使日元升值，以挽救日益萧条的美国制造业。[③] 同时，日本巨大的贸易盈余使得大量日持美元以投资形式收购了大量美国资产，也逐渐成为美日关系中引起争论的一个议题。[④] 其二，经济摩擦使两国双边关系的基础受到震动。战后，《日美安保条约》是两国关系的基础。但由于经济摩擦不断发生，日本不满美国强迫其开放市场，一些政治家希望制定独立于美国的对外经济政策，甚至要求重新构筑美日关系。美国则感到日本不像以前那样顺从，怀疑日本阳奉阴违，强调经济摩擦不解决，就不能维持双边政治关系。这导致美日双方产生了对于《日美安保条约》能否经得住时间考验的担心。

美日关系中出现“霸权兴衰”态势。经过战后四十余年的发展，美日经济实力对比发生了巨大的变化。在经济总量方面，1950 年日本的国民生产总值仅为美国的 1/20，到 1986 年已上升为 1/2；[⑤] 在贸易方面，1986 年，美国贸易逆差达 1500 亿美元，日本在出口数额上

① 林允贵：《“广场协议”对日本经济的影响及启示》，《国际经济评论》2004 年第 1 期。

② 毕建海：《论美日合霸》，《世界经济与政治》1988 年第 4 期。

③ 林允贵：《“广场协议”对日本经济的影响及启示》，《国际经济评论》2004 年 1 期。

④ George Pratt Shultz, *Turmoil and Triumph: My Years as Secretary of State*, p. 189.

⑤ 毕建海：《论美日合霸》，《世界经济与政治》1988 年第 4 期。

仅次于美国，位居世界第三，而在贸易顺差上则居首位，达1000亿美元；在科技领域，美日的差距也不断缩小，在相当多的科技领域中，日本已经赶上或超越美国，就连技术水平最高的美国军工部门也离不开日本生产的半导体，日本甚至宣称“一旦其停止向美国出口半导体，美国的飞机和导弹就休想上天”。[①]

随着美日经济、科技实力上此消彼长，曾经在卡特政府内担任过财政部助理部长、时任美国国际经济研究所所长的C. 弗雷德·伯格斯滕（C. Fred Bergsten）在美国《外交事务》季刊1987年春季号上发表了一篇题为《经济不平衡状态和世界政治》的论文，提出了以美日合霸（bigemony）取代美国霸权（hegemony）的观点。[②] 但这仅是一家之言，美国根本不会拱手将霸权让出一半给日本，甚至等日本做大将来取代美国霸权。正因为如此，1988年1月公布的《美国国家安全战略报告》明确指出，到1987年底，国际经济中的不平衡问题亟待解决，如果不坦诚面对并通过有效的方式来解决这一痼疾，其将会引发更大的麻烦。[③]

保罗·肯尼迪所著的《大国的兴衰：1500年到2000年的经济变化和军事冲突》正是反映了美国各界对可能失去霸主地位的担忧。[④] 因此，80年代中后期开始，美国开始流行一种看法，即军事上苏联是美国最大的威胁，而经济上的最大威胁则来自日本。美国国内的“日本威胁论”在某种程度上形成了一场包括行政当局、国会、经济界和学术界在内的反击潮流，卡雷尔·范·沃尔夫伦的《日本问

---

① 陈庄：《日美经济矛盾及其发展前景》，《现代国际关系》1988年第1期。

② C. Fred. Bergsten, “Economic Imbalances and World Politics,” *Foreign Affairs*, Vol. 65, Issue 4 (Spring 1987), pp. 770 – 794.

③ Ronald. Reagan, *National Security Strategy of The United States*, New York: Pergamon – Brassey's Press, 1988, p. 11.

④ 参见〔美〕保罗·肯尼迪《大国的兴衰：1500年到2000年的经济变化和军事冲突》，梁于华译，北京：世界知识出版社，1990。

题》、詹姆斯·法洛斯的《遏制日本》等文章都鲜明地反映了这种思潮。[①]

美国里根政府对日本战略地位的高度重视和日本中曾根内阁“迈向政治大国”的外交政策，使美日两国在80年代结成了紧密的保守主义跨国同盟，但美日同盟并不能全面反映东亚地区快速发展的经济、政治和安全形势；并且美日经济实力此消彼长的态势也使得美国产生了“防范日本”的心理，这使得里根政府以美日同盟为重心的东亚政策日益缺乏说服力。

（三）国际危机与里根政府东亚地区认知

纵观里根政府执政的八年里，国际上并不乏各类危机，诸如1982年以色列入侵黎巴嫩、1982年阿英马岛争端、20世纪80年代拉美国际债务危机和1983年苏联击落韩国客机等危机事件，但直接与东亚地区相关的只有苏联1983年击落韩国客机事件。因为这一事件在美国看来意味着苏联不仅在东亚太平洋地区扩充军力，而且很乐于使用这些力量，因此击落韩国民航客机这一举动是苏联在太平洋地区进行扩张的露骨展示，这使美国对苏联在东亚太平洋地区的扩张更加警惕，也相应地提升了中国在美国亚洲遏制战略中的角色和作用。但在里根总统任期内，上述国际危机无论是在改变国际结构还是在影响国际进程等方面均未达到“1969年中苏边界冲突”和“1979年苏联入侵阿富汗”那样的程度。因此，相比尼克松和卡特时期国际危机对美国东亚认知的巨大影响，里根政府东亚地区政策逻辑转变的动力主要源自国际环境的变化与中、日两国的外交能动性，这也使得里根政府东亚政策逻辑以一种缓慢修正而非急速转变的形式体现。

---

① Karel Van Wolferen, “The Japan Problem,” *Foreign Affairs*, Vol. 65, No. 3 (Winter 1986/1987), pp. 288 - 303; James Fallows, “Containing Japan,” *The Atlantic Monthly*, May 1989, Vol. 263, No. 5, pp. 40 - 55.

三 里根政府东亚政策逻辑的重新确立

（一）里根政府修正后的东亚地区观

随着中日两国对美国外交能动性的发挥和国际环境的变化，里根政府在 1984 年前后开始逐步对原有的东亚地区观进行修正。

首先，在经济领域。东亚—西太平洋地区各国国民生产总值的大幅度提升以及外贸总额的飙升，都使得许多观察家预测 21 世纪将成为太平洋世纪。[①] 这一点与里根政府执政初期并无二致。

其次，在安全层面。1988 年发布的《美国国家安全战略报告》认为东亚地区对美国的主要安全挑战是地区性和低烈度冲突，其中可能的地区性冲突便是朝鲜半岛和中南半岛上的冲突。[②] 这一层面与 20 世纪 80 年代初相比也没有太大的差异。

再次，在对中国的认知上。里根政府对东亚地区认知的修正中最为引人注目的是对华认知的转变。对于里根本人来说，通过访华他惊奇地发现中国并不是清一色的共产主义体制，而是呈现出多样的形态，中国的改革方向与资本主义的原则相吻合。[③] 主张对中国持现实主义态度的舒尔茨也认为，与中国关系的改善有助于推动中国走上潜在的建设性的道路，走上美国预期的道路。[④] 随着中美两国之间军事关系日益密切，温伯格在肯定中美在抵御苏联扩张上的共同点的同

① Tetsuya Kataoka, *Defending an Economic Superpower: Reassessing the U.S. – Japan Security Alliance*, Boulder, Colo.: Westview Press, 1989, p. 2.

② Ronald Reagan, *National Security Strategy of the United States*, 1988, p. 15.

③ Raymond L. Garthoff, *Detente and Confrontation: America-Soviet Relations from Nixon to Reagan*, pp. 1042 – 1043；〔美〕罗纳德·里根：《里根回忆录》，萨本望等译，北京：中国工人出版社，1991，第 359 ~ 363 页；George Pratt Shultz, *Turmoil and Triumph: My Years as Secretary of State*, p. 397。

④ George Pratt Shultz, *Turmoil and Triumph: My Years as Secretary of State*, p. 194.

时，也进一步将中国视为未来在太平洋地区起关键作用的国家。[①]

更重要的是发展成熟的、全方位的中美关系已经成为美国决策层和国内各阶层的主流观点。1988 年 7 月 8 日，美国负责东亚和太平洋事务的助理国务卿加斯顿·西格尔（Gaston J. Sigur, Jr.）在记者招待会上表示，“美中关系是一种很好、很亲密的关系”；他同时指出，“不论总统大选谁将获胜，美中关系是确定了的”。[②] 因此，1988 年的《美国国家安全战略报告》才会将发展密切的美中关系作为国家安全的具体目标之一。[③]

最后，美日同盟关系中“防范日本”的一面大幅增加。前文已经提及，随着 80 年代美日综合国力此消彼长，美国在推动日本承担更多的防务份额的同时，也对日本实力的增强乃至将来超越美国的可能性有着较强的防范心理。日本在战后的经济崛起和谋求成为全球政治大国的目标，使美国在得到日本政治、经济和外交等方面全方位支持的同时，也逐渐对日本产生了防范之意。防止“可能的军国主义复活”始终是美日同盟未曾明言的目的之一。温伯格在论述美日防务关系时，引用了美国驻日大使赖肖尔（Edwin Oldfather Reischauer）的判断，“独一性与国际性这一对矛盾制约着日本，但是日本的经济力量和技术水平正驱使日本向着国际性的方向发展”。对此，温伯格主张：“如果美国和日本像盟国一样站在一起，那么赖肖尔的判断将会更加可能实现。”[④] 也就是说，美日同盟在作为美国东亚政策基轴的同时，也要防止日本军国主义的复活并引导日本向着美国预期的方向发展。

---

① 〔美〕卡斯珀·温伯格：《在五角大楼关键的七年：美国前国防部长温伯格回忆录》，军事科学院外国军事研究部译，北京：军事科学出版社，1991，第 212 页。

② 刘连第、汪大为主编《中美关系的轨迹——建交以来大事纵览》，北京：时事出版社，1995，第 251 页。

③ 参见 Ronald. Reagan, *National Security Strategy of the United States*, 1988, p. 9。

④ 〔美〕卡斯珀·温伯格：《在五角大楼关键的七年：美国前国防部长温伯格回忆录》，军事科学院外国军事研究部译，北京：军事科学出版社，1991，第 179 页。

（二）里根政府修正后的东亚政策逻辑

根据上述修正过的美国东亚地区观，美国里根政府逐渐形成了下述新的东亚政策逻辑：东亚地区强劲的经济增长势头和其与美国日益密切的贸易、投资等方面的经济联系都是美国经济发展的重要引擎，而强大的美国国内经济实力是美国国家实力的源头。[①] 东亚地区经济的持续发展有赖于地区的安全与稳定。美国应遏制苏联向东亚太平洋地区扩张并确保区域内各国的国家安全与主权独立，同时加强与东亚地区各国的经济联系和政治协商，以确保美国经济的活力和竞争力并保持对东亚各国的影响力；这又可以为对苏遏制战略提供坚实的物质基础与稳固的统一战线。

根据上述政策逻辑，美国东亚政策的主要目标是确保东亚各国的政治自主与经济发展，在此基础上强化美国同区域内各国的政治和经济纽带，以使东亚各国能够在地区防务上做出更大的贡献。而这也正是美国里根政府新的东亚政策重心。

在这一背景下，中美关系的良性发展变得非常重要。中国是抵御苏联扩张的重要力量，美国应当尽力阻止中国再度倒向苏联，并应该通过努力使中国意识到没有必要倒向苏联；同时，中国在地区安全中的作用显著提升，柬埔寨、阿富汗、朝鲜半岛等地都是中国发挥影响力的明证。相比之下，尽管美日同盟依然至关重要，但美国此时更为强调美日之间的经济不平衡所带来的负面影响，以免危及美国的霸主地位。在这种情况下，美国的对华和对日政策得以平衡地发展。

四　东亚政策逻辑的重新确立与里根政府对华、对日政策

为贯彻上述政策逻辑并适应政策重心的转移，美国对华和对日政策也相应地进行了调整，主要可以归纳为以下几方面。

---

① Ronald. Reagan, *National Security Strategy of the United States*, 1988, p. 30.

（一）对华政策

第一，重视中国经济发展潜力，扩大对华经贸往来。在美国对华进口方面，1983年7月，中美双方在日内瓦草签了第二个纺织品贸易协定，协定生效后，美国单方面宣布32类纺织品限制措施自动取消，双方持续了一年多的纺织品贸易纠纷得到了妥善解决。[①] 在战略物资出口方面，美国政府经与西方国家组织的"控制战略物资出口协调委员会"（巴黎统筹委员会）的磋商，于1985年12月16日由美国商务部宣布放宽27类"战略物资"的对华出口，其中包括计算机、机床、半导体、电信设备、光导纤维等尖端技术产品；[②] 这些举措使中美贸易取得了较大进展，双边贸易额由1984年的61亿美元增加到1988年的100.11亿美元，中国成为美国的第十大贸易伙伴国，美国成为中国的第二大贸易伙伴。[③] 美国对华投资也由1985年的21亿美元增至1987年的311亿美元。到里根任期结束的时候，美国的对华投资金额已经超过日本，成为中国最大的外部投资者。[④]

第二，助力中国的改革开放。在大力发展对华经贸关系的同时，通过访华对中国的改革开放产生极大兴趣的里根总统，开始对中国的未来发展持乐观态度，并采取实际行动支持中国的改革开放事业。在放宽对中国的技术转让和金融支持的同时，美国政府各部门也向中国各部委提供了最优质的培训和技术服务，领域涵盖农业、安全、法律等方面。[⑤]

同时，里根政府在"香港问题"和"台湾问题"上的表态也在很大程度上为中国的改革开放事业构筑了稳定的外部环境。1984年

---

① 倪世雄：《结交一言重　相期千里至——一个中国学者眼中的中美建交30年》，上海：复旦大学出版社，2009，第24页。

② 陈亚温：《中美经济关系的回顾与展望》，《世界经济》1986年第12期。

③ 项立岭：《中美关系史全编》，上海：华东师范大学出版社，2002，第401～405页。

④ 参见 Robert S. Ross, *Negotiating Cooperation: The United States and China, 1969－1989*, p. 240；项立岭《中美关系史全编》，上海：华东师范大学出版社，2002，第401～405页。

⑤ James Mann, *About Face: A History of America's Curious Relationship with China from Nixon to Clinton*, p. 134.

中英两国就香港回归中国签署协议后，国际社会对香港的未来十分关心，尽管中国中央政府承诺“一国两制”政策五十年不变，香港仍然人心浮动。对此，里根政府做出了重要的表态。1985 年副总统布什在访华归国途中抵达香港，他在午餐会上的致辞中对中英协议表示欢迎，并强调美国对香港前途充满信心。[①] 台湾问题上也是如此，1987 年舒尔茨访华期间在上海表示，“美国将继续信守阐述中美关系基本政策的三个公报的原则，美国的政策是基于只有一个中国的原则，美国无意执行‘两个中国’或‘一中一台’方针”，[②] “就美方而言，美国欢迎有助于缓和台湾海峡紧张局势的发展，美国坚定不移的方针是寻求促进一个有利于这种发展的环境。”[③] 布什和舒尔茨代表美国政府的表态使得中国在这一时期的外部环境相对稳定，也在很大程度上有利于中国改革开放事业稳步推进。

第三，与中国开展密切的军事交流。对华军售是这一时期中美关系中一个重要的风向标，正如美国国防部一名高官所述，1989 年北京风波之前，中美之间军事关系的 60% ~70% 是军售项目。1984 年 6 月中国国防部长张爱萍访美期间，同美国国防部长温伯格签署了两国有史以来第一个军事技术合作的协议，主要包括三个项目：生产反坦克导弹以对付中苏边境的大量苏联坦克、生产大口径炮弹和改造中国歼八歼击机的电子系统。[④] 因此，这一时期美国对华军售随着商务部对华出口限制的放宽，贸易范围从特定产品逐渐拓展到技术转让，乃至未来合办军工企业等。特别值得一提的是，1984 年 6 月美国同意对华出售黑鹰直升机，

① 刘连第、汪大为主编《中美关系的轨迹——建交以来大事纵览》，北京：时事出版社，1995，第 190 ~ 191 页。

② U. S. Department of State Bulletin, Vol. 87, No. 2121 (February 1987), pp. 6 – 11，转引自陶文钊《中美关系史：1972—2000)》（下卷），上海：人民出版社，2004，第 174 页。

③ 刘连第、汪大为主编《中美关系的轨迹——建交以来大事纵览》，北京：时事出版社，1995，第 220 页。

④ 陶文钊：《中美关系史：1972—2000》（下卷），上海：人民出版社，2004，第 182 页。

从而使中国大陆获得了美国此前向台湾地区出售的同类直升机。[①]

这一时期，中美之间的军事交流也日益密切并逐步实现机制化。1985 年 1 月，美国参谋长联席会议主席维西（John W. Vessey）上将访问中国，这是 1949 年之后访华的最高级别美军将领；[②] 国防部部长温伯格也于 1986 年第二次访华；中美军方之间仅 1987 一年的高层会晤就超过 5 次。同时，随着军方高层的互访和交流，两国之间围绕阿富汗战争和柬埔寨战争开展了秘密情报合作，使两国两军形成了一种非常密切和深入的工作关系。[③]

第四，与中国进行高频度的高层协商。里根总统访华后，中美之间的高层互访来往不断。在美国方面，1985 年 10 月，副总统布什访华；1986 年 10 月，国防部部长温伯格访华；1987 年 3 月和 1988 年 7 月，国务卿舒尔茨两次访华；1988 年 9 月，新任国防部部长卡卢奇访华。而中国方面，国家主席李先念、全国人大常委会委员长万里、中央军委副主席杨尚昆访美。[④] 作为首位两次访华的国防部部长，温伯格认为，“第二次与中国国防部长的会谈已经成为真正‘互通有无’式会议，是 3 年来我们一直试图予以鼓励，但到现在才实现的战略性对话。这是因为，中美双方非常坦诚地讨论了中国对苏联的不信任和恐惧，以及在对付苏联入侵时需要什么样的反坦克和防空设备，双方还就中国对印度和越南的担忧进行了讨论。”[⑤] 可见，双方

---

① James Mann, *About Face: A History of America's Curious Relationship with China from Nixon to Clinton*, p. 142.

② James Mann, *About Face: A History of America's Curious Relationship with China from Nixon to Clinton*, p. 140.

③ James Mann, *About Face: A History of America's Curious Relationship with China from Nixon to Clinton*, p. 134.

④ 倪世雄：《结交一言重 相期千里至——一个中国学者眼中的中美建交 30 年》，上海：复旦大学出版社，2009，第 41 ~ 43 页。

⑤ 〔美〕卡斯珀·温伯格：《在五角大楼关键的七年：美国前国防部长温伯格回忆录》，军事科学院外国军事研究部译，北京：军事科学出版社，1991，第 208 页。

讨论的议题不仅仅限于对苏联的共同担忧，还涉及广泛的地区问题，这或许就是温伯格认为其是战略性对话的原因所在。

（二）对日政策

第一，推动日本增加地区发展援助数额。长期以来，美国一直推动日本提高国防预算和美军驻日基地维持费用，但并不仅限于此，美国还期望它增加对发展中国家的援助。美国要求日本分担“国际责任”的目的非常清楚，一是减轻自身负担，集中精力复兴国内经济和恢复美国的国际竞争力；二是通过这种方式“消耗日本的体力”。据日本广播协会前驻华盛顿支局长透露，美国财长贝克（James Addison Baker）已经制定了一项新的“对日攻击计划”，要日本把军费和对外援助总额提高到占国民生产总值6%的水平。美国国防部国际安全保障局的一位负责人表示，“日本军费占国民生产总值1%，对外援助占0.3%；美国军费占国民生产总值的5.8%，对外援助占0.1%。如果要使两国负担保持平衡，那么日本必须把对外援助增加到占国民生产总值的近5%才成”。[①]

第二，着力从经济结构上扭转美日经济不平衡。美日经济不平衡问题由来已久，但美日之间的经济问题在80年代上半期主要还是围绕汽车、半导体和钢铁等商品产生贸易摩擦，后半期的中心任务则转向围绕汇率和经济结构的宏观经济政策等问题进行磋商。[②] 也就是说，美国开始致力于推进日本的经济体制变革，改变日本经济体制的封闭性，主要措施如下：推动日本进一步开放国内市场，提升参与国际分工的程度，刺激国内需求，制定合理的定价机制和分配制度等，以改变日本原有国内经济体制不利于外商在日本经营的局面。

① 《日本经济新闻》1987年3月9日，转引自陈庄《日美经济矛盾及其发展前景》，《现代国际关系》1988年第1期。

② 〔日〕五百旗头真主编《新版战后日本外交史：1945—2005》，吴万虹译，北京：世界知识出版社，2007，第158～159页。

第三，提防日本对美国的超越。保罗·肯尼迪认为：“世界上存在一种促进变化的原动力，它主要受经济和技术发展的推动，进而影响着社会结构、政治制度、军事力量以及每个国家和帝国的地位。”[①]为延缓美国对日本的相对衰落态势，维系和巩固美国霸权，美国在强调美日同盟的同时，也悄然开始制定相应的应对举措。首先是美国开始制定一系列保护国内经济的措施，以把日本对美经济扩张堵在国门之外。其中最有代表性的就是国会众参两院通过的“综合贸易法案”，它的大部分内容都是针对日本的，例如对侵害专利权等“知识所有权”的进口商品加以限制，要求贸易盈余“过剩”国每年削减顺差10%，严格“倾销商品”的审定标准等。[②] 与此同时，为应对日本在技术方面的严峻挑战，美国开始对日本实行严密的技术封锁。20 世纪 80 年代中期以后，美国国防部和与国防有关的科研单位不再向外国人开放，对于将来可能实用化的复合材料、高级陶瓷等极有前途的技术情报，对日本更是严加防范。此外，80 年代美国还加强了对知识产权的保护，对日本厂家大幅度提高专利使用费，或在美日厂家互相交换专利的情况下相应减免专利使用费。美国公司一旦发现日本有侵犯专利权的行为，就上诉法院，并要求美国停止进口日本利用这项专利制造的产品。[③]

对意识形态和经济问题的重视，使里根政府在执政之初更为重视日本在地区政策中的地位和作用。对此，日本中曾根内阁顺势推出迈向政治大国的外交战略，从而将美日同盟推向了新的高度，但是美日经济实力方面的此消彼长也导致美国产生了“敲打日本”的类似论调；中国与美国就台湾问题达成“八一七公报”后，将双边关系的发展重点转向非战略领域的经济、科技和文化交流，使双边关系特别

① 〔美〕保罗·肯尼迪：《大国的兴衰：1500 年到 2000 年的经济变化和军事冲突》，梁于华译，北京：世界知识出版社，1990，第 492 页。

② 陈庄：《日美经济矛盾及其发展前景》，《现代国际关系》1988 年第 1 期。

③ 林美妮：《美日之间的经济摩擦》，《国际问题研究》1992 年第 1 期。

是经贸往来日益深入和扩大，从而使中美关系建立在一个全新的、更为牢固的基础上。这一时期，美苏冷战的两极格局依然存在，中美苏战略大三角也依然发挥着作用，这使中美围绕台湾问题的交锋不会影响中美关系的大局，也使得美国针对日本经济实力崛起的担忧和防范并未导致美日同盟的破裂，从而将东亚地区中美日关系的“黄金时代”推向高峰。

第四节　中美苏三角关系框架对美国东亚地区认知的影响

总体而言，在冷战的中前期，美国东亚政策的逻辑并无太大的转变。如本书第二章所分析的，20 世纪 50 年代，美国逐渐形成了对东亚地区和中日等国的固定认知；进入 60 年代，随着中苏关系的破裂，中国与美苏两国的关系同时交恶，因而成为美苏两极对峙和东亚地区的独立变量。但美国东亚政策的首要目标是遏制共产主义势力的扩张，再加上此时美国国力强盛，信心高涨的美国将遏制苏联进一步扩大为不加区分地遏制任何共产主义的扩张，因此，这一时期美国东亚政策逻辑的出发点都是建立在美苏两极对峙与遏制共产主义势力扩张的基础上，尚无决定性的因素导致美国东亚地区观发生重大改观，故而东亚政策逻辑的转变也不太可能发生在这一时期。

到尼克松入主白宫时，美苏力量对比出现此消彼长的态势，这促使尼克松政府开始寻求实力基础上的“缓和”政策，构建大国之间的均势就是这一策略的重要组成部分；面对苏联对“美苏缓和”进程的粗暴破坏，卡特总统也不得不加快中美关系正常化的步伐并重新祭出“对苏联打中国牌”这一政策；里根政府虽然因重视意识形态和经济问题而暂时忽视中国的作用，但其在意识到中国在对苏冷战中的重要性后，便逐步改变了对中国的认识和定位。

因此，自尼克松政府开启中美交往大门之后，中美苏三角关系逻辑在冷战中后期始终存在，也就是说，这一期间的三任政府都不自觉地受到三角逻辑的限制。无论是卡特初期的人权外交还是里根初期强烈的反共意识形态，都曾试图淡化三角结构的功能，然而事实证明意识形态上的分歧并不能完全替代现实利益的需要。因此，卡特与里根最终都回归三角逻辑。只要促使三角关系形成的因素不曾消失，那么美国就只能根据三角互动的规则来制定政策，而不能超脱于三角结构之外，凭借自己一厢情愿的判断来采取行动。

基辛格将尼克松政府在地缘政治上遵循的三角外交的逻辑归纳为，美国要同中苏双方都保持密切的联系，并要比中苏彼此间的关系更密切些。[①] 所以，里根政府时期的国防部部长温伯格才强调，对美国和太平洋地区以及实际上对整个世界来说，不使中国因美国的谴责而陷于孤立或再次投入苏联怀抱是多么的重要。[②] 显然，三角关系框架成为美国东亚政策逻辑出台、修正与转变的重要外在约束条件之一。换言之，只要与美国对峙的苏联依然存在，大三角的思维就会持续发挥影响。

在对华政策上，尼克松政府首先确立了美国对华政策的三大原则，分别是：美中之间密切的关系将有助于对苏外交、美中两国应当在东亚地区进行合作、美国不应也不会挑战中共在国内的执政地位。后续的美国总统、国务卿以及国家安全顾问都是在强化或者偶尔修改下上述的理念框架，但很少会对这一框架的三大支柱提出异议或者重新进行评估。[③] 具体操作的程度如何掌握，则取决于美国在某一特定时间对苏联威胁所做出的评估。

① 〔美〕亨利·基辛格：《白宫岁月——基辛格回忆录》第二册，吴继淦等译，北京：世界知识出版社，1980，第 370 页。

② 〔美〕卡斯珀·温伯格：《在五角大楼关键的七年：美国前国防部长温伯格回忆录》，军事科学院外国军事研究部译，北京：军事科学出版社，1991，第 212 页。

③ James Mann, *About Face: A History of America's Curious Relationship with China from Nixon to Clinton*, p. 50.

这就为中国发挥自身能动性提供了便利的条件，在上述大三角的框架之下，中国通过与美国的广泛合作逐步拓宽了双方共同利益的交集，并在美国国内形成了影响力日益扩大的跨国政策联盟，这两者一起影响和推动着历任总统及其外交决策团队形成对中国的正面认知。

美日同盟在这一时期依然是美国东亚战略的基石，并随着 1978 年《美日防卫合作指针》的出台而逐步发挥在保卫日本之外应对紧急事态的作用。但日本受国内政治的约束，缺少外交政策上的创新和突破，无法发挥影响东亚地区格局的战略性作用。尽管 80 年代中曾根内阁的“政治大国外交”将美日同盟提升到新的战略角度，但日益剧烈的美日贸易摩擦和贸易不平衡使美日关系的重心回归经济议题，尽管受益于冷战的框架双边关系“争吵而不破裂”。

对比尼克松、卡特和里根三任政府的东亚政策逻辑的转变可以看出，国际危机依然是推动认知转变的“重要催化剂”，1969 年的中苏珍宝岛冲突与 1979 年苏联入侵阿富汗使美国的东亚政策逻辑的转变进程大为加速；而与此相对照的是，尽管到 80 年代末，中美两国之间已经建立了相当密切和广泛的合作关系，深度和广度远超前几任政府，[①] 但因为缺少能够影响美国东亚地区认知的国际危机，中美关系在战略上再也未能达到 1979 ~ 1980 年那般紧密的程度。基辛格所推动的灵活三角关系以及布热津斯基主张的美中联合制衡苏联都使得中国的角色非常重要，而这在里根政府是不曾出现过的。尽管随着里根本人的访华，他对中美关系的发展有了新的认知，但是这种并非基于地缘政治的考虑不可能使中美关系在战略上达到尼克松与卡特时期那样紧密的程度。[②] 例如，里根政府国防部负责亚洲政策的官员阿米蒂

① James Mann, *About Face: A History of America's Curious Relationship with China from Nixon to Clinton*, p. 134.

② Raymond L. Garthoff, *Detente and Confrontation: America-Soviet Relations from Nixon to Reagan*, p. 1043.

奇（Richard Lee Armitage）制定的对华军售原则之一就是：要能够利用中国来对付苏联，但也保证将来不能用于威胁其他国家。[①]

冷战期间，美苏两极格局始终是美国东亚政策逻辑形成、修正与转变无法规避的大背景，中日两国的对美外交能动性和国际危机的影响都是在这一背景下发挥作用。而一旦美苏两极格局不复存在，再度形成新的东亚政策逻辑就要首先适应新的国际环境，这一适应和磨合的过程几乎贯穿整个布什政府时期，一直到克林顿政府时期美国才初步形成以冷战后国际大环境为背景的东亚政策逻辑。

① James Mann, *About Face: A History of America's Curious Relationship with China from Nixon to Clinton*, p. 142.

第四章
克林顿政府东亚政策逻辑与重心的演变

1992年11月，比尔·克林顿（Bill Clinton）战胜乔治·布什（George H. W. Bush）当选第52届美国总统，作为冷战后的首位美国总统，其领导下的外交决策团队面临的是不同于冷战期间的国际环境和地区形势。同时，随着冷战的终结和苏联威胁的消失，美国国内对于外交政策的看法日渐多元化，单一的安全议题难以统合美国国内各派政治力量，各种关于冷战后世界政治的判断和推测层出不穷。在这一背景下，克林顿政府时期的美国东亚政策逻辑也自然需要适应后冷战时代的特点与需求。

本章将继续应用认知—决策分析框架，梳理克林顿政府东亚政策逻辑的形成与演变历程以及在不同政策逻辑基础上形成的政策重心；重点阐述克林顿政府执政初期如何逐步确立东亚政策逻辑、这一政策逻辑为何会在后来得到修正以及相应的对华、对日政策的演变等几个方面的内容。

第一节　克林顿政府初期东亚政策逻辑与重心的形成

一　克林顿政府的外交思维和决策模式

（一）克林顿的外交政策理念

作为一名民主党总统和冷战结束后的第一任美国总统，克林顿在国际事务上比较突出人权和意识形态因素。1991 年，在首次竞选演说中，他便将"民主"定义为国际事务中的重要因素，同时还强调："民主国家要比其他形式的政体更可能成为贸易和外交政策上的伙伴，也更加有利于和平。"① 克林顿还表示："就我们而言，与日本的关系是最重要的双边关系。这种关系从 20 世纪 50 年代（日本对美）依赖关系变成为今日的以民主的纽带为基础的伙伴关系。"② 显然，克林顿本人深受"民主和平论"这一思潮的影响，认为民主可以跟和平与稳定挂钩；而这一点具体到外交政策上，就表现为美国的国家利益和美国的价值体系是相辅相成的。

入主白宫后，克林顿将对民主的支持与促进作为外交的首要内容之一，推动国会拨款支持自由选举和法制，并声称当前适度的支出是一种有利于美国长远利益的投资。③ 与此同时，作为在竞选中通过主打"经济牌"而获胜的总统，克林顿对经济问题相当重视。他在竞选中将复兴美国经济作为主题，并向选民承诺将成立一个类似于国家安全委员会的机构来协调经济政策，这便是后来所设立的"国家经济委员会"。④ 负责制定和实施对外经济战略的国家经济委员会不仅大大拓宽了克林顿外交决策顾问成员的范围，其在很多议题和外交政策上所拥有的权限和影响力甚至超过了国家安全委员会。⑤ 显然，同前任更为重视战略和安全议题相比，克林顿更为重视经济特别是贸易

---

① Strobe Talbott, "Democracy and the National Interest," *Foreign Affairs*, Vol. 75, No. 6 (November/ December 1996), p. 47.

② 栗山尚一：《日美同盟》，日本经济新闻社，1997，第 103 页，转引自刘世龙《美日关系：1791—2001》，北京：世界知识出版社，2003，第 619 页。

③ Strobe Talbott, "Democracy and the National Interest," p. 47.

④ Chihiro Hosoya and Tomohito Shinoda, eds., *Redefining the Partnership: The United States and Japan in East Asia*, Lanham, Md.: University Press of America, 1998, p. 31.

⑤ 参见 Jean A. Garrison, *Making China Policy: From Nixon to G. W. Bush*, p. 135。该书作者对前国家安全委员会和国家经济委员会的官员的采访也证明了这一观点。

不平衡议题。[①]

上述外交政策理念也分别体现在克林顿的对华和对日政策上。在对华政策上，克林顿首先考虑的是人权问题，他在竞选总统期间便批评布什总统对 1989 年北京风波和中国政府行为的反应不够强硬，[②] 就任总统后，克林顿政府更是将授予中国最惠国待遇问题与中国的人权状况挂钩，频频施压；对日政策上，他力图解决美日贸易不平衡问题，对日贸易谈判的强硬立场使美日关系一度陷入紧张。

（二）克林顿政府外交决策团队的构成及运作机制

同卡特、里根总统类似，克林顿总统也构建了一个较为开放的决策顾问系统，允许观点相异的决策顾问团队成员介入对外决策过程。[③] 而且，克林顿在外交政策上非常重视决策顾问的建议，尤其是对两任国家安全事务助理安东尼·莱克（Anthony Lake）和桑迪·伯杰（Sandy Berger）非常信任。[④]

在克林顿政府的第一任期内，影响外交政策的关键人物主要有国务卿沃伦·克里斯托弗（Warren Christopher）、国家安全事务助理莱克、国防部部长威廉·佩里（William Perry）和国家经济委员会主任罗伯特·鲁宾（Robert Robin）等。

克里斯托弗早在担任卡特政府的副国务卿时就以推行“人权外交”而闻名，在以“人权外交”为重要政绩的卡特政府中曾扮演过重要角色。卡特政府于 1977 年 4 月成立了“人权与援外联合部会小组”（即“克里斯托弗小组”），作为人权政策的协调和执行机构，克

---

① Jean A. Garrison, *Making China Policy*: *From Nixon to G. W. Bush*, p. 135.

② 参见 Madeleine Korbel Albright, *Madam Secretary*: *A Memoir*, NY: Miramax Books, 2003, p. 546;〔美〕艾什顿·卡特、威廉姆·佩里《预防性防御：一项美国新安全战略》，胡利平等译，上海：上海人民出版社，2000，第 95 页。

③ Jean A. Garrison, *Making China Policy*: *From Nixon to G. W. Bush*, p. 5.

④ Robert L. Suettinger, *Beyond Tiananmen*: *The Politics of U. S. – China Relations*, *1989 – 2000*, Washington D. C. : Brookings Institution Press, 2003, p. 283.

氏小组的重要职能之一就是依照西方的价值观念“处罚”“违反”人权的国家。[①] 1992 年大选期间，克里斯托弗接受克林顿的邀请出任国务卿。在 1993 年就任国务卿的听证会上，克里斯托弗将经济、安全、民主三个领域的内容概括为美国外交的三大支柱；[②] 并且在对华政策上毫不掩饰地说道：“我们的外交政策目的在于通过鼓励这一伟大国家的经济和政治自由化力量来推动中国从共产主义向民主社会和平演变”。[③] 显然，其所主张的对华政策是推动中国向西方式的民主社会演变。

同克里斯托弗相类似，莱克也曾经在卡特政府的国务院工作过，并担任政策设计署主任。莱克认为，美国的国家利益要求冷战后唯一的超级大国——美国——继续致力于扩展全球民主和人权。1993 年 9 月，他声称：“民主的扩张将有助于美国解决所有的外交难题，因为民主不会侵犯人权，不会攻击邻国，不会采取限制性的贸易政策，不会参与恐怖主义，不会产生难民问题。美国将通过惩罚倒退和挑衅性的行为来增加其成本的方式帮助中国沿着这一道路前进。”[④] 因此，克里斯托弗与莱克二人的外交政策主张都具有强烈的人权和民主色彩。

最初在克林顿政府中担任国防部部长的是雷·阿斯平（Les Aspin），但阿斯平仅在这一职位上任职一年多时间，便由副部长佩里继任。佩里强调：“作为冷战后唯一的超级大国，美国一定要在冷战后的世界发挥领导作用。”[⑤] 为实现这一全球战略目标，佩里将美国

---

① 宗道一：《克里斯托弗访华的前前后后》，《党史博览》1999 年第 8 期。

② Warren Christopher, *In the Stream of History: Shaping Foreign Policy for a New Era*, Stanford, Calif.: Stanford University Press, 1998, p. 24.

③ Warren Christopher, *In the Stream of History: Shaping Foreign Policy for a New Era*, Stanford, Calif.: Stanford University Press, 1998, p. 31.

④ Jean A. Garrison, *Making China Policy: From Nixon to G. W. Bush*, p. 133.

⑤ William F. Perry, "Defense in an Age of Hope," *Foreign Affairs*, Vol. 75, No. 6 (November/December 1996), p. 64.

应对国际冲突的战略划分为三个步骤，分别是预防、威慑和战胜威胁，其中作为第一步的“预防”阶段需要与盟国开展紧密的合作。[①]因此，在东亚地区政策上，佩里所主张的预防性防御战略必然首先突出日本、韩国等地区盟友的战略作用，在此基础上再通过广泛的接触来实现对潜在威胁的预防。但需要指出的是，佩里并不遵奉纯粹的现实主义权力政治理念，他在很大程度上也赞同“民主和平论”的观点。例如，尽管佩里认为美国应当对东亚地区实施接触政策，但他在1996年发表于《外交事务》上的一篇文章中强调：“美国帮助拓展自由市场基础上民主国家的范围，这是有利于美国的国家安全的，并且这也是预防性防御战略的重要组成部分。”[②]

为使国家经济委员会充分发挥协调国内和国际经济政策的功能，克林顿任命高盛公司（Goldman Sachs）极负盛名的高级管理人才鲁宾担任国家经济顾问。作为国家经济委员会的主任，鲁宾坚决反对国会提出的有关给予中国“最惠国待遇”的立法议案，主张通过行政命令的方式将主导权掌控在白宫领导之下。在鲁宾的领导下，克林顿政府的经济团队对将“最惠国待遇”与“人权”挂钩的政策公开表示反对，他们认为无条件授予中国最惠国待遇事关美国经济安全乃至国家安全，并且强调推进市场经济和扩大贸易也是改善人权的途径之一。[③]

基于上述分析，笔者认为，克里斯托弗、莱克和佩里三人对“民主和平论”的信奉，自然使扩展民主成为克林顿政府外交政策的首要内容之一，也必将直接影响克林顿政府东亚地区认知的形成。但

---

① William F. Perry, “Defense in an Age of Hope,” *Foreign Affairs*, Vol. 75, No. 6 (November/December 1996), p. 65.

② William F. Perry, “Defense in an Age of Hope,” *Foreign Affairs*, Vol. 75, No. 6 (November/December 1996), p. 68.

③ James Mann, *About Face: A History of America's Curious Relationship with China from Nixon to Clinton*, pp. 279 - 305.

是克林顿本人及其经济团队对经济问题的重视，又使得克林顿政府高度重视美国的经济安全，因而与欧洲、日本争夺以中国为代表的亚洲新兴市场和着力扭转美日贸易不平衡同时成为克林顿政府东亚政策的重要目标。

二 克林顿政府东亚认知的全球政策背景

冷战的胜利使克林顿政府外交决策团队踌躇满志，习惯于居高临下地看待全球事务。克里斯托弗就认为："作为战后首届政府，克林顿政府有责任在冷战后的新时期重新界定和塑造外交政策。"[①] 对此，莱克在 1993 年 9 月的演说中做了形象的描述，"在冷战时期，每个儿童都了解美国的安全责任。看看挂在教室墙上的地图，他们就知道我们致力于遏制那个庞大的红区的蔓延和扩张。我们可以对目前的安全责任做类似的想象，我们要推动象征民主和市场经济的蓝区向外扩张。"[②] 因此，克林顿政府的基本外交政策立场可以表述为参与和扩展战略（engagement and enlargement），[③] 参与就是要继续确保领导地位，而具体需要扩展的内容就是西方民主价值观和市场经济。

（一）在全球范围内扩展市场经济

冷战后，美国国内许多人认为美国赢得了冷战却输掉了经济，这一观点在很大程度上改变了美国外交政策的重心。[④] 对于克林顿与布什的角逐，选民的关注点是国内事务，尤其是经济问题。因此，在克

① Warren Christopher, *In the Stream of History*: *Shaping Foreign Policy for a New Era*, p. 12.

② Anthony Lake, "From Containment to Enlargement," Johns Hopkins University, *School of Advanced International Studies*, Washington D. C., September 21, 1993, http://www.fas.org/news/usa/1993/usa-930921.htm.

③ William J. Clinton, *A National Security Strategy of Engagement and Enlargement*: *1995 - 1996*, Washington D. C.: Brassey's, 1995; Yoichi Funabashi, *Alliance Adrift*, New York: Council on Foreign Relations Press, 1999, p. 256.

④ Chihiro Hosoya and Tomohito Shinoda, eds., *Redefining the Partnership*: *The United States and Japan in East Asia*, p. 29.

林顿入主白宫后，多数美国国内民众期望新一届政府将注意力转向国内。[①] 这也集中体现在克林顿政府的外交指导原则上。1993 年 1 月 13 日，克里斯托弗在出任国务卿前的国会听证会上就未来克林顿政府的外交政策指导思想进行了系统的阐述，其中第一条便是主张要像过去全力以赴赢得冷战那样投入资源和精力来促进美国的经济安全。克里斯托弗还承诺："新一届政府将很快推出经济计划以增进美国公司和工人在全球市场的竞争力，降低外债并确保美国履行国际责任的能力"；"美国今后的外交政策将会把外交与经济目标明确相连，以确保美国公司能够顺畅地进入和拓展全球市场"。[②]

（二）在全球范围内扩展民主价值观

20 世纪 80 年代末和 90 年代初，苏联东欧发生剧变，以和平方式走上了所谓"民主化"的道路。以美国为首的西方国家把"冷战的胜利"归功于他们对社会主义国家推行民主的和平演变政策。1991 年，美国政治学家塞缪尔·亨廷顿（Samuel Huntington）出版了《第三波：20 世纪后期民主化浪潮》一书，对当代世界的民主化做出了独树一帜的描述和分析，认为冷战后的世界正处于第三次民主化浪潮阶段。[③] 无独有偶，日裔美籍学者福山（Francis Fukuyama）也在 20 世纪 80 年代末提出了"历史终结论"，认为冷战结束以后，人类政治历史发展就已达终点，自由民主制度也许是人类社会意识形态发展的终点和人类社会最后一种统治方式，除了自由民主制和资本主义，人类社会没有别的进化选择，这就是历史的终结。[④] 亨廷顿和福山的理论在西方世界乃至全球产生了广泛的影响。

---

① Warren Christopher, *In the Stream of History*: *Shaping Foreign Policy for a New Era*, p. 17.

② Warren Christopher, *In the Stream of History*: *Shaping Foreign Policy for a New Era*, p. 26.

③ 参见〔美〕塞缪尔·亨廷顿《第三波：20 世纪后期民主化浪潮》，刘军宁译，上海：上海三联书店，1998。

④ Francis Fukuyama, "The End of History?" *The National Interest*, Summer 1989.

在这一背景下，美国朝野各界开始广泛声称，民主不是一个西方的观念，而是一种适用于全球各地的“普世”价值观。冷战后的美国有义务、有责任将西方的民主、人权等价值观推广到全球各地。克里斯托弗在国会听证会上的演说除了强调经济安全和国家安全之外，外交政策的第三个支点就是鼓励和支持全球的民主演进。而且，对国外民主与人权的支持还是确保美国安全的重要战略支点之一。[①] 这是因为，克里斯托弗既然是“民主和平论”的拥趸，自然将推广民主价值观作为美国外交政策的重要内容之一。

（三）克林顿政府的全球外交政策逻辑

克里斯托弗在听证会上的演说中还强调美国需要继续保持强大军力来应对各类安全挑战以确保美国的国家安全。由此可见，经济、安全和民主已经成为克林顿政府外交政策的三大支柱。克里斯托弗还将这三者有机整合在一起，使之成为相辅相成的三大支柱：有活力的经济将使美国经济在全球富有竞争力并能够使美国保持强大的军力而不危及国内需求；推广民主能够消除原有的威胁并阻止新威胁产生，并能够催生美国的海外贸易和投资机会。[②]

值得注意的是，尽管克里斯托弗对美国外交政策的归纳和分类非常清晰和具体，但他并没有详细讨论在具体地区和国家如何协调运用三大外交支柱，也没有解释清楚当这三大支柱的政策目标发生冲突时如何协调和区分轻重缓急。此外，在美国尽享冷战红利的同时，美国国内各界也意识到，这一大而全的全球政策逻辑并不能大而化之地运用于全球各地，例如，欧洲和东亚地区在冷战后的地区格局和发展态势就大不相同。因此，为更好地保护和巩固美国的国家利益，美国还需要更为细致化的地区政策逻辑。

---

① Warren Christopher, *In the Stream of History*: *Shaping Foreign Policy for a New Era*, p. 28.

② Warren Christopher, *In the Stream of History*: *Shaping Foreign Policy for a New Era*, pp. 29 – 30.

三 克林顿政府初期东亚地区认知与东亚政策逻辑的形成

1995 年 2 月，美国国防部发布了《东亚—太平洋地区安全战略报告》，报告虽然旨在确保冷战后美国在东亚—太平洋地区的安全利益和战略优势地位，却以安全为切入点，对美国东亚政策的方方面面分别做了阐述，并通过一个统一的逻辑将美国外交政策中的安全、经济和民主价值观三个方面整合到一个言简意赅的"预防性防御战略"框架中。但是，这一东亚地区战略中的许多设想并未从一开始就得到克林顿外交决策团队乃至美国国内舆论的认同与支持，其形成与出台经历了决策团队内部的激烈辩论。

（一）克林顿政府内部围绕东亚地区观的争论

对于东亚地区的安全、经济和政治发展态势，克林顿外交决策团队的基本判断是一致的，但在对机遇和挑战的定位上则有所不同。

第一，经济快速发展的亚洲是美国最大的贸易伙伴和逆差来源地。克林顿入主白宫时，亚太地区已经成为美国最大的出口市场，美国与亚太地区的贸易总额已经超过美国与西欧的贸易额；美国对亚太地区的投资增长速度也是最快的；同时，亚太地区已经成为美国贸易逆差的主要来源。1993 年 7 月，首次亮相国际舞台的克林顿在日本参加西方七国首脑会议期间说道："现在，美国 40% 的贸易是同亚洲国家进行的，亚洲为美国创造了 230 万个就业机会。"① 但是在几个月之前，克林顿在与来访的日本首相宫泽喜一共同举行的记者发布会上直接指出："新时期我们两国关系的再平衡需要给予双边经济关系更多的关注。"② 也就是说，克林顿政府在执政之初，美国国内仍然流行着日本已经取代苏联成为主要对手的看法，即军事和安全领域的

---

① 郭长林：《克林顿的亚太战略》，《瞭望》1993 年第 32 期。

② Chihiro Hosoya and Tomohito Shinoda, eds., *Redefining the Partnership: The United States and Japan in East Asia*, p. 32.

敌人——苏联已经消失，那么“经济安全保障”上的威胁——日本就理所当然地成为问题的焦点，所以必须对其施加政治压力来解决日本对美国的巨额贸易顺差。

因此，克林顿充分意识到，亚洲经济正在飞速发展，已经成为美国最重要的贸易和投资伙伴，是重振美国经济兑现竞选承诺的重要抓手，但也是美国对外贸易逆差的最主要来源地，日本是其中最大的逆差来源国，因此需要设法解决这一问题。

第二，东亚地区的未来发展面临着不稳定性和不确定性。这主要体现在美国对朝鲜半岛的冷战遗产和中国未来的发展方向两方面的认知上。尽管冷战已经终结，但是在国防部部长佩里看来，朝鲜半岛的紧张局势是一个“重大地区性潜在危机”，并可能对美国利益构成迫在眉睫的“乙类”威胁；① 而且朝鲜一旦拥有核武器将会大大加剧对韩国、对美国驻军、对美国在该地区的主要盟国——日本，甚至对全世界各国的军事威胁，因此朝鲜拥核是绝对不可接受的选项。

在 20 世纪 80 年代末东欧剧变和苏联局势陷入动荡以致最终解体后，美国一些“战略家”曾认为中国也挺不了多久，一时间，“中国崩溃论”甚嚣尘上。② 但当中国经济自 1992 年开始呈现出迅猛发展势头时，美国朝野在惊奇和关注之后，开始将注意力转向思考中国发展的含义与影响上，并出现了与“中国崩溃论”大相径庭的“中国威胁论”。③ 其中，代表性的观点认为中国的崛起将会成为对亚太地

---

① 〔美〕艾什顿·卡特、威廉姆·佩里：《预防性防御：一项美国新安全战略》，胡利平等译，上海：上海人民出版社，2000，第 11 页。

② 钟之成：《为了世界更美好：江泽民出访纪实》，北京：世界知识出版社，2006，第 29 页。

③ 相关媒体观点和论文可参见 James Walsh, “Thunder out of China,” *Time*, April 12, 1993, pp. 22 – 27; Nicholas D. Kristof, “The Rise of China,” *Foreign Affairs*, Vol. 72, No. 5 (November/December 1993), pp. 59 – 74; Barry Buzan and Gerald Segal, “Rethinking East Asian Security,” *Survival*, Vol. 36, No. 2 (Summer 1994), pp. 3 – 21; David Shambaugh, “Growing Strong: China's Challenge to Asian Security,” *Survival*, Vol. 36, No. 2 (Summer 1994), pp. 43 – 59; Larry M. Wortzel, “China Pursues Traditional Great – Power Status,” *Orbis*, Spring 1994, pp. 157 – 175。

区的最为严重的安全挑战之一，并认为随着中国经济的繁荣和增长，中国将会挑战日本在东亚的主导地位，其原因主要是基于以下两方面：一是中国相对于日本更容易建立东亚霸权，因为中国拥有丰富的资源禀赋、巨大的国内市场、为数众多的海外华人资源并在东亚地区拥有比日本更为友好的政治环境，所以中国更有可能成为东亚的霸主；二是中国国力的上升和国内政治的特征使得中国在对外政策上更为强硬和倾向于使用武力，这将导致日本的“反应式”军事扩张，最终将亚洲推向新的冷战。[①] 为此，在谈及 21 世纪有可能演变成为威胁到美国和国际安全的 5 种危险时，佩里将“中国有可能走向敌对，而不是在国际体系中以合作的精神发挥作用”列入其中。[②]

因此，在克林顿政府看来，朝鲜半岛的紧张局势构成了东亚地区的主要不稳定源头，而中国力量的快速上升及其与美国意识形态上的差异又使东亚地区的发展趋势存在着很大的不确定性。

第三，尚无成熟的区域多边合作机制。著名中国问题学者柯庆生曾经对 20 世纪 90 年代的东亚局势做如下描述：地区权力均势格局正经历重大变化，国内和国家间遍布着扭曲的经济和政治权力分配，政治和文化多种多样，区域经济相互依存，尽管有所发展但仍停留在比较低级的层次，安全合作机制严重缺乏，同时还存在着广泛的领土纠纷，这些领土纠纷同时还夹杂着后殖民主义影响下的民族主义和自然资源问题。[③] 基于此，以佩里等为代表的一部分人认为，亚太地区经济之所以能够飞速发展，一个重要原因在于这一地区享有安全与稳定，而美国与日韩两国的同盟以及强大的前沿军事力量

---

① Denny Roy, “Hegemon on the Horizon? China's Threat to East Asian Security,” *International Security*, Vol. 19, No. 1 (Summer 1994), pp. 149 - 168.

② 〔美〕艾什顿·卡特、威廉姆·佩里：《预防性防御：一项美国新安全战略》，胡利平等译，上海：上海人民出版社，2000，第 11、14 页。

③ Thomas J. Christensen, “China, the U. S. - Japan Alliance, and the Security Dilemma in East Asia,” pp. 49 - 80.

的存在维护了和平。[①] 言外之意是说，东亚地区因为没有成熟的多边合作机制，无法克服国家间的安全困境，故而容易堕入地区军备竞赛中，所以只有美军驻留这一地区发挥地区稳定器和均衡器的功能才能保证地区的安全与稳定。

基于上述三点可以看出，克林顿外交决策层对东亚地区的认知可以归为两派。一派比较重视美国的经济安全，主张以亚太经合组织为载体，使美国在地区经济合作中发挥主导作用并贯彻美国的国家经济战略；同时，全力扭转与亚太国家双边贸易不平衡的局面，其中日本是重点施压的对象。美国试图通过“公平贸易”“管理贸易”等原则直接促进美国对日出口的增长，因此，克林顿入主白宫后，宣布对日采取有效措施，要求日本在改变宏观贸易不平衡的同时，承诺个别领域的“数值目标”。整个 1993 年，对日经贸谈判构成了国家经济委员会的主要议题；1993 年 4 月的宫泽 - 克林顿会谈和 1994 年 2 月细川 - 克林顿会谈也都步履维艰；1995 年 6 月，日美经济摩擦在汽车和汽车零部件领域达到顶峰。[②]

而另一派则比较偏重美国在东亚地区的安全供给者角色，因为东亚地区还存在着朝鲜半岛的紧张局势，中国的未来发展前景也不明朗，再加上多边机制尚不能发挥地区协调与合作的主导作用，所以美国必须从战略上审视冷战后的东亚政策，不能单纯以经济目标为主，必须改变以公开施压为主要手段的对日经济外交政策以防止危及传统的美日安全同盟。因此，这一派观点并不完全认同克林顿政府经济决策团队一味推进美日贸易谈判解决贸易不平衡的政策。透过安全视角，他们敏感地注意到了美日同盟中令人不安的因素和潜在问题。资

① 〔美〕艾什顿·卡特、威廉姆·佩里：《预防性防御：一项美国新安全战略》，胡利平等译，上海：上海人民出版社，2000，第 102 ~ 103 页。

② 〔日〕五百旗头真主编《新版战后日本外交史：1945—2005》，吴万虹译，北京：世界知识出版社，2007，第 188 页。

深驻日外交官柯特·童（Kurt W. Tong）认为，美国对日政策所面临的挑战主要表现在两个方面，分别体现在地缘政治领域和经济领域。在地缘政治领域，20 世纪 90 年代的日本有脱离美国的倾向，并且美日同盟并非是牢不可破的；而在经济领域，美日两国则存在着严重的贸易摩擦，因此 20 世纪七八十年代将美日安全和经济问题区分开的防火墙策略将不再适用。① 约瑟夫·奈和傅高义等东亚问题专家也对克林顿政府过于突出美日经贸议题而忽视了双边的政治、安全联系和其他全球议题表示了担忧。②

在这一背景下，克林顿外交决策团队在东亚地区认知上就产生了两对矛盾：一是扩展民主价值观和商业利益之间的矛盾，这在美国对华政策上尤为明显，但执政之初的克林顿显然并未充分意识到在中国政策上美国的价值观与商业利益存在着冲突，故而对华政策表现得尤其缺乏协调；③ 二是预防性防御战略对盟国的重视和缩减美日之间巨额贸易逆差之间的矛盾，一方面预防性防御战略要求美国与这一地区的民主同盟诸如日本等国保持密切的关系，④ 另一方面作为外交政策三大支柱之一的“经济安全”又需要把攻克美日贸易不平衡这一“顽症”放在首位。

由于克林顿构建的是一个较为开放的决策顾问系统，并且允许观点相异的决策顾问团队成员介入对外决策过程，再加上克林顿最初集中精力解决国内问题，所以克林顿政府初期的东亚政策看起来缺乏协调，各机构自行其是，缺少一个将经济、安全和政治议题统合起来的

---

① Kurt W. Tong, “Revolutionizing America’s Japan Policy,” *Foreign Policy*, No. 105 (Winter 1996 - 1997), pp. 107 - 124.

② Yoichi Funabashi, *Alliance Adrift*, pp. 259 - 260.

③ James Mann, *About Face: A History of America’s Curious Relationship with China from Nixon to Clinton*, p. 275. 詹姆斯·曼恩（James Mann）就认为克林顿并未意识到这一政策的自相矛盾之处。

④ William F. Perry, “Defense in an Age of Hope,” p. 72.

全面战略，政策执行上也因此表现出缺少协调和配合。因此，克林顿外交决策团队需要一整套的政策逻辑来说服各方，以解决政策实施中的矛盾之处。直到 1995 年 2 月《东亚—太平洋地区安全战略报告》出台后，克林顿政府东亚政策缺乏协调的局面方才告一段落。

（二）影响克林顿政府初期东亚政策逻辑形成的因素

根据本书的认知—决策分析框架，新一任政府的东亚政策逻辑以国际环境为背景，结合决策团队成员的个人特质、价值观、社会文化背景以及国内政治系统的压力而形成。但克林顿外交决策团队并未在短期内提出东亚政策逻辑的现实，使大国能动性和国际危机等因素也在逻辑的形成中发挥了不容忽视的作用。在这期间，朝核危机的爆发对美国的东亚地区认知产生了较大的影响；而且面对克林顿政府东亚政策缺乏协调的状况，中日两国也分别从各自的国家利益角度发挥外交能动性以力求影响美国的东亚认知，从而减少自身与美国之间的政策矛盾。在这些因素的共同作用下，上述克林顿外交决策团队所面临的第一个认知矛盾随着美国对华最惠国待遇与人权状况脱钩而逐步得以缓解；第二个认知矛盾，则是随着朝核危机的爆发和日本国内对克林顿政府强化美日同盟这一意向的主动配合得以化解，其最主要的标志是美日两国于 1995 年下半年达成重新定义美日同盟的共识。因此，解决这两大认知矛盾的过程也就是克林顿政府初期东亚政策逻辑形成的过程。

第一，国际环境对克林顿政府初期东亚地区认知形成的影响。进入“后冷战时代”后，尽管在权力分布上呈现一超多强的格局，但经济因素在国际关系中的地位明显上升，并形成了一股席卷各国的经济全球化浪潮。东亚地区在全球经济中的地位和影响力也在不断上升，1985 ~ 1995 年，东亚发展中国家和地区经济增长速度平均保持在 7% ~ 8% 左右，远远超过全球发展中国家 4.3% 的水平，更超过了发达国家 3% 的水平；外贸进出口年平均增长率也大大超过世界贸易增长的速度；美国同东亚地区的贸易额也已大于欧美之间的贸易额。

到 1995 年，东亚的外汇储备已接近 6000 亿美元，大大高于美、加两国和欧盟，表明东亚在经济上迅速崛起，与北美和欧盟在经济上形成三足鼎立之势。[①] 面对东亚地区成为全球经济发展火车头这一态势，克林顿政府无论是出于重振美国经济还是防止东亚形成排他性的地区经济组织的考虑，都必须比以往任何一届美国政府更为重视东亚地区，更需要明确的东亚地区战略。为此，克林顿的“新太平洋主义”应运而生，即通过“全面参与”亚太经济发展与合作、实现“美国主导下的”亚太多边安全机制、促进亚太各国的“民主化”三大战略支柱，建立美国主导下的“新太平洋共同体”。[②]

在克林顿执政的最初两年内，东亚地区各国的发展态势也经历了较大的变化。首先是中国国力迅速上升。继 1991 年和 1992 年中国经济增长率高达两位数后，中国经济在 1993 年、1994 年继续保持强劲势头，向全世界显示了中国市场的巨大潜力。[③] 对此，有人评论说，“中国也许是世界上最后一个最大的市场，谁占领了这个市场，谁就将在世界经济竞争中立于不败之地”。[④] 所以，克林顿政府必须确保美国工商界在与欧洲、日本同行竞争时不落下风。另外，日本在泡沫经济破裂后，丧失了之前经济增长上赶超美国的强劲势头。从 1993 年起美国经济开始复苏，相反日本经济却在下滑。[⑤] 在美日经济关系中，随着日本泡沫经济的破灭，其经济开始陷入萧条。而美国却在成功地推行了 IT 革命之后，逐渐夺回国际经济的主导权。[⑥] 美国吹毛求

---

① 王嵎生：《亲历 APEC——一个中国高官的体察》，北京：世界知识出版社，2000，第 3 页。
② 王嵎生：《亲历 APEC——一个中国高官的体察》，北京：世界知识出版社，2000，第 33 页。
③ 王嵎生：《亲历 APEC——一个中国高官的体察》，北京：世界知识出版社，2000，第 31 页。
④ 吴海民：《大国的较量——中美知识产权谈判纪实》，武汉：长江文艺出版社，2009，第 303 页。
⑤ 〔日〕五百旗头真主编《新版战后日本外交史：1945—2005》，吴万虹译，北京：世界知识出版社，2007，第 188 页。
⑥ 〔日〕五百旗头真主编《新版战后日本外交史：1945—2005》，吴万虹译，北京：世界知识出版社，2007，第 235 页。

疵地动用政治力量强迫日本进行自制和让步的客观条件不复存在了。在这一背景下，1995 年 6 月 28 日，日美汽车谈判达成协议。此次谈判的结束，意味着旷日持久的日美经济摩擦落下了帷幕，美日之间互动的主要议题也由经贸转向安全与防务。

第二，中国对冷战后国际形势的冷静应对。1989 年北京风波发生之后的一个月内，美国政府和国会先后 4 次发表声明或通过决议攻击中国并宣布中止中美间高级官员互访、阻止国际机构向中国贷款等，这一系列“制裁”措施使中美关系一落千丈。面对这种局面，中国对冷战后的国际形势进行了冷静的分析与判断，进一步推进经济体制改革并扩大对外开放，在坚持和平共处五项基本原则的基础上大力推进多边外交，从而较快地走出了孤立局面。

首先是大力推进多边外交，努力消除北京风波的负面影响。北京风波后，以美国为首的西方国家对中国进行制裁，但实际上西方国家对此并没有完全达成一致。美国不再像冷战时期应对苏联威胁那样能够在国际事务上得到西方国家的全力配合，这一点在经贸领域尤其突出。随着经济全球化的加速，亚洲经济在世界经济中的分量大大提升，中国巨大的市场发展前景使西欧各国和日本不得不重新思量原有的对华政策。其中最为明显的是 1993 年 9 月，德国在欧盟国家中率先提出了以中国为中心的“新亚洲政策”，在对华政策中增加了对全球性问题和政治问题的战略考虑，使两国关系出现积极发展势头。[①]同时，日本出于自身的政治、文化背景和商业利益的考虑也不愿意在人权政策上一味追随美国。[②]

在这一背景下，中国政府及时顺应形势的变化，大力推动与日本

① 钟之成：《为了世界更美好：江泽民出访纪实》，北京：世界知识出版社，2006，第 124 页。

② Chihiro Hosoya and Tomohito Shinoda, eds. , *Redefining the Partnership: The United States and Japan in East Asia*, p. 177.

和西欧各国经贸关系的全面发展，政治事务上则相互尊重和求同存异，使中日、中欧关系顺利走出了低谷。1994 年 9 月，中国国家主席江泽民访问法国，法国《费加罗报》对此发表评论称，江泽民主席对法国的成功访问意味着“欧美国家孤立中国的政策终结了”。[①] 而中国对欧、对日外交的突破和欧洲、日本企业大举进入中国市场，则使美国国内的工商业界开始质疑孤立和制裁中国政策的有效性，这对克林顿政府中国政策构成了不容忽视的国内政治压力。

其次是在人权等政治问题上坚持原则立场不动摇。1993 年克林顿就任总统后，克林顿政府开始对中国实行“以压促变”的高压政策。其中最为突出的是将所谓的“人权问题”与最惠国待遇问题挂钩，并不时威胁要对中国进行经济制裁，企图迫使中国政府在“人权问题”上做出政治让步。最初，克林顿认为中国会在人权问题上与美国进行协商和讨价还价，而非不屑一顾。[②] 但令克林顿及其外交决策团队吃惊的是，对于克林顿政府威胁取消最惠国待遇的施压之举，中国方面坚决不为所动。即使是在 1994 年 3 月克里斯托弗亲自访华施压后，中国副总理兼外长钱其琛在双方多次会谈后表示，以人权问题为借口对中国施加压力的做法是徒劳的。因为中国方面意识到，美国是中国最大的出口市场，也是中国的第四大进口来源地，美国工商业界在中国有着巨大的经济利益，如果取消对华最惠国待遇他们肯定不答应。参议院少数党领袖多尔（Robert Joseph Dole）等人都明确要求无条件延长中国最惠国待遇；众议院有 106 名议员致函克林顿敦促其无条件“续惠”，众议院议长金里奇（Newton Leroy Gingrich）、众议院外交委员会主席汉密尔顿（Lee H. Hamilton）也同样支持最惠国待遇与人权脱钩。美国还有 800 家公司联名给克林顿写

---

① 钟之成：《为了世界更美好：江泽民出访纪实》，北京：世界知识出版社，2006，第 77 页。

② James Mann, *About Face: A History of America's Curious Relationship with China from Nixon to Clinton*, p. 282.

信，痛陈取消对华最惠国待遇的危害。[①]

正如本书第一章所述，战略修正或者转变源于预期的调整或者瓦解，而预期的调整则源于新的信息不断突破原有预期的羁绊和约束；预期的调整通常是由于最初的目标和约束条件在新的情境中不能够被满足。克里斯托弗等人未能使中国在人权问题上做出让步也使得对华外交中人权派的立场被进一步削弱，这成为推动政策转变的催化剂。[②] 到1994年5月，克林顿政府只能宣布将对华最惠国待遇与人权问题分开对待，即商业利益的需求超越了单纯的价值观方面的考虑，从而在对华政策上开始以接触代替施压、制裁和孤立。

第三，朝核危机对美国东亚政策认知的影响。朝鲜半岛问题是东亚地区最具影响力的冷战遗留问题，在美国的东亚政策考虑中，其一直占据着十分重要的位置。美国对朝鲜半岛的政策首先是要确保韩国的安全，同时还要防止朝鲜发展和拥有核武器。截至1993年2月，国际原子能机构已经对朝鲜进行了6次不定期核检查，1993年3月12日，朝鲜政府发表声明，宣布退出于1985年12月加入的《不扩散核武器条约》，这使朝鲜半岛形势骤然紧张，成为克林顿政府亟须关注和解决的焦点问题。

克林顿外交决策团队认为，如果朝鲜获得核武器，首先，将严重威胁美国在东北亚的驻军及其在本地区的两个盟国——韩国和日本——的安全；其次，可能在核扩散方面引起连锁反应，韩国和日本等国家都会试图发展核能力；最后，朝鲜还会把一部分钚卖给横行不法的国家或恐怖分子，换取硬通货以救燃眉之急。[③] 因此，朝核问题不仅对美国在东亚地区的安全利益特别是安全信誉构成了严重挑战，

① 宗道一：《克里斯托弗访华的前前后后》，《党史博览》1999年第8期。

② Jean A. Garrison, *Making China Policy: From Nixon to G. W. Bush*, p. 139.

③ 〔美〕艾什顿·卡特、威廉姆·佩里：《预防性防御：一项美国新安全战略》，胡利平等译，上海：上海人民出版社，2000，第124～125页。

还对美国反对核扩散的安全理念构成了冲击。对此，国防部部长佩里甚至认为“应不惜引发一场无核武器的刀兵之灾来阻拦朝鲜建立核武库”。[①] 一时间双方剑拔弩张，朝核问题已然构成一次不折不扣的国际危机。这场国际危机虽然并未引发美朝之间的军事冲突，也未影响到国际和地区格局，但却在很大程度上影响了克林顿政府对地区安全形势的认识和判断，并开始着手进行地区安全政策的调整。

首先，危机加深了克林顿外交决策团队对地区安全形势复杂性的认识，改变了美国对半岛局势的乐观估计。朝鲜的核计划和朝鲜半岛的紧张局势使美国决策者认为需要继续在这一地区保持强大的军事部署，最终导致克林顿政府中止了前任布什政府的东亚撤军计划。[②]

其次，朝核危机使 1978 年版《美日防卫合作指针》的局限性表露出来。对于 1978 年的《美日防卫合作指针》，日本政府仅仅将其用作应对日本遭受直接攻击时的美日双边合作，很大程度上未曾用于应对地区层面的紧急事态。[③] 所以当美国在为朝鲜半岛爆发军事冲突做准备时，非常希望得到日本的协助，包括利用军事基地和得到自卫队的后勤支持等，但日本方面在法理和实践上都没有做好这种准备。有鉴于此，朝核危机使美国开始思考一个问题：日本自卫队能够在地区紧急事态中（不仅限于对日本的直接攻击）发挥什么样的作用？[④] 因此，克林顿外交决策团队开始认为有必要重新定义美日同盟，以适

---

① 〔美〕艾什顿·卡特、威廉姆·佩里：《预防性防御：一项美国新安全战略》，胡利平等译，上海：上海人民出版社，2000，第 124 ~ 125 页。

② Mike M. Mochizuki, *Toward A True Alliance: Restructuring U. S. – Japan Security Relations*, Brookings Institution Press, Washington D. C. , 1997, p. 11.

③ Chihiro Hosoya and Tomohito Shinoda, eds. , *Redefining the Partnership: The United States and Japan in East Asia*, p. 4. 具体内容可参见 Michael J. Green, *Arming Japan: Alliance Production and the Post – War Search for Autonomy*, New York: Columbia University Press, 1995, pp. 72 – 85。

④ Chihiro Hosoya and Tomohito Shinoda, eds. , *Redefining the Partnership: The United States and Japan in East Asia*, p. 5.

应美国在后冷战时代的战略需要。此外，朝核危机还为美国国防部提供了说服美国国内持不同意见者和日本政府接受“再定义”的重要理由和依据。[①]

第四，日本对美日同盟再定义的呼应与配合。毫无疑问，在冷战后美日同盟的再定义过程中，美国扮演着主导者的角色。但必须指出的是，美日同盟的再定义并非是美国单方面的需求，日本自身也有扩大美日同盟范围和功能的意愿。[②] 其中，日本国内针对冷战后防卫问题的讨论及其与美国国防部的双边磋商为美日同盟的再定义完成了前期铺垫，使美日双方于1996年4月顺利实现了美日同盟的再定义。

1994年2月，日本细川内阁设置了以樋口广太郎为首的防卫问题恳谈会，到1994年8月的村山内阁时期，该恳谈会完成并提交了“樋口报告”。该报告认为，冷战后多边基础上的国际框架正在逐步形成；在此基础上，报告建议日本的安全政策从“冷战防卫战略”向“多边安全战略”转化；但是报告同时强调美日同盟仍然是日本安全政策的基石，并提出了一系列强化美日安全合作的建议，内容涵盖双边政策磋商、情报交换、彼此后勤支持、武器联合研发和对驻日美军的资助等，同时还建议日本在诸多方面提升自身防卫力量，以适应冷战后的新国际形势。根据这一观点，1995年11月，日本制定了“新防卫计划大纲”。几乎在同一时期，在“奈倡议”基础上形成的美国新东亚战略也已出炉。[③] 美日两国就日本的“新防卫计划大纲”

---

① Chrisopher B. Johnstone, “*Strained Alliance*: *US – Japan Diplomacy in the Asian Financial Crisis*,” *Survival*, Vol. 41, No. 2 (Summer 1999), p. 122; Chihiro Hosoya and Tomohito Shinoda, eds., *Redefining the Partnership*: *The United States and Japan in East Asia*, p. 8.

② Ming Zhang and Ronald N. Montaperto, *A Triad of Another Kind*: *The United States*, *China and Japan*, p. 41.

③ 时任美国助理国防部长约瑟夫·奈提出了“奈倡议”，其内容是要求美国调整对日政策，即重新定义美日安全保障体制。“奈倡议”的提出结束了冷战后美日同盟的漂离状态，同时也为美日两国加强防卫合作奠定了基础。参见 Yoichi Funabashi, *Alliance Adrift*, pp. 248 – 276。

和美国的东亚战略进行了反复的紧密对话和沟通，为“日美安全保障再定义”打下了基础。[①]

到克林顿政府时期，美日关系经过战后近 50 年的发展，在双方的朝野各界已经形成了数量众多、影响力较强的跨国政策联盟。对美国而言，美日同盟对美国具有关键性的战略意义，在地缘政治上它使美国有了靠近亚洲大陆的军事基地和战略支点；同时日本还通过购买美国财政部债券的方式使美元回流美国，并向那些对美国具有战略意义的国家提供官方发展援助（ODA）项目，使自身成为美国主导下的国际秩序的最重要支持者之一。[②] 日本政府充分意识到了这一点，并在冷战后美日关系的调整中积极寻求跨国政策联盟的支持。例如，时任美国驻日大使蒙代尔（Walter Frederick Mondale）在与约瑟夫·奈会谈时谈道：“日本领导人希望在克林顿政府内部也有类似阿米蒂奇那样的人士，我觉得他们是正确的，所以我希望你能够扮演这一角色，成为克林顿政府的阿米蒂奇。”[③]

此外，在冷战结束后，日本国内一部分保守的政治势力也希冀通过美日同盟突破战后日本宪法的限制，以实现政治大国的梦想。因为日本如果单方面扩军，容易引起亚洲各国的警惕和反对，同时在国内也难以获得较强的民意支持。而通过美日同盟的再定义，则可实现借船出海的目的。

日本政府寻求跨国政策联盟的努力得到了美国国防部和军方人士的支持，他们本来就不同意因美日贸易谈判导致两国发生龃龉，

---

① Mike M. Mochizuki, *Toward a True Alliance: Restructuring U. S. – Japan Security Relations*, p. 9; 〔日〕五百旗头真主编《新版战后日本外交史：1945—2005》，吴万虹译，北京：世界知识出版社，2007，第 192 页。

② Kente E. Calder, *Pacific Alliance: Reviving U. S. – Japan Relations*, pp. 160 – 161.

③ 参见 Yoichi Funabashi, *Alliance Adrift*, p. 261。阿米蒂奇（Richard Lee Armitage）是美国著名的东亚问题和对日政策专家，一直呼吁强化美日关系，2000 年主持编撰了《美国和日本：迈向成熟伙伴关系》，并在小布什政府的第一任期内担任常务副国务卿。

危及美日同盟关系，进而危及美国在东亚地区的战略优势地位，现在日本政府却主动提出强化美日关系，约瑟夫·奈等人注意到日本国内这一政治动向后，双方一拍即合，立即着手推动美日同盟的再定义进程。

（三）克林顿政府初期东亚政策逻辑的主要内容及特点分析

第一，克林顿政府初期东亚政策逻辑的出台及主要内容。面对克林顿执政初期美国东亚政策缺乏协调的局面，美国朝野一部分人开始积极推动克林顿政府对其东亚政策从战略角度进行审视和把握。在上述国际环境、中日两国的政策能动性和朝核危机的共同作用下，国防部部长佩里提出了“以预防性防御作为指导思想，以强化美日同盟为突破口来构建美国东亚政策框架”的思路。为重新增进美日之间的安全联系，佩里邀请约瑟夫·奈出任助理国防部长，并告诉奈，“将‘奈倡议’变成现实政策是希望你主抓的首要任务”。佩里强调，“奈倡议”为美日关系给出了一个正确的答案，美日两国在安全上有着无与伦比的共同利益，决不能让安全纽带成为经济问题的“人质”。[①] 在奈的努力下，“奈倡议”的主要观点和政策主张逐步成为主流认知，获得了诸如国务院负责东亚和太平洋事务的助理国务卿洛德、助理国务卿帮办哈巴德（Thomas Hubbard）等人的认同与支持，对此，哈巴德评论道：“围绕‘奈倡议’，白宫、国务院和五角大楼实现了无缝衔接。”[②] 至此，克林顿政府内部经过两年多的讨论和磨合，逐渐达成了相对统一的政策逻辑。

1995 年 2 月，克林顿政府发表了执政后的第一份亚太安全战略报告，该报告对美国的东亚政策逻辑做了明确阐述，美国在该地区的众多利益是相辅相成的，对于经济发展来说，安全是必要的；安全和

---

① Yoichi Funabashi, *Alliance Adrift*, pp. 259 – 260.

② Yoichi Funabashi, *Alliance Adrift*, p. 256.

经济发展使人权更有可能得到尊重，使民主更有可能出现；而民主化使得国际冲突更不容易发生，因为民主国家之间不太可能会打仗。同时，报告还指出：亚太地区的安全战略强调加强双边同盟，这是地区稳定的基础，也是增强美国对亚洲主要事务影响力的一种手段；在这一基础上，美国将会进一步探索多边安全倡议和与中国等传统盟国和朋友之外的国家接触。[①]

第二，1995 年版美国东亚政策逻辑的特点。1995 年的美国东亚地区战略是针对东亚地区的国际形势而出台，并且是后冷战时代的第一份美国东亚地区战略报告，自然与冷战期间的美国东亚政策逻辑和克林顿政府的全球政策逻辑都有所区别，体现出后冷战时代和区域性的特点。

首先，地区安全居于首位。在“奈倡议”中，其中一个最为重要的关键词是“氧气理论”，意指安全就像空气中的氧气一样，只有当你开始失去它的时候，才会注意到它的存在。根据佩里所述，“氧气理论”通过将经济和安全有机相连从而开始成为美国冷战后外交的基础所在。[②] 也就是说，克林顿的“新太平洋共同体”构想基本涵盖了美国东亚政策的三大支柱，即美国主导下的地区安全、亚太经济合作组织和民主与人权。[③] 但是很多批评者认为三大支柱的轻重缓急尚不清晰，而 1995 年版的《东亚—太平洋地区安全战略报告》等于是弥补了这一不足，明确将确保东亚地区的安全定位为地区政策的逻辑起点。

其次，通过双边同盟推动多边安全机制的形成。在美国看来，亚洲的多边合作机制尚未形成，因此，多边安全机制并不能替代双边安

① U. S. Department of Defense, *United States Security Strategy for the East Asia - Pacific Region*, February 1995.

② Yoichi Funabashi, *Alliance Adrift*, p. 263.

③ 郭长林：《克林顿的亚太战略》，《瞭望》1993 年第 32 期。

全协议，相反，双边安全合作为多边合作机制的建立与发展提供了基础。[①] 奈在谈及美日同盟的理论基础时提及："美国应该有一个对华接触政策，但是如果日本同美国站在一起而非中国对美国打日本牌，结果会更理想。"[②] 另一位中国问题专家柯庆生也建议美国通过美日合作来对中国施压，从而促使中国主动参与中美日三边安全对话并使其安全政策透明化。[③] 此外，美国还期望美日同盟能够在未来的东北亚合作中发挥领导作用，通过美日同盟框架，日本也能够在朝鲜半岛四方会谈中发挥支持性角色。另外，很重要的一点是，美日同盟将能够使美、日、韩未来在东北亚的和平与稳定问题上密切合作，这样中国也会急切地想加入这一进程。[④]

再次，美日同盟是美国东亚政策的基石。1995 年《东亚—太平洋地区安全战略报告》强调："没有哪一对双边关系比我们同日本的双边关系更重要了。它对我们的太平洋安全政策及全球战略目标至关重要。我们同日本的安全同盟是美国在亚洲安全政策的关键。"[⑤] 报告之所以如此之高地评价美日同盟，乃是因为驻日美军和《日美安保条约》所能发挥的几大功能：（1）有助于地区稳定；（2）对侵略和挑衅形成威慑，包括朝鲜半岛的紧张局势；（3）提升了美国对东亚地区危机的反应能力；（4）对不确定性危机形成防范，防止形成权力真空甚至导致与美国利益相异的力量填补进来；（5）能够防范力量快速上升、民族主义倾向严重的国家，诸如不愿意同美国合作的

---

① Ralph A. Cossa, ed. *Restructuring the U. S. – Japan Alliance: Toward a More Equal Partnership*, Washington D. C.: The CSIS Press, Center for Strategic and International Studies, 1997, p. 37.

② Yoichi Funabashi, *Alliance Adrift*, p. 255.

③ Thomas J. Christensen, "China, the U. S. – Japan Alliance, and the Security Dilemma in East Asia," p. 77.

④ Chihiro Hosoya and Tomohito Shinoda, eds., *Redefining the Partnership: The United States and Japan in East Asia*, p. 10.

⑤ U. S. Department of Defense, *United States Security Strategy for the East Asia – Pacific Region*, February 1995.

俄罗斯和有可能变得好战的中国等国家；（6）日本为十万美军提供了基地、港口和训练设施，并需要应对由此而来的影响当地民众利益的噪声等所导致的麻烦，更重要的是日本为美国提供的东道国资助金额已经高达每年数十亿美元，驻日美军如果撤回国内将给美国政府带来巨大的财政负担和相应的国内政治难题，因此日本并不是美日关系中的“搭便车者”。[①] 由此可见，对美国而言，美日同盟及驻日美军是一种性价比非常高的安全保险，它既能够有效应对未来地区不稳定局面，也能够保证美国、日本和东亚地区的安全利益。[②]

在安全领域之外的其他领域，美日同盟也能够确保日本坚持同美国的特殊关系，对美国的全球霸权发挥着重要的支持和维系作用。例如，日本资金如果不再流向美国而是转向他国，将不仅导致美国金融市场的萧条，对全球金融市场来说也会构成威胁。[③]

最后，推动经济发展和扩展民主人权等美式价值观成为重要的政策目标。克林顿政府的东亚政策逻辑虽然以安全为逻辑起点，但是在后冷战时代的大背景下，促进经济发展和增进民主人权也成为美国民众考虑的头等目标之一，因此，美国东亚地区的政策必须在促进美国的安全和经济利益的同时也有助于推广美国的价值观。[④] 为此，克林顿提出的建立“新太平洋共同体”的倡议中，既有方便美国投资和市场准入的内容，也包含民主、自由和人权等方面的“美式价值观”。在具体政策方面，克林顿政府对中国等国开展的“人权外交”则正是为了体现扩展民主价值观的需要。

---

① Ralph A. Cossa, ed., *Restructuring the U. S. - Japan Alliance: Toward a More Equal Partnership*, pp. 33 - 34.

② Ralph A. Cossa, ed., *Restructuring the U. S. - Japan Alliance: Toward a More Equal Partnership*, p. 33.

③ Kent E. Calder, *Pacific Alliance: Reviving U. S. - Japan Relations*, p. 7.

④ Mike M. Mochizuki, *Toward a True Alliance: Restructuring U. S. - Japan Security Relations*, pp. 7 - 8.

（四）克林顿政府初期东亚政策逻辑指导下的对日和对华政策

根据上述政策逻辑，美国的东亚政策迅速进入调整进程，其政策重心被置于重新定义和强化美日同盟上，美国从而更为重视日本在东亚政策中的作用，这一点也分别体现在对华和对日政策上。

首先，在对日政策上，美国逐步降低了对日贸易谈判的调门，美日关系的议题也同步转向强化双边的战略关系，而这一过程中最为重要的一步即是美日同盟的再定义和新《美日防卫合作指针》的出台。1996 年 4 月 16 ~ 18 日，克林顿总统对日本进行了为期三天的访问，4 月 17 日，美日两国首脑签署并发表了《日美安全保障联合宣言》（以下简称《宣言》）。《宣言》首先肯定美日关系是“历史上最为成功的双边关系之一”，强调要使美日之间的合作基础牢固地继续下去，并在 21 世纪继续维持这种同盟关系。《宣言》最重要的内容是界定了美日两国在双边、地区和全球层面的合作领域。其中地区层面的合作较以往突破最大，主要内容包括：

（1）确保中国对地区稳定和繁荣发挥积极而建设性的作用；

（2）鼓励和支持俄罗斯正在进行的改革；

（3）同韩国合作，促进朝鲜半岛的稳定；

（4）推进地区安全保障对话与合作。

这标志着美日同盟由冷战时期以保卫日本为主要目的的同盟转化为后冷战时代“维护亚太地区和平与稳定”的工具；1951 年的《日美安保条约》和 1960 年的《共同合作和安全条约》均以防范苏联为主旨，而此次重新定义后的美日同盟则以对付朝鲜半岛和台湾海峡的不测事件为焦点，以防范、牵制和塑造实力不断增强的中国为主要任务。因此，美日关系的主要内容由经济转向政治与安全议题，并且美国通过美日同盟的再定义成功地推动日本由 80 年代末期以来的“经济竞争者”再度回归“霸权支持者”身份。

与美国对日政策已经形成大战略并有序推进相比，对华政策却在克林顿入主白宫的最初几年，表现得缺少内部整合和协调。[①] 尽管克林顿政府对外宣布对华实施接触政策，但这一时期的中美关系则表现得麻烦不断，而这更多地乃是美国对华政策所致，主要表现为对华政策突出“人权”等政治议题、缺乏战略高度和避免与中国开展安全合作。

第一，对华外交突出人权、民主等议题。克林顿政府在推进对华接触政策时，将贸易和人权均列为接触的议题，这主要是建立在将经济自由化和民主扩展相联系的前提之上。[②] 但是与前任布什总统不同的是，克林顿上台后改变了无条件延长对华最惠国待遇的做法，坚持把人权问题与对华最惠国待遇挂钩。1993 年 5 月 28 日，克林顿签署行政命令，宣布有条件延长中国最惠国待遇 1 年，但同时警告说：“美国在未来是否继续给予最惠国待遇，要看中国在人权、武器扩散及贸易方面的改善。”[③] 克林顿之所以这样做，乃是因为国家安全事务助理莱克和国务院负责东亚和太平洋事务的助理国务卿洛德等人，都倾向于采取强硬的、原则性很强的将人权状况与授予最惠国待遇相挂钩的政策。[④] 尽管后来克林顿政府于 1994 年宣布将最惠国待遇与人权议题脱钩，但人权议题仍然不断地在中美关系中制造麻烦。

第二，战略上轻视中国的地位和作用。冷战结束后，随着苏联威胁的消失，原来的中美苏战略大三角不复存在，中美两国原有的战略基础也随之消失，中国在美国全球和地区战略中的地位也大幅度降低。克林顿在总统竞选的一次演说中曾表示，“冷战时期中国是一支牵制苏联的力量”，“现在我们的对手已经改弦易辙”，“美国再打中国牌已没有任何意义”。[⑤] 基于这一认知，尽管克林顿在入主白宫后也逐步意识

---

① Jean A. Garrison, *Making China Policy: From Nixon to G. W. Bush*, p. 135.

② Jean A. Garrison, *Making China Policy: From Nixon to G. W. Bush*, p. 133.

③ 宗道一:《克里斯托弗访华的前前后后》,《党史博览》1999 年第 8 期。

④ Jean A. Garrison, *Making China Policy: From Nixon to G. W. Bush*, p. 136.

⑤ 克林顿 1992 年 1 月在纽约对外政策协会的演说，转引自高锷《中美日三边关系的现状与问题》,《战略与管理》1994 年第 6 期。

到中美关系的重要性，但克林顿外交决策团队对与中国开展合作的意义认识仍显不足。在1995年10月中国国家主席江泽民赴美参加联合国大会期间，中方期望能够将江泽民主席的访问作为一次国事访问，但美国方面却坚持将其定位为一次工作访问。[①] 最后，克林顿同江泽民的会晤在表演中心的一间办公室里举行，时间较短，并且在会晤后并未一同会见记者；而同期克林顿与俄罗斯总统叶利钦的会晤则被安排在海德公园，并设宴隆重款待，二人还在会晤后一起会见新闻记者以表明双方的"团结"。[②] 可见此时中国在克林顿外交决策团队成员心目中的重要程度远不及俄罗斯，更别奢谈美国在战略上重视中国了。

第二节　克林顿政府东亚地区认知的调整

克林顿政府初期突出美日同盟的政策逻辑虽然得以确立并写入《东亚—太平洋地区安全战略报告》，但在之后的政策实践中其有效性却不断遭受质疑。而且从历史的角度来看，在克林顿政府的第二任期内，中美两国元首实现了冷战后的首次互访，并确立了发展"建设性的战略伙伴关系"这一双边关系定位；而在日本各界则弥漫着日本不再受重视的悲观论调，美国国内则不断有人呼吁要再度强化美日同盟关系。

其实早在1996年夏秋之际，克林顿政府已经开始酝酿对华政策调整，这一进程随着克林顿成功获得连任而明显加速，最终推动克林顿政府开始修正原有的东亚政策逻辑。1998年11月，克林顿任期内

① Ramon Hawley Myers, Michel C. Oksenberg, David L. Shambaugh, *Making China Policy: Lessons from the Bush and Clinton*, p. 282. 国事访问指国家元首应他国元首邀请进行的访问。接待规格非常正式，完全按外交礼仪安排。一般有红地毯、检阅仪仗队、鸣礼炮21响；而工作访问的规格低于国事访问。不需要烦琐的仪式，领导人为磋商重大问题举行的会晤往往采用这种形式。

② 吴海民：《大国的较量：中美知识产权谈判纪实》，武汉：长江文艺出版社，2010，第251页。

第二份《东亚—太平洋地区安全战略报告》的公布标志着克林顿政府完成了对其初期东亚政策逻辑的修正和调整。基于本书的认知—决策分析框架，政策逻辑的修正源于东亚地区认知发生了巨大的转变，而这一转变乃是在诸多的因素推动之下发生的。

一 国际环境的变化对克林顿政府第二任期东亚地区认知的影响

（一）国际格局层面

苏联解体后，俄罗斯开始了与西方国家的蜜月期，并采用休克疗法进行经济改革。但随着休克疗法的失败，俄罗斯开始改变一味向西的对外政策，快速发展的中国市场自然也就成了俄罗斯走出困境的重要出路。在 1994 年江泽民访俄期间，中俄两国签署了《中俄联合声明》和《中华人民共和国主席和俄罗斯联邦总统关于互不首先使用核武器和互不将战略武器瞄准对方的联合声明》两个重要文件，正式宣布两国建立睦邻友好、互利合作的“建设性伙伴关系”。[①] 1996 年 4 月 24 日，俄罗斯总统叶利钦对中国进行国事访问，其间，中俄双方签署了发展中俄“平等信任、面向 21 世纪的战略协作伙伴关系”的《中俄联合声明》；4 月 26 日，俄罗斯总统叶利钦和哈萨克斯坦总统纳扎尔巴耶夫等四国元首齐聚上海，与中国江泽民主席一起签署了五国《关于在边境地区加强军事领域信任的协定》，五国元首年度会晤被固定下来，轮流在各国举行，并被冠以“上海五国”称谓。对于 90 年代中期中俄的接近和由此可能引发的地缘政治格局变动，美国国内媒体也关注到了这一点。[②] 正如一家报纸所述：是否将开创

① 钟之成：《为了世界更美好：江泽民出访纪实》，北京：世界知识出版社，2006，第 56 页，

② Lee Hockstater, “Russia, China Sign New Friendship Pact,” *Washington Post*, April 24, 1997, 转引自 Chihiro Hosoya and Tomohito Shinoda, eds., *Redefining the Partnership: The United States and Japan in East Asia*, p. 8。

一个莫斯科对美国打中国牌而北京对华盛顿打俄罗斯牌的新时代呢？[①] 对此，克林顿外交决策团队也不得不给予充分考虑，避免形成中俄联合制美的不利的局面。

在中俄相互接近的同时，东亚地区日中两国国力的此消彼长态势也使得原有的美日同盟框架显得不足以提供一个稳定的地区秩序架构。中国巨大的市场规模无论是根据市场交易率还是根据购买力平价方法来测算，都不可避免地给美国的东亚地区认知带来巨大的冲击和影响。[②] 而日本泡沫经济的破裂则暴露了其自身在地区事务影响力上的有限性，使美国单纯依赖日本的思路缺乏现实性。

（二）国际进程层面

在后冷战时期，世界各国都非常重视经济发展，欧美日等发达国家对全球市场的争夺更是日益激烈。1993 年之后，日本公司纷纷突破北京风波后西方对中国的制裁前往中国投资，规模远超其他竞争者。[③] 在 1996 年初，当中美知识产权谈判濒临破裂，美方威胁对华采取制裁措施时，美国政府发现自己相当孤立，因为欧共体和日本却意图趁机进入中国市场。1996 年初，法国外交部部长德沙雷特访问中国时直白地表示："不是经济上的良好合作伙伴，就不可能成为政治上的盟友，反之亦然"，表现出希望发展中法经济合作的迫切心情。[④] 对此，负责东亚和太平洋事务的助理国务卿洛德有些沮丧地说道："我们在中国碰到的最大的问题之一，就是在我们同中国人较量的时候，我们的欧洲和日本朋友袖手旁观，而且他们抓住机会同中国

① 吴海民：《大国的较量——中美知识产权谈判纪实》，武汉：长江文艺出版社，2009，第 290 页。

② Chihiro Hosoya and Tomohito Shinoda, eds., *Redefining the Partnership: The United States and Japan in East Asia*, p. 80.

③ James Mann, *About Face: A History of America's Curious Relationship with China from Nixon to Clinton*, p. 285.

④ 吴海民：《大国的较量——中美知识产权谈判纪实》，武汉：长江文艺出版社，2009，第 287 页。

人签订了合同。”[①] 由此可见，西方各国之间对市场的争夺打破了美国的制裁手段，使克林顿政府在人权问题上无法达成国际统一战线。

二　国际危机对克林顿政府第二任期东亚地区认知的影响

（一）1996年台海危机对美国东亚地区认知的影响

1994 年，克林顿政府进行了对台政策评估，修改了美国政府与台湾地区接触的政策，并提高了接待台湾官员的标准。1995 年 5 月 22 日，美国白宫方面同意为李登辉 6 月初赴康奈尔大学参加活动发放签证。从中国的观点来看，华盛顿似乎已决心不断修正其对台政策，从而鼓励台湾地区向宣布独立迈进。在美国看来，中国的导弹试射挑战了美国的承诺，即美国将使任何以武力解决台湾问题的企图付出代价并保卫其战略伙伴不受未来的军事威胁，最后，美国动用武力来威慑对其利益的可预见的挑战，并维持它对安全伙伴忠诚的声誉。此举导致 1996 年 3 月中国人民解放军在试射导弹期间，美国派出了“独立号”和“尼米兹号”航空母舰靠近台湾海峡对中国大陆进行军事威慑，形成中美军事对峙武装冲突一触即发的危机态势，从而形成了中美之间的第三次台海危机。[②]

虽然由于中美双方的相互克制，台海危机得以从一触即发的冲突状态回归正常状态，美国方面也宣布达到了在声誉方面的目标，但台海危机的深远影响却不仅仅停留于此。其对美国朝野各界对中美关系乃至东亚地区的认知产生了深远的影响。

---

① 吴海民：《大国的较量——中美知识产权谈判纪实》，武汉：长江文艺出版社，2009，第 288 页；戴维·桑格：《美国责备盟国破坏其对华政策》，《纽约时报》1996 年 6 月 12 日，转引自〔美〕理查德·伯恩斯坦、罗斯·芒罗《即将到来的美中冲突》，隋丽君等译，北京：新华出版社，1997，第 90～91 页。

② 〔美〕罗伯特·罗斯：《武力的限度：中美关系中的台湾问题——1995—1996 年的台海对峙》，韩丽译，《战略与管理》2001 年第 3 期。原文见 Robert S. Ross, “The 1995 - 1996 Taiwan Strait Confrontation: Coercion, Credibility, and the Use of Force,” *International Security*, Vol. 25, No. 2 (Autumn 2000), pp. 87 - 123。

第一，美国对中国意图的重新解读。尽管中美两国对危机的解读有所不同，但都意识到对方的军事行动更多的是出于政治目的，并不希望两国两军迎头相撞而导致两国之间爆发全面危机。① 包括美国在内的各方也都意识到，中国大陆的导弹发射试验是为了将其不可动摇的意志明确传达给台湾和世界，也就是说，导弹是作为政治信息而发射出去，即绝对不允许台湾地区宣布独立。② 同时，美国也意识到中国大陆并不想以武力来实现自己的意愿，台海危机令中美两国再次确认了下述政策：美国表示支持一个中国政策，中国采取和平统一的方式（尽管不承诺放弃使用武力）。

第二，美国在台湾问题上对自身利益的重新界定。经历过台海危机后，美国克林顿政府和部分国会议员开始意识到台湾问题是中美双边关系中最为突出和重要的议题。如果不尊重中国的核心利益关切，一味纵容“台独”势力肆意妄为，那么将可能迫使中国为维护自身核心利益而依靠自身武力来实施强制外交，而这将最终导致中美两国武装力量的直接相撞，造成并不符合美国利益的灾难性后果。但美国并不能完全掌控的海峡两岸关系却可能对美国在该地区的政策产生重大影响。③ 而且，中美两国在 21 世纪肯定仍将在台湾问题上打交道。如果他们想避免类似的对峙，美国就不能让台湾决定其对华政策。为了避免政策摇摆，未来的美国政府必须制定符合美国——而不是台湾——利益的政策。④ 这意味着美国此后也要反对“台独”，防止“台独”势力挑战台海现状而造成地区危机。

---

① Ramon Hawley Myers, Michel C. Oksenberg, David L. Shambaugh, *Making China Policy: Lessons from the Bush and Clinton*, pp. 282 – 283.

② 〔日〕五百旗头真主编《新版战后日本外交史：1945—2005》，吴万虹译，北京：世界知识出版社，2007，第 191 页。

③ Robert L. Suettinger, *Beyond Tiananmen: The Politics of U. S. – China Relations, 1989 – 2000*, pp. 262 – 263.

④ 〔美〕罗伯特·罗斯：《武力的限度：中美关系中的台湾问题——1995—1996 年的台海对峙》，韩丽译，《战略与管理》2001 年第 3 期。

台海危机之后，美国也开始逐步冷却台湾问题，使台湾问题不再成为中美关系中的热点或潜在火药桶。1997 年 7 月 22 日，被提名担任负责东亚和太平洋事务的助理国务卿斯坦利·罗思（Stanley O. Roth，中文名字陆士达）在参议院对外关系委员会发表美国对亚太政策的讲话时指出："李登辉访美是台湾方面和李本人犯下的一个严重错误，李访美导致海峡两岸的紧张关系升级，这种情况是 1979 年以来从未出现的。"[①] 1999 年 7 月李登辉公然宣扬"两国论"后，美国方面采取了一系列政策来防止局势失控：国务院官员重申美国承诺的"三不政策"；克林顿总统主动要求同江泽民主席通电话，重申美国政府对"一个中国"政策的承诺，并强调美国在台湾问题上的政策没有改变；派出美国在台协会主席卜睿哲（Richard C. Bush Ⅲ）和负责东亚和太平洋事务的助理国务卿罗思等人分赴台北和北京了解情况并做沟通工作；克林顿及其外交决策团队的众多高级成员还多次重申美国对两岸政策没有变化。[②] 这些都表明了克林顿政府对台湾问题的重视和谨慎程度，也使得中美关系稳定发展的麻烦和干扰因素有所减少。

第三，对华决策机制和政策选择发生了转变。1996 年台海危机使美国国内对中国大陆和台湾地区的关注度大为增加。[③] 根据当时克林顿的言行来判断，克林顿政府最初并未将台湾问题视为一个可能引发中美关系危机的大事来对待。例如，在李登辉访美后的 1995 年 9 月 13 日，克林顿在白宫会见了达赖喇嘛，表明他在制定对华政策时仍较多地考虑国内政策的因素，没有从战略角度考虑对华政策。但是经过台海危机对中美关系的巨大考验后，美国政府内部开始达成一

---

① 刘连第编著《中美关系的轨迹：1993 年—2000 年大事纵览》，北京：时事出版社，2001，第 160 页。

② 刘连弟：《美国朝野对李登辉"两国论"的反应》，《国际资料信息》1999 年第 8 期。

③ Robert L. Suettinger, *Beyond Tiananmen: The Politics of U. S. - China Relations, 1989 - 2000*, p. 262.

致，即有必要整合对华政策的决策机制并在各部门之间进行政策协调，改变过去各自为政的局面。[①] 对华政策的主导机构也由国务院转向国家安全委员会。[②]

对于台海危机对美国对华政策的影响，美国驻华大使尚慕杰(James Sasser)认为，台海危机是两国重建关系中的一个重要因素，它“使双方都不得不向后退和重新看待两国关系，两国关系绕了一圈又回到原处”。他在1997年1月判断说：在克林顿的第二任期内美中关系将继续得到改善，人们现在开始在一定程度上超越北京风波这一视角，而从其他方面看待中国。美国“必须深入地考虑美中关系，而不只是对危机做出反应”。[③]

（二）1997年亚洲金融危机对美国东亚地区认知的影响

1997年7月，泰国宣布泰铢与美元脱钩，实行浮动汇率制度，当日泰铢汇率狂跌20%，由此形成了一场波及东南亚乃至亚洲诸国的金融危机。受金融危机影响，东亚地区各新兴经济体的经济迅猛发展势头被打断，印度尼西亚等国还发生了政治和社会动荡。1998年下半年，处于国际货币基金组织指导下的俄罗斯也陷入金融危机，更进一步导致了巴西的金融危机。[④] 诸多学者对这场金融危机产生的原因与对危机的应对等都已进行了分析和讨论，而且这也并非本书讨论的主题，因此不再赘述。但这场金融危机很大一方面的影响在于使美国对中日两国的认知产生了巨大的变化。其中最为重要的是克林顿政府开始日益感受到中国作为本地区宏观经济的管理者和经济增长引擎

---

① Jean A. Garrison, *Making China Policy: From Nixon to G. W. Bush*, p. 146.

② Robert L. Suettinger, *Beyond Tiananmen: The Politics of U. S. – China Relations, 1989 – 2000*, p. 262.

③ 刘连第编著《中美关系的轨迹：1993年—2000年大事纵览》，北京：时事出版社，2001，第131页。

④ 〔日〕五百旗头真主编《新版战后日本外交史：1945—2005》，吴万虹译，北京：世界知识出版社，2007，第200页。

的重要性；[①] 同时也使克林顿政府意识到日本对本地区事务影响力的局限和不足，这使美日在地区经济合作路径上的分歧和争论进一步公开化。

在亚洲金融危机爆发后，日本听凭日元大幅贬值，大大加深了受金融危机袭击国家的灾难，也增加了对港元和人民币的巨大压力。[②] 对于日本的表现，美国相当不满意，指出日本不能仅仅限于提供资金援助，还应该发挥与自身作为全球第二大经济体相称的领导作用，以带领该地区各经济体走出经济衰退，并以此为契机推动自身经济结构特别是金融系统的改革。[③]

反观中国方面，为了避免可能引起新一轮货币贬值的恶性循环，中国坚持人民币不贬值，承受了巨大的经济压力，1998 年头 11 个月中国对亚洲的出口贸易下降了 9.8%，达 95 亿美元之多；同时，尽可能为东亚各国提供援助，拿出 40 亿美元援助泰国、印尼、韩国等国。[④] 为此，国际舆论纷纷称赞中国是该地区和国际体系中一个负责任的国家，中国在本地区乃至国际上的影响力进一步增加。[⑤] 美国著名中国问题学者兰普顿（David M. Lampton）指出："1997～1998 年的亚洲金融危机是中国外交政策在风格和内容上发生巨大转变的分水岭；中国在危机爆发后宣布人民币不贬值并通过国际货币基金组织向泰国和印尼等国家提供稳定基金等举动具有重要的意义，某种程度上

---

① David M. Lampton, *Same Bed, Different Dreams: Managing U. S. - China Relations, 1989 - 2000*, Berkeley: University of California Press, 2001, Introduction, p. 11.

② 王嵎生：《亲历 APEC——一个中国高官的体察》，北京：世界知识出版社，2000，第 153 页。

③ Christopher B. Johnstone, "Strained Alliance: U. S. - Japan Diplomacy in the Asian Financial Crisis," pp. 121 - 122.

④ 王嵎生：《亲历 APEC——一个中国高官的体察》，北京：世界知识出版社，2000，第 156 页。

⑤ 钟之成：《为了世界更美好：江泽民出访纪实》，北京：世界知识出版社，2006，第 297 页。

来说是极端重要的。"[①]对此，美国前驻日大使曼斯菲尔德（Michael J. Mansfield）敏锐地指出了东亚变化着的政治经济动力，"中国的经济力量和政治影响力正在增强。虽说是相对而言，但日本从某种程度上来说在这两方面都在下降"。[②]

正因为如此，克林顿在1998年夏天访华期间，一再称赞中国在亚洲金融危机中的负责任表现，并与江泽民一致批评日本，从而使"中国绝不下调人民币汇率的做法真是漂亮，而日本根本不行"的言论传遍世界各地。[③] 美国驻日大使蒙代尔的助手爱德华·林肯（Edward J. Lincoln）甚至在《外交事务》上撰文指出美国将不再把日本视为全球伙伴。[④] 这意味着美国一些有识之士开始意识到美日同盟这一框架不足以提供一个稳定的地区秩序，转而开始重视中国在东亚地区秩序中的建设性作用。

自冷战终结特别是1996年美日同盟实现再定义以来，日本在防务方面一直努力扮演着更为积极的角色，美国方面也是抱着乐见其成的态度看待这一进程，但日本在亚洲金融危机中的表现则使美国意识到美日同盟在防务之外的领域依然延续着以往难以为继和不太正常的状态。[⑤] 危机爆发后，美日两国围绕危机成因、救助手段和危机后的改革措施等问题的隔空论战，暴露了美日两国在亚洲金融危机成因、经验教训和金融改革等领域存在着巨大的分歧，从而使之前美国对美

---

① David Shambaugh ed., *Power Shift: China and Asia's New Dynamics*, Berkeley: University of California Press, 2005, p. 307.

② 岩村立郎：《日美中新世纪》，《朝日新闻》1998年6月9日，转引自吴心伯《太平洋上不太平——后冷战时代的美国亚太安全战略》，上海：复旦大学出版社，2006，第78页。

③ 〔日〕五百旗头真主编《新版战后日本外交史：1945—2005》，吴万虹译，北京：世界知识出版社，2007，第199页。

④ Edward J. Lincoln, "Japan's Financial Mess," *Foreign Affairs*, Vol. 77, Issue 3 (May/June 1998), p. 66.

⑤ Christopher B. Johnstone, "Strained Alliance: U. S. – Japan Diplomacy in the Asian Financial Crisis," p. 124.

日同盟发展前景的乐观判断被打破。[①]

其中，美日之间最大的分歧则是“是否应当建立亚洲货币基金组织”。日本虽然也受到这次金融危机的冲击，但却意图借机建立“亚洲货币基金组织”。[②] 而在东亚地区合作问题上，美国最为担心的是出现排他性的地区合作机制，[③] 所以必然反对日本在金融危机后谋求建立东亚货币合作机制的努力，防止出现任何在国际货币基金组织之外另起炉灶、影响美国主导权的情况。[④] 因此美国官员曾专门与中国官员进行磋商，建议中国想尽一切办法帮助解决这场金融危机，但千万不要搞成亚洲（性质）的，更不要搞成日本（性质）的。[⑤] 最终，日本关于“亚洲货币基金组织”的建议因美国的强烈反对而夭折。[⑥] 在这一问题上，中国支持了美国的立场。[⑦]

归纳起来，亚洲金融危机使美国更加清楚地认识了中国，认识了中国的实力和潜在的实力，也认识了中国的影响以及将会产生的越来越大的影响，而最重要的则是使克林顿政府不仅意识到中国有意愿、有能力成为国际社会的支持者，而且开始把中国看作维护亚洲稳定的

---

① Christopher B. Johnstone, “Strained Alliance: U. S. - Japan Diplomacy in the Asian Financial Crisis,” p. 124.

② 关于日本提议成立“亚洲货币基金组织”的相关内容具体可见如下文献：Eric Altbach, “The Asian Monetary Fund Proposal: A Case Study of Japanese Regional Leadership,” JEI Report 47A, December 19, 1997; Christopher B. Johnstone, “Japan's Commercial Diplomacy in Asia: How Much Bang for the Buck?” Council on Foreign Relations Study Group Papers Series: U. S. Commercial Diplomacy, New York: Council on Foreign Relations Books, 1998, pp. 126 - 129。

③ Robert G. Sutter, *The United States and East Asia: Dynamics and Implications*, p. 21.

④ Christopher B. Johnstone, “Strained Alliance: U. S. - Japan Diplomacy in the Asian Financial Crisis,” p. 126; 王嵎生：《亲历 APEC——一个中国高官的体察》，北京：世界知识出版社，2000，第 128 页。

⑤ 王嵎生：《亲历 APEC——一个中国高官的体察》，北京：世界知识出版社，2000，第 126 ~ 127 页。

⑥ 王嵎生：《亲历 APEC——一个中国高官的体察》，北京：世界知识出版社，2000，第 152 页。

⑦ Christopher B. Johnstone, “Strained Alliance: U. S. - Japan Diplomacy in the Asian Financial Crisis,” p. 125.

重要力量，以弥补美日同盟的局限性。

纵观上述二次国际危机，在台海危机中，中美两国作为直接参与互动的双方，相互之间对彼此的政治意图和政策选择有了较为清晰的了解，并且美国还进一步确立了对华全面接触政策，以引导中国建设性地参与国际社会，而不是挑战和破坏美国主导下的国际秩序。1997年亚洲金融危机则从经济层面对美国的东亚地区认知构成了冲击，日本在90年代初的优异经济表现使美国本以为日本在地区事务中发挥领导作用是不成问题的，因此美国期望通过调整与强化美日双边同盟来实现美日主导下的地区秩序；而实现这一目标，就需要日本在安全与经济领域发挥更大、更积极的作用，但1997年的亚洲金融危机既彻底暴露了日本在拉动地区经济增长方面作用的有限性，也使美国意识到日本与美国在地区合作上的巨大分歧和缺乏地区领导能力的现实。

三 日本国内困局对克林顿政府第二任期东亚地区认知的影响

在90年代中前期，尽管日本抓住了美国东亚战略调整的机遇，与美国一起对美日同盟进行了再定义，得以成为美国在东亚推行参与政策和扩展政策的基础与战略重心。但80年代雄踞世界前列的日本经济，却在20世纪90年代泡沫经济破裂后陷入停滞，1998年的日本经济增长率仅有－1.1%，在二战后的日本经济史上，这种情况只在1974年出现过。对此，日本政府束手无策，日本经济从而陷入长达十年的萧条期。与此同时，比经济萧条更为严重的是，20世纪90年代的日本一直处于重建自民党体制或探索新政治主体等离合聚散的混乱局面之中。① 战后长期以来，日本国内在不断取得成功的过程中，逐渐形成了政、官、财既得利益阶层的低效率和寡头垄断体制，

① 〔日〕五百旗头真主编《新版战后日本外交史：1945—2005》，吴万虹译，北京：世界知识出版社，2007，第179页；刘世龙：《美日关系：1791—2001》，北京：世界知识出版社，2003，第693页。

而且这种体制根深蒂固，不易改变。这种僵化的体制在以自由竞争为原则的市场经济中设置了过多的壁垒，这种结构很难适应信息技术革命和全球化浪潮的需求。[①] 因此，政治上的领导无力，使日本在泡沫经济破裂后，未能及时进行政策调整，而陷入了长期的经济衰退和萧条中。同时，日本也没有在 1997 年前后努力抓住经济复苏的微妙时机，相反却因为采取实际增税 9 万亿日元的措施，扼杀了“奄奄一息的经济复苏势头”，从而陷入不断膨胀的不良债权中，进而动摇了金融体系的基础。故而 1998 年上半年被认为是日本最黯淡的时期，国内几乎陷入了不可救药的金融体系的危机与经济萧条的双重困难中。[②]

经济萧条和缺乏强有力的政治领导使日本发挥自身能动性的意愿和能力都受到了较大的约束。为此，克林顿政府对于日本发挥地区经济领头羊和安全保障作用的能力产生了怀疑。例如，就连一直以知日、亲日著称的阿米蒂奇也认为，“到 20 世纪 90 年代末，相当一部分美国外交政策制定者对迟迟未能走出经济泥潭的日本失去了兴趣”。[③]

四　中国外交政策对克林顿政府第二任期东亚地区认知的影响

自 1992 年春天邓小平南方讲话后，中国的改革开放步伐进一步加快，中国经济开始进入高速增长轨道。1993 年中国经济增速接近 14%，而 1990 年则只有 4%；到 1997 年，中国对美国的贸易顺差已经达到 400 亿美元，一跃而成为世界上发展最快的经济体。[④]

美国方面也注意到了邓小平 1992 年春天南方讲话的重要意义。

---

① 〔日〕五百旗头真主编《新版战后日本外交史：1945—2005》，吴万虹译，北京：世界知识出版社，2007，第 235 页。

② 〔日〕五百旗头真主编《新版战后日本外交史：1945—2005》，吴万虹译，北京：世界知识出版社，2007，第 197 ~ 199 页。

③ “The United States and Japan: Advancing Toward a Mature Partnership,” Institute for National Strategic Studies, National Defense University, October 11, 2000, p. 2.

④ James Mann, *About Face: A History of America's Curious Relationship with China from Nixon to Clinton*, pp. 276, 284 - 285.

驻华大使芮效俭（J. Stapleton Roy）回忆说他曾觉察到有关中国的一个巨大变化：1991～1992 年，即他出任驻华大使的最初两年，美国商界对中国的兴趣并不是很高，但是自 1993 年开始，情况开始发生变化，美国商界争先前往中国。这一年，中国同外国公司签署了 83437 项合同，价值约 1110 亿美元；这些投资项目中有 6700 项合同是同美国公司达成的，中国对外资的吸引力远超世界其他国家。[①] 同时，在邓小平逝世后，中国并没有如西方某些战略家所预测的那样陷入混乱，[②] 而是继续保持政治稳定和经济快速增长的良好态势。因此，以江泽民为核心的第三代领导集体得以能够在复杂的国际形势中纵横捭阖，积极地影响美国对东亚地区的认知和政策选择，从而推动克林顿政府从积极的方面定位中国。这一时期中国的能动性主要可以归纳为如下几方面。

（一）主动融入国际社会并遵守国际规则

美国对于中国意图的不确定，其中一条便是中国是否愿意成为国际社会中负责任的行为体。在安全领域，主要是希望中国在核问题和导弹问题上做出单方面的政策调整并加入相关的多边机制。1996 年 7 月 29 日，中国政府发表声明，宣布于次日起暂停核试验。1997 年 10 月，中国正式加入“核出口国委员会”——“桑戈委员会”（Zangger Committee），并终止了与伊朗的核能合作项目。在导弹问题上，中国继与美国签署《关于导弹扩散问题的联合声明》后，又进一步发表声明承诺中国不以任何形式帮助其他国家发展运载核武器的弹道导弹，并进一步完善及加强出口控制制度。在经济领域，中国积极谋求加入世界贸易组织也向全世界昭示了中国继续推进改革开放和

---

① James Mann, *About Face: A History of America's Curious Relationship with China from Nixon to Clinton*, pp. 284 – 285.

② Robert L. Suettinger, *Beyond Tiananmen: The Politics of U. S. – China Relations, 1989 – 2000*, p. 301.

与国际接轨的政治决心。对此，时任国务卿奥尔布赖特（Madeleine Korbel Albright）强调："中国加入世界贸易组织反映出中国对于自身参与国际竞争和遵守国际规则的自信。"[①] 由此可以看出，中国在安全和经济领域主动融入国际社会的举动使美国决策团队主张接触的一派大受鼓舞，从而使接触派在决策团队内部的影响力进一步增强。

（二）拓展中美跨国政策联盟

拓展跨国政策联盟是中国外交的一大特色，在进入后冷战时代后，随着中国改革开放的不断深入，拓展跨国政策联盟的领域也由原来较为单一的战略领域进一步扩大到经贸等领域。经过20世纪80年代双边关系的深入发展，中美两国在经济和社会等方面的联系日益密切，特别是在经贸往来方面，已经由原来的微不足道发展到不容小觑的地步，中美两国的经贸往来使美国国内形成了一个影响力巨大的利益集团。例如，1983年里根政府的国务卿舒尔茨在访华期间，对于美国工商界驻华代表扩大对华贸易和放宽技术转让的请求，回应以"那是你们的个人问题，不要抱怨政府"的强硬言辞。[②] 舒尔茨对于国内工商界的请求如此不屑，表明此时美国工商界在美国对华政策上的话语权尚且非常微小。而到了克林顿政府时期，国务卿克里斯托弗在同样的场合，已经不得不小心翼翼地面对工商界的要求了。1994年3月13日，来华访问的克里斯托弗在与美国中小企业家共进早餐时，这些企业家们对美国的对华人权外交政策群起而攻之，抱怨美国政府把人权和最惠国待遇挂钩，克里斯托弗此时只能好言相劝。[③] 克里斯托弗与舒尔茨的态度大相径庭，说明中美之间的经济依存度大幅度提升，同时也意味着中国利用经济相互依存构建跨国政策联盟的能动性大为增加。中国方面充分意识到了这一点——在面对工商界的压力时克林顿政府比

---

① Madeleine Korbel Albright, *Madam Secretary: A Memoir*, p. 549.

② George Pratt Shultz, *Turmoil and Triumph: My Years as Secretary of State*, p. 132.

③ 宗道一：《克里斯托弗访华的前前后后》，《党史博览》1999年第8期。

前任更倾向于做出让步。[①]

首先是积极用中美经贸相互依存来发挥杠杆作用，使美国工商业界自觉地为中美关系的良性发展进行游说活动。例如，1993 年 11 月访美期间，江泽民利用各种机会，同美国各界人士进行面对面的交流，减少他们对中国的误解，争取他们支持和参与中美关系的发展；其间，江泽民会见了美国国际集团、阿莫科、菲利浦－莫里斯、麦道、硅谷集团、施乐、波音、通用汽车、雪佛龙、美国电话电报公司、国际商用机器公司等 80 多家美国大公司、金融界的领导人，指出中美经济互补性很强，如能排除政治干扰，两国的经济合作潜力一定会得到更大发挥。[②] 最终，1994 年 5 月，克林顿只能宣布使授予对华最惠国待遇与中国人权状况脱钩。美国学者曼恩（James Mann）认为，国内政治的压力即美国工商业界的国会游说等活动迫使克林顿政府最终放弃了将对华最惠国待遇与人权挂钩的对华政策。[③]

与此同时，中国方面还将中美经贸往来中的利益纽带构建成为推动友好政策出台的独特机构和人际关系网络。在通过美国工商业界成功推动人权与最惠国待遇脱钩之后，中国方面开始不再限于依靠“带有临时性色彩的跨国政策联盟”，而是进一步拓展能够促进中美关系稳定发展的非官方团体和人际关系网络。特别是在 1995 年之后，中国方面在意识到院外游说团体对美国外交政策的巨大影响力之后，开始采取几方面的策略来弥补中国在这方面的不足：一是注重与国会议员和地方政府的沟通并深化与美国平民的经贸联系；二是积极推动建立中美民间友好团体，同时给予这些民间团体半官方的地位和副部

---

① James Mann, *About Face: A History of America's Curious Relationship with China from Nixon to Clinton*, p. 288.

② 钟之成：《为了世界更美好：江泽民出访纪实》，北京：世界知识出版社，2006，第 34 页。

③ James Mann, *About Face: A History of America's Curious Relationship with China from Nixon to Clinton*, p. 314.

长级的接待标准；三是应用第二轨道外交，与一些曾担任政府职务、在学术界富有声望同时和政府有密切联系并能够影响决策的人士保持着密切的互动，诸如基辛格、布热津斯基和黑格等人就长期致力于推动美国政府对中国积极定位。[①]

（三）影响美国外交决策层中关键人物的对华认知

学者张鸣（Ming Zhang）认为，"决策者必须思考其他国家的意图和政策，从而形成自身的知觉"。[②] 克林顿作为美国外交决策团队的领导者和最后决策人，其对中国意图的判断是对华政策重要基础，他之所以在执政期间逐步调整对华政策，很大一方面是源于其对华认知的逐步正面化。1992 年中共十四大以后，以江泽民总书记为核心的第三代领导核心逐步成型，形成了相对稳定的领导核心，故而与美国总统在长期的交往和多次会面后建立起良好的工作关系乃至私人友谊。在这方面，国家主席江泽民发挥了巨大的个人影响。江泽民非常重视发展与各国领导人的人际交往，认为中美领导人可以在双边分歧解决之前建立私人友谊。例如，中美元首在马尼拉的会晤表明，双方都认为领导人之间的交往将能够为双边关系定调，并努力克服个性、文化、年龄等方面的差异，巩固二人之间的友谊。[③] 之前，迫于国内政治压力，克林顿并不想公开承认这一点。到了 1997 年，与江泽民多次会晤后的克林顿认为，"江泽民的政治技巧、把中国融入国际社会的愿望以及他和总理朱镕基领导下的快速经济增长，给我留下了深刻的印象"；"中国将在现代社会的需要推动下变得更加开放，中美两国将更可能成为伙伴而不是对手"。[④]

---

① Kent E. Calder, *Pacific Alliance: Reviving U. S. - Japan Relations*, pp. 196 - 205.

② Ming Zhang and Ronald N. Montaperto, *A Triad of Another Kind: The United States, China and Japan*, p. 116.

③ Robert L. Suettinger, *Beyond Tiananmen: The Politics of U. S. - China Relations, 1989 - 2000*, p. 284.

④ 〔美〕比尔·克林顿：《我的生活：克林顿回忆录》，李公昭等译，南京：译林出版社，2004，第 594 ~ 595 页。

第三节　东亚政策逻辑修正后的克林顿政府对华和对日政策

在国际环境的转变、国际危机和中国的政策能动性等因素的共同作用下，克林顿外交决策团队逐步意识到原有的东亚地区观已经难以反映东亚地区迅速变化的国际形势，因此有必要对其进行修正，以适应新形势下的东亚地区现状。这一进程随着克林顿外交决策团队成员的调整而大大加速。第一，原本推崇人权外交的国家安全事务助理莱克辞职，原来的副助理伯杰接任该职务。伯杰一直主张对中国采取积极的外交政策，1996 年 11 月，即将继任国家安全事务助理的伯杰说服克林顿总统采取更加积极的亚洲政策，他的理由是美国未来的经济繁荣在很大程度上将取决于亚洲。[①] 第二，奥尔布赖特接任克里斯托弗出任国务卿。奥尔布赖特认为："贸易和民主之间不会自动相联系，但是人民会不由自主地被他们自己的所见所闻和经历所塑造"，"应该着眼长远来考虑中美关系，不能将中国的角色定位为敌人"。[②] 尽管奥尔布赖特也认为美国在亚洲最为重要的双边关系是美日同盟关系，但她同时强调，"美国在亚洲最为复杂也最需要长期经营的却是中美关系"。[③] 奥尔布赖特还自称是"原则性强的务实派"，即她的强硬并非僵硬死板、不计事功，而是有一定的灵活性，将"原则"与"务实"相结合，其目的是确保政策目标的实现，换言之，在很大程度上就是要以"务实的经贸外交"来促进"理想的人权外交"。[④] 由

① Interview with Sandra J. Kritoff，转引自 Robert L. Suettinger, *Beyond Tiananmen: The Politics of U. S. – China Relations, 1989 – 2000*, p. 284。

② Madeleine Korbel Albright, *Madam Secretary: A Memoir*, pp. 552 – 554.

③ Madeleine Korbel Albright, *Madam Secretary: A Memoir*, p. 546.

④ 张立平：《奥尔布赖特的外交风格》，《世界知识》1997 年第 1 期。

此可见，在中国政策上她将更多地通过“务实的接触”和积极推动中国“入世”来使中国更加全面地融入国际社会。

一　克林顿政府调整后的东亚地区认知

1998 年 11 月，美国国防部公布了克林顿政府的第二版《东亚—太平洋地区安全战略报告》，这一报告在总结1995 年版报告公布以来东亚地区战略实施状况的基础上，进一步阐述了新形势下美国所面临的东亚地区发展态势。报告认为，美国东亚战略目标是致力于塑造对美国有利的安全环境，即美国要致力于打造一个稳定、安全、繁荣与和平的亚太共同体，其中美国是一个积极的行为体、合作伙伴和受惠者。[①] 报告还指出，美国面临的挑战主要包括如下几方面：朝核问题仍然是美国需要关注的不稳定源头；1997 年亚洲金融危机和 1998 年南亚核试验构成了全新的安全挑战；冷战的结束和经济全球化的发展使得非传统安全挑战日益突出。报告同时强调，为有效应对上述挑战并实现美国的东亚战略目标，美国需要继续保持前沿军事部署，深化双边同盟，与中国等国家进行全面接触，并与亚洲国家合作应对非传统安全挑战，而美国在其中扮演领导者和伙伴的角色。[②]

二　克林顿政府修正后的东亚政策逻辑与重心

基于上述东亚地区观，1998 年版的《东亚—太平洋地区安全战略报告》在强调继承和呼应 1995 年版报告的同时，还进一步提出了实力基础之上的“塑造”（shape）这一概念，意指美国将重点通过对地区战略环境的塑造来确保地区的稳定与繁荣，从而实现美国利益

① U. S. Department of Defense, *United States Security Strategy for the East Asia – Pacific Region*, November, 1998.

② U. S. Department of Defense, *United States Security Strategy for the East Asia – Pacific Region*, November, 1998.

的最大化。"塑造"政策更多地属于一种新自由主义的理念，也是对接触政策的进一步深化和阐述，根据兰德尔·施韦勒的定义，接触政策指的是使用非强制性方法来改善一个崛起的主要大国行为中不满足于现状的因素，目标是确保新兴大国所使用的方式与和平改变地区和全球秩序不相冲突。[①] 因此，"塑造"这一概念的提出表明美国东亚政策的重心开始由突出双边同盟等均势手段转向全面接触与合作。

对于中国的定位和判断，1995 年版的《东亚—太平洋地区安全战略报告》认为，"中国物质力量的迅速增长已提高了中国在亚洲安全体系内的重要性……鉴于对中国的计划、能力和意图没有更好地了解，其他一些亚洲国家可能觉得需要对中国日益增长的军事力量做出反应"。[②] 而 1998 年的《东亚—太平洋地区安全战略报告》则进一步指出，"美国意识到，如果中国不发挥建设性的作用，那么东亚—太平洋地区的持久安全就不可能实现"。[③] 因此，美国东亚地区战略的一个越来越重要的目标是争取使中国在 21 世纪成为美国的安全伙伴而不是敌手，并促使中国为加强亚太地区的稳定发挥作用，而不是成为美国的竞争对手，为了这一目标，克林顿总统在第二任期明确表示：改善同中国的关系是政策优先选项。[④]

同时，美国同日本的关系通过美日同盟的再定义已经实现了深化。因此，这一时期美国东亚政策的重心逐渐由强化美日同盟转向形成中美日三方良性互动的局面以塑造美国期望中的地区秩序。

---

① Randall L. Schweller, "Managing the Rise of Great Powers: History and Theory," in Alastair Iain Johnston and Robert S. Ross, eds., *Engaging China: The Management of an Emerging Power*, London and New York: Routledge, 1999, p. 14.

② U. S. Department of Defense, *United States Security Strategy for the East Asia - Pacific Region*, February 1995.

③ U. S. Department of Defense, *United States Security Strategy for the East Asia - Pacific Region*, November 1998, p. 30.

④ Ralph A. Cossa, ed., *Restructuring the U. S. - Japan Alliance: Toward a More Equal Partnership*, p. 43.

三　克林顿政府第二任期的对华政策

上述修正后的政策逻辑推动克林顿政府第二任期内的对华政策发生了显著的转变。1997 年 1 月，克林顿在其国情咨文中提出，同中国进行接触是应对诸如核扩散等共同挑战和坦诚处理像人权问题等根本分歧的最佳政策选择。[①] 同时，在克林顿政府的最初几年，美国对华政策议程主要以人权、防止核武器扩散、知识产权保护和贸易等议题为主，而自 1997 年开始，美国对华政策议程则转变为亚洲金融危机、中国入世谈判、朝核问题四方会谈等内容，标志着中美双方的建设性战略伙伴关系全面展开。

（一）政治上致力于与中国建立面向21世纪的建设性战略伙伴关系

1996 年 5 月，克林顿总统在向太平洋盆地经济理事会发表演说时声称："中国未来对自身的定位和美中关系将会对美国人民乃至全球和平与安全产生重要影响。"[②] 这等于是将中美关系提升到全球高度，预示着克林顿将在对华政策上做大的调整，从战略上把握和定位中美关系。因此，与 1992 年大选期间克林顿对中国人权问题的厉声批评相比，1996 年的总统大选中克林顿在人权问题上就表现得相对克制。[③] 1996 年 11 月，已经成功连任的克林顿总统在澳大利亚举行的亚太经合组织（APEC）首脑会晤上，正式使用伙伴关系来表述美中关系。[④]

---

① Ming Zhang and Ronald N. Montaperto, *A Triad of Another Kind: The United States, China and Japan*, p. 122.

② Robert L. Suettinger, *Beyond Tiananmen: The Politics of U. S. – China Relations, 1989 – 2000*, pp. 273 – 274.

③ Ralph A. Cossa, ed. , *Restructuring the U. S. – Japan Alliance: Toward a More Equal Partnership*, p. 3.

④ "Transcript of Press Conference with President Clinton and Australian Prime Minister Howard," U. S. Newswire, November 20, 1996 (Lexis Nexis); Robert L. Suettinger, *Beyond Tiananmen: The Politics of U. S. – China Relations, 1989 – 2000*, p. 282.

1997 年中美元首会晤后，江泽民和克林顿宣布，两国将增强合作，阻止大规模杀伤性武器扩散；在和平利用核能以及打击有组织犯罪、毒品走私和偷渡人口问题上进行合作；通过帮助培训法官和律师，加大美国推动中国法治进程的力度；合作保护环境；双方将定期举行元首会晤，开通直接热线电话，确保双方能够保持直接联系。克林顿还承诺将尽其所能让中国加入世界贸易组织。[①] 最为重要的是，中美双方宣布致力于建设面向 21 世纪的建设性战略伙伴关系，这标志着后冷战阶段的美国对华政策走出了漂移不定的状态，明确了与中国发展建设性战略伙伴关系的政策目标。

（二）经济上支持中国加入世界贸易组织

1997 年江泽民访美期间，克林顿承诺将尽其所能支持中国加入世界贸易组织。这是因为他开始认为，"只有通过使中国加入世界贸易组织的谈判才能使贸易关系得到改善，我们需要接触中国而不是孤立中国"。[②] 在这一过程中，克林顿及其领导下的外交决策团队所做的沟通协调工作在推动国会通过"与中国保持永久性正常贸易关系"（PNTR）表决的过程中发挥了关键性的作用。[③] 克林顿特意组建了以商务部部长威廉·戴利（William M. Daley）为首的 PNTR 工作组，共有 8 位部长级官员参加，包括国务卿奥尔布赖特和白宫办公厅主任约翰·波德斯塔（John Podesta）等人。为使白宫、国会和工商界之间加强联系，从中收集情况，并使其提供对策决策参考，克林顿政府还设立了负责 PNTR 工作的临时指挥部。为了推动美国国会通过最终的 PNTR 表决，2000 年 1 月，克林顿本人亲自致信国会领导人说明

---

① 〔美〕比尔·克林顿：《我的生活：克林顿回忆录》，李公昭等译，南京：译林出版社，2004，第 595 页。

② 〔美〕比尔·克林顿：《我的生活：克林顿回忆录》，李公昭等译，南京：译林出版社，2004，第 588 页。

③ Jean A. Garrison, *Making China Policy: From Nixon to G. W. Bush*, p. 154.

PNTR 的重要性，并先后 20 次在重要演讲和记者招待会上为 PNTR 发声，反复强调解决 PNTR 问题是“美国几代人难得的一次机遇”。[①] 2000 年 3 月，克林顿在一次演讲中强调：“中国入世事关美国国家利益，是 20 世纪 70 年代以来一次最佳的促进中国发生变化的机会，美国可以利用世界贸易组织来影响中国的未来选择，使其沿着正确的道路前进。”[②] 国务卿奥尔布赖特也努力向各界证明，美国既可以授予中国永久正常贸易关系地位，也可以同时采取措施来推动中国人权的进步，二者之间并非相互抵触，相反通过发展贸易关系可以进一步带动中国在人权方面的进步。[③] 最终，众、参两院分别于 2000 年 5 月和 9 月通过表决，10 月 10 日，克林顿将 PNTR 签署成法案，为中国入世扫平了最后的障碍。

（三）安全上肯定中国的建设性角色

随着中国力量的不断上升和美国国内新保守主义思潮的泛起，美国朝野部分人士开始将中国定位为继苏联之后对美国最大的威胁。1997 年 2 月，理查德·伯恩斯坦（Richard Bernstein）和罗斯·芒罗（Ross H. Munro）出版的《即将到来的美中冲突》一书可谓这一思潮的代表作。[④] 对于美国如何接纳和应对中国不断现代化的军事实力这一问题，克林顿政府认为，对中国进行遏制是一项非常错误的政策选择，尽管接触政策并非就是最优选择，但却是最可行的政策。1998

---

① 根据《1974 年贸易法》第 401 条款，中国作为“非市场经济国家”，每年均由总统提出免除对中国执行这一条款，也就是给予中国“最惠国待遇”。在 1999 年 11 月 15 日，中美两国政府就中国“入世”双边协议达成一致后，根据世贸组织规定，美国必须给予中国无条件的最惠国待遇（美称“永久正常贸易关系”，PNTR）。丁孝文：《走进国会山——一个中国外交官的亲历》，上海：复旦大学出版社，2007，第 47～49 页。

② Jean A. Garrison, *Making China Policy: From Nixon to G. W. Bush*, p. 152.

③ Madeleine Korbel Albright, *Madam Secretary: A Memoir*, pp. 550－552. 奥尔布赖特认为：“贸易和民主之间不会自动相联系，但是人民会不由自主地被他们自己的所见所闻和经历所塑造”。

④ 〔美〕理查德·伯恩斯坦、罗斯·芒罗：《即将到来的美中冲突》，隋丽君等译，北京：新华出版社，1997。

年 1 月 12 日，国防部部长科恩（William Cohen）在马来西亚吉隆坡举行的地区安全会议上说："中国的影响力在增加，美国的目标是不否认中国作为亚洲强国的适当地位。我们期望协助把中国纳入国际社会，促其发挥积极而重要的作用，但不能遏制中国"。[①] 科恩的表态说明，克林顿政府在修正后的东亚政策逻辑——"塑造"理念的指导下，采取的是引导中国融入国际社会，为国际社会的稳定发挥建设性作用的对华政策，而非将中国视为现有秩序的挑战者。但必须指出的是，科恩也非常注重加强美国在东亚地区的平衡和威慑力量，以牵制力量上升的中国。1999 年的一系列事件也强化了这一态势，首先是《考克斯报告》所煽动的对中国的广泛不安和恐惧心理；其次是美国轰炸中国驻南联盟大使馆引起了中国公众的极大愤慨和强烈抗议，但这一抗议行动被美国一部分媒体描述成中国民族主义和反美情绪的反映，反过来加强了美国朝野对中国的警惕和疑惧。因此，与其第二任期的前两年相比，克林顿政府最后两年里在对华安全政策上加大了防范和威慑的力度。

四　克林顿政府第二任期的对日政策

（一）推进落实新《美日防卫合作指针》，继续强化美日同盟

为具体落实美日同盟再定义的具体要求，美日双方开始着手修改《美日防卫合作指针》，1997 年 9 月 23 日，美日两国公布了新《美日防卫合作指针》。美国具体负责制定新指针的助理国防部长帮办坎贝尔（Kurt M. Campbell）宣称："新指针的重要性可与北约东扩相匹敌"，它是北约东扩的"亚洲版"，"是北约东扩在亚洲的归宿"。[②] 以此为基础，美国致力于推动日本在国内通过相应的立法措施使新

① 刘连第编著《中美关系的轨迹：1993 年—2000 年大事纵览》，北京：时事出版社，2001，第 502 页。

② 刘江永：《彷徨中的日本》，天津：天津人民出版社，2000，第 274 页。

防卫合作指针进一步具体化。在美方的推动下，日本国会众、参两院最终在1999年4月27日和5月24日先后通过了新指针相关法案，即《周边事态法》、《自卫队法修正案》和《日美相互提供物资和劳务协定修正案》，这标志着美日建立军事伙伴关系迈出了重要的一步。①

（二）继续推动日本进行经济结构上改革，但对日压力逐渐下降

进入1997年后，美国对日经济政策的重点之一是要求日本继续发展内需主导型经济和进一步削减对外盈余。但美国也开始意识到，日本经济过弱不符合美国的利益。1998年11月20日克林顿在东京与日本首相小渊惠三会谈时表示："现在，强大的日本是必要的，如果日本走上增长与稳定之路，亚洲各国就能走向更加繁荣、更加和平的21世纪。"② 这标志着长期困扰美日关系的双边经济冲突趋于缓解。

总体而言，克林顿政府在第二任期内向对华政策投注了大量的资源和注意力，例如推动中美元首互访、支持中国加入世界贸易组织等，从而使得克林顿政府的高级官员中弥漫着"日本过时"的相关论调，尤其表现在克林顿及其他政府官员在出访东亚地区特别是中国时没有经停日本这一现象上。③ 但实际上，克林顿政府依然重视美日同盟，并根据形势对美日经济关系进行了调整。因此，这一时期的对日和对华政策等于是恢复到20世纪80年代富有弹性的相对平衡状态。

---

① 刘江永：《彷徨中的日本》，天津：天津人民出版社，2000，第270~273页。

② 1998年11月21日的《朝日新闻》，转引自刘世龙《美日关系：1791—2001》，北京：世界知识出版社，2003，第693页。

③ 参见Richard H. Solomon and William M. Drennan, "The United States and Asia in 2000: Forward to the Past?" *Asian Survey*, Vol. 41, No. 1, A Survey of Asia in 2000 (Jan. - Feb., 2001), p. 7。对此，后来出任小布什政府常务副国务卿的阿米蒂奇也不无批评地指出，近来（指2000年前后），美国政策制定者的主要注意力集中在发展与中国的双边关系上，尽管自1989年以来双边关系中的危机屡见不鲜。参见"The United States and Japan: Advancing Toward a Mature Partnership", p. 2。

第四节　小结

冷战终结后，来自苏联的威胁不复存在，从而使单一的安全议题难以再继续统御其他国际议题；美国国内各利益集团对国际事务的诉求日益多元化，人权、宗教、经济等原本属于低级政治的议题开始以国内政治的方式作用于美国政府的外交政策。克林顿作为后冷战时期的第一任美国总统，冷战的胜利使其意识形态方面的优越感较为浓厚，因此其对华政策首先考虑的是人权等议题；对经济问题的重视则使克林顿在对日政策上力图解决美日之间的贸易不平衡问题。但克林顿及其外交决策团队很快意识到单一的意识形态难以解决冷战后的诸多国际问题，并且过于突出美日经贸议题也可能危及美日双边的政治、安全联系，因此需要对政治、安全和经济等议题进行综合的考虑与权衡。为此，克林顿政府初期东亚政策逻辑的形成经历了一段较长的时间。1995 年美国《东亚—太平洋地区安全战略报告》的出台和美日同盟的再定义标志着克林顿政府初期的东亚政策逻辑得以全面确立。

对美国而言，美日同盟在冷战后的再定义，首先使日本很难与东亚各国形成排他性的多边合作机制，也就使得美国被排除在外的东亚合作机制乃至东亚共同体难以形成；而美国则可以通过美日同盟参与东亚地区事务并发挥主导作用。其次，这使中国不能对美国“打日本牌”，因为日本成了美国的地区助手而非独立的可供借力的国家，日本也不能对美国打“中国牌”，因为日美同盟再定义后的日本已经难以获得中国的信任，而美国则可以保持自己的超然地位以扮演地区均衡器的角色。

但亚洲金融危机的爆发使得美国以美日同盟为基础的地区秩序构想受到了巨大的冲击，再加上中日两国在经济发展态势上的巨大差异，克林顿政府不得不重新认识东亚地区，并提出了“塑造”这一理念来修正原有的政策逻辑。克林顿政府在第二任期中的对华和对日政策呈现一种相对均衡的状态。

但中国作为新兴国家的现实以及与美国在价值观上的巨大差异，使中国的国力上升带有明显的“权力转移”色彩，这被一些人士冠以“中国威胁论”。虽然克林顿政府在第二任期顶住国内压力坚持发展同中国的建设性战略伙伴关系，但这一问题在总统大选期间受选举政治的需要而被再度提及，随着共和党出身的小布什（George W. Bush）险胜时任副总统戈尔（Albert Arnold Gore Jr.）当选总统，美国的东亚政策再度进入调整时期。

第五章
小布什政府东亚政策逻辑与重心的演变

小布什在2000年的总统大选中险胜时任副总统戈尔，从而入主白宫成为美国第43任总统。与前任克林顿总统相比，信奉保守主义的小布什总统所秉承的外交政策理念和组建的外交决策团队均与其有着较大的差异，因此，美国东亚政策也面临着全新的选择。但在小布什执政的8年期间，全球和东亚地区的国际形势均发生了重大变化。2001年的“9·11”恐怖袭击事件使美国在全球范围内打响反恐战争，并且为了确保美国自身的绝对安全，强调“单边主义”和“先发制人”的“小布什主义”也随之出台，伊拉克战争则成为“小布什主义”对美国外交和防务政策影响达到顶点的主要标志。这一期间，日本小泉纯一郎内阁连续执政近6年，小泉首相与小布什总统形成了类似中曾根－里根时期的亲密关系，两国的同盟关系也进一步向全球范围拓展；同期，中国经济总量在世界上的排名则大踏步前进，先后超过英、法、德等国成为世界第三大经济体，经济的快速发展也使中国影响国际局势和外部认知的底气更加充足。上述因素均在美国东亚政策逻辑的演变中产生了重大影响，并直接推动着美国对华和对日政策的调整。本章将在认知—决策分析框架下分析小布什政府东亚政策逻辑与重心的形成与转变、对华与对日政策的演变和政策逻辑转变的动力等几个方面的内容。

第一节　小布什政府初期东亚政策逻辑与重心的形成

一　小布什政府的外交理念与决策模式

（一）小布什的外交理念

小布什在出任总统之前便已经是一个坚定的美国保守主义者。"有同情心的保守主义"既是他个人所信奉的政治哲学，也是他在2000年的竞选口号。小布什明确宣称："保守哲学印刻在我的大脑深处。……我是一个有'同情心的保守者'。我欣赏这个标签，这就是我的立场所在。"[①] 基于其自身颇为特殊的成长经历，小布什把宗教、伦理道德等因素当作自己的思想之源，并以此为基础来构建其个人的政治哲学和国际政治观。

作为一名保守主义者，小布什在对外政策上信奉着保守主义的诸多原则：第一，对外政策以实力为基础。强调增强美国实力特别是军事力量，维持美国的力量优势，必要时毫不犹豫地使用这种力量，以实力捍卫美国利益，是保守主义对外政策的基本原则。第二，维持和扩大美国的优势地位。新保守主义甚至提出"先发制人"战略。第三，以道德理想主义粉饰美国霸权。第四，树立对抗的目标。第五，反对共产主义。[②]

说到保守主义，则不得不提及对小布什政府外交政策产生重大影响的新保守主义。新保守主义是肇始于20世纪60年代末70年代初

---

① 〔美〕乔治·W. 布什：《勇往直前：通向白宫之路》，史国强译，沈阳：辽宁人民出版社，2001，第281页。此处译文有所修改。

② 王公龙：《现实主义与保守主义》，《世界经济与政治》2004年第12期。

的一股政治思潮，新保守主义兼有自由主义和保守主义的思想要素，它在国内事务中倾向保守的立场，信奉古典自由主义基本原则，同时要求实行有限的社会福利政策。在对外关系上，新保守主义信奉“民主和平论”和“进攻性现实主义”的教条，推崇美国制度和价值观，力主实现美国的世界领导地位。[①] 在克林顿执政期间，新保守主义并未能较多地影响美国的对外政策，但随着克林顿政府时期美国得益于“新经济”[②]，其国力如日中天，再加上小布什的保守主义立场，新保守主义理念在小布什入主白宫开始后在外交政策领域全面盛行。[③]

2000 年大选期间，一些新保守派代表人物参加了小布什竞选团队，担任他的高级顾问，并就美国的对外政策建言献策。例如，小布什在竞选中把中国称为美国的“战略竞争对手”的说法，就是出自沃尔福威茨的想法。这就使得新保守主义在大选期间即在小布什的外交理念中得以扎根。因此，小布什对东亚地区的认知也必然从较为保守的、偏重意识形态的立场出发，在确立威胁源和对抗目标后，强调运用美国的超强实力和领先地位来加以应对。

（二）小布什外交决策团队的构成

小布什强调：“身为总统，人事决定是我的首要决定之一，亦是最关键的决定。”[④] 这说明他深知正确的组织架构和人员配置的重要性。小布什在组建决策团队时，希望建立的组织结构非常紧密，既能保证信息顺利地流通，同时这个结构又很灵活，使他能从不同的源头获取信息，非常重要的一点是：顾问们能够自由地直接向总统提出想

---

① 王联合：《美国新保守主义及其对布什政府外交政策的影响》，博士学位论文，复旦大学国际关系与公共事务学院，2004，第 1 页。

② “新经济”一词最早出现于美国《商业周刊》1996 年 12 月 30 日发表的一组文章中，意指在经济全球化背景下，信息技术（IT）革命以及由信息技术革命带动的、以高新科技产业为龙头的经济。在克林顿执政的近乎全部时间内，在“新经济”的带动下，美国经济出现了前所未有的一系列新现象：创纪录的长期繁荣、高增长，甚至出现低通胀率伴随着低失业率。

③ Robert G. Sutter, *The United States and East Asia: Dynamics and Implications*, pp. 28 – 29.

④ 〔美〕乔治·沃克·布什：《抉择时刻》，东西网译，北京：中信出版社，2011，第 65 页。

法，而不需要经过信息的过滤。同时，小布什并不介意政府中出现一些有创意的紧张关系，他认为“决策顾问之间的不同见解会帮助自己看清困难的抉择，关键是提出不同见解的时候一定要用尊重的态度，而且必须要接受我的最终决定”。[①]

小布什的副总统迪克·切尼（Dick Cheney）早在老布什时代担任国防部部长时就有“铁杆意识形态右派”之称。他组建了一个自己的“国家安全会议及国内问题小组”，并聘请五角大楼的军事情报专家利比（Lewis Libby）担任自己的国家安全事务顾问，另外还网罗了一群有关教育、环保、能源、预算等方面的专家，这使得切尼办公室工作人员中有一大半为军界和商界人士。从组织结构上来看，切尼的工作班子比其他副总统的都要庞大，人员众多并且在小布什政府的外交和防务决策过程中影响力甚大。小布什也明确表示：“要把国家安全委员会和切尼的人马看作是一个整体，双方要进行最大限度的交流，要彼此坦诚相待。”[②] 使副总统的班子发挥外交和安全决策方面的职能，这在美国历史上并不多见，所以小布什将切尼的班子与国家安全委员会相提并论，其目的在于强调切尼在外交和安全决策中的地位和影响力。有鉴于此，《经济学人》杂志指出：“切尼已经成为美国历史上最有权力的副总统。”[③] 对于这一点，小布什后来回忆说：“切尼曾在国家安全会议讨论伊拉克问题时，表示担心外交进程过于缓慢；在一次周末午餐会上，他直截了当地询问我是否要对萨达姆政权动用武力。”[④] 可见，在小布什的外交决策框架下，副总统切尼不仅能够对外交政策施加影响，而且在外交决策团队内部还具有相当大的影响力。

---

① 〔美〕乔治·沃克·布什：《抉择时刻》，东西网译，北京：中信出版社，2011，第79、84页。

② 李刚：《美国外交强硬“三人帮”（切尼、拉姆斯菲尔德、沃尔福威茨）》，《世界知识》2001年第14期。

③ 〔美〕乔治·沃克·布什：《抉择时刻》，东西网译，北京：中信出版社，2011，第18页。

④ 〔美〕乔治·沃克·布什：《抉择时刻》，东西网译，北京：中信出版社，2011，第232页。

小布什的首任国务卿科林·鲍威尔（Colin Luther Powell）在小布什外交决策团队中被认为是温和的保守派或中间派。他尽管是现实主义者但行事谨慎务实，因此鲍威尔主张通过大国协调和多边合作来维护和促进美国国家利益，在这一点上他与强硬的传统保守派及新保守派的区别是显而易见的。例如，在导弹防御系统、朝核危机和中美撞机事件等问题上，鲍威尔无论是态度还是手段均务实低调，强调与有关国家谈判磋商来化解分歧和解决问题，不像强硬派那样推崇单边主义而表现得咄咄逼人、不可一世。在对华政策上，较为务实的鲍威尔对华态度谨慎，尽管有“亲台”倾向，却同时支持“一个中国”原则。[①] 鲍威尔从实用主义视角出发意识到中美之间存在着共同利益并主张采取多边主义色彩的外交政策，这点从2001年1月17日他在国会的证词中可以一窥端倪。鲍威尔指出：“中国不是美国的战略伙伴，但也并非注定是美国难以和解的敌人；中国是一个竞争者，一个潜在的地区挑战者，但也是我们的贸易伙伴，并且能够在双方利益重合的领域开展合作；中国比较复杂，但中国不是敌人，我们的挑战是如何确保中国不与我们为敌。”[②]

小布什的首席外交政策顾问康多莉扎·赖斯（Condoleezza Rice），在竞选期间就与小布什建立了亲密的个人友谊，并成为小布什外交政策的主要顾问——国家安全事务助理，其哲学思想深刻地影响了小布什政府的对外政策。[③] 赖斯主张美国从巴尔干撤军，认为美国外交政策应以稳定台海、朝鲜半岛和中东地区的局势为首要任务，支持部署国家导弹防御系统；她虽然支持继续奉行“一个中国”原

---

① 张焱宇等：《小布什政府内阁成员简介》，《国际资料信息》2001年第2期；唐家璇：《劲雨煦风》，北京：世界知识出版社，2009，第288~289页。

② Colin L. Powell, Confirmation Hearing Before the Senate Foreign Relations Committee, January 17, 2001.

③ Elisabeth Busmiller, "Bush's Tutor and Discipline, Condoleezza Rice," *New York Times*, November 17, A1, A19, 转引自 Jean A. Garrison, *Making China Policy: From Nixon to G. W. Bush*, p. 168。对此，小布什表示赖斯对自己或许就像“一位知己和强大的精神支柱”那样重要。参见 Ivo H. Daalder and James M. Lindsay, *America Unbound: The Bush Revolution in Foreign Policy*, Washington D. C.: Brookings Institution, 2003, p. 24。

则，却同时表示克林顿总统的对华政策已经损害了稳定，破坏了美国与“民主台湾”之间的关系；赖斯还强调中国是美国的战略竞争对手而非战略伙伴，是对亚太地区稳定的潜在威胁。[①] 但需要指出的是，尽管赖斯与切尼等人过从甚密，其本人在对华政策上却是倾向于采取实用主义立场的，即选择合作而不是对抗，并且小心地遵守着历任政府所遵循的“一个中国”的政策底线。[②]

小布什的首任国防部部长唐纳德·拉姆斯菲尔德（Donald Henry Rumsfeld）被媒体称为“鹰派”和“冷战老手”。他主张建立导弹防御系统来对付“新威胁”，并筹划基于“能力”而非“意图”模式的美军新战略。2002 年 1 月，他领导下的国防部所完成的《核态势评估报告》将中国、俄罗斯等 7 个国家列为核打击对象。此外，拉姆斯菲尔德的对华态度比对俄罗斯还要强硬，并将中国列为“不民主”的政权。[③] 拉姆斯菲尔德所选中的副部长沃尔福威茨是新保守主义的重要代表人物之一，沃尔福威茨认为中国是未来几十年美国外交政策最严峻的挑战，并主张对伊拉克和朝鲜持强硬态度。[④]

根据上面的分析可以看出，小布什外交决策团队在人员构成和运行机制方面具有如下特点：（1）保守主义理念的主导地位，保守派在小布什外交决策团队中的优势决定了他们在外交决策上的主导地位。（2）决策出台之前经常伴有内部的激烈争论，因为小布什并不苛求决策团队成员在观点上完全一致，而是非常希望团队成员进行建设性争论。（3）小布什非常注重听取决策团队成员的建议但坚持总统作为“最终拍板人角色”这一原则。

---

① Condoleezza Rice, “Promoting the National Interest,” pp. 45 – 62；张焱宇等：《小布什政府内阁成员简介（续）》，《国际资料信息》2001 年第 3 期。

② Jean A. Garrison, *Making China Policy: From Nixon to G. W. Bush*, p. 182.

③ 魏宗雷：《美国防部长拉姆斯菲尔德》，《国际资料信息》2002 年第 3 期。

④ 张焱宇等：《小布什政府内阁成员简介（续）》，《国际资料信息》2001 年第 3 期。

在这一决策架构下，小布什领导下的外交决策团队成员尽管同属保守派但并未能在外交政策上完全保持一致，而是经常有内部争论见诸外界。例如，在小布什政府内围绕是否发起伊拉克战争产生争论时，国防部和国务院两个部门的高级官员产生了激烈的争论。尤其是在“老欧洲”的提法上，鲍威尔认为拉姆斯菲尔德越界掺和了，使得他的外交工作更难做。[①]

这一特征直接影响到小布什外交决策团队形成东亚地区观和政策制定过程。小布什外交决策团队在东亚政策上的观点主张归纳起来可以划分为两派：一派是以国务卿鲍威尔为首的温和务实派，主张从实用主义立场出发看待东亚地区；另一派是以副总统切尼和国防部部长拉姆斯菲尔德为代表的强硬派，习惯于从地缘政治和权力均势的角度看待东亚地区的发展变化。实用主义立场和强硬派立场是关于东亚地区国际政治的两种不同假设和理解，强硬派立场的观点假设基于国家间的“零和竞争”思维而忽视了其他抵消性因素，例如东亚地区不断增长的相互依赖和地区各国对美国市场的依赖等；[②] 实用主义立场则希望通过务实的手段来解决美国在这一地区所面临的挑战，并依靠多边主义合作的路径来巩固美国的领导地位。在“中美撞机事件”的处理过程中，美国外交决策层在东亚政策上的分歧表露无遗，国务院和国防部都想夺取处理这一事件的主导权。在美方机组成员归国问题上，由国务院主导；到谈论受损飞机返美问题时，则变成国防部主导。[③] 鲍威尔无论手段、态度均低调务实；但切尼却不断跳到前台，一再宣称美国决不道歉，并一再以威胁口吻发表讲话。[④]

---

① 〔美〕乔治·沃克·布什：《抉择时刻》，东西网译，北京：中信出版社，2011，第84页。

② Jean A. Garrison, *Making China Policy: From Nixon to G. W. Bush*, p. 175.

③ 唐家璇：《劲雨煦风》，北京：世界知识出版社，2009，第284页。

④ Rose McDermott, *Political Psychology in International Relations*, p. 127；李刚：《美国外交强硬“三人帮”（切尼、拉姆斯菲尔德、沃尔福威茨）》，《世界知识》2001年第14期。

在这两派的争论过程中，小布什的个人判断就显得举足轻重了。他觉得“鲍威尔领导下的国务院有时候的理念以及政策与自己并不是很合拍”。① 而拉姆斯菲尔德由于与副总统切尼等人过从甚密，再加上深受新保守主义外交思想影响的国防部更能领会与贯彻总统的国际政治观，国防部在与国务院的争论中逐渐占据了上风。同时，拉姆斯菲尔德领导下的国防部还通过强化对情报部门的控制以及情报收集工作，使决策信息的输入更加有利于其所主张的外部认知，进一步左右了小布什政府的决策进程。②

从这里可以看出，在小布什执政初期，其决策团队内部主流的认知应当是以副总统切尼和国防部部长拉姆斯菲尔德为代表的一派观点。所以，在小布什执政的头两年里，切尼和拉姆斯菲尔德等人的影响力大大超过鲍威尔。③ 这就使得强硬派所主张的东亚地区认知成为小布什总统进行最后决策的“基本决策意象”。

二　小布什政府初期的东亚地区认知

2000 年，以阿米蒂奇和约瑟夫·奈为首的跨党派小组发表了《美国和日本：朝着成熟的伙伴关系前进》（通称“阿米蒂奇报告”）的政策报告。尽管报告的主旨在于强调美日同盟的重要性，但报告将其所主张的对日政策观置于其所认知的东亚地区安全、政治和经济大背景下，因此在很大程度上反映了一批即将进入白宫的政治精英的东亚地区观。鉴于阿米蒂奇后来担任小布什政府的常务副国务卿，再加上阿米蒂奇与切尼的观点主张相类似，以及参加报告起草的詹姆斯·凯利（James A. Kelly）和沃尔福威茨等人后来都在小布什政府中担

---

① 参见〔美〕乔治·沃克·布什《抉择时刻》，东西网译，北京：中信出版社，2011。

② 辛本健：《美国外交政策的军事化及其对中国安全的影响》，《二十一世纪》网络版，2006 年 1 月号，总第 46 期，http://www.cuhk.edu.hk/ics/21c/supplem/essay/0510029g.htm。

③ 《洛杉矶时报》文章：《外交官处于守势》，转引自《参考消息》2003 年 6 月 2 日。

任要职，因此这份报告所反映出的观点必然会对小布什政府的东亚地区观产生重大影响，乃至成为小布什政府形成东亚地区观的基础。[①]

报告认为，亚洲正在经历重大的历史变革进程，并在很大程度上影响着美国的政治、安全和经济等方面的利益权衡与考虑。具体说来，在经济领域，亚洲地区占到世界人口的53%和全球经济总量的25%，并且每年与美国有将近6000亿美元的双边贸易额，因此对于美国的繁荣至关重要。政治上，这一地区有日本、菲律宾、韩国、印尼和台湾地区等民主国家和地区，中国大陆面临着巨大的社会和经济变革，但变革的方向尚不明朗。安全方面，亚洲地区发生冲突的前景并非很遥远，该地区分布着全球几支规模最大和最现代化的军队，并且还有几个核武和准核武国家；朝鲜半岛和台湾海峡的紧张局势可能将美国卷入一场大规模冲突，南亚次大陆则是另外一个火药桶；并且这一地区的任何冲突都有可能升级为核冲突；美国与这一地区有着一系列的双边安全同盟，这是这一地区现有的安全结构。

报告同时指出，由于亚洲各国都处于政治变革期，所以无论是美国还是日本都面临着缺少确定性的安全环境的问题，这主要表现在未来中国的经济、政治前景并不明朗，朝鲜半岛紧张局势虽有所缓和但非常脆弱，以及印度尼西亚的国内政治动荡等方面，上述问题都对地区稳定和美国在东亚地区的利益构成了主要挑战。

报告还强调，在东亚地区经济蓬勃发展但又面临着诸多挑战的背景下，美日同盟比以往任何时候都要重要。日本仍然是美国参与亚洲事务的基石，美日同盟对美国的全球安全战略至关重要。[②]

顺着上述思路，小布什政府对中国、日本的基本定位与前任克林

---

① 阿米蒂奇是在切尼的举荐下才得以出任常务副国务卿的（2001～2005年）。参见陈如为《"新保守派"何以能左右布什政府战略选择》，《世界问题研究》2003年第61期。凯利后来出任小布什政府负责东亚和太平洋事务的助理国务卿（2001～2005年）。

② "The United States and Japan: Advancing Toward a Mature Partnership," pp. 1, 2－3.

顿政府时期存在着较大的差别也就不难理解了。首先是将中国定位为“战略竞争者”。小布什在大选前的电视辩论中，便公开声称要重新定位美中关系，强调美中之间不应该是“战略伙伴”（Strategic partnership）关系，而应该是“战略竞争”（Strategic competitor）关系。[①] 在小布什政府眼中，中国是一个对西方怀有嫉恨的敌对势力，美国在东亚地区的主要挑战就是要应对这一威胁。因此，小布什政府最初的东亚政策强调进一步强化与日本和中国台湾的联盟关系以应对来自中国大陆和朝鲜的威胁，并寻求部署国家和战区导弹防御系统；还要增强美国自身实力，打造强大军力以应对中国所带来的挑战。[②]

相对于将中国定位为“战略竞争者”，小布什政府的高级官员则在不同场合表示要将日本打造成为“远东的英国”。连小布什本人也不遗余力地公开强调美日关系的重要性。2001 年 6 月 26 日，白宫为即将出任驻日大使的霍华德·贝克（Howard Baker）举行送行招待会，席间小布什宣称：“我们将最好的人派往日本，因为我清楚，在这个世界上再没有比日本更重要的合作伙伴了。我们的联盟关系深深植根于我们两国的共同战略和经济利益上，美日同盟是亚洲和平与繁荣的基石。”[③] 小布什此举等于是将美日同盟关系突出为美国最重要的同盟关系。

三　小布什政府初期的东亚政策逻辑与重心

基于上述东亚地区观和对中日两国的基本定位，小布什政府执政之初的东亚政策逻辑也就不难理解了。其主要内容可以归纳为：东亚地区首先需要应对的是安全和地缘政治议题，主要是防止地区紧张局势的恶化升级并应对中国实力的快速上升，以美日同盟为核心的双边

---

① 唐家璇：《劲雨煦风》，北京：世界知识出版社，2009，第 268 页。

② Jean A. Garrison, *Making China Policy: From Nixon to G. W. Bush*, p. 165.

③ http://news.eastday.com/epublish/gb/paper148/20010627/class014800004/hwz422003.htm.

同盟体系是维系地区安全的基础框架；在确保地区稳定的前提下，地区经济可以快速、持续地发展并使各国的政治和社会变革得以向着对美国有利的方向发展；经济发展和民主的拓展可以使这一地区变得更加稳定。[①] 这一地区政策逻辑具有以下特点。

首先，东亚地区战略呈现出“预防性遏制”的态势。小布什政府认为，科索沃战争结束后，欧洲局势已经基本稳定而不太可能爆发大规模冲突，而亚洲地区爆发冲突的前景却并不遥远。因此，同克林顿政府时期相比，小布什外交决策团队更多地关注中国综合实力迅速上升所导致的东亚地区力量格局的变化、中美之间意识形态的分歧、日本与邻国之间源自历史问题的信任赤字、朝核危机、台湾海峡的紧张局势、南海主权争议、朝鲜试射导弹和朝韩 1999 年海上冲突以及 1997 年亚洲金融危机所带来的部分国家的内部动荡等地区安全议题，[②] 所以美国必须综合运用政治、外交和经济手段在东亚地区进行战略布局，通过威慑使潜在对手既没有意愿也没有能力向美国发起挑战。

其次，将美日同盟作为实现地区安全的优先选项。中国被小布什决策团队定位为“战略竞争者”后，美国首先需要实施的是进一步强化与本地区盟友和有关国家间的合作，以期形成一张更加有效的安全网来应对崛起的中国。在这张针对中国的 C 形的网中，日本、澳大利亚和印度处于最为重要的位置。而其中最为关键的仍然是美日同盟，所以小布什一上台，就对美日关系给予了异乎寻常的重视，积极加强同日本的军事合作，推动日本采取更加活跃的安全政策，以更好地配合美国的东亚地区战略——平衡正在崛起的中国的力量。为此，

---

① The White House, *The National Security Strategy of The United States of America*, September 2002, p. 26.

② The White House, *The National Security Strategy of the United States of America*, September 2002.

对日政策自然成为美国地区伙伴关系的核心和地区政策的重心所在。[①]

四　小布什政府初期东亚政策逻辑指导下的对华和对日政策

基于上述东亚地区政策逻辑，小布什政府对克林顿时期的对华和对日政策进行了重大调整，尤其是在对华政策上更使中国方面感到寒气逼人，因为在新保守派的影响下，小布什政府的对华政策制定事实上是以“中国是潜在威胁”和“战略竞争者”为重要依据的。

首先，摒弃克林顿政府全面接触政策的基本框架，降低中美关系的重要性。在克林顿政府的中后期特别是第二任期里，中美实现了元首互访进而确立了建立“面向 21 世纪的建设性战略伙伴关系”的目标，并在亚洲金融危机期间和善后过程中进行了深入的合作，中国“入世”也基本定局。但在 2001 年春天，小布什政府则刻意忽视中国的国际地位，将中美关系降低到普通国家间的关系。一些事例可以很好地说明这一点。在小布什政府推动部署导弹防御系统期间，美国并没有采取具体措施来安抚中国，而且国防部副部长沃尔福威茨和常务副国务卿阿米蒂奇二人几乎访问了中国周边所有的国家却没有到中国访问，尽管中国对美国部署导弹防御体系深表关注；[②] 小布什在上任之初进行的大国元首“电话外交”中也刻意冷落中国；当中国国务院副总理钱其琛几经周折终于实现访美之后，小布什竟然摆足了架子，故意推迟同钱其琛的会面；更有甚者，常务副国务卿阿米蒂奇竟称中国不是一个大国；安全上美国强化与亚洲盟国的关系，将军事战略的重点从欧洲向亚太地区转移以凸显威慑和打压中国的战略姿态，五角大楼还中止了部分对华军事交流项目，以便修正克林顿政府的

---

① Robert G. Sutter, *The United States in Asia*, p. 86.

② Jean A. Garrison, *Making China Policy: From Nixon to G. W. Bush*, p. 167.

“错误路线”。[①]

其次，台海政策由“战略模糊”趋向“战略清晰”。既然美国在东亚地区所面临的最主要安全挑战将是中国力量上升所引起的力量对比的变化，那么只要台湾地区独立于大陆，就会使大陆相当一部分力量和资源的增长为台湾问题所牵制和吸收，这将有效地防止中国拥有在该地区同美国展开地缘政治竞争的能力。[②] 基于这一考虑，小布什政府在台湾问题上开始打破“战略模糊”，用“和平解决”取代“一个中国”原则，谋求对台政策清晰化和使台海现状永久化、合法化。口头上，小布什政府仍表示坚持“一个中国”原则，但实际上抛弃了克林顿的对台“三不”承诺，进一步深化美台实质军事关系，加大对台军事人员的培训力度，扩大台湾领导人过境美国的活动范围。

其中最为突出的是，同前几任总统相比，小布什政府在对台军售的额度和种类上都有所突破。2001 年 4 月，小布什政府宣布了一笔价值 40 亿美元的对台军售，其中包括 4 艘基德级驱逐舰，12 艘 P3 – C“猎户座”反潜巡逻机和 8 艘柴油机动潜艇。值得注意的是潜艇的出售。1979 年卡特总统签署的所谓的《与台湾关系法》，规定美国有向台湾提供防御性武器的义务，此后的历任美国政府在向台湾地区出售军火时，也都以防御性武器为限。小布什政府决定对台出售潜艇这一进攻性武器的举动，打破了过去 20 年间美国对台军售的惯例，甚至超越了《与台湾关系法》的要求，是对台军售政策的一大变化。小布什政府在对台军售政策上的另一调整，是结束了美

① 丁奎松：《美国对华政策的调整与东亚安全》，《世界经济与政治》2001 年第 8 期；王联合：《美国新保守主义及其对布什政府外交政策的影响》，博士学位论文，复旦大学国际关系与公共事务学院，2004，第 139 页。

② 吴心伯：《太平洋上不太平——后冷战时代的美国亚太安全战略》，上海：复旦大学出版社，2006，第 134 页。

国近20年来每年对于对台军售进行审查的政策，而改为根据台湾的需要随时评估和做出决定。这意味着美国在向台湾提供军火方面有了更大的机动性。

为了突出美国在台湾问题上的“战略清晰”，2001年4月，小布什在美国广播公司的采访中被问到如果“台湾遭到大陆的攻击”，华盛顿是否有义务保卫台湾地区时，他回答说：“是的，中国大陆必须了解这点，是的，我将会这样。”在被问及这是否意味着将动用美国的全部武力时，他表示：“将尽一切所能帮助台湾进行防卫”。[①]

从克林顿政府的第二任期末开始，共和党人在东亚政策方面便集中批评克林顿政府过分致力于同中国的接触，过于强调发展对华关系，而忽视了同该地区其他国家尤其是日本的关系，这是一个重大的失误。为了弥补克林顿政府的“失误”，小布什领导下的外交决策团队在强化美日同盟方面下足了功夫。

首先，小布什政府致力于将日本打造成东亚地区如同英国一样的“核心盟国”。2001年6月30日，小泉和小布什在戴维营举行会谈，双方“决定以继续实施新《美日防卫合作指针》为基础，就进一步的安全合作的步骤加强各个级别的协商”。[②] 其实质是考虑同日本建立更加实质性的军事伙伴关系，让日本在美国的东亚和全球战略中扮演更加积极的角色。为推动美日同盟的全球化，发挥日本在地区和国际安全事务中对美国的追随和策应作用，小布什政府还希望日本能够成为类似于英国那样的“核心盟国”。“9·11”事件爆发后，美国出于全球反恐战争需要，更加迫切地希望美日同盟关系更上一层楼。小布什政府的这一用心，在2003年6月的美日首脑会晤中得以充分体现。小布什不仅在自家的私人庄园——德克萨斯州的克劳福德——款

① David E. Sanger, “U. S. Would Defend Taiwan, Bush Says,” *New York Times*, April 26, 2001.

② 刘世龙：《美日关系：1791—2001》，北京：世界知识出版社，2003，第705页。

待到访的小泉首相，而且破天荒地邀请小泉参加中央情报局为总统所做的例行机密简报〔在此之前只有英国首相托尼·布莱尔（Tony Blair）享受过这一特殊礼遇〕，以显示美日关系的特殊性和美国政府对双边关系的重视。①

其次，美国对日本的经济政策发生了较大的转变。前文提及的“阿米蒂奇报告”在谈到日本经济发展前景和美日经济关系时指出，日本仍然是美国商品的第三大出口市场；对美国来说，日本经济持续不景气也意味着美国工商业界的市场缩减和工人收入的降低；同时，日本经济不景气也会导致全球资本市场的动荡和前景黯淡；更重要的是，日本经济的不景气会导致日本只关注国内问题，缺乏安全感从而丧失在美日同盟中发挥更大作用的信心和意愿。因此，这份报告认为，健康的日本经济是美日双边关系正常发展的基础，美国在亚洲的利益得益于日本经济的持续稳定和繁荣。② 上述观点为小布什政府在美日经济往来中所采纳并写入2002年出台的《美国国家安全战略报告》。③ 至此，20世纪80～90年代的“日本经济威胁论”全面落幕，美国不再担心日本经济的威胁，转而开始希望日本经济形势好转，遂放弃了在经济上打压日本的政策和动辄对日施加高压的做法。2001年3月，美国国家经济委员会主任、总统经济顾问拉里·林赛（Larry Lindsey）表示：“近十年对日本的漠不关心，不仅对日美关系来说是不幸的事情，而且还会破坏美日关系。不应施加外压，而应采取相互合作与相互尊重的政策。”④

① 吴心伯：《太平洋上不太平——后冷战时代的美国亚太安全战略》，上海：复旦大学出版社，2006，第147页。

② “The United States and Japan: Advancing Toward a Mature Partnership,” October 11, 2000, p. 5.

③ The White House, *The National Security Strategy of the United States of America*, September 2002, p. 18. 该报告强调日本经济复苏并恢复增长事关美国的国家安全利益。

④ 日《论争》2001年3月号，转引自刘世龙《美日关系：1791—2001》，北京：世界知识出版社，2003，第711页。

第二节 小布什政府东亚地区认知的调整

对于小布什政府初期的东亚地区政策所表现出的“预防性遏制”态势，美国朝野各界有许多人对这一东亚政策持有异议。中国问题专家大卫·兰普顿（David M. Lampton）指出，中国的崛起在给邻国和美国带来诸多挑战的同时，其不断增加的国力也使其成为地区和全球经济增长的引擎，并且有助于解决当下和未来的各类地区和全球性挑战。[①] 兰普顿这一观点等于是在呼吁小布什不仅要看到中国国力增长所可能导致的地区权力均势的变化，还要看到积极的另一面——中国的发展既有助于全球经济稳定、可持续的增长，还有助于解决许多全球性问题。克林顿政府第二任期的国家安全事务助理伯杰评论说：“从小布什政府上台之初采取的一系列显然经过周密考虑的反华动作中，许多中国人现在看到了一种根本的变化，它是由政府中强硬的反华人士所推动的，目的是把中国当作21世纪亚洲稳定和世界和平的新的威胁——因此理应通过美国战略和军事政策的根本改变来加以应付。经济接触和政治敌对的双重政策是无法持续的；在意识形态驱使下转向对抗将是一个严重的错误。今天，我们在中国问题上的首要的国家利益是帮助中国获得一个有活力的经济体制以及成为国际体系中的一个建设性成员。如果中国在今后几年里能够成功进行也许是现代历史上最大胆的市场导向型经济试验——并且利用法律而不是镇压和平地处理好社会后果的话，它给本国、亚洲以及全世界带来的变化将有利于我们长远的国家利益。美国现在阻挠这一过程是没有意义的。”[②] 不仅学者和前政府官员对小布什初期的东亚政策逻辑表示了不安，小布什

① David Shambaugh, ed., *Power Shift: China and Asia's New Dynamics*, p. 308.

② 〔美〕桑迪·伯杰：《不要引起中国的敌视》，《华盛顿邮报》2001年7月8日，见新华网，http://news.xinhuanet.com/form/20010712/704060.htm。

外交决策团队内部的部分成员也对此持有异议，他们认为以“预防性遏制”为主要特点的地区政策逻辑并非最符合美国国家利益的政策选择。早在“9·11”恐怖袭击事件之前的7月底，鲍威尔便在访问中国后公开表示要放弃使用“战略竞争者”来定位美中关系，希望同中国建立“前瞻的、建设性”关系。[①] 在这场围绕东亚政策逻辑的争论中，由于强硬派观点暂时占据了上风并获得小布什总统的支持，因此温和务实派只能继续等待机会，以重新获得政策争论的主动权。

中美军机相撞事件所导致的双边关系危机已经使两派观点的分歧公之于世，之后的“9·11”恐怖袭击事件使小布什政府对威胁来源和首要任务的界定产生了巨大的转变，朝核危机及六方会谈提供了中美日等国多边处理地区热点问题的机遇和平台，上述三次国际危机先后推动小布什外交决策层围绕东亚地区认知展开辩论，从而成为修正东亚地区政策逻辑的重要因素。

·　国际危机对小布什政府东亚地区认知的影响

（一）中美军机相撞事件

2001年4月1日，美国EP－3间谍侦察机在中国海南岛附近海域上空侦察。中国海军航空兵派出歼－8II战斗机对其进行监视和拦截，在中国海南岛东南70海里的中国专属经济区上空与美军飞机发生碰撞，中国战斗机坠毁，飞行员王伟殉职，美国受损军机未经允许迫降海南陵水机场。一场持续11天的外交角力就此开始，并造成中美双边关系危机。中美双方围绕“美方机组人员归国、美方军机返美和美方向中方表示道歉”等问题进行了激烈的交锋。[②] 中美军机相撞事件作为小布什上台后的第一次中美外交危机，开启了美国外交决

① U. S. Department of State Transcript, "Secretary Powell Press Conference in Beijing," July 30, 2001.

② Rose McDermott, *Political Psychology in International Relations*, p. 126.

策团队对中国认知和定位的转变过程。[①]

首先，使小布什外交决策团队对中国领导层的认知有所转变。美国国会下属的研究机构形成的报告中认为，中美军机相撞事件促使美国对北京的决策和利益权衡机制进行了评估，其中有关中国国内政治的解释认为中国国家主席江泽民倾向于与美国保持良好的双边关系。[②] 根据这一报告的分析，小布什外交决策团队对中国意图的分析开始出现积极的判断，这对于增强以鲍威尔为首的温和务实派在对华政策上的话语权是大有裨益的。

其次，小布什政府对华政策在安全领域上咄咄逼人的态势有所收敛。在中国方面释放了机组成员后，尽管常务副国务卿阿米蒂奇仍将“向中国强调各国有权在国际公共区域飞行”作为美国处理此次危机事件的第一要务，但他同时认为美中两国应该心平气和地交换意见，以确保不再发生类似的冲突。[③]

最后，中美军机相撞造成的中美关系紧张局势引起了对华接触派的反弹。在中美军机相撞事件最终得以解决之后，小布什政府开始谋求修复中美关系。小布什之所以要修复中美双边关系，其中一个很大的原因是美国国内得益于中美经贸往来的工商业界非常担心政治、安全方面的紧张关系会导致中国国内的商业氛围变得不利于美国投资者，甚至中断中美围绕中国入世的相关谈判，并可能导致相互之间的经济制裁等。[④]

---

① 美国学者沈大伟（David Shambaugh）认为，早在“9·11”恐怖袭击事件之前，中美关系已经开始改善，所以中美关系的改善不仅是出于反恐的需要，也是中美军机相撞事件的直接结果。参见 David Shambaugh, “Sino - American Relations Since September 11: Can the New Stability Last?” *Current History*, September 2002, p. 243。

② “China - U. S. Aircraft Collision Incident of April 2001: Assessments and Policy Implications,” CRS Report for Congress, Updated October 10, 2001, p. 9.

③ “China - U. S. Aircraft Collision Incident of April 2001: Assessments and Policy Implications,” CRS Report for Congress, Updated October 10, 2001, p. 1.

④ “China - U. S. Aircraft Collision Incident of April 2001: Assessments and Policy Implications,” CRS Report for Congress, Updated October 10, 2001, p. 26.

（二）“9·11”恐怖袭击事件

“9·11”恐怖袭击事件彻底颠覆了小布什对于安全的定义，并直接导致小布什政府使用武力推翻阿富汗塔利班政权，之后小布什政府发动伊拉克战争推翻萨达姆政权也在很大程度上受到了这一事件的直接影响。因此，“9·11”恐怖袭击事件是一次影响深远的国际危机，其对美国的全球战略和美国对国家安全的判断产生了重大的影响，同时，它也使得美国朝野各界开始重新思考东亚政策逻辑与现实之间的契合程度，并使小布什政府不得不对原有的政策逻辑进行修正和调整。

首先，推动小布什政府重新界定首要的安全威胁和敌人。在此之前，小布什政府中无论是保守现实主义还是新保守主义者，都认为东亚地区的首要威胁来自新兴国家的力量上升。例如，2001年9月11日早晨，小布什所听取的包含高度机密的情报以及对地缘政治深入的分析——《总统每日简报》——中的内容包括俄罗斯、中国以及位于约旦河西岸和加沙地带的巴勒斯坦暴动情况。[①] 这表明此时的小布什在外交和防务方面的关注点是有关中俄两国的地缘政治情报和中东问题等。然而“9·11”恐怖袭击事件爆发之后，小布什对国际安全环境的“认知”瞬间变得“险峻”起来，最严重和最现实的威胁变成了恐怖主义及包庇支持恐怖主义的“邪恶国家”。也就是说，小布什政府的工作重点开始发生转变。在恐怖袭击发生后的首次国家安全会议上，小布什明确表示：“我们现在已经开始了反恐战争。从今天起，这将成为本届政府的一个新的工作重点。”[②]

其次，小布什政府的注意力和主要资源转向全球反恐战争。在成

---

① 〔美〕乔治·沃克·布什：《抉择时刻》，东西网译，北京：中信出版社，2011，第120页。

② 〔美〕乔治·沃克·布什：《抉择时刻》，东西网译，北京：中信出版社，2011，第127页；2002年版的《美国国家安全战略报告》中也将消灭恐怖主义的组织和领导机构作为首要任务。参见 The White House, *The National Security Strategy of the United States of America*, September 2002, p. 5。

功推翻阿富汗塔利班政权后，美国的注意力开始转向伊拉克。早在2001年9月中旬，在关于反恐战争的会议上，国防部副部长沃尔福威茨就开始建议像对付阿富汗一样对付伊拉克。[①] 小布什自己也认为："'9·11'事件突然降临，我们不得不用新的视角看待世界范围内的所有威胁，恐怖袭击导致先发制人，萨达姆政权是先发制人策略的第一应用对象。"[②] 因此，自2002年秋季开始，小布什政府便已经开始准备伊拉克战争。[③] 在这种情况下，小布什政府已经不可能再有多余的资源和精力来实施原有的东亚政策逻辑，不得不暂时冻结原有的政策框架和目标，争取各国对反恐战争的合作以确保反恐战争顺利进行。

最后，中国在国际体系中的作用和影响被重新定位。对于"9·11"恐怖袭击事件对中美关系的影响，多位学者都认为其在很大程度上缓和了中美关系山雨欲来的紧张态势。[④] 这是因为，反恐战争具有不同于常规战争的特殊性，在搜集情报和冻结恐怖分子的银行账户等方面都需要各国的配合。[⑤] 正如小布什所述："这场战争与其他战争不同，美国所面临的敌人不是一个国家，他没有首都，没有传统战场上的军队。击败敌人需要举全国之力，无论是搜集情报，冻结恐怖分子的银行账户，还是部署军队，均是如此。"[⑥] 为实现反恐战争的目标，美国首要的任务是争取建立全球性的反恐大联盟。2002年的《美国国家安全战略报告》为此特别强调："'9·11'恐怖袭击事件从根本上改变了美国与其他大国之间的关系和互动的内容；美国必须与中

---

① 〔美〕乔治·沃克·布什：《抉择时刻》，东西网译，北京：中信出版社，2011，第178页。

② 〔美〕乔治·沃克·布什：《抉择时刻》，东西网译，北京：中信出版社，2011，第212页。

③ 〔美〕乔治·沃克·布什：《抉择时刻》，东西网译，北京：中信出版社，2011，第230页。

④ Aaron L. Friedberg, "The Future of U. S. – China Relations: Is Conflict Inevitable?" *International Security*, Vol. 30, No. 2 (Fall 2005), pp. 7 – 45; David Shambaugh, "Sino – American Relations Since September 11: Can the New Stability Last?" p. 243.

⑤ The White House, *The National Security Strategy of The United States of America*, September 2002, Introduction.

⑥ 〔美〕乔治·沃克·布什：《抉择时刻》，东西网译，北京：中信出版社，2011，第134页。

国等国建立积极的合作议程以免双边关系流于形式而没有任何成果。”[①] 2000 年版“阿米蒂奇报告”的主要起草人阿米蒂奇也在 2007 年第二版“阿米蒂奇报告”中指出，“为应对后‘9·11’时代的伊斯兰极端主义的挑战，美国的当务之急是开展同中国等国之间的合作。”[②] 因此，反恐战争的特殊性无形中提高了中美关系的战略重要性，中美关系也由此止跌回升，进入一个较为稳定的阶段。[③]

另外，随着小布什政府将主要注意力转向恐怖主义和大规模杀伤性武器扩散等迫在眉睫的威胁，其已不再像以前那样把中国视为现实的或潜在的战略竞争者，转而更希望在“9·11”事件之后，恐怖主义的共同威胁和不断提升的反恐共同价值观能够将全球各大国团结起来。随着中美双方在反恐领域中工作关系的切实建立，小布什政府开始强调中国在世界事务上的广泛参与有助于东亚地区的稳定与安全，因而是符合美国利益的。例如，2001 年 10 月小布什访华期间，人权、武器扩散、台湾问题等比较尖锐的话题不像以前那样引人注目，显而易见这是为了寻求中国在反恐战争中对美国的支持与合作。[④] 此外，中美双方在反恐战争中的合作也为中国提供了影响美国东亚地区认知特别是对华认知的重要机遇，这点将在本章后续内容中进行阐述。

（三）朝核危机

2002 年下半年开始，美国获得的情报显示朝鲜可能正在实施一个秘密的高纯度铀浓缩项目，并已经拥有足够生产几枚核武器的钚。[⑤] 2002 年 12 月由美国主导的“朝鲜半岛能源开发组织”停止向朝鲜提供重

---

① The White House, *The National Security Strategy of The United States of America*, September 2002, p. 28.

② Richard L. Armitage, Joseph S. Nye, “The U. S. – Japan Alliance Getting Asia Right Through 2020,” February 2007, CSIS Report, p. 2.

③ David Shambaugh, “Sino – American Relations Since September 11: Can the New Stability Last?” p. 243.

④ Jean A. Garrison, *Making China Policy: From Nixon to G. W. Bush*, p. 171.

⑤ The Task Force on U. S. Korea Policy, “The Nuclear Crisis on the Korea Peninsula: Avoiding the Road to Perdition,” *Current History*, April 2003, 转引自张业亮《布什政府对朝政策与朝核危机》,《美国研究》2004 年第 1 期。

油，朝鲜随即宣布解除冻结的核计划，重新启动核设施；此后，美国不断以武力相威胁要求朝鲜弃核，朝鲜则以先后采取退出《不扩散核武器条约》、宣称对8000根废核燃料棒的后处理进入最后阶段、退出《朝鲜半岛无核化宣言》等一系列行动作为回应，朝核危机再次爆发。2002年1月29日小布什在其就任总统后的首次国情咨文中，以朝鲜出口导弹技术和发展核武器为例，把朝鲜与伊拉克、伊朗一起称为“邪恶轴心”，是对世界和平的威胁，提出美国要采取一切必要的手段来阻止上述国家研制大规模杀伤性武器，[①] 因而美朝关系的恶化并不稀奇，但是对于小布什政府来说，此次朝核危机使其对与朝鲜开展双边会谈失去信心，转而希冀采取多边手段来迫使朝鲜遵守会谈所达成的协定。因此，在朝核危机再次爆发后，小布什做出决定，“美国与朝鲜的双边谈判已告终结。转而决定结成统一战线来对付朝鲜当局。这个对朝多边外交行动的关键在于中国”。小布什意识到，中美之间存在一个共识：朝鲜拥有核武器，与两国利益均不相符。[②] 朝核危机在加剧地区紧张局势的同时，也使得小布什外交决策团队发掘出中美利益相重叠的领域和尝试以多边手段解决地区热点问题的机遇，这与中国积极推动六方会谈的能动性相结合，使美国意识到中国在许多地区事务上已经开始扮演后来被美国所倡导的“国际社会负责任的利益攸关方”的角色。

二　国际环境的变化对小布什政府东亚地区认知的影响

小布什执政期间通过绕开联合国单方面发动伊拉克战争，成功推翻萨达姆政权，而进一步巩固了冷战后单极世界格局。中国等新兴国家的国力和国际影响力虽大幅度提升，但无论是在军事实力抑或在经济和科技创新等方面依然与美国有较大差距，即使在经历2008年金

---

① George W. Bush, “The President’s State of Union Address,” January 29, 2002, http: //www.white - house. gov/news/releases/2002/01/20020129 - 11. html.

② 〔美〕乔治·沃克·布什：《抉择时刻》，东西网译，北京：中信出版社，2011，第396页。

融海啸的冲击之后，美国依然是全球无与伦比的超级强国。因此本书所提及的国际结构在小布什执政期间并无太大的变化，或者未能对美国对东亚地区的认知造成太大的影响。但是在国际进程——国家间互动的模式和类型等方面，无论是在国际层面还是在地区层面上都发生了足以影响美国决策层认知的变化。

在国际层面，这主要表现为小布什政府在国际事务中过度依赖硬实力，但效果却适得其反，成果与代价严重失衡，其使得小布什政府的号召力和影响力等软实力大为削弱；再加上全球性问题突出，美国政府也需要相应地开展一定限度的多边合作。这是因为，现有国际体系的稳定和有效运作需要美国与世界各国在功能性领域开展广泛的合作，而非一味地依赖武力的运用。而在功能性领域中，单个国家无法依靠单边手段解决问题并取得满意的效果。因此各国对实现合作产生了兴趣，希望通过合作为共同面临的问题找到大家都能接受的解决办法。[①]因此，小布什政府也逐渐意识到开展功能性多边合作的重要性。2006 年 3 月，负责东亚和太平洋事务的助理国务卿希尔（Christopher R. Hill）在对众议院国际关系委员会亚太小组委员会的发言中列举了美国所面对的诸如禽流感等跨国性非传统安全挑战并强调指出，“美国成功应对此类挑战的基础是来自各国以及国际组织的密切配合”。[②] 由此可见，中美两国在非传统安全等功能性领域的合作，将大大催生美国决策团队内部对中国成为“国际社会利益负责任的攸关方”的预期，从而使美国摒弃在东亚地区对中国进行“预防性遏制”的思维。

---

① 苏长和：《全球公共问题与国际合作：一种制度的分析》，上海：上海人民出版社，2000，第 6～7 页；James E. Dougherty, Robert L. Pfaltzgraff, *Contending Theories of International Relations: A Comprehensive Survey*（*5th Edition*），北京：北京大学出版社，2004，pp. 511－512。

② Christopher R. Hill, “East Asia in Transition: Opportunities and Challenges for the United States,” Assistant Secretary of State for East Asian and Pacific Affairs, statement presented to the Asia and the Pacific Subcommittee of the House International Relations Committee, Washington D. C, March 8, 2006.

在东亚地区层面上，国际进程的变化主要表现为东亚地区各国经济一体化和中美之间经济相互依赖的不断深入两个方面。

一方面，随着经济全球化的不断深入和东盟“10+3”等地区合作机制的发展，东亚地区开始逐步形成了一种全新的地区经济秩序——经济一体化。其中，地区内各国都有将中国作为最终销售市场的趋势，同时中国也逐步发展成为各国最大和最主要的投资来源国。[①] 与此同时，中国也已经深深地融入了全球重要产品的供应链体系并逐渐成为全球化分工生产体系中进行产品最后组装的生产基地，而这些被组装的零部件则大都来自美国在这一地区的盟国或友好国家，这意味着如果美国对中国进行经济制裁，则最终可能在经济上损害自己的盟友或友好国家的利益。[②] 因此，中国已经与东亚地区各国——其中很大一部分是美国的地区盟友和伙伴国——形成了经济上的相互依存关系。对于美国来说，如果对中国进行制裁同时也会损害盟国的利益；由于中国也被融入了地区一体化的网络之中，美国也有理由相信中国出于自身利益的权衡，将会在发展方向和对外行为上采取和平、建设性和负责任的方式，从而既可以消除美国政府内部对中国发展所存在的“权力转移导致国家间冲突”等偏见，又可以使主张对华接触的人士找到提高话语权和影响力的依据。

另一方面，中国加入世界贸易组织后，中美经济的相互依存程度在小布什执政期间也大为加深。截至2006年，美国已成为中国第二大贸易伙伴和最大出口市场，中国则发展成为美国第二大贸易伙伴、第四大和增长最快的出口市场，中美两国已经结成了相当紧密的经济联系。正因为如此，美国财政部部长亨利·鲍尔森（Henry Paulson）才会强调：“现在美国和中国的经济增量之和已接近全球经济增长的一

① David Shambaugh ed., *Power Shift: China and Asia's New Dynamics*, p. 307.

② David Shambaugh ed., *Power Shift: China and Asia's New Dynamics*, p. 321.

半，发展美中经济关系对美国未来繁荣至关重要。”① 言外之意在于，中美两国如果走向对抗，其对美国经济的负面影响也是美国无法承受的。因此，在双边安全和政治关系起伏不定的背景下，紧密的双边经贸相互依存关系能够在稳定双边关系上起到“压舱石”的作用。

首先，中美在经济上的相互依赖使美国感到中国在很大程度上形成了对美国资金、市场和技术的深度依赖。2007 年出台的第二版“阿米蒂奇报告”指出，随着中美经济相互依赖的加深，尽管中国已成为全球制造中心，却同时在很大程度上依赖美国的技术、投资和消费市场，因此中国经济的快速发展并不会导致中美之间的“零和”结果。② 其次，美国也对中国经济形成了高度的依赖关系。这就使得美国不敢轻易对中美之间的经贸相互依存进行“破局”。因为美国主要是依靠金融来运作，中国手上的巨额美元资产是它不能不顾虑的一个因素。而且美国大制造商和跨国公司以及一部分美国消费者在中美经贸往来上的获益是非常大的，摩根士丹利曾做了一个评估：美国消费者从中美贸易中得到了巨大收益，因为有物美价廉的中国产品，每个家庭每年节省开支 1000 美元。这一数字使得美国必须考虑中美关系恶化的国内政治后果。③

三　中国外交政策对小布什政府东亚地区认知的影响

随着中国国力的逐步增强和影响力的不断提升，中国的影响力已经超出东亚的地理范围，远及中亚、南亚乃至中东等地，并且在很多全球性议题的议程设定和规则制定等方面的影响力也取得了长足的进展，例

① Henry M. Paulson, Jr., “A Broad Dialogue with China,” *Washington Post*, December 11, 2006.

② Richard L. Armitage, Joseph S. Nye, “The U. S. – Japan Alliance Getting Asia Right Through 2020,” pp. 16 – 17.

③ 丁一凡、张立平、江涌：《“对话”与“告状”的背后——三位学者解读中美经贸状况》，《世界知识》2007 年第 12 期。

如中国在全球金融市场上的影响力就逐年提高，并已经取得了显著的进步。[①] 自身实力的增强和对外影响力的提升，使中国政府逐渐具备了建设性参与国际事务的客观基础。有鉴于此，中国政府在反恐、防控武器扩散、伊拉克与阿富汗战后重建和全球金融货币稳定等议题上积极履行国际义务和责任，使中美关系的意义和影响逐渐超越双边范围，向地区和国际层面延伸，从而具有地区和全球意义。[②] 这使得中国政府在影响美国东亚地区认知方面要比在克林顿时期有更多的“牌”可打。

对于小布什执政之初东亚战略的全新布局和将中国视为“战略竞争者”的消极定位，中国政府并未简单地消极应付，而是以“9·11”恐怖袭击事件为契机积极地配合美国的全球反恐战争，首先止住了中美关系进一步下滑的态势，继而在众多问题如朝核危机、防止大规模杀伤性武器扩散和阿富汗与伊拉克战后重建等问题上，对美国采取了合作而非消极应付和对抗的立场，力求变被动为主动，使双边的合作范围和共同利益范围得到进一步扩大和加深，从而逐步推动美国小布什外交决策团队对中国的认知缓慢却稳步地由“战略竞争者”向“合作伙伴”乃至“负责任的利益攸关方”转变。

（一）积极参加全球反恐联盟

尽管小布什一上台就将中国定位为“战略竞争者”，但在“9·11”恐怖袭击事件发生后，中国国家主席江泽民第一时间代表中国政府向美国人民表示沉痛的哀悼，成为第二名与小布什总统通电话的外国领导人，他表示将与美国全力合作追查恐怖分子，并向小布什总统承诺将尽其所能提供援助。[③] 中国主动加入全球反恐联盟并以实际

---

① David M. Lampton, “The Stealth Normalization of U. S. – China Relations,” *National Interest* (Fall 2003), p. 42; David Shambaugh ed., *Power Shift: China and Asia's New Dynamics*, p. 306.

② 吴心伯：《中美关系的重新国际化》，《世界经济与政治》2009 年第 8 期。引用时对原文有所改动。

③ David Shambaugh, “Sino – American Relations Since September 11: Can the New Stability Last?” p. 243; 〔美〕乔治·沃克·布什：《抉择时刻》，东西网译，北京：中信出版社，2011，第 133 页。

行动支持美国主导的反恐战争对于改变美国的对华认知有着巨大的影响。小布什非黑即白的道德观在“9·11”恐怖袭击事件后的演讲中表露无遗，2001 年 9 月 20 日，小布什在国会参众两院发表演讲，提出“现在每一个国家在每一个地区都要做出选择。你们要么和我们站在一起，要么与恐怖分子同流合污”。[①] 因此，中国对美国全球反恐战争的支持在小布什看来等于是与自己站在了一起，认同美国的反恐价值观并积极地同美国开展反恐合作，而非幸灾乐祸地旁观。同时，在一个月后举行的亚太经合组织领导人会议上，作为东道国的中国将反恐、人类安全等议题列入会议议程，这一安排使小布什总统最终决定参加这次会议，从而提供了一个小布什与中国领导人当面会晤和直接了解中国经济社会发展的难得机遇。对此，小布什后来回忆道：“当我在 2001 年‘9·11’之后访问上海，我看到在机场和老城区之间修建的那些高楼大厦，感到无比惊讶。所以，这个国家从 1975 年以来，取得了很大的进展，而且展示出巨大的潜力，这就向美国人民说明了，为什么我们和中国建立良好的工作关系至关重要。尽管两国关系很复杂，但我们有良好的工作关系。这不仅符合我们各自人民的利益，也符合世界的利益。”[②]

（二）坚持对内“和谐发展”、对外“和平发展”的战略基调

随着中国国力的上升、海外利益的扩大和国际影响力的增长，一部分美国政治精英经常以“零和竞争”的心态来看待中国相对于美国的力量上升，并试图通过地缘政治和均势政治的思维来加以应对。这一最为直接的后果就是使中美之间在很大程度上出现了约翰·赫兹

① 小布什 2001 年 9 月 20 日在国会两院发表的演讲，“Address to a Joint Session of Congress and the American People,” http://www.whitehouse.gov/news/releases/2001/09/20010920-8.html。

② 《布什访华前接受凤凰卫视专访摘要》，人民网，http://world.people.com.cn/GB/1029/42355/3842022.html。

(John H. Herz) 所述的"安全困境"。[①] 肯·布斯 (Ken Booth) 从行动的目的性出发，将安全困境分为"无意造成的安全困境"(inadvertent security dilemma) 和"精心策划的安全困境"(deliberate security dilemma)，前者是一国出于防御目的而采取的行动，其行动的不谨慎和沟通的失败引起了别国对其自身安全的担心，从而采取相对应的行动，由此引发的循环反应；后者是一国有目的的行动 (deliberate actions) 使别国陷入了安全困境。[②] 而中美之间出现安全困境则更可能是出现上述第一种安全困境——无意造成的安全困境。[③] 因此，在这种情况下，中国方面主动陈述并以实际行动证明己方战略意图并非进攻性的就成为发挥能动性的关键一点。2003 年开始，针对国际上对中国发展方向和对外政策的疑虑，特别是"中国威胁论"和"权力转移理论"等观点，[④] 中国一部分学者开始提出"和平崛起"这一关键词，并为中国官方所接受，中国国务院总理温家宝在东盟会议以及访美期间曾多次重申，这成为中国概括对外政策的重要出发点之一。[⑤]

为进一步向西方特别是美国介绍有关中国和平崛起的具体内涵，

---

① 20 世纪 50 年代初，美国学者约翰·赫兹首先提出了安全困境概念。赫兹认为：安全困境是一种社会状态，在这样的状态中，因为不存在凌驾于权力单位之上、能规范其行为和保护其免受攻击的权威，权力单位会产生相互怀疑、相互恐惧和随之而来的不安全感，最终迫使这些单元为谋求更多的安全而进行权力竞争，但由于完全的安全始终无法获得，所以这样的竞争只能导致自我失败。参见 John H. Herz, *International Politics in the Atomic Age*, New York: Columbia University Press, 1959, p. 231。

② Nicholas Wheeler and Ken Booth, "The Security Dilemma," in John Baylis and N. J. Rengger, eds., *Dilemmas of World Politics: International Issues in a Changing World*, Oxford: The Clarendon Press, 1992, p. 29.

③ 国内学者夏立平持此观点，参见夏立平《中美日战略关系：争取共赢和避免安全困境》，《世界经济与政治》2007 年第 9 期。

④ 关于中美权力转移导致地区不稳和中美冲突不可避免的观点，可参见 *Aaron L. Friedberg*, "The Future of U. S. – China Relations: Is Conflict Inevitable?" pp. 7 – 45。

⑤ 参见维基百科"中国和平崛起"。"和平崛起"这个词最初由中共中央党校副校长郑必坚在 2003 年的博鳌亚洲论坛上提出。

中共中央党校副校长郑必坚于2005年在美国《外交事务》双月刊上发表了《中国"和平崛起"成为世界大国》一文，以系统阐述"中国和平崛起"的内涵、宗旨、具体实施步骤和战略目标，并使美国朝野能够多维度地理解中国的发展进程。首先是不再一味地关注经济发展速度，而是充分意识到中国自身经济社会发展所面临的人口负担、资源短缺和社会转型所面临的诸多实际困难和挑战，所以中国将优先关注和解决国内问题，着力构建和谐社会；其次是表明中国坚定不移地走改革开放道路，并努力走出一条大国崛起的新路，而不是重复德日在二战期间和苏联在冷战期间的失败道路；最后是向世界表明随着中国逐步实现现代化，中国将成为国际社会的发展机遇而非威胁，更不会与美国的利益相冲突。[①]

除了向美国及世界各国陈述中国"和平崛起"的发展方向和战略目标之外，中国在对外行为上也积极践行"和平发展"的战略思路，在国际体系中发挥建设性的作用。小布什上台后，朝核问题再度激化，围绕朝核问题所开展的合作使中国能够以六方会谈为平台发挥建设性的作用。2003年4月，中美朝三国在北京举行会谈。对于朝核问题的解决，朝鲜顾虑多边谈判易冲淡主题和招致多方围攻与制衡而不愿意多方介入；美国则担心与朝鲜双边谈判而别无旁证，所达成的协议缺乏约束力，因此主张多方介入。中国在认真研究了双方的立场之后，提出了"多边搭台，双边唱戏"的解决方案，以充分理解双方的意图和照顾双方的利益，最终促成了中、美、朝三边会谈和中、美、朝、韩、日、俄六方会谈的举行。2003年8月27日，朝核问题第一轮六方会谈在北京举行。2005年9月，第四轮六方会谈结束后，朝鲜同意放弃核武器项目，恢复对《不扩散核武器条约》的

---

① Zheng Bijian, "China's 'Peaceful Rise' to Great - Power Status," *Foreign Affairs*, Vol. 84, No. 5 (September - October 2005), pp. 18 - 24.

承诺。六方会谈一直持续到2007年10月，在朝鲜半岛无核化和有关国家关系正常化等方面取得了系列重大成果和进展。在这期间，朝鲜于2006年10月实施了第一次成熟的核试验。美国在六方会谈其他四方的支持下，推动联合国安理会一致通过了1718号决议，对朝鲜实施朝鲜战争以来最严厉的国际制裁。迫于压力，2007年2月，朝鲜同意关闭主要的核反应堆，并再次允许联合国监督人员进入朝鲜。[①]

中国在六方会谈中的折冲樽俎不仅显示了中国的外交斡旋能力，更重要的是提高了中国作为一个负责任大国的国际形象。基欧汉在《霸权之后：世界政治经济中的合作与纷争》中指出，"国际机制会影响国家的利益，因为自身利益的含义本身是弹性的，具有很强的主观性"；"国际机制能够影响预期以及价值观念"。[②] 为解决朝核问题而产生的六方会谈正是此类国际机制，在机制的运作过程中小布什政府对中国的认知逐步产生改变，其不仅意识到中国在朝鲜半岛的稳定和无核化问题上与美国利益重合，而且还意识到中国已经全面融入国际社会并自觉地将遵守和维护国际机制作为自身的利益所在，一个与美国关系良好、负责任的中国可以成为美国重要的安全伙伴之一。小布什政府多名官员的发言证明了这一点。国务卿赖斯强调："中美两国在朝核问题上的合作是中美合作解决国际问题的突出证明。"[③] 负责东亚和太平洋事务的助理国务卿帮办柯庆生指出："中国作为朝核问题六方会谈的东道国，在各方达成2005年9月《共同声明》的过程中扮演了不可或缺的角色。中国以前所未有的态度对朝鲜的核计划表示了关注，与美国等国一起以联合国决议的方式谴责朝鲜的挑衅性

---

① 〔美〕乔治·沃克·布什：《抉择时刻》，东西网译，北京：中信出版社，2011，第398页。

② 〔美〕罗伯特·基欧汉：《霸权之后：世界政治经济中的合作与纷争》，苏长和等译，上海：上海人民出版社，2006，第61～62页。

③ 参见"China's Role in the World: Is China a Responsible Stakeholder?" Statement by Thomas J. Christensen, Deputy Assistant Secretary of State for East Asian and Pacific Affairs Before the U. S. – China Economic and Security Review Commission, August 3, 2006。

行为，并号召各国采取具体行动以切断对朝鲜核计划和导弹项目的援助。”[①] 此外，负责东亚和太平洋事务的代理助理国务卿瑞沃（Evans J. R. Revere）及东亚和太平洋事务助理国务卿希尔也先后在不同场合表达了类似观点。[②] 正因为如此，小布什本人才会认为：“六方会谈是一个最佳机会，可以保证对朝鲜的影响，并清理掉朝鲜半岛的核武器。”[③] 基于此，2006 年的《美国国家安全战略报告》也对六方会谈所提供的解决朝核问题的地区合作平台作用表示肯定。[④]

（三）积极参与阿富汗和伊拉克战后重建

“9·11”恐怖袭击事件后，小布什领导下的美国迅速取得了阿富汗战争的胜利，但塔利班政权垮台后的阿富汗亟须国际社会在战后重建方面提供援助以防止塔利班政权卷土重来。2003 年 3 月，小布什政府发动旨在推翻萨达姆政权的伊拉克战争。因为战前未能说服法德等欧洲盟国和俄罗斯等国而未获得联合国的授权，小布什政府只得绕开联合国会同英国等盟国单方面开战。出于对法德等国未给予支持的恼火，国防部部长拉姆斯菲尔德甚至将法德等国称为“老欧洲”以与支持伊拉克战争的波兰等国相区分。在这场国际辩论中，中国虽然也不赞成美国发动伊拉克战争，但并没有像法国、德国和俄罗斯那样旗帜鲜明地表示反对。[⑤] 同时，伊拉克的战后重建任务同样需要国

---

① 参见“China's Role in the World: Is China a Responsible Stakeholder? ” Statement by Thomas J. Christensen, Deputy Assistant Secretary of State for East Asian and Pacific Affairs Before the U. S. – China Economic and Security Review Commission, August 3, 2006。

② Evans J. R. Revere, “United States Interests and Strategic Goals in East Asia and the Pacific,” Department of State Acting Assistant Secretary for East Asian and Pacific Affairs, Testimony Before the Senate Foreign Relations Committee Washington D. C, March 2, 2005, p. 45; Christopher R. Hill, “East Asia in Transition: Opportunities and Challenges for the United States” .

③ 〔美〕乔治·沃克·布什：《抉择时刻》，东西网译，北京：中信出版社，2011，第 398 页。

④ The White House, *The National Security Strategy of the United States of America*, March, 2006, p. 21.

⑤ 〔日〕五百旗头真主编《新版战后日本外交史：1945—2005》，吴万虹译，北京：世界知识出版社，2007，第 211 页。

际社会的支持，对此，小布什在回忆录中回忆说："2006年夏天是我担任总统期间最艰辛的日子，这主要是因为美军深陷伊拉克，战争已经持续3年多但美国却不能像当年的越战那样选择撤离。"[①]

对此，中国选择积极投身伊拉克和阿富汗战后重建的政策，承诺分别向阿富汗和伊拉克提供15亿美元和2.5亿美元的援助。中国的这一举动为新任常务副国务卿罗伯特·佐利克（Robert B. Zoellick）在提出"推动中国成为国际社会利益攸关方"这一提法时所引用，以证明中国已经采取实际行动来维护现有的国际秩序，假以时日，中国将能够成为一个真正的"负责任的利益攸关方"。[②] 因此，中国对阿富汗和伊拉克战后重建的支持与合作在很大程度上呼应了美国外交决策团队中部分新成员推动中国成为国际社会负责任的利益攸关方的努力，既有利于推动小布什外交决策团队重新认知中国，也使得佐利克所主张的观点能够成为小布什政府对华政策的共识基础。

（四）构建跨国政策联盟

尽管小布什外交决策团队的保守主义色彩比较浓厚，但中国方面仍然努力寻求建立跨国政策联盟以推动中美关系的良性发展。中国方面了解到，在小布什政府中，鲍威尔属温和务实派，对发展对华关系总体持积极态度。因此中方寻求与鲍威尔建立密切的联系，即使在处理"撞机事件"期间，中国外交部部长唐家璇也两次与鲍威尔就伊拉克问题互致信函。这些互动得到了鲍威尔的积极回应，并在很大程度上推动小布什本人及其外交决策团队对中国的认知向积极的方面转化。之后，在2001年美国独立日招待会上，小布什向中国驻美大使

---

① 参见〔美〕乔治·沃克·布什：《抉择时刻》，东西网译，北京：中信出版社，2011，第345页。

② 参见 Robert B. Zoellick, "Whither China: From Membership to Responsibility?" Deputy Secretary of State, Remarks to National Committee on U. S. – China Relations, New York City, September 21, 2005。佐利克于2005年2月至2006年6月担任美国国务院常务副国务卿。

杨洁篪表示愿意主动与中国国家主席江泽民通电话，双方元首的通话向外界传递了一个明确而积极的信息：中美间存在着重要的共同利益，双方愿加强对话和交流，推动中美关系早日回到正常发展轨道。中方则认为，美国方面已不再以“战略竞争者”定位中国，并为中美之间加强建设性合作留下了空间。①

随着中美两国经济上的联系日益紧密，两国在经济领域主管同类事务的政府官员之间的联系也日益密切，从而使基欧汉所述的“跨政府联盟”在经济领域也逐步成为现实。② 中国入世后，贸易不平衡问题进一步凸显成为中美经济关系中的焦点之一。对此，部分国会议员和劳工组织认为对华贸易逆差造成了美国国内工作岗位的大量流失，他们给出的解释是中美贸易逆差乃是由于人民币被严重低估造成的。③ 到 2003 年，由于美国对华贸易逆差打破了 1000 亿美元的心理大关（按美方统计），美国制造商协会首先发起了对人民币汇率定值过低而导致逆差的攻击。2004 年，参议院议员查尔斯·舒默（Charles Schumer）和林赛·格雷厄姆（Lindsey Graham）提出惩罚性关税提案，中美在人民币汇率问题上的争执达到了顶峰。④ 但实际上，在美元霸权的背景下美国经济已经形成了“财政赤字和外贸赤字成为孪生兄弟”的特征，这一结构性的问题并非中国单方面所能够改变的。相反，按照中国的汇率政策，美国财政部是最大的受益

① 唐家璇：《劲雨煦风》，北京：世界知识出版社，2009，第 288 ~ 295 页。

② 〔美〕罗伯特·基欧汉、约瑟夫·奈：《权力与相互依赖》，门洪华译，北京：北京大学出版社，2002，第 35 页。

③ Robert Sutter, "The United States and Asia in 2005: Managing Troubles, Sustaining Leadership," *Asian Survey*, Vol. 46, No. 1 (January - February, 2006), p. 15.

④ 2005 年 6 月底，参议院议员舒默（Charles Schumer）和共和党议员格雷厄姆提出一项议案，主张中国如果不调整人民币汇率，美国将对所有从中国进口的商品征收 27.5% 的关税。该议案在参议院的程序投票中以 67 票对 33 票获得通过，下一步就是参议院的正式表决。吴心伯：《世事如棋局局新：二十一世纪初中美关系的新格局》，上海：复旦大学出版社，2011，第 55 页；陈宝森：《源自“世代”的考虑——中美启动战略经济对话机制》，《世界知识》2006 年第 21 期。

者，中国通过对美贸易握有大量的美元，而这些美元在投到其他明确的目标之前，都购买了美国的债券，从而使财政部得以支付巨额的政府开支，所以实际上帮了美国财政部一个大忙。

在亨利·保尔森（Henry M. Paulson, Jr.）出任美国财政部长后，中国方面敏锐地捕捉到在经贸政策领域构建跨国政策联盟的机遇。首先，相对前几任财政部部长和部分内阁成员，保尔森算是一名“中国通”。1992 年起，他曾经到访中国不下七十次，在美国高级官员中当属罕见。任高盛掌门时，他把中国市场列为高盛全球战略的重点地区。在他领导下，高盛取得了中国金融市场的龙头地位。高盛曾协助多家中国大企业海外上市，包括中国石油、中国平安保险和中国银行。联想并购 IBM 公司 PC 业务的财务顾问也是高盛集团。此外，高盛还是第一家获得上海证交所 B 股交易许可权的外资投资银行，以及首批获得“合格的境外机构投资者”（QFII）资格的外资机构之一。2001 年，江泽民主席和保尔森曾围绕全球金融以及环境保护问题，进行了一个多小时的交谈。[①] 其次，保尔森主张通过对话方式解决中美经贸问题。保尔森在 2006 年 7 月上任之后向小布什总统提出建立中美战略经济对话的设想。保尔森指出，在处理美中双边问题的时候只有现在的双边商贸联席会议是不够的，还需要建立更高一层的对话机制，以保证双边关系的长期稳定。[②] 在参议院举行听证会批准对保尔森的任命时，参议员舒默特意提出人民币升值问题并要保尔森表态。保尔森明确回答说：“让人民币汇率机制更灵活是对的，但中

---

① 作为美国大自然保护协会主席，保尔森还曾应中国前国家主席江泽民之邀，与云南省合作开展了大河流域项目（又称滇西北保护与发展项目），其目标为在滇西北地区建立一个集自然保护与经济发展于一身的自然保护体系。为求获得第一手材料，他曾经徒步十几公里，进入不通公路的山村。卢怀谦：《保尔森：最了解中国的美国财长》，《中国证券报》2006 年 9 月 25 日，http://paper.cs.com.cn/epaper02/html/2006-09/25/content_1852090.htm。

② http://en.wikipedia.org/wiki/Henry_Paulson#U.S._Secretary_of_the_Treasury.

期目标应当是使人民币在国际市场上可兑换，而这一点在它们有一个现代化的、开放的、运行良好的资本市场和银行系统之前是不可能做到的”。二人的差别就在于：一方是从表象、局部看问题，另一方是从长远和战略高度看问题，而保尔森显然更高一筹，并有更大的说服力和执行力。①

2006 年 9 月 19 日至 22 日，保尔森就建立中美战略经济对话事宜访问中国。其间，中美两国宣布启动双边“战略经济对话”机制，这是继中美商贸联委会、中美经济联委会之后的又一个高层对话机制。中方对这一对话机制给予了高度重视，由副总理吴仪担任中方主持人。同时，为表示对这一机制的重视，在 2006 年 9 月 19 日保尔森抵达中国的当天，人民币兑美元汇率升至 7. 9450∶1，是 2005 年 7 月人民币汇率机制改革以来的最高水平。相关人士认为这是中国送给“老朋友”的“见面礼”。②

中美战略经济对话机制的建立以及中国方面与保尔森良好的工作关系的建立，使得中美关系有了历史上规格最高的经济主管官员的交流活动，可以有效地防止中美经济摩擦升级，并进而使得中美经贸关系可以更加有效地发挥中美关系稳定器的功能，并缓解安全和政治领域美国对中国的信任赤字，从而使美国东亚政策逻辑中安全绑架经济等扭曲现象也同步得以修正。

归纳起来，这一时期中国在反恐、战后重建、六方会谈和建立跨国政策联盟等方面积极发挥政策能动性，从而既有助于推动美国外交决策团队修正或改变原有的东亚地区认知，也成为小布什外交决策团队说服国内接受修正后的政策逻辑的重要例证。

① 陈宝森：《源自“世代”的考虑——中美启动战略经济对话机制》，《世界知识》2006 年第 21 期。

② 卢怀谦：《保尔森：最了解中国的美国财长》，《中国证券报》2006 年 9 月 25 日，http://paper. cs. com. cn/epaper02/html/2006 -09/25/content_ 1852090. htm。

四　日本外交政策对小布什政府东亚地区认知的影响

2001 年 4 月组建的日本小泉纯一郎内阁高喊“改革”口号，展现出了迎合大众的政治风格，再加上小泉执政时期日本经济实现好转，因此小泉内阁的支持率很高。另外，小泉首相积极营造和维护日美之间的紧密关系，与小布什政府执政初期“高度重视美日同盟”的立场相呼应，从而使美日同盟关系达到新的高度，也使日本在小布什政府东亚政策中占据着相当重要的位置。但小泉首相去职后，日本政坛再次陷入“走马灯式”轮换，这使美日关系的进一步发展再次蒙上阴影。

（一）小泉首相的连续执政

小布什于 2001 年 1 月 20 日正式入主白宫，小泉纯一郎也在同年 4 月 26 日出任日本首相。不同于传统的老成持重的日本政治家，小泉是一位勇于承担风险且付诸行动的新型政治家，其外交的主要特征是赋予日美关系以特殊的重要性。在正式就任首相前的 4 月 22 日，小泉纯一郎公开表示：“日美在日本近海的公海上采取联合行动时，假如美军受到攻击，日本不可能袖手旁观。从日美同盟符合国家利益这一点来看，这样的时候即将到来：即使改变宪法解释，也可以得到国民的理解。”4 月 27 日，小泉再次表示：“当日美在日本附近的公海上采取联合行动时，一旦美军受到攻击，日本不能置之不理。不能拘泥于数十年前的解释而损害国家利益。”① 小泉的表态得到了小布什总统的赞许，5 月 8 日，小布什在致小泉的亲笔信中称：“日美安全关系是亚洲和平的基础。感谢首相迄今为止的发言。”② 2001 年 6 月，小泉将就任首相后的首次出访锁定美国，并在访美期间与小布什总统建立了亲密的私人合作关系，从而使美日政府元首（首脑）关

---

① 参见新华社东京 2001 年 4 月 23 日电；《时事解说》2001 年 6 月 1 日，转引自刘世龙《美日关系：1791—2001》，北京：世界知识出版社，2003，第 701 页。

② 刘世龙：《美日关系：1791—2001》，北京：世界知识出版社，2003，第 701 页。

系大有再度形成20世纪80年代“里根－中曾根”亲密关系的态势。[①] 小泉作为日本30年来在任时间最长的首相，其广泛的民意支持使小泉首相得以能够较为顺利地推行自己的亲美外交政策，长达五年半的首相任期又使得这一时期的日本外交大政方针得以延续，从而使日美关系在其任内得到进一步加强。[②]

（二）积极协助和参与美国的全球反恐战争。“9·11”恐怖袭击事件发生后，小泉内阁向小布什总统承诺将尽其所能提供援助，并称“9·11”事件“不仅仅是针对美国的攻击，更是对自由与民主的攻击”。[③] 之后不到两个星期，小泉首相赶赴美国，表示日本政府将坚定不移地协助美国的反恐战争。小泉内阁的做法与海湾战争期间日本政府在是否派遣自卫队问题上的犹豫不决形成了鲜明对比。[④]

2001年10月，在美国开始对阿富汗塔利班政权实行打击后，小泉内阁通过了《反恐特别措施法》，使日本政府得以派遣海上自卫队舰艇前往印度洋对参加阿富汗战争的美军进行补充燃料等后勤支援活动。虽说是后勤支援，但自卫队远离日本周边地区从事战争支援，是颠覆战后宪法的全新举动。[⑤] 在《反恐特别措施法》出台后，日本政府于2001年10月31日确定于次月向印度洋派遣两支舰队，并就派舰方案与美国进行了充分的协商，加深了人们关于“日美在反恐战争中并肩作战”的印象，从而引起了美国民众的共鸣并加强了两国

---

① “里根－中曾根”意指20世纪80年代在美国总统罗纳德·里根和日本首相中曾根康弘之间所形成的友好关系。

② 〔日〕五百旗头真主编《新版战后日本外交史：1945—2005》，吴万虹译，北京：世界知识出版社，2007，第204页；Richard L. Armitage, Joseph S. Nye, “The U. S. – Japan Alliance Getting Asia Right Through 2020,” p. 2，报告对小泉和小布什所建立的个人友谊和两国间的战略伙伴关系赞赏不已。

③ 〔美〕乔治·沃克·布什：《抉择时刻》，东西网译，北京：中信出版社，2011，第133页。

④ 〔日〕五百旗头真主编《新版战后日本外交史：1945—2005》，吴万虹译，北京：世界知识出版社，2007，第205页。

⑤ 〔日〕五百旗头真主编《新版战后日本外交史：1945—2005》，吴万虹译，北京：世界知识出版社，2007，第205页。

之间的信赖关系。日本自卫队战时出兵印度洋，是美日军事关系准平等化的重要一步，这是二战后日本首次与美国联合出兵，标志着美日两国20世纪90年代实现美日同盟再定义后的首次实践。这也正符合了小布什外交决策团队中“知日派”阿米蒂奇等人的对日战略，即在尊重日本自主性的同时促使日本发挥更大的国际作用，从而推进类似美英关系的美日关系。①

（三）积极参与阿富汗战争和伊拉克战争的战后重建

塔利班政权垮台后，战后重建工作成为最为紧要的工作，小布什政府力图让尽可能多的国家加入到重建工作中来，此举既可以缓解美国沉重的财政负担，又可以让世界各国协同抵御极端主义意识形态。对此，小泉政权也给予了大力配合和积极响应，2002年1月，小泉纯一郎在日本东京召开了支援阿富汗重建会议，这次会议共得到45亿美元的捐助承诺，而且在这次会议上，美国的一些重要盟国纷纷表示将一起承担阿富汗的重建任务，其中日本主动提出要帮助解除军阀武装和遣散地方性民兵组织。通过美国在军事方面、日本在经济重建方面共同发挥作用，美日实现了彼此认同的互补性合作关系，而这正是美国期望的美日同盟的理想状态。②

在美国决意发动伊拉克战争后，尽管法德等国表示强烈反对，但在世界各地反战游行示威中，小泉首相迅速地明确表示支持伊拉克战争，并且在伊拉克战争爆发后的2003年7月，小泉内阁通过了《伊拉克复兴支援特别措施法》，该法案设想伊拉克基本恢复和平之后，日本向“非作战地区”派遣自卫队，从事人道主义支援活动。法案

① 〔日〕五百旗头真主编《新版战后日本外交史：1945—2005》，吴万虹译，北京：世界知识出版社，2007，第204页。

② 〔日〕五百旗头真主编《新版战后日本外交史：1945—2005》，吴万虹译，北京：世界知识出版社，2007，第205～206页；〔美〕乔治·沃克·布什：《抉择时刻》，东西网译，北京：中信出版社，2011，第194页。

通过后，尽管在伊拉克针对非军事目标的恐怖袭击和自杀式攻击日趋严重，但日本还是在 12 月 9 日宣布派遣自卫队前往伊拉克。对此，日本学者五百旗头真认为："战后日本奉行和平主义，崇尚'人的生命比地球还重'的理念，但是小泉首相却力主即使付出牺牲也要和恐怖主义战斗到底。"小泉内阁对美国伊拉克战争的大力支持使日本向"类似英国那样的盟国"的角色又迈进了一大步。①

在其他国际事务上，小泉内阁领导下的日本也积极扮演着美国的关键性伙伴角色。例如 2004 年东南亚飓风灾难发生后，小泉内阁积极参与美国领导下的灾后救援工作，快捷并且高效地为救灾和重建工作提供了大量的人员和物资支持。② 此外，日本在反对欧盟撤销对华武器禁运、美国全球军力重新部署、日本自卫队重新界定新角色和新使命、部署导弹防御系统和六方会谈等国际议题上对美国的密切配合也都获得了美国的肯定，使日本作为美国的"核心盟国"的角色进一步突出。③ 对此，2007 年第二版"阿米蒂奇"报告作如下评价，"在小泉内阁的努力下，美日同盟在安全领域的合作取得了巨大的进展"。④ 小泉政权对美国深化美日同盟的合作贯穿小泉担任首相的五年半时间，所以小布什政府对小泉内阁领导下的日本非常满意，称"日本为维护地区和平与稳定的力量，是国际社会受人尊重的重要成员，还是美国值得信赖的盟友"。⑤

---

① 〔美〕乔治·沃克·布什：《抉择时刻》，东西网译，北京：中信出版社，2011，第 194 页；〔日〕五百旗头真主编《新版战后日本外交史：1945—2005》，吴万虹译，北京：世界知识出版社，2007，第 206～207 页。

② Robert Sutter, "The United States and Asia in 2005: Managing Troubles, Sustaining Leadership," p. 17.

③ Robert Sutter, "The United States and Asia in 2005: Managing Troubles, Sustaining Leadership," p. 18.

④ Richard L. Armitage, Joseph S. Nye, "The U.S. – Japan Alliance Getting Asia Right Through 2020," p. 19.

⑤ Christopher R. Hill, "East Asia in Transition: Opportunities and Challenges for the United States".

（四）日本政策能动性的不足

尽管小泉政权在国际事务上对美国的积极配合在很大程度上满足了美国对日本的期望，但是随着小泉首相去职，其一味追随美国的政策未能得到继续贯彻；同时，受和平宪法的约束和影响，日本国内仍有近一半的民众对于派遣自卫队前往伊拉克等类似“出兵海外”的行为持反对态度，再加上历史问题和东亚地区的国际政治现实等因素，这些都使日本能够发挥影响的空间大受限制。

日本频繁的首相更迭给美日关系带来了相当大的磨合成本。2005年12月，当以小泉为总裁的自民党再次赢得国会选举时，美国方面欣喜地预测小泉内阁执政以来对美国在全球和地区事务上的支持与密切配合将会继续延续下去。[①] 2006年9月，小泉纯一郎辞去首相职位，安倍晋三继任；2007年9月，安倍晋三辞职，福田康夫继任首相，不到一年后即辞职，麻生太郎继任首相，日本政局再次陷入“走马灯式”内阁轮替，这恰恰是美国政府所不愿看到的结果。

在主张“改变战后体制”、推行“自主外交”的安倍晋三主政下，日美之间亦遭遇不少“意外”。第一，安倍本人不肯向二战随军慰安妇“道歉”，遭到美国舆论一致讨伐，美国驻日大使甚至警告日本“美国的选民全部都非常关注慰安妇问题。这件事让美国国民认为日本从‘河野谈话’的立场上倒退，可以说具有破坏性的影响”。第二，安倍内阁的重要阁僚、美日“2+2”会议的主角防卫大臣久间章生与外务大臣麻生太郎先后批判美国政策。尤其是久间“哪壶不开提哪壶”地批评美发动伊拉克战争是个“错误”，引发美国的外交抗议，美日“2+2”会晤因此一推再推。第三，日本国会有关拨款变革和强化军力的计划被搁置，而且还计划削减对美国驻军日本的

---

① Robert Sutter, “The United States and Asia in 2005: Managing Troubles, Sustaining Leadership,” p. 11.

东道国资助金额，而日本对美国的东道国资助可谓美国在东亚地区军事前沿部署的最主要支柱之一。[①] 2007 年 9 月，安倍晋三辞职，继任的福田康夫内阁在《反恐特别措施法》失效的 11 月 1 日，下令撤回在印度洋为美国军舰等提供燃料的海外自卫队舰船，并迫于国内压力声称要将对美国的东道国资助金额削减一半。2008 年福田康夫的辞职，也给美日关系带来了更多的不确定性。[②]

在小泉首相的努力下，日本在小布什政府东亚地区战略中的角色得到进一步强化。日本在反恐战争和战后重建等方面对美国的配合与支持使美国意识到日本不仅是地区和平与稳定的基石，而且还有助于其应对其他新挑战，因此有必要继续努力使日本在地区和全球事务中发挥领导性角色，[③] 这更加强化了小布什政府以美日同盟为基础构建地区秩序的设想和决心。但受制于国内政治因素和历史问题，日本并不能完全胜任美国所希望日本扮演的角色，这就使小布什政府借由美日同盟实现东亚政策目标的努力受到诸多挑战，不得不逐步修正原有过于依赖美日同盟的政策逻辑。

第三节　小布什政府东亚政策逻辑与重心的修正

在上述因素的推动下，小布什外交决策团队对东亚地区的认知开始了缓慢的修正过程。首先从一部分主管东亚事务的高级官员开始，最后逐渐拓展成为小布什外交决策团队的主流和集体认知。其

---

① Kent E. Calder, *Pacific Alliance: Reviving U. S. – Japan Relations*, p. 10；〔日〕《慰安妇决议和六方会谈成为导火索——日美关系吱嘎作响》，《选择》月刊，2007 年 4 月号，转引自马俊威、徐学群《日美“2 + 2”会议文件与日美同盟转型》，《现代国际关系》2007 年第 3 期。

② Kent E. Calder, *Pacific Alliance: Reviving U. S. – Japan Relations*, p. 10.

③ The White House, *The National Security Strategy of the United States of America*, September 2002, p. 26.

中，这一转变的过程也因为外交决策团队成员的更替而明显加速，主要是佐利克接替阿米蒂奇出任常务副国务卿和保尔森出任财政部部长并成为中美战略经济对话的美方主持人，这二者既是“知华派”又主张通过“接触、融合”的手段来管控中美关系，这一派人士加入小布什外交决策团队使原来“温和务实派”的影响力大大增强。

但是随着中国入世后国际贸易的迅猛发展和经济总量的快速上升，美国部分国会议员和新闻媒体对与中国开展建设性合作的政策提出了质疑和批评，其主要观点是美国需要警惕中国在地区和全球的影响力不断上升，中国通过不公平的竞争剥削了美国，从而构成了对美国利益的全方位威胁等。[①] 上述观点在“毒化”中美关系的同时也使得小布什政府改变东亚政策逻辑的过程更显艰难。但小布什强调，“应该主动地领导民众，而不是被民意调查牵着鼻子走。”[②] 随着小布什外交决策团队修正后的地区认知逐步形成，为营造有利于政策调整和执行的国内政治氛围，小布什政府还必须提出一套能够说服国内持异见者并引导民众支持政府政策的政策逻辑。

一 小布什政府第二任期的东亚地区认知

为实现这一目标，小布什政府首先对美国的东亚地区观进行了全新的表述。负责东亚和太平洋事务的代理助理国务卿瑞沃和之后主管东亚和太平洋事务的助理国务卿希尔分别在国会参、众两院的发言中近乎一致地概括了小布什政府第二任期对东亚地区的认知。[③] 主要内

---

① Robert Sutter, “The United States and Asia in 2005: Managing Troubles, Sustaining Leadership,” pp. 10 – 21.

② 〔美〕乔治·沃克·布什：《抉择时刻》，东西网译，北京：中信出版社，2011，第 252 页。

③ Evans J. R. Revere, “United States Interests and Strategic Goals in East Asia and the Pacific”; Christopher R. Hill, “East Asia in Transition: Opportunities and Challenges for the United States”.

容包含以下几方面。

首先，无论是在地缘政治、军事、外交还是经济商业方面，东亚地区对美国的国家利益来说都是至关重要的。东亚地区给美国带来的巨大挑战和非凡的机遇远超世界其他地方。经济上，东亚地区将继续保持着迅猛快速的发展势头，全球经济发展最为迅速的十个经济体中的八个位于这一地区。安全上，恐怖主义仍然构成对美国国家利益的严重威胁。消灭恐怖主义依然是最根本的任务；同时，美国则需要集中精力推动朝鲜半岛发生有利于美国的变化和将中国融合到全球、地区合作机制中来。政治上，在美国看来，东亚地区的民主事业有了较大的进展，越来越多的当地人民从经济的繁荣中受益，同时这一地区保持了和平态势，地区各国开始通过多边的手段来解决跨国问题，但是这一切都离不开美国长期以来所提供的领导作用和提供的援助。

相对于小布什执政之初的东亚地区观，这两位先后主管东亚和太平洋事务的官员都强调“东亚地区的区域一体化趋势正在加强，基于现有的东盟、东盟地区论坛、亚太经合组织等区域组织，这一地区在政治、经济和文化上的合作正在不断地加强”。为此，这一全新的东亚地区观强调，需要与地区内各国开展广泛的双边和多边对话以确保美国在东亚地区的国家利益。

这一修正后的东亚地区观对中国的定位也发生了较大的转变。早在“中美撞机事件”和“9·11”恐怖袭击事件后，小布什政府已经开始重新定位中美关系。2001 年的上海之行期间，小布什明确表示愿意同中国发展“坦诚的、建设性的合作关系”。[①] 这同之前“战略竞争者”的定位已经大不相同。2002 年，小布什在北京谈到中美关系时表示：“我们的关系是成熟和相互尊重的，而且对我们两国和全

---

① 《江泽民布什上海握手》，《新华每日电讯》2001 年 10 月 20 日，第 1 版。

世界都是重要的。”[①] 但是由于小布什外交决策团队中强硬保守派所具有的强大影响力，上述调整是非常缓慢的，这种情况一致延续到2005年。2005年9月21日，新任常务副国务卿佐利克提出了推动中国成为“国际社会负责任的利益攸关方”这一概念，他将“国际社会负责任的利益攸关方”定义为“意识到自身的繁荣得益于国际体系，因此致力于维系这一体系”。[②] 据此，他对中国的意图做出了客观和正面的判断：“中国并不认为其未来的发展需要推翻现行的国际秩序，而是相反，中国领导人决心通过与外部世界的紧密相连来实现自身的发展与现代化。”[③]

对于佐利克的观点，小布什本人表示认可。2006年4月，小布什总统在欢迎中国国家主席胡锦涛访美的致辞中指出：“美国欢迎一个和平、繁荣的中国不断崛起，同时希望中国积极参与国际机制并为之做出自己的贡献。”[④] 之后，美国各级别的政府官员多次在演讲中采纳“希望中国成为负责任的利益攸关方”这一提法，从而使小布什外交决策团队的新东亚政策逻辑进一步向内阁各部门、国会两院乃至向社会各界拓展，以尽可能地获取更多的认同和支持，来减少逻辑修正和政策实施的国内政治阻力。

二　小布什政府第二任期的东亚政策逻辑与重心

2006年3月，小布什政府公布了其第二版的《美国国家安全战

---

① 《布什总统和江泽民主席在记者会上的讲话》，白宫新闻秘书办公室，2002年2月21日，http：//usinfo. State. gov/regional/ea/mgck/archive02/0221bushch2. htm，转引自吴心伯《太平洋上不太平——后冷战时代的美国亚太安全战略》，上海：复旦大学出版社，2006，第139页。

② Robert B. Zoellick，“Whither China：From Membership to Responsibility?”.

③ Robert B. Zoellick，“Whither China：From Membership to Responsibility?”.

④ “China's Role in the World：Is China a Responsible Stakeholder?” Statement by Thomas J. Christensen，Deputy Assistant Secretary of State for East Asian and Pacific Affairs Before the U. S. –China Economic and Security Review Commission，August 3，2006，p. 2.

略报告》，报告概括了一个修正过的东亚政策逻辑：首先，东亚地区的第一要务仍然是要确保地区稳定，但美国不应该扮演“力量平衡者”，而应该努力成为地区各国务实合作的推动者；东亚地区的稳定为经济繁荣提供了良好的外在环境；经济发展有助于公民个体追求更高的个人权利，从而有助于民主的进步；民主国家的政府在对内对外政策上更为负责，从而有利于地区稳定和经济繁荣。[①] 这一逻辑主要有如下几方面的特点。

（一）否决了“简单化的历史经验论”的推理逻辑

一部分美国政治精英认为，根据历史经验教训，中国很可能会重蹈20世纪30年代日本的覆辙。当年日本崛起为太平洋地区的经济、政治和军事大国后，不可避免地与其他太平洋大国，尤其是与美国之间的利益发生了冲突。因此美国制定对华安全政策的起点或基点是“中国力量上升所带来的安全影响”。保守现实主义倾向于从地区权力均势和霸权护持的角度看待东亚地区的挑战与机遇，温和务实派更多的看到中国力量上升对于跨国性问题解决的促进作用。基于此，常务副国务卿佐利克在将中国崛起与冷战和19世纪欧洲的均势政治进行历史类比后，否决了强硬派对中国实施“预防性遏制政策”的思路。[②]

（二）对中国以“融合”政策为主要手段

修正后的东亚政策逻辑在承认中国国力快速上升所带动的中国崛起不可避免的同时，重新选择“融合”或“接触”政策以使中国的崛起不同于以往大国崛起所带来的破坏性后果。对于中国在未来如何发挥影响力，佐利克提出，美国不应仅停留在使中国融入国际社会，还应该进一步鼓励中国成为“国际社会负责任的利益攸关方”，在全

---

① The White House, *The National Security Strategy of The United States of America*, March 2006, pp. 25, 40 – 42；吴心伯：《两种互动左右中美关系》，《环球时报》2006年1月4日，第11版。

② Robert B. Zoellick, “Whither China: From Membership to Responsibility?”.

球事务中发挥更加积极的作用。[①]

（三）较小布什执政之初的“单边主义”更加偏重多边合作

2006年版的《美国国家安全战略报告》尽管强调美国仍有必要保持“单独行动”的自由，但字里行间透露出美国更多地要通过多边合作的手段来实现地区稳定、贸易自由化、金融稳定和拓展民主等政策目标。首先是安全方面的合作，因为随着反恐战线的全面铺开，美国的力量被大量牵制在伊拉克和阿富汗战场，根本没有多余力量再在东亚开辟新的战场，因此稳定朝鲜半岛和台湾海峡等地区潜在冲突点就成为小布什政府在东亚地区安全利益的重点所在，在这一政策目标指导下，与中国发展密切的安全合作就成为美日同盟之外的重要政策手段。

第四节　东亚政策逻辑修正后的小布什政府对华和对日政策

基于上述修正后的东亚政策逻辑，小布什政府自“9·11”恐怖袭击事件之后所开启的东亚政策调整开始全面加速，并直接推动对华和对日政策也进行着相应的调整。

一　“国际社会负责任的利益攸关方”与美国对华政策的调整

对华政策的调整中最为突出的是“国际社会负责任的利益攸关方”这一概念的提出，标志着小布什政府对华政策的转向，而主要的平台和载体就是中美之间所开启的“中美高级对话”与“中美战略经济对话”。

为推动中国成为“国际社会负责任的利益攸关方”，小布什外交

---

① Robert B. Zoellick, “Whither China: From Membership to Responsibility?”.

决策团队不再满足于一般形式的双边会谈，而是借用美国与盟国之间开展的“战略对话”开启中美之间的“中美高层对话”①。名称虽然不同，但无论形式还是内容都与其他双边战略对话完全相同。负责东亚和太平洋事务的助理国务卿希尔认为，常务副国务卿佐利克开启的“中美高层对话”是推动中国成为“国际社会负责任的利益攸关方”这一努力的核心部分，包括推动中国在朝鲜半岛、伊朗核问题、反恐、维和与能源合作等诸多地区和全球性议题上发挥建设性的作用。②

尽管小布什政府在执政一段时间后不再把中国定位为“战略竞争者”，但随着中国入世后对外贸易额的快速上升，中美两国的经贸关系在进一步紧密的同时，贸易摩擦也呈现井喷之势，美国对华经贸政策上的贸易保护主义甚嚣尘上，多名国会议员以提案的方式要求立法对中国进行报复和惩罚。在这种情况下，小布什政府决定不再任由中美经贸摩擦恶化下去，而是力图由行政当局在中美关系中占据主动，找到一种可以缓解国会总是批评行政当局对华政策的办法。2006年，保尔森出任美国财长后提出了举行战略经济对话的建议。其主要思路可以表述为：“与其今天提出一个问题、明天再提出另一个问题解决，还不如把中美关系设在一个框架里面，在这个框架内设定一个目标，然后慢慢地解决这些问题。同时，还可以向美国国会有所交代——行政当局一直在努力中。”③

---

① 美方之所以要将这一对话平台称为“中美高层对话”乃是由于国家安全委员会亚洲事务资深主任迈克尔·格林等人反对使用“战略”一词，理由是日本会担心中美开展战略对话以及“战略”一词带有军事含义，而中美并非盟国，于是美方改称“全球对话”“高层对话”，中方则称之为“战略对话”。参见吴心伯《世事如棋局局新——21世纪初中美关系的新格局》，复旦大学出版社，2011，第170页；傅梦孜、袁鹏、牛新春、达巍、王文峰、郭拥军：《战略对话与中美关系》，《现代国际关系》2005年第8期。

② Christopher R. Hill, “East Asia in Transition: Opportunities and Challenges for the United States”.

③ 丁一凡、张立平、江涌：《对话》与“告状”的背后——三位学者解读中美经贸状况》，《世界知识》2007年第12期。

更具象征意义的是，美日两国在20世纪80年代曾经因为贸易不平衡等问题多次举行战略对话，通过这一对话机制，美国不断促使日本让步和改变，日本也一步步地按照美国的要求自愿或不情愿地做出让步。现在美国对中国也采取了战略对话机制，这说明美国寄希望于之前的“美日对话”模式能够在美中关系上再度生效。由此可见，“中美战略经济对话”机制，是中美双方处理经贸摩擦更加成熟的表现。

在中美开启“中美高层对话”和“中美战略经济对话”的同时，美国的台海政策也同步开始了调整进程。最初，小布什政府在台海问题上打破“战略模糊”，一方面加强对台湾的军事支持，另一方面加大对中国大陆的军事威慑。但台湾问题关系到中国的核心国家利益，中国不可能在美国的军事压力下放弃武力制独的选择，而“台独”分子也坚信美国基于战略上的考虑不会抛弃台湾，因而不顾小布什政府的一再警告积极推进“台独”分裂活动。美国的政策不仅对“台独”分裂势力起到了“撑腰打气”的作用，也强化了台湾问题军事化的趋势，同时也增加了美国卷入台海冲突的风险。但美国的台海政策并非孤立的，它必须适应美国对华政策的总体框架，不能与美国对华经济关系和政治关系过多地脱节。因此，在小布什政府的中后期，其台海政策的重心转向“反对台独”，在很大程度上形成了中美联合“反对台独”的态势。2006年，由于不满陈水扁当局不断以“台湾”名义加入联合国等政治动作冲撞美国两岸政策底线，小布什政府先后三次退回了台湾向美国提交的采购F-16战机的意向书。美方还放出风声，为避免被解读为支持陈水扁的“入联公投”，美方将不同陈水扁当局讨论这一军购案，此项交易将在台湾新的领导人上台后再启动。[①] 2007年，在陈水扁提出推动台湾“入联公投”后，美方在私下

① 吴心伯：《世事如棋局局新：二十一世纪初中美关系的新格局》，上海：复旦大学出版社，2011，第118页。

劝阻无效后，于2007年8月28日由常务副国务卿内格罗蓬特（John D. Negroponte）主动接受凤凰卫视专访，并明确指出："我们反对这类公投的概念，因为我们将此举视为台湾地区宣布独立的一步，也朝向改变台海现状。"① 同年9月11日和12月6日，美国助理国务卿帮办柯庆生也在不同场合分别表达了美国反对台湾"入联公投"的立场。②

二　中美日三边合作背景下的美国对日政策

冷战结束后，美日同盟通过再定义而增添了一些新的内涵：以对付朝鲜半岛和台湾海峡的不测事件为焦点，防范、牵制逐渐崛起的中国，并促使中国沿着美国所希望的方向发展。在小泉内阁执政的几年里，美日安全合作在深度和广度上都大大加强了，这也是小布什政府第一任期在东亚政策上的重要成果之一。但随着小布什政府东亚政策逻辑的修正，美日同盟基础上的中美日三边合作的主张逐渐成为美国政府中的主流思想。

在民间智库层面，美国太平洋论坛执行主任布拉德·格洛斯曼（Brad Glosserman）和美国战略与国际研究中心研究员邦尼·格拉泽（Bonnie Glaser）认为，美国和日本"与中国进行三边接触有助于减少怀疑美日联盟的目的是遏制中国的担心"。③ 更值得一提的是，2000年版"阿米蒂奇报告"曾经大力呼吁强化美日同盟，主张日本应突破宪法中关于"集体自卫权"的束缚，在1997年新《美日防卫

---

① 《凤凰专访美副国务卿：美视入联公投为宣布台独》，凤凰卫视网站，http：//news. phoenixtv. com /taiwan/1 /200708 /0828_ 351_ 204336. Shtml。

② Thomas J. Christensen, "A Strong and Moderate Taiwan," Speech to U. S. – Taiwan Business Council, September 11, 2007, http：//www. state. gov/p/eap/rls/rm /2007 /91979. htm; Thomas Christensen, "Roundtable Briefing with Taiwan Media," Washington D. C. , December 6, 2007, http：//www. state. gov/p/eap/rls/rm /2007 /96691. htm.

③ Brad Glosserman and Bonnie Glaser, "And Now to Trilateralism," *Pac Net Newsletter*, No. 14, 2007, p. 2.

合作指针》的基础上与美国开展更为密切和有效的安全合作，以便为同盟关系做出更大的贡献，并表示欢迎美日两国成为双边关系更为平等的盟国，“以日制华”的倾向非常明显。[①] 但到了2007年，第二版的“阿米蒂奇报告”尽管依然强调美日同盟是美国亚洲政策的基石，但报告同时还强调：“美国持续有效的外交政策的基本原则是确保全球主要大国之间的合作”，“东亚地区的稳定尤其需要美日中三国发挥积极的作用，因此美国在强化美日同盟的同时，还需要保持美日中三国之间关系的稳定”。[②]

这一转变也直接体现在小布什政府的对日政策上，小布什政府执政初期曾积极推动日本修改宪法，行使“集体自卫权”，以扮演更为积极的角色，与美国共同牵制中国来维系美国在东亚的主导地位。为此，小布什政府以“美英关系”为榜样来打造美日同盟。但随着原来主张“扶日抑华”的阿米蒂奇、沃尔福威茨和拉姆斯菲尔德等人相继退出小布什政府，美国转而开始采取在中日之间保持相对平衡的政策，第二版“阿米蒂奇报告”所主张的保持美中日三边关系的稳定就成为美国东亚政策之新的重心。

第五节　小结

小布什执政的8年时间里，美国东亚政策的逻辑同样经历了一次修正的过程。受新保守主义理念的影响，小布什外交决策团队最初主要将“预防性遏制”和“权力均势”作为政策逻辑的关键词，在这一背景下，日本自然成为美国在东亚地区的“核心盟国”，中国则成为小布什政府眼中的“战略竞争者”。

---

① “The United States and Japan: Advancing Toward a Mature Partnership,” p. 3.

② Richard L. Armitage, Joseph S. Nye, “The U. S. – Japan Alliance Getting Asia Right Through 2020,” pp. 2, 26.

但形势比人强，“9·11”恐怖袭击事件打乱了小布什政府的既定全球战略部署，小布什政府不得不对威胁源头进行重新界定，政策重心也转向全球反恐。同期，东亚地区的经济一体化进程也不断深入，功能性多边合作的重要性和紧迫性不断提升。在这一背景下，小布什政府开始逐步修正对东亚地区的认知，以适应新形势的需要。

与20世纪80年代的中曾根康弘和里根相似，日本小泉内阁与小布什政府也是几乎同时开始执政，共同的保守主义理念和对美日同盟的重视使美日关系大有直逼“美英特殊关系”的势头。但自小泉首相离任后，日本首相再度陷入“走马灯式”更迭，政策连续性也受到影响，这使日本持续发挥自身能动性的能力大受限制。

这一时期，中国经济在20世纪90年代飞速发展的基础上继续保持高速和稳定的发展态势，并成为美国最大的债权国，同时还成为现行以“美元本位”为标志的国际货币体系的重要成员。中国的双顺差政策恰好支撑了美国双逆差的国际经济政策，中美两国继经贸领域之后在金融领域也形成了深度相互依存关系。同时，综合国力不断上升的中国在国际舞台特别是在东亚地区的影响力也与日俱升，“朝核问题六方会谈”成为中国扮演“国际社会负责任的利益攸关方”角色的重要例证。因此，在小布什任期内，中美两国开启了“中美高层对话”并创造性地建立了“中美战略经济对话”机制。美国的对华和对日政策也随之逐步重返克林顿第二任期所形成的相对平衡状态。

2008年从美国开始爆发的金融危机，引发了全球性经济危机和衰退。中国在危机应对中所发挥的积极作用使中国“国际社会负责任的利益攸关方”的角色更加突出，这使小布什政府第二任期的东亚地区认知更具说服力，同时进一步强化了小布什政府修正后的东亚政策逻辑，从而在很大程度上使奥巴马（Barack Hussein Obama Ⅱ）就任总统后的中美关系规避了总统大选所经常导致的负面影响和关系倒退，呈现出“高开”的态势。

第六章
奥巴马政府东亚政策逻辑与重心的演变

2008 年，奥巴马打着“变革”的旗号赢得大选，当选美国第 44 任总统。与前任小布什总统相比，出自民主党的奥巴马着力修复被新保守主义激进政策所破坏的美国国际形象，有计划地实施从伊拉克和阿富汗撤军，以缓解美国在全球过重的军事负担，腾出资源更好地应对全球金融危机所带来的冲击，并使美国外交政策更直接地服务于推动国内经济复苏的努力。在这一大背景下，奥巴马政府的东亚政策也掀开了新的一页，相对于克林顿和小布什就职初期的中美关系，出于应对金融危机的合作需要，中美关系在 2009 年呈现难得的高开局面；但伴随着“巧实力”外交和“亚太再平衡”战略的出台，美国在强化既有美日、美韩等同盟体系的同时，深耕东南亚诸国并改变在南海问题上的不选边立场，转而以航行自由为借口不断国际化这一议题，使中国的周边外交面临着全新的挑战。深化美日同盟是亚太再平衡战略成功实施的重要一环，第一任期的奥巴马政府成功地与日本国内亲美势力一起迫使主张东亚合作的鸠山首相辞职，从而使日本重回“对美外交优先”的轨道。但在奥巴马执政的 8 年时间里，全球和东亚地区的国际环境均发生了重大的变化，在东亚地区，中国经济总量于2010年超过日本，成为全球第二大经济体；这一期间，中美经济总量差距也不断大幅度缩小，2009年奥巴马上台之初，美国的GDP是中国的3.2倍，2014年中国的GDP已相当于美国的50%左右，到了奥巴马任期的最后一年，中国的GDP达到了美国的60%，这一力量对比的变化使得中国影响国际局势和国际社会对华认知的能动性更大，并且使中美如何避免陷入“修昔底德陷阱”成为一个双方公开讨论和沟通的议题。2012年底，安倍晋三第二次担任首相，并在小泉纯一郎之后首次实现5年连任，其对美国重返亚太战略的响应与支持使东亚地区合作停步不前。上述因素对奥巴马政府的东亚政策逻辑的演进过程产生了较大的影响，从而推动着对华和对日政策的调整。本章将继续在认知—决策分析框架下分析奥巴马政府东亚政策逻辑和重心的形成与转变以及转变的动力等几个方面的内容。

第一节 奥巴马政府初期东亚政策逻辑与重心的形成

一 奥巴马政府的外交理念与决策模式

打着“变革”旗号入主白宫的奥巴马，在对外政策方面推出了一系列重大举措：致力于弥合美国与其欧洲传统盟友的裂痕，改善美国在伊斯兰国家中的糟糕形象，与朝鲜、伊朗等所谓的“敌国”开展谈判，与中俄等大国积极接触和开展合作，展现了与小布什就职之初不同的外交理念。入主白宫后，奥巴马政府逐渐改变了小布什政府的“单边主义”外交政策，并努力改变美国外交的傲慢形象和“非友即敌”的思维模式，使美国的国际形象为之一新。其外交理念归纳起来可以做如下概括：在当前美国实力不足或相对下降的大背景下，为维系美国的全球霸权地位，奥巴马在坚守美国外交政策中一贯推崇的价值观的同时，强调理想主义目标与现实主义利益的相互统一，很大程度上是一种“有道德的现实主义”（Ethnical Realism）。对于亚太地区，奥巴马总统表示，“这个地区（亚太地区）的未来与我们利害攸关，因为这里发生的一切对我们国内的生活有着直接的影响”。[①]

在决策模式方面，奥巴马与前任小布什有些类似，不苛求决策团队成员在观点上的完全一致，而是鼓励团队成员之间的建设性争论；非常注重听取决策团队成员的建议但坚持总统作为“最终拍板人和负责人角色”这一原则。例如他曾经强调：“根据我对历史的了解，白宫的危险之一在于形成了小集团思维（groupthink）——所有人在所有问题上都意见一致，既没有辩论，也没有不同看法提出。为此，我欢迎在白宫里进行深入和热烈的讨论。不过，作为总统，我才是最终的决策者；我负责提出目标，我手下的团队负责执行。一旦做出决定，我希望他们能全力以赴地落实。”[②]

奥巴马在当选总统后，选择昔日党内竞争对手希拉里·克林顿（Hillary Diane Rodham Clinton）出任国务卿，以显示自己的大度与格局。作为国务卿和美国的“第一外交官”，担任4年国务卿的希拉里和总统奥巴马既步调配合、相得益彰，又刚柔互补、相互补台。因此，奥巴马政府无论是全球政策还是东亚地区政策都印上了深深的希拉里烙印。

在国会的提名听证会上，希拉里表示：“当选奥巴马总统与我都

---

① The White House, Office of the Press Secretary, "Remarks by President Barack Obama at Suntory Hall," Suntory Hall, Tokyo, Japan, November 14, 2009, http://www.whitehouse.gov/the-press-office/remarks-president-barack-obama-suntory-hall.

② Fred I. Greenstein, *The Presidential Difference: Leadership Style for FDR to Obama*, Princeton: Princeton University Press, 2009, pp. 217~219；〔美〕罗伯特·盖茨：《责任——美国前国防部部长罗伯特·盖茨回忆录》，陈逾前、迩东晨、王正林译，广州：广东人民出版社，2016，第271页。

认为，外交政策应当基于原则和实用主义的结合，而不是僵硬的意识形态”；“美国应当使用‘巧实力’，即运用可由我们支配的全部政策工具，包括外交、经济、军事、政治、法律和文化等各种手段，应对不同的情况”。针对小布什政府时期穷兵黩武的政策，希拉里则表示，军事手段“有时是必要的，但那应当是最后才使用的方法”。[①] 希拉里的发言表明，她将综合运用美国的软、硬实力来实现美国的对外战略目标，而非一味地依赖军事手段。同时，希拉里大幅度地提升了亚太地区在美国对外政策中的分量，她强调：“今后 10 年美国治国方略最重要的使命之一就是大幅增加对亚太地区外交、经济、战略和其他方面的投入”。[②]

奥巴马的首位国家安全事务助理是詹姆斯·琼斯（James L. Jones），他之前是小布什政府国务卿赖斯所任命的中东问题特使，但由于琼斯既不是奥巴马竞选团队成员也不是奥巴马的密友之一，而且作为前海军陆战队司令的琼斯在决策和行事风格上都与奥巴马有所不同，因此，身为国家安全事务助理的琼斯在奥巴马外交决策团队中并未能发挥太大的影响力，更多的是从事一些礼仪性的工作，倒是副职汤姆·多尼隆（Tom Donilon）通过部门间的协调会在政策协调上发挥了巨大的影响力。为此，2010 年 10 月，琼斯辞职，多尼隆继任该职务。多尼隆主张对美国外交实现重新平衡，迅速从伊拉克撤军而转向关注中国、伊朗、朝鲜等日益凸显的挑战。[③] 由此可见，多尼隆同希拉里一样，都主张奥巴马政府应将外交的重点转向亚太地区，并加大对这一地区的投入。

---

① 张志新：《“巧实力”外交透出的信息》，《世界知识》2009 年第 4 期。

② Hillary Clinton, “America’s Pacific Century”, *Foreign Policy*, November, 2011.

③ 张志新：《美国新任总统国家安全顾问托马斯·多尼隆》，《国际资料信息》2010 年第 12 期；〔美〕罗伯特·盖茨：《责任——美国前国防部部长罗伯特·盖茨回忆录》，陈逾前、迩东晨、王正林译，广州：广东人民出版社，2016，第 283 ~ 284 页。

奥巴马政府的首任国防部部长是小布什时期的第二位国防部部长盖茨（Robert Gates），他以现实主义者、地缘政治学观察家而著称。盖茨认为，当今世界比冷战时期更加复杂，需要与包括俄罗斯在内的其他国家建立伙伴关系，以面对共同问题和伊斯兰极端主义构成的新挑战。对于中国，他认为：当前“中国正处于战略十字路口”，“我并不将中国视为美国的战略对手，它在某些方面是一个伙伴，在另一些方面是竞争对手，因此我们要做的只是观察他们在做什么”。[①] 可见，盖茨对中美关系的发展前景表示乐观，认为两国终能“建立互信的关系”，保持对话与接触是改善两国关系、建立两国互信的最佳途径。为此，他积极推动美中军事交流，增强两军互信。

2011 年 7 月，奥巴马任命时任中情局局长的帕内塔（Leon Panetta）接替盖茨出任国防部部长。帕内塔尽管也赞同将美国的战略重心转向亚太地区，但他也主张不要将中国视为竞争对手。在 2012 年 6 月举行的第十一届香格里拉对话暨亚洲安全会议上，帕内塔多次强调：“美国战略重心转向亚太，并不是为了遏制中国”。他认为，“中美在亚太的发展完全兼容”，“中国过去 60 年来一直为促进以规则为基础的亚洲安全扮演着极为重要的角色”，“美国欢迎强大、繁荣和成功的中国，并在全球事务中发挥更大的作用”。[②] 由此可见，尽管无论是盖茨还是帕内塔都赞同将战略重心东移亚太，但都不想过度刺激中国，而是期望在国际事务中能够与中国开展务实的合作，并使中国成为美国所期望的负责任的利益攸关方。

综上所述，在奥巴马政府的第一任期里面，希拉里是国务卿、国

---

① 孟亚波：《美国国防部长罗伯特·盖茨》，《国际资料信息》2007 年第 4 期。

② 《美国防长：美国不会围堵中国　不介入南海领土争端》，凤凰网，http://news.ifeng.com/mil/special/xianggeliladuihua2012/content-3/detail_2012_06/04/15020934_0.shtml。

防部部长和国家安全事务助理三个最能影响总统外交和防务政策的成员中唯一干满四年的一位，希拉里的外交理念持续发挥影响，从而在外交政策方面形成了奥巴马－希拉里外交轴心。再加上多尼隆和帕内塔等人也都高度重视亚太地区，这都使得奥巴马政府成为二战后最为重视东亚地区的一届政府。

二　奥巴马政府第一任期的东亚地区认知

2010 年初，美国政府相继公布了《四年防务评估报告》和《美国国家安全战略报告》，两份报告系统阐述了奥巴马政府在安全和外交政策上的理念、目标和手段等方面的内容。[①] 在这两份报告的基础上，再结合第一届任期内奥巴马和希拉里等人的相关言论，本书对奥巴马政府的东亚地区观做如下概括。

（一）奥巴马政府高度评价东亚地区之于美国的重要性

鉴于亚洲地区快速的经济发展，美国自身的繁荣与其紧密相连；同时这一地区的中国等 21 世纪影响力中心和印尼等新兴国家的存在也使得东亚地区的重要性与日俱增，因此结合奥巴马声称要做太平洋总统的言论，[②] 奥巴马政府给予东亚地区以极大的重视，视该地区为美国经济复苏并保持稳步增长、巩固全球领导地位的重要舞台，美国应通过参与地区组织、战略对话和高层外交等载体来深化对这一地区事务的参与和领导。

（二）经济、政治和安全等方面的判断

奥巴马政府认为，东亚地区在经济上为美国提供了机遇，位于亚太中心位置的东亚地区是世界上经济最富活力的地区，美国需要通过

---

① Department of Defense, *Quadrennial Defense Review Report*, February 2010; The White House, *The National Security Strategy of the United States of America*, May 2010.

② 参见《奥巴马自称美国首位“太平洋总统”》，中新网，http://www.chinanews.com.cn/gj/gj－gjrw/news/2009/11－16/1966979.shtml。

与这一地区的紧密联系而推动实现均衡、持续的经济增长，并实现其出口倍增计划，从而走出金融危机带来的经济衰退。[①] 政治上，奥巴马政府则敏感地觉察到被边缘化的威胁，这是因为，小布什时期忙于反恐战争对东南亚有所疏远，再加上金融危机的影响，都使得亚洲国家对美国继续履行安全承诺和参与地区事务的意愿和能力有所怀疑；日本鸠山内阁在2009年明确提出“东亚共同体”不包括美国，[②] 也使得奥巴马政府对此高度警惕。安全上，奥巴马政府更多地看到了挑战。一方面，大规模杀伤性武器的扩散、恐怖主义、全球变暖、国际海盗、流行性疾病和网络安全等非传统安全对美国的挑战在不断增加，另一方面，中国军力的现代化，使其反介入和区域拒止能力（Anti - Access and Area - Denial）大幅度提高，这使美国不受阻碍地进入这一地区的空中、海上和外太空等全球公共领域的能力遭到削弱。

三　奥巴马政府第一任期东亚政策的逻辑与重心

基于上述地区观，奥巴马政府出台了东亚战略框架并同步形成了相应的政策逻辑。首先，奥巴马政府决定加大对东亚地区的投入，并巩固在地区各项事务中的领导作用，致力于构建符合美国偏好的地区政治、经济和安全架构。通过发展与新的伙伴国家之间的关系来搭建新的地区经济和安全架构；打造新的地区经济架构以有助于吸引一些地区成员，并巩固地区安全安排的经济基础；地区安全安排有助于美国拉拢一些东南亚国家从而有助于强化以美国为主导的地区政治架构。以上这些手段又在总体上服务于制衡崛起的中国这一重要战略目标。

---

① The White House, *The National Security Strategy of the United States of America*, May 2010, p. 43.

② 《日外相：东亚共同体不包括美国》，凤凰网，http://v.ifeng.com/news/world/200910/7960c365 - faf6 - 4ad2 - 96e4 - 3f64e96c3583.shtml。

在这一逻辑的指导下，奥巴马政府的东亚政策重心是继续保持美国在亚洲舞台上的中心位置，以分享亚洲经济快速发展所带来的机遇来服务国内经济复苏，并在战略上继续保持主导地位，这其中很大一部分内容是应对和制衡中国影响力的上升。

在实际的政策执行中，上述政策逻辑主要表现出以下几方面的特点。

特点之一是旨在塑造新的地区格局。奥巴马政府希望将美国与东亚地区的关系置于更加牢固的基础之上，并提升美国在中国崛起背景下主导地区事务的能力。[①] 因此，奥巴马政府东亚政策的很大一部分努力是在构建符合美国偏好的地区经济、政治和安全架构。

特点之二是对巧实力的娴熟运用。希拉里所主张的“巧实力”外交在美国的东亚地区政策中得到了充分发挥。奥巴马政府将外交、经济和安全等手段配合运用，多管齐下。外交上，积极发展与印尼、越南等国的伙伴关系。经济上，推进“跨太平洋伙伴关系协定”（TPP）来打造新的地区经济架构。安全上，利用南海问题将东亚峰会等机制转变为多边安全平台。上述努力使奥巴马政府在“亚太再平衡”这一目标上斩获颇丰。

特点之三是更为重视东南亚。与小布什政府不同，奥巴马政府高度重视东南亚在东亚地区战略中的地位和角色，2009 年 7 月，希拉里在泰国首都曼谷高调宣布“美国重返亚洲”。[②] 奥巴马政府还签署了《东南亚友好合作条约》并加入了东亚峰会和东盟地区论坛，成为越战后美国最为重视东南亚的一届政府。这是因为奥巴马政府希望通过南海问题来达到挑拨离间、浑水摸鱼的“巧实力”外交目标。2010 年 7 月，在第 17 届东盟地区论坛外长会议上，希拉里宣称南海

---

① 吴心伯：《论奥巴马政府的亚太战略》，《国际问题研究》2012 年第 2 期。

② 周鑫宇：《希拉里主义落幕》，《世界知识》2013 年第 1 期。

岛礁争议事关美国国家利益，南海局势自此升级。2011 年 11 月，希拉里在美国援助菲律宾的舰艇上公开宣称“美国将与菲律宾‘站在一起’”，从而提升了菲律宾挑衅中国的气焰。[①] 2012 年奥巴马赢得连任后，便选择出访泰国、柬埔寨和缅甸，成为美国首位访问柬埔寨和缅甸的总统，足见其对东南亚的重视。

特点之四是对华政策的两面性。一方面，美国表示欢迎一个强大、繁荣、稳定的中国，表示尊重中国在亚太地区的合理关切，也不寻求遏制中国；另一方面，美国说一套做一套，在行动上以“巧实力”外交为主要手段在中国周边布局制衡中国的意图非常明显。首先，试图把南海问题国际化，通过支持越南和菲律宾等国与中国的南海争端来牵制中国。其次，在钓鱼岛问题上，希拉里也以微妙的态度适时地为日本“打气”，甚至表态宣称钓鱼岛问题适用于《日美安保条约》第五条。[②]

四　奥巴马政府第一任期的对华和对日政策

（一）对华政策呈现两面性

一方面，在东亚地区的稳定、美国与全球经济的复苏、气候变暖和国际金融体系改革等全球治理议题上，美国都需要深化和扩大与中国的合作。因此，在奥巴马上台后，中美战略对话和中美战略经济对话被整合成为双轨对话机制——中美战略与经济对话机制。2009 年 2 月 13 日，希拉里在亚洲协会纽约总部发表演讲时表示，“尽管两国在一些问题上存在分歧，美国政府将继续与中国发展积极的关系，这关系到美国未来的和平与繁荣”，并用“同舟共济”一词来说明发展美中两国关系的重要性。[③] 这是因为，对于在金融

① 周鑫宇：《希拉里主义落幕》，《世界知识》2013 年第 1 期。

② 周鑫宇：《希拉里主义落幕》，《世界知识》2013 年第 1 期。

③ Press Briefing by Press Secretary Robert Gibbs, the White House, Washington D. C. , January 30, 2009, http: //www. whtehouse, gov/the_ press_ office/Press_ Briefing_ 1 - 30 - 09.

危机期间就任总统的奥巴马来说，其首要任务是稳定金融秩序，而中国持有巨额的美国国债并且拥有全球最多的外汇储备，所以美国需要确保中国不抛售美国国债并对其金融改革予以支持与合作。在这一背景下，中美关系在总统更替中顺利实现过渡并呈现高开态势。

但另一方面，受权力转移理论影响的奥巴马政府对中国力量的迅速上升和在亚洲的影响力不断扩大倍感不安，积极谋求制衡中国。国际金融危机后，中国的全球影响力大幅上升并且保持了快速的经济增长态势，而美国的经济实力却相对下降，美国国内关于“衰落”的担忧冉度泛起，从而导致美国对中国崛起的容忍度有所下降。所以，在金融危机逐渐得到缓解后，奥巴马政府开始积极插手中国与周边国家的领土和领海争端，以平衡中国的影响力和牵制中国的对外行为。例如，2009 年曾提出中美应“同舟共济”的国务卿希拉里于 2010 年在河内举行的东盟地区论坛上却表示深切关注“南海争端”的和平解决，并暗示将介入争端，从而为菲律宾、越南等国撑腰，标志着奥巴马外交决策团队开始改变长期以来美国在南海问题上不选边站的中立立场。实际上，在 2009 年已经有中国船只在南海追踪美军观测船“无瑕”号、美军“约翰·麦凯恩”号驱逐舰的拖曳声呐与一艘中国潜艇在菲律宾苏比克湾附近相撞等问题在南海区域发生。另据 2012 年 1 月美国国防部公布的《维持美国的全球领导地位：21 世纪国防的优先任务》报告强调，将进一步提升海空军作战能力，并确定了“两个 60%”的军力部署目标，即在 2020 年前将 60% 的海军军舰、海外 60% 的空军力量部署到亚太地区，以加强美国在亚太地区的军事存在，[①] 显而易见，这一调整意在中国。南海争端成为中美双边议

① Sustaining U.S. Global Leadership: Priorities for 21st Century Defense, U.S. Department of Defense, January 2012.

题之一和美军亚太军力的调整均显示了奥巴马政府对东亚地区中国崛起所带来的权力转移的担忧和制衡。

（二）对日政策以深化和更新同盟关系为重点

这主要表现在两方面，一是阻止日本的“脱美”倾向。当日本鸠山由纪夫内阁在2009年明确提出“东亚共同体”不包括美国时，[①] 美国国防部长盖茨在访问日本东京时表示，“美国非常关注日本重新定义与美国同盟关系以及其在亚洲的定位举动”，并且他还警告日本政府，如果其违反与美国既定的军事结盟计划，与日益崛起的中国走近并达成协议，要考虑严重后果。[②] 在美国与日本国内亲美势力的共同努力下，鸠山首相黯然辞职，之后的菅直人和野田佳彦内阁逐渐都倒退到和自民党时期没有区别的外交政策轨道上来。二是在经济上拉日本加入TPP，美国希望以此来牵制东亚合作，重振亚太合作。因为美国担心东亚经济合作的发展不仅会削弱其与本地区的经济联系，更可能使中国成为地区经济的中心，从而降低美国对地区事务的影响力。随着亚太国家如新加坡、马来西亚、越南、文莱、日本等加盟TPP，东亚合作的动力将大大减少，而美国主导的亚太合作将获得新的动力。[③]此外，从一定程度上来讲，日本是决定TPP影响力和未来发展的关键国家，[④] 拉日本加入TPP将使美日两国在TPP架构中处于绝对优势和主导地位。所以在2013年2月日本安倍首相访美期间，美日双方会谈的重要内容之一就是关于日本加入TPP的相关议题。

---

① 《日外相：东亚共同体不包括美国》，凤凰网，http：//v. ifeng. com/news/world/200910/7960c365 - faf6 - 4ad2 - 96e4 - 3f64e96c3583. shtml。

② 《盖茨警告日本：若违反盟约靠拢中国将后果严重》，凤凰网，http：//news. ifeng. com/mil/4/200910/1023_ 342_ 1401933. shtml。

③ 吴心伯：《论奥巴马政府的亚太战略》，《国际问题研究》2012年第2期。

④ 倪建军、王凯：《区域经济合作兴盛，告诉我们什么》，《世界知识》2013年第4期。

第二节　奥巴马政府东亚地区认知的调整

随着希拉里的离任和克里继任国务卿，再加上 2013 年 6 月苏珊·赖斯（Susan Rice）接替辞职的多尼隆出任国家安全事务助理，奥巴马政府第二任期的外交决策团队也逐渐成形。外交决策团队的人事更替通常会带来美国东亚地区认知的修正（或转变），因此，希拉里和多尼隆的离任使原有的东亚地区认知面临着调整。奥巴马领导下的新外交决策团队成员基于其外交理念和侧重点对东亚地区进行了重新认知。

国务卿克里（John Kerry）和国防部部长哈格尔（Chuck Hagel）都曾在参议院对外关系委员会中任职，在亚太等议题上均持有较为成型的看法，相对于希拉里，他们二人更为老练；而且这两人的一贯言论和对华态度都较其前任更为温和、平衡、客观。[①] 有观点认为，奥巴马第二任期组建的是个非常“亲欧洲”的内阁。国务卿克里童年时曾随担任外交官的父亲在战后分裂的柏林市居住，并在瑞士寄宿学校就读，克里在法国还有亲人。国防部部长哈格尔，曾担任过美国大西洋理事会主席，这是设在华盛顿的重要泛大西洋组织。[②] 但也有观点认为，美国重返亚太政策的大方向不会改变。[③] 这或许是因为 2012 年 11 月，奥巴马连任后出访的第一站就是东南亚国家泰国、缅甸和

---

① 刁大明：《奥巴马搭建新班子》，《世界知识》2013 年第 5 期。另据统计，克里多年来在国会涉华事务上投票，鼓励和推动美中关系的议案，他基本上都投赞成票，而阻碍或限制美中关系发展的议案，他基本上都投反对票。参见董春岭《克里上任，美国外交如何变》，《世界知识》2013 年第 5 期。

② 《在亚洲站稳脚步后，美国战略轴心将重返欧洲》，《联合早报》2013 年 2 月 25 日，http：//www. zaobao. com/gj/gj130225_ 004_ 1. shtml。

③ 中国人民大学国际关系学院副院长金灿荣就持这种观点，详见新华网《美新国务卿首访“重返欧洲”　日担忧美从亚太“后退”》，2013 年 2 月 26 日，http：//news. xinhuanet. com/world/2013 -02/26/c_ 124389560. htm。

柬埔寨，等于再次高调宣示了美国重视亚太地区的决心。但从其2013年的就职演说和国情咨文内容来看，奥巴马第二任期施政重心在国内。

与高举“重返亚太大旗”的希拉里将首次外访选在亚洲不同，新任国务卿克里决定首访欧洲，向美国最密切的欧洲伙伴发出强烈信号。克里在国务卿提名听证会上讲话时，一些亚洲问题专家就注意到他似乎在奥巴马转向亚太政策上有所后退。克里当时表示：“我不确信（在亚太地区）增加军备是必需的，我希望对此仔细观察。”[①] 而在全球政策方面，克里则更进一步强调了美国全球外交政策均衡的必要性。克里在与欧盟外交政策代表阿什顿的会面中强调，“奥巴马总统所提出的亚洲再平衡战略不会以牺牲美欧关系为代价，相反还要进一步强化美欧关系，正如国情咨文里面所提到的贸易和投资伙伴关系倡议等内容”。[②] 2013年2月初，欧美双方分别宣布将启动相互之间的自由贸易协定谈判。[③] 这预示着美国接下来4年的很大一部分注意力将转向欧洲。TPP和跨大西洋自由贸易区谈判在奥巴马的第二任期中同时推进，两大区域迥异的政治、经济状况大大考验着美国的战略平衡能力。另外，伊朗核问题、中东地区的政治乱局也都大大牵扯了奥巴马政府的注意力，从而影响到美国对东亚地区的战略资源分配。[④]

---

① 《美新国务卿首访“重返欧洲” 日担忧美从亚太“后退”》，新华网，2013年2月26日 http：//news. xinhuanet. com/world/2013 - 02/26/c_ 124389560_ 2. htm。

② John Kerry, “Remarks With European Union High Representative Catherine Ashton Before Their Meeting,” Secretary of State, Treaty Room, Washington D. C. , February 14, 2013.

③ 《欧美宣布正式启动自由贸易协定谈判》，《世界知识》2013年第5期。

④ Martin Indyk and Robert Kagan, “A Plastic Moment to Mold a Liberal Global Order,” in Martin Indyk, Tanvi Madan and Thomas Wright, eds. , *Big Bets Black Swans*, A Presidential Briefing book, Policy Recommendations for Obama's Second Term by the Foreign Policy Scholars at Brookings, January 2013, pp. 1 - 2, http：//www. brookings. edu/events/2013/01/17 - obama - foreign - policy.

作为奥巴马的亲信、密友和首席外交智囊，赖斯已成为奥巴马外交决策团队的核心人物，对奥巴马的外交政策取向影响甚大。[①] 赖斯是典型的学者型官僚，她的外交与安全理念深受克林顿第二任期时任国务卿奥尔布赖特的影响，具有深刻的自由主义鹰派烙印，非常重视非传统安全尤其是贫困问题对美国家安全构成的威胁与挑战。[②] 因此，赖斯主张与各国广泛合作，并在追求本国利益时兼顾别国利益，强调互利是实现合作的最有效手段。

与赖斯类似，国防部部长哈格尔也在外交和安全问题上务实理性，重视协商对话和国际合作。以 2013 年 6 月他在新加坡香格里拉论坛上的发言为例，他认为与中国建立积极和建设性的关系是美国“再平衡战略”的一个重要环节。“美国欢迎和支持一个取得繁荣与成功的中国，一个为解决区域和全球问题做出贡献的中国。”同时，在谈到东亚地区时，其将该地区视为 21 世纪的中心舞台，并基于此列举了相对应的挑战，也指出亚太再平衡战略不等于从全球其他地区撤退。在提到的挑战中，除了朝核和领土领海争端带来的威胁，其他均为网络、环境恶化等非传统威胁。因此，哈格尔更为看重中美之间坦诚对话和功能性合作以及亚太地区与全球层面外交资源的平衡。[③]

相对于第一任期为维护民主党内团结和弥补自身外交政策经验不足，奥巴马外交决策团队的人员构成中不得不起用党内竞争对手希拉里、小布什时期的国防部部长盖茨和琼斯等人组成所谓的“对手团队”，奥巴马在第二任期得以按照自身意愿来组建外交和安全决策团队，赖斯也得以能够充分发挥协调作用，以贯彻落实奥巴马的外交决

---

① Jason Horowitz, “Susan Rice: The Comeback Queen,” http://www.vogue.com/865201/susan-rice-the-comeback-queen/.

② 钱立伟、张志新：《美国总统国家安全顾问苏珊·赖斯》，《国际研究参考》2014 年第 4 期。

③ As Delivered by Secretary of Defense Chuck Hagel, Singapore, Saturday, June 1, 2013, http://archive.defense.gov/speeches/speech.aspx? speechid=1785.

策理念，并在国务院和国防部获得充分执行。

在第一任期的四年里，奥巴马政府围绕“亚太再平衡”这一战略目标形成了东亚政策的逻辑与重心，这一逻辑使美国在亚太的存在感和影响力有所上升，与本地区一些国家的关系得到加强，并使中国的周边外交面临着全新的挑战，总体来说，斩获颇多。对此，众多的学者已经有了详尽的论述。①

但这一政策逻辑也引起美国内部争论和反思一个问题：美国到底是要通过积极参与来主导亚洲经济合作和发展方向，并为美国经济提供复苏动力，还是要通过利用和纵容地缘政治纠纷来谋取战略上的主动?② 这是因为，“巧实力”外交强调的是多管齐下，相互配合，但在政策执行过程中，美国用以介入亚洲安全事务的领土争端可能超出美国的预期和控制而发展成为灾难性的国家间冲突，甚至将美国拖入冲突中，这并不符合美国的利益。

例如，根据香港中评社 2012 年 12 月 21 日报道，美国国防部前高官在澳大利亚表示，虽然美国需要发送清楚的信息支持地区盟友，但它也需要确保这种支持不会导致盟友更加挑衅。她特别以菲律宾为例，指出马尼拉误将美国的支持视为更加武断地宣示其主张的机会。“我想有那种危险，我们的有些朋友不时误读、误判他们从美国这里获得的支持”，这名高官说，“我们必须谨慎，不要助长这种态势”。③这说明，至少美国军方已经意识到一味纵容东亚地区部分国家与中国的领土争端所可能导致的危险局面了。为此，美国一些学者和智库专家在 2013 年前后开始反思奥巴马第一任期东亚政策存在的问题，美

---

① 吴心伯：《论奥巴马政府的亚太战略》，《国际问题研究》2012 年第 2 期；朱锋：《奥巴马政府亚太战略调整及其影响》，《现代国际关系》2012 年第 1 期。

② 周鑫宇：《希拉里主义落幕》，《世界知识》2013 年第 1 期。

③ 参见《美国非正式指责菲越挑衅中国意图何在》，中华网，http：//military. china. com/critical3/27/20121228/17607373. html。

国著名学者李侃如（Ken Lieberthal）在递呈给奥巴马总统的备忘录里指出："美国当下的战略不仅没有降低反而加剧了安全领域的危险，给中国造成很多战略猜忌——美国故意造成中国与日本、越南和菲律宾等国之间的紧张关系，这与美国的国家利益相悖，建议奥巴马政府修正过往几年的东亚政策，在第二任期加大运用经济手段，加强与中国的合作。"① 李侃如所述属实，2012 年 8 月 3 日，当美国国务院就南海问题发表所谓声明后，中国外交部发言人连发三问质疑美"南海问题声明"，言语中透露出对美国借岛屿争端来浑水摸鱼的强烈不满。② 另外两位学者英迪克和卡根（Martin Indyk and Robert Kagan）也向奥巴马总统建议："应确保美国在东亚地区的'再平衡'政策涵盖美国实力的方方面面而非单一军事领域。"③ 由此可见，围绕"何种关于政治现象的解读是'主流'"的争论也在奥巴马政府的第二任期中开始出现，并推动奥巴马政府对原有的东亚地区认知做相应的修止，从而推动政策逻辑的调整。

一　国际环境的变化对奥巴马政府第二任期东亚地区认知的影响

即便是经历了 2008 年全球金融危机的冲击，美国依然是全球第一超级强国，并较快地实现了经济复苏。但在金融危机之后，反映在

---

① Kenneth G. Lieberthal, "Bringing Beijing back in," Memorandum to the President, January 17, 2013, http://www.brookings.edu/research/papers/2013/01/bringing-beijing-back-in.

② 《外交部发言人秦刚就美国务院发表所谓南海问题声明阐明中方严正立场》，外交部网站，2012 年 8 月 4 日。三个疑问为"美国为什么对有的国家在南海划出大批油气区块、出台将中国的岛礁和海域划为己有的国内立法视而不见？""为什么对有的国家出动军舰威胁中国渔民，对无争议的中国岛礁无理提出主权要求避而不谈，却对中方应对这些挑衅行为的合理、适度反应提出无端指责？""又为什么在地区有关国家加强对话沟通、努力化解矛盾、平息事态之际突兀发声，拨弄是非？"，http://www.fmprc.gov.cn/mfa_chn/fyrbt_602243/dhdw_602249/t958213.shtml。

③ Martin Indyk and Robert Kagan, "A Plastic Moment to Mold a Liberal Global Order," p. 3.

国际结构上的一个突出的特征和变化是，中国与美国的综合国力差距大大缩小，中美两国与其他国家的差距却日渐拉大。

（一）国际结构的调整

在国际层面上，国际格局随着大国综合实力的变化而变化。2010 年，中国国内生产总值超过日本成为世界第二大经济体，此后中美之间的综合国力差距不断缩小，国内学者阎学通预测：到 2023 年，中国将成为一个仅次于美国的具有全球战略影响力的超级大国，进而使得东亚成为世界主要的战略竞争地区——国际政治的矛盾焦点和大国战略争夺的中心。[①] 基于这一发展趋势，美国正逐步将全球战略重心向东亚地区转移，因此，以军事力量向亚太地区转移和加强与该地区经贸联系为双支柱的“亚太再平衡”战略得以延续。但在东亚地区层面，2010 年中国超过日本成为世界第二大经济体后，中日经济总量的差距不断拉大，日本已无望夺回保持了几十年的世界第二经济大国的宝座，也无法对中国形成有效的制衡，基本上只能充当东亚地区合作搅局者和“东亚地区离岸平衡手——美国”的协助者这一角色，因而继续维系所谓以美国为中心、以日本为亚洲发展领头羊的东亚国际体系已经成为过去时。

（二）国际进程中全球治理因素日渐凸显

2008 年全球金融危机再度将全球金融监管和国家间政策协调的必要性展现在全球各国面前。奉行“巧实力”外交和多边合作的奥巴马政府将宏观经济金融政策协调、气候变化应对、核安全等全球治理议题列为重要的决策日程。特别是气候变化合作，已经成为奥巴马第二任期中美两国合作的新支柱。2014 年 11 月《中美气候变化联合声明》、2015 年 9 月《中美元首气候变化联合声明》为 2015 年底巴黎气候变化大会达成《巴黎协定》奠定了坚实基础。因此，在非传统安全和功能性领域美国对中国的合作需要并没有随着中美实力差距

---

① 阎学通：《历史的惯性：未来十年的中国与世界》，北京：中信出版社，2013，第 62 页。

的缩小而缩小，相反两国在此类议题上的合作更加呈现双赢态势，中方的配合与支持也成为全球治理之不可或缺的组成部分。

二 中国外交政策对奥巴马政府第二任期东亚地区认知的影响

（一）经济实力进一步转化为参与全球治理的物质基础

中国已经成为世界经济的第一大发动机，2009 年奥巴马首次访华时，美国的 GDP 是中国的 3.2 倍，日本的 GDP 则比中国多 15%；2014 年奥巴马再次访华时，中国的 GDP 已相当于美国的一半、日本的 2 倍，中国也已成为世界第一货物贸易大国；到奥巴马卸任时，中国的 GDP 达到了美国的 60%、日本的 4 倍多。[①] 2011 年，中国就已经成为 124 个国家和地区的最大贸易伙伴，而美国则仅是 76 个国家的最大贸易伙伴。按照这一趋势，未来以中国为最大贸易伙伴的国家将可能达到 150 个。[②]

因此，中国作为第二大经济体所具备的经济实力和对各国的经济影响力，开始逐步转化为中国影响美国地区认知和在全球治理中发挥不可替代作用的能动性。2013 年以来，中国开始实施“一带一路”倡议并倡导建立若干跨国经济走廊，将互联互通的理念推向全球；2014 年中国主导创立亚洲基础设施投资银行；2015 年，人民币加入国际货币基金组织特别提款权（SDR）货币篮子；2016 年，中国成功主办二十国集团峰会，达成 29 项重要成果，在二十国集团治理进程中留下深刻的中国印记。特别值得一提的是在亚投行的筹建过程中，尽管奥巴马政府一度表态反对其盟国加入，但自英国表态加入后，无论德国还是新加坡乃至沙特，均纷纷做出了加入亚投行的决

① 安钢：《奥巴马这八年，给中美关系留下了什么》，《世界知识》2016 年第 23 期。

② 阎学通：《历史的惯性：未来十年的中国与世界》，北京：中信出版社，2013，第 11 页。

策，美日的反对成为自我孤立的失败举动。中国在全球治理特别是经济领域的密集发力使奥巴马政府意识到，如果不及时回应中国对全球治理的倡议与诉求，那么只会将中国推至现行国际秩序之外另起炉灶而无助于美国维系现行国际秩序，与其这样，还不如将中国纳入现行自己主导的国际秩序。

（二）谋求在中美俄三边互动中的有利态势

自二战结束以来，中美关系之间绕不开的一个议题就是中美俄三边关系。尼克松及之后的历届总统均力图确保美国在三边关系中的优越地位。而自 2011 年叙利亚内战特别是 2014 年乌克兰危机爆发以来，美俄关系龃龉不断，伴随着克里米亚入俄而导致的美欧对俄制裁，美俄关系近乎降到了冷战结束后的最低点。对俄外交和制裁牵涉了奥巴马政府的大量注意力和资源，直到离任前夕，奥巴马政府还做出了驱逐 35 名俄罗斯外交官、因俄罗斯涉嫌通过网络袭击干预美国总统选举而对其进行制裁等决定。美俄的角力使中国在与美国打交道时的地位相对超然，受美欧制裁的俄罗斯进一步向中国靠拢，甚至有人提议中俄结盟。对此，美国内部已经有观点强调“不能使中俄联合起来”，现任美国总统特朗普在大选期间也将这一点作为抨击奥巴马政府的重要议题，他强调“永远不要逼迫俄罗斯和中国联合起来，而奥巴马已经做到了这一点”。[①] 因此，在南海议题上尽管美国军方多次鼓噪采取更具挑衅性的举动，但奥巴马政府仅以驶入南海岛礁 12 海里范围宣示航行自由，并未有更加出格的行动，其在很大程度就是出于防止与中俄同时为敌乃至陷入冲突的考虑。

（三）影响奥巴马本人的对华认知

一个经典词语“修昔底德陷阱”在中美对话和对中美关系的评价中被频繁提起，例如在 2012 年美国大选中，在奥巴马、罗姆尼的第三

---

① 魏城：《美俄中“新三国演义”》，FT 中文网，http：//www. ftchinese. com/story/001071069。

场总统候选人电视辩论中，“中国崛起与明日世界”作为五辩题之一出现，开了中国议题成为美国大选单项议题的先河。奥巴马作为其外交决策团队的领导者和最后拍板人，其对中国意图和目标的判断是对华政策的重要基础，如果他以“修昔底德陷阱”意象来定位美中关系，那将非常危险。为此，从2013年“安纳伯格庄园会晤”开始，习近平与奥巴马之间面对面的深入交流共进行了8次，诸如2014年11月“瀛台夜话”、2015年9月“白宫秋叙”和2016年9月“西湖漫步”等，中美两国元首围绕共建中美新型大国关系进行了深入全面的探讨。尽管美方对中方提出的新型大国关系理念在理解和认识上存在较多的疑虑，态度有所反复，特别是难以接受“相互尊重”的表述，但双方不对抗、不冲突、合作共赢的意愿是明确的。对于中美关系，奥巴马公开向习近平回应：“我不认同守成大国和新兴大国必将发生冲突的‘修昔底德陷阱’，大国尤其是美中之间更要尽量避免冲突；我相信美中两国有能力管控好分歧，美中之间的竞争应该是建设性和具有积极意义的。”①

（四）拓展非经济领域的跨国政策联盟

冷战结束后，应对苏联威胁的战略合作基础虽然不复存在，但双方并未停止拓展合作领域的努力。中美经贸领域的密切相互依存就已然成为影响美国外交决策层对华认知的重要背景。随着中美贸易摩擦的增加，中国外交在全球治理等领域密集发力，特别是在气候变化合作这一议题上，中国努力探寻双方的共同利益与合作区间，最终构建双方在这些议题上的“利益共同体”乃至“命运共同体”。为应对气候变化而启动清洁能源合作，专业人士而不仅限于日常处理外交的人员，例如科技人士、商界人士都需要参与其中，这就会使那些日常无法参与外交的人也能够参与到中美合作的进程之中，从而形成中美两国在气候

---

① 申孟哲：《大国如何避免“修昔底德陷阱”》，《人民日报》（海外版）2015年11月27日，第16版，http://paper.people.com.cn/rmrbhwb/html/2015-11/27/content_1636606.htm。

变化问题上的跨国政策联盟，最终随着双方在长远的关切上不断积累共识和增加互信，中美双方的认知将可能发生根本的转变，从而最大限度地消除所谓“修昔底德陷阱”所带来的中美战略不信任。另外，与全球经济危机持续几年时间，反恐合作能坚持几年、十几年相比，气候变化具有长期性，它需要更长的时间才能解决，而建立在共同应对长期挑战基础上的合作关系才能进一步上升为伙伴乃至共同体关系。

三 日本外交政策对奥巴马政府东亚地区认知的影响

（一）安全方面积极响应美国亚太再平衡战略

出于在东亚地区制衡中国的考虑，奥巴马外交决策团队利用东亚地区的岛屿之争最大限度地巩固其地区盟友对其安全保障的依赖关系，以巩固美国亚太战略的最重要支柱——地区同盟体系。而反过来，心领神会的日本安倍政权对此也积极予以回应，不断地在南海问题上对中国进行牵制，实现其既可以拉拢美国一起应对中国的崛起，又可以解禁集体自卫权的目标。以具体落实《日美安保条约》的《美日防卫合作指针》为例，其前两次修订分别是1978年与1997年。前者明确了日美合作只针对“日本有事”时，日本向美军提供军事基地，而美国负责日本的安全；后者则将合作地域从日本扩大至“周边”，日本除了要为美军提供后勤支持外，还要对自身安全负首要责任，美国则提供辅助性支援；而2015年的修订则在前两次的基础上，取得以下几个方面的突破：合作地域从周边扩大到全球、合作内容从自卫扩大到“他卫”、双边合作扩大到三边和多边合作、成立日美联盟合作机制和日本可以采取手段挫败对自己的预期攻击等。[①]因此，美国打造多边同盟体系的努力只能是以“美日+第三国”的

① 《解析〈新版日美防卫合作指针〉》，环球网，http：//world. huanqiu. com/hot/2015 - 05/6334505. html。

方式启动，日本在美国亚太再平衡战略的作用与角色不可或缺。

（二）积极配合美国推进 TPP 战略

因为 TPP 已经超出经济协定的框架范畴，逐渐演变为以美国为轴心的战略联盟，因而在 TPP 问题上，日本的加入与否直接关系到 TPP 能在多大程度上为奥巴马政府的亚太再平衡战略服务。[①] 而 2012 年日本众议院大选期间，安倍晋三领导的自民党曾表态："自民党反对加入要免除所有商品关税的 TPP"。但是安倍在就任首相后立即改弦更张，在自民党和内阁内设立"TPP 对策委员会"和"TPP 政府对策本部"，并于 2013 年 3 月宣布参与 TPP 谈判。[②] 若单纯从经济角度而言，中日韩自贸协定和区域全面经济伙伴关系协定（RCEP）要比 TPP 对日本的经济利好更大，而且中国已经超越美国成为日本的第一大贸易伙伴，占到日本对外经贸总额的 20% 左右，成为支撑日本经济发展的重要引擎，也正是基于此，日本安倍政权在 TPP 谈判过程中的积极响应与支持使奥巴马政府乃至本人都对安倍政权此举大加赞赏，再加上亚投行筹建过程中日本没有参与英、德等国对美国的"背叛"，更加强化了日本是美国值得信赖盟友的定位，美国进而回馈以对安倍意图修宪强兵的目标和行为大开绿灯。

第三节　奥巴马政府东亚政策逻辑与重心的修正及对日对华政策

奥巴马赢得连任后的获胜演说和第二任期就职演说均表明，振兴美国经济、吸引外资、扩大出口和治理好美国国内经济和社会问题将是奥巴马第二任期的首要任务。2013 年 2 月 12 日，奥巴马发表的年度国情咨

---

① 蔡亮：《日本 TPP 战略研究》，北京：时事出版社，2016，第 76 页。

② 蔡亮：《日本 TPP 战略研究》，北京：时事出版社，2016，第 91～92 页。

文与过去4年的国情咨文相比，这次的内容几乎完全着重于美国内部事务。围绕这一执政目标，在不断演进的国际环境和中日两国的外交能动性的影响下，奥巴马政府的东亚地区观也相应进行了部分的修正。

一 奥巴马政府修正后的东亚地区观及政策逻辑与重心

2013年11月20日，在出任国家安全事务顾问后的首次亚洲政策演讲中，赖斯向各界全面阐释了奥巴马政府第二任期的东亚政策。赖斯也高度评价东亚地区在全球政治经济舞台中的分量和作用，因此美国必须确保对该地区的影响力，南海岛屿争端、东海钓鱼岛问题、朝核问题以及非传统议题是美国需要关注的地区焦点，美国只有与中国管控竞争、深化合作并推动中国向美国希望的方向转变，东亚地区格局才能向符合美国偏好的方向的转变。[①] 这一判断基本概括了奥巴马政府最后三年多的东亚地区认知。

基于上述地区观，奥巴马政府修正后的东亚政策逻辑可以归纳如下：继续保持对东亚地区的高度重视和外交资源投入，但需兼顾与全球战略的平衡；政治上巩固第一任期“巧实力”外交所形成的相对战略优势，强化和巩固盟友体系；经济上，将“亚太再平衡”的注意力转向贸易与经济问题，以TPP为抓手来抢占国际贸易规则和议题设定的主导权；地区安全上小心维持着岛屿争端对中国的牵制作用和不直接卷入冲突这二者之间的平衡，管控中美之间的分歧并深化在共赢领域的合作，从而构建符合美国偏好的地区政治、经济和安全架构，以在总体上服务于应对中国强势崛起所带来的地区格局的变化，并最大限度地消解其对美国的不利影响。

根据这一政策逻辑，亚太再平衡依然是美国东亚政策的重心和目

---

① Susan E. Rice, “America’s Future in Asia,” At Georgetown University, Gaston Hall Washington D. C. , November 20, 2013, https://obamawhitehouse. archives. gov/the - press - office/2013/11/21/remarks - prepared - delivery - national - security - advisor - susan - e - rice.

标，但具体内容与第一任期相比发生了细微的变化，避免中美关系堕入“修昔底德陷阱”成为重要内容，即尽管在安全和经贸问题上对中国积极进行布局和防范，但在双边关系、全球治理和功能性领域上则努力管控分歧并扩大合作面。

二　美国对华政策努力规避“修昔底德陷阱”

奥巴马执政期间，中美之间除了台湾问题、贸易摩擦等议题外，又增加了一个规避“修昔底德陷阱”的双边议题，南海问题上的分歧也在奥巴马第二任期更加突出，而且这些问题都未能得到有效的解决，但奥巴马政府通过建立现实、平衡的框架，秉承管控分歧、扩大合作的基本原则，顶住国内强硬派的批评与压力，使中美关系依然取得较大进展，进一步向规避“修昔底德陷阱”的中美新型大国关系模式迈进了一步。

（一）安全层面对冲但不挑起竞争和冲突

2012 年美国国防部公布的《维持美国的全球领导地位：21 世纪国防的优先任务》报告确定了“两个 60%”的军力部署目标，即在 2020 年前将 60% 的海军军舰、海外 60% 的空军力量部署到亚太地区。奥巴马外交决策团队在第二任期继续加强美国在亚太地区的军事存在和提升海空军的作战能力，其间 2 位国防部部长哈格尔和卡特（Ashton Carter）均多次表示要继续增强美军在东亚地区的军事力量。在“调兵遣将”的同时，中美两国却成功缔结了军事协议以避免公海和国际领空区域的冲突。2014 年 11 月，中美两国签订了两个备忘录，分别是《中美关于海空相遇安全行为准则谅解备忘录》和《中美关于建立重大军事行动相互通报信任措施机制的谅解备忘录》，以降低风险，增进地区和平与稳定。[①] 2015 年 6 月，范长龙访美期间，

---

① 中国国防部网站，http：//www. mod. gov. cn/affair/2014 - 12/06/content_ 4555927_ 2. htm。

中美双方在签署《中美陆军交流与合作对话机制框架文件》的同时还决定在原有的《中美关于海空相遇安全行为准则谅解备忘录》中充实和细化两国空军相遇时的行为准则。[①] 另外，在南海问题上，尽管美国一直强调以南海航行自由为借口而派出军舰驶入南沙岛礁12海里范围，但根据美国《海军时报》周刊26日的披露，白宫方面禁止五角大楼高层官员提到中美关系时使用“大国角力”等倾向于将中美关系形容为处于军事竞争状态的词语。[②] 白宫此举旨在避免将东亚地区海空军作战力量的调整等同为中美军事竞争。

（二）经济领域摩擦不断但积极将中国纳入现行全球经济治理体系

在奥巴马执政的8年里，美国对华贸易逆差不断加大，根据美国商务部的统计，中方顺差从2009年的2268亿美元扩大到2015年的3657亿美元，而2015年美国整体对外贸易赤字不过5315亿美元。为此，奥巴马任内利用世界贸易组织争端解决机制、国内反倾销反补贴调查、以知识产权为对象的337调查等渠道对华发起的诉讼和调查数量均超过以往。美国商务部统计显示，截至2016年5月，在美方正在执行中的“双反”关税征收命令中，对华征税令最多，达132条，其中反倾销99条、反补贴33条，而居第二的印度总量只有23条。[③] 以上数据足见中美贸易摩擦强度之大，但奥巴马政府顶住国内压力始终未将中国列为操纵汇率国家。财政部部长雅各布·卢（Jacob Lew）则多次敦促国会尽快通过国际货币基金组织份额治理和改革方案，[④] 最终美国国会于2015年底批准了国际货币基金组织

① 《中美签署重要军事合作协议　细化空军相遇行为准则》，中华网，http：//news. china. com/domestic/945/20150614/19839095. html。

② 《海洋：白宫为何禁谈中美“大国角力”?》，中国社会科学网，http：//intl. cssn. cn/gj/gj_ hqxx/gj_ tt/201609/t20160929_ 3220344. shtml。

③ 安刚：《奥巴马这八年，给中美关系留下了什么》，《世界知识》2016年第23期。

④ US Treasury Department Urges Congress to Pass IMF Reform Bill, March 18, 2015, http：// english. cri. cn/12394/2015/03/18/3781s870494. htm.

2010 年份额和治理改革方案，中国在国际货币基金组织中的投票权将从 3.8% 上升到 6%，此举大大提升了中国在现行国际经济金融体系中的地位和作用。

三　对日政策基本延续第一任期的基调

（一）公开支持安倍政权的钓鱼岛立场

出于对日本给予亚太再平衡战略大力响应与支持的回报，对于中日钓鱼岛主权争端，奥巴马在 2014 年访日期间采取了公开挺日的态度和立场，接受《读卖新闻》书面专访时首次公开承认《日美安保条约》第五条适用于钓鱼岛问题。这些表述不仅改变了之前美国政府一再重申的在钓鱼岛问题上"不持立场"的承诺，而且由总统亲口说出，更具有非同寻常的强调意味。[①] 美国此举一方面是回馈安倍在亚投行、TPP 等议题上对美国的支持，另一方面也是鼓动日本更加大胆地挑战中日关系底线，进而通过可控的岛礁争端来确保对中国进行牵制和规制。

（二）支持日本修宪和解禁集体自卫权

战后日本在美国的占领下制定的和平宪法，不仅是日本走和平道路、放弃战争权力的法律约束，同时也是维护地区和平秩序的法律保证，是日本面向世界做出的反省历史、不再侵略、坚持和平的承诺；安倍上台后一直积极推动修宪，其根本目标是摆脱美国主导下制定的日本和平宪法，让日本重新成为战前那样拥有对外发动战争权力的"正常国家"，解禁集体自卫权就是其中具有关键意义的一环。[②] 而日本能否坚守和平发展道路，不仅仅是美日关系的问题，更是一个能否

---

① 林晓光：《东亚地缘战略研究：奥巴马访日与中美日三边关系》，《和平与发展》2014 年第 3 期。

② 林晓光：《东亚地缘战略研究：奥巴马访日与中美日三边关系》，《和平与发展》2014 年第 3 期。

维护战后国际秩序和东亚地区和平与安全的重大战略问题。但奥巴马政府出于亚太再平衡的考虑，认为日本的军力和行为并未构成对美国和地区安全的威胁。相反，强化美日同盟、解禁日本恰恰可以弥补美国军力的不足，从而在整体上服务于美国维持东亚均势的地区战略。

第四节　小结

奥巴马执政的8年时间里，出于变革的心理需求和应对全球金融危机的需要，奥巴马的对华政策同以往几任总统相比，少了磨合期而呈现高开态势。但在金融危机的负面影响得到一定程度的缓解后，“重返亚太”“亚太再平衡”等口号的相继提出标志着东亚地区成为奥巴马政府对外政策的优先议程，奉行“巧实力”外交的希拉里国务卿通过布局东南亚，而成功使南海问题成为国际热点议题，从而在相当程度上恶化了东亚地区的地缘政治态势。同期的美日关系则相对稳定，除了鸠山由纪夫担任首相的一年多时间里，因其偏重亚洲的执政理念而使美国对美日同盟略感不安外，之后的6年半里日本当局均对奥巴马政府的“亚太再平衡”战略大力响应和支持，2012年底开始执政的安倍晋三还表示将积极在亚太地区扮演“中国制衡者”角色。[①] 因此，第一任期的奥巴马在东亚地区的政策逻辑得以顺利实施，巧妙地利用了东亚国家对中国在领土争端上日渐强硬立场的关注，进一步强化了美国与原有亚洲盟国的军事关系，并同新的伙伴缔造了安全关系，这使得中国面临着严峻的周边外交考验。制衡中国影响力快速上升所带来的影响这一政策重心斩获颇丰；但一个消极的后果是：“亚太再平衡”引起中方的不满，双方的信任赤字大大增加。

---

① 日本首相安倍晋三在2013年10月接受美国《华尔街日报》的一次专访时声称，日本已做好了制衡中国的准备。参见《安倍声称日本已作好了制衡中国的准备》，新华网，http://news.xinhuanet.com/world/2013-10/28/c_125610321.htm。

2010 年，中国经济总量超过日本成为全球第二大经济体，此后中美经济总量差距不断缩小，到 2014 年，中国的国内生产总值已达到美国的 50%，且是日本的 2 倍，而到奥巴马卸任时，中国的国内生产总值已经达到了美国的 60%、日本的 4 倍以上。随着中美之间的利益交融进一步深化和中国的全球影响力大幅度提升，近乎所有的全球治理类功能性合作都离不开中国的参与和支持，气候变化合作便是明证之一。但中国综合国力的提升和相应的中美差距的缩小，也使中美之间的结构性矛盾日渐突出，奥巴马外交决策团队中的“中国－挑战者”意象挥之不去，甚至有高官在南海问题上将中国比作希特勒德国，因此美国对华逆向双规战略无法得到彻底改观，只能是 方面与中国加大非传统议题和功能性领域的合作，另一方面在安全领域对华防范和对冲策略不断。因此，在奥巴马的第二任期美国不得不正式面对如何适应中国崛起的问题，东亚政策已经无法囊括对华政策了。

在奥巴马的第二任期内，推行对华强硬路线的希拉里－坎贝尔“轴心”不复存在。[①] 这给奥巴马调整东亚政策逻辑与重心提供了人事变化的空间；但奥巴马执政期间，并未爆发类似 2008 年金融危机、2001 年“9·11”事件之类的国际危机，朝核问题、乌克兰危机及其影响并不足以构成本书所述的国际危机的标准，因此第二任期的奥巴马政府只能在适应中国实力大幅度提升的过程中，缓慢地对东亚政策逻辑和重心进行微调。

在此过程中，中国的政策能动性大大提高，无论是经济实力和外交政策统筹协调，还是全球治理领域的参与、领导和创新，中国都有

① 张洁等：《海上纷争与中美博弈——中国周边安全形势》，《世界知识》2013 年第 2 期。柯特·坎贝尔（Kurt Campbell）已经于 2013 年 2 月初辞去负责东亚太平洋事务的助理国务卿一职；另外，坎贝尔早在担任克林顿政府的助理国防部长帮办期间，以“台湾保卫者”而著称，在任上积极推动美台之间军事交往和对台军售，参见 Ramon Hawley Myers，Michel C. Oksenberg，David L. Shambaugh，*Making China Policy*：*Lessons from the Bush and Clinton*，pp. 63－64。

着不俗的表现。亚投行获得全球范围内的响应和加入，出乎美国意料之外；二十国集团杭州峰会使中国历史性地走近世界经济管理和全球综合治理的中心。因此，有着领导世界和塑造全球秩序的价值偏好的奥巴马政府，不得不与中国进行合作。

基于上述因素影响，奥巴马政府后期的对华政策呈现出 3 个维度：在全球层面，美国谋求扩大与中国的合作；在东亚地区层面，美国试图制衡中国；在双边层面，美国积极加强双边交往。但无论如何，奥巴马的 8 年对华政策还是留下了 1 项“制度性遗产”——中美人文交流高层磋商，并且将原有的中美战略对话和中美战略经济对话机制合并为中美战略与经济对话机制。基于这两大平台，中美双方可以同时就经济、安全、网络安全、气候变化、灾害预防救助、全球和地区合作等议题进行磋商并生成大量成果，从而最大限度以机制性的方式稳定并扩大两国关系的基础。

日本的安倍政权也不甘寂寞，在美日同盟框架内积极响应与配合美国的“亚太再平衡”战略，无论是对《美日防卫合作指针》的调整还是 TPP 谈判，都使日本成为美国东亚政策中不可或缺的重要伙伴和得力助手。支持日本安倍政权修宪和解禁集体自卫权，既是对安倍政权对美政策能动性的回馈也是强化这一助手能力的重要选择。

特朗普已经就任新一届美国总统，其反建制、民粹主义和保护主义的政治理念给美国外交乃至全球局势带来了较大的不确定性，至于美国的东亚政策将向何种方向演进，笔者将在下一章中做具体分析。

第七章 特朗普政府东亚政策逻辑的展望及政策建议

本书第二到六章在第一章所构建的认知—决策分析框架的基础上，梳理了二战结束以来不同时期的美国几任总统的东亚政策逻辑与重心的形成与转变（或修正），并对这一规律性现象之中的因果关系做出了相应的解释。本章将继续运用认知—决策分析框架对特朗普政府的东亚政策选择进行前景性展望，以发挥理论在政策分析中的指导作用。

第一节　特朗普政府的东亚地区认知预判

2016 年 11 月，不被美国政界、学界和大多数主流舆论所看好的特朗普当选美国总统。特朗普是一个典型的非主流政客，个性鲜明突出，个人履历复杂而丰富，在美国内政与外交政策方面发表了一系列让全球瞠目结舌的言论。他就职后关于美墨边境筑墙和限制难民入境的决策更是在美国国内乃至全球掀起一片抗议声浪。可以说，当下所有的观察家都不得不承认，美国未来的内政外交充满着不可预测性，唯一能够确定的就是“不确定性”。

特朗普在竞选期间的言论和就职演说均表明，其最强调的就是“美国优先”，也就是首先关注美国国内问题，这也是其向选民承诺的最主要内容，诸如创造更多就业岗位、改善基础设施和重振制造业等；同时，贸易与税收政策、移民政策和外交政策等都要服务于内政——美国人的利益优先。在就职演说中其并未提及俄罗斯、中国等国家，也未提及朝核、伊核协议，涉及的外交政策内容为团结文明国家对抗恐怖主义和强化与旧盟友关系并建立新联盟等。由此可以看出，特朗普并没有一个急于推进的国际议程。

在美国的东亚政策方面，特朗普及其决策团队也尚未有系统的阐述，其与奥巴马上台伊始即大谈美国是亚太国家、力推“重返亚太、亚太再平衡”有很大不同。不过，我们仍然可以基于特朗普团队内政优先的施政理念与决策思路来对其东亚政策进行预判。概括而言，应该是其东亚政策从属于外交战略，而外交战略又必须围绕美国内政需要而展开，内政的需求则取决于特朗普及其决策团队的施政理念与决策思路。

一　特朗普政府的外交理念和决策模式

（一）特朗普的认知框架、政治人格和世界政治观

特朗普出身于美国富裕的拥有房地产公司的家庭，曾经进入纽约军事学校学习，其间成绩优异，并成为一名运动健将；离开军校后，其进入宾夕法尼亚大学沃顿商学院学习并在毕业后进入其父的房地产公司工作，后来自己掌管公司，并在几十年间构建了自己的房地产王国。除房地产外，特朗普还将投资范围延伸到其他行业，包括开设赌场、高尔夫球场等；他还涉足娱乐界，是美国真人秀《名人学徒》等电视节目的主持人，并担任“环球小姐”选美大赛主席，个人资产超过数十亿美元，是一个名副其实的美国商界大亨和富翁。但在参

选总统前，特朗普没有担任过任何公共职务，是一名政治素人。作为一名成功的商人，其创业和在商界打拼的经历，使其将“交易”作为工作和成功的重要途径，例如其在自传中强调：“我仍然在进行交易，做大交易，这依然是我成功的方式”。[①] 因此，交易——通过谈判达成目标的进程已经成为其了解人类本性、社会因果关系、主要道德冲突和理解世界的主要视镜，这是特朗普个体认知的基础；相关外部信息的输入也将主要透过这一框架进行简化和整合，并作为因果推理的基础，这也是特朗普强调的所谓依据“直觉”行事的出发点。

美国总统是国际政治舞台上的重要行为体和关键角色之一，对于美国的外交决策和国际政治事务的演进发挥着至关重要甚至是决定性的作用。尽管决定政治人物行为的根本因素是其基于所处的环境和所具备的实力，通过权衡和精密的盘算，以实现自己的政治目标，但强势的美国总统往往能够主导政策的制定和决策过程，其个人性格特质、价值观和决策风格对于美国的外交政策和国际政治通常能够产生重大影响，可以说总统个性是总统行为的重要塑造者。[②] 下文将从“对事件进程掌控自信程度、权力欲望强度、归属感需求度、对他人信任度、概念复杂程度”5 个方面对特朗普进行政治人格分析。[③]

对事件进程掌控自信程度。这一层面主要指领导人相信自己控制事件的能力。特朗普本人在自传中强调，要相信直觉并跟着直觉走，

---

① 〔美〕唐纳德·特朗普、比尔·赞克：《特朗普传：激情创造梦想》，唐其芳、顾岳译，北京：中华工商联合出版社，2016，第 21 页。

② 〔美〕詹姆士·戴维·巴伯：《总统的性格》，胡杰等译，成都：四川人民出版社，1991，第 5 页。

③ 此处 5 个层面的分析借鉴了 Margaret G. Hermann，“Explaining Foreign Policy Behavior Using the Personal Characteristics of Political Leaders,” *International Studies Quarterly*, Vo. 24, No. 1 (March 1980), pp. 7 – 46 的分析成果，特此注明。

个人的努力很重要；并且其本人作为美国式个人奋斗成功的典型案例，再加上其从地产大亨、影视网络名人到当选美国总统的成功经历，都标志着其对自身对于相关事件的演进发展过程的掌控能力有着高度的自信。

权力欲望强度。特朗普强调，“做什么事都比不上工作时的感觉”。[①] 作为非常成功的商人和影视名人，他这一自述和选择在70岁高龄时竞选总统本身就显示其有较强的权力欲望。而通常这一类型的领导人都希望自己对决策进程的掌控力度较大，通过对下属的掌控来反映自己的偏好和意志。

归属感需求度。根据马斯洛的需求理论，人人都有归属的需求，即希望得到相互的关心和照顾，并为他人所喜欢、鼓励和合作。但纵观其个人传记中的自述，突出的是人性本恶、行为体之间经常存在利益冲突以及不能完全依赖顾问等，这些描述均显示特朗普并不太看重这一层面的需求，或者说他已经跳跃到马斯洛需求层次中的自我实现层面。

对他人信任度。这主要是指决策者如何处理与其他参与政策制定人员之间的关系。通常而言，对他人信任度较低的领导者，会表现得比较专断，并表现出偏执、不择手段和多疑等特点，而且这一类领导人在政治事务中比较好斗，容易被归类为“战争犯”，反之亦然。特朗普在自传中公开声明：“不要信任何人；去网罗最优秀的人才，但不要信任他们”，[②] 这意味着秉承性恶论的特朗普对下属的信任度较低。

概念复杂程度。这一层面主要指领导人对于事务性质判定的重要依据。复杂性较低的领导人倾向于从二元对立视角看待问题并迅速做

---

① 〔美〕唐纳德·特朗普、比尔·赞克：《特朗普传：激情创造梦想》，唐其芳、顾岳译，北京：中华工商联合出版社，2016，第21页。

② 〔美〕唐纳德·特朗普、比尔·赞克：《特朗普传：激情创造梦想》，唐其芳、顾岳译，北京：中华工商联合出版社，2016，第100页。

出抉择；而复杂性较高的领导人则相对温和，能够接受多元甚至是冲突的信息，并倾向于采取综合或者组合的手段。[①] 在这一维度上，特朗普强调“要有足够的灵活性，以随机应变”，“面临困难的情势，我会尽可能深地潜入事实和数字的海洋，运用逻辑和推理来解读数据；我会在以往经历和经验的基础上，做出信息充分的估计”，等等，[②] 这意味着他的行事模式是不死搬教条，引申而言美国的价值观诸如人权、民主、自由等意识形态因素可能对其约束不大，其更可能是综合分析各类信息，权衡各种方案，综合应用多种手段来实现目标。

综合上述分析，特朗普具有多年的经商履历，并且其中不乏濒临破产边缘但又东山再起的传奇经历，“谈判 - 交易”已经成为其认知外部世界的最重要路径和行为模式。出任总统后，其不可避免地会将过往的认知模式引入总统政治和管理行为中。上述 5 个维度的政治人格分析，则表明特朗普是一名权力欲望强、归属感需求不高、专断且不择手段同时能够根据形势需要灵活变动的领导人；再加上特朗普个性鲜明，作风强硬，不怕挫折，其必将成为一名强势的“主动 - 积极型”领导人——迫切希望在总统生涯中实现自己的远大政治抱负，并认为自己对周围环境及事务的进程具有较高的操控性。[③]

在对世界政治的态度和观点方面，特朗普基于其秉承的“性恶论”，侧重于从“冲突论”视角理解行为体之间的关系，[④] 尽管特朗

---

① 〔美〕戴维·霍顿：《政治心理学：情境、个人与案例》，尹继武、林民旺译，北京：中央编译出版社，2013，第 123 ~ 128 页；尹继武：《试析希拉里的政治心理及对华政策偏好》，《现代国际关系》2016 年第 9 期。

② 〔美〕唐纳德·特朗普、比尔·赞克：《特朗普传：激情创造梦想》，唐其芳、顾岳译，北京：中华工商联合出版社，2016，第 56、164 页。

③ 〔美〕詹姆士·戴维·巴伯：《总统的性格》，胡杰等译，成都：四川人民出版社，1991，第 12 ~ 13 页。

④ 〔美〕唐纳德·特朗普、比尔·赞克：《特朗普传：激情创造梦想》，唐其芳、顾岳译，北京：中华工商联合出版社，2016，第 91 页。书中特朗普强调：“就连你的朋友也会对你虎视眈眈！这个世界是险恶的，充满了心狠手辣的人”，等等，这表明他不太不相信周围的人，秉承性恶论而认为行为体之间充斥着利益冲突。

普在过去20年间曾分别支持过共和党和民主党的总统竞选者，但近来通过其竞选言论、就职演说和入主白宫后的一系列政策，诸如退出跨太平洋伙伴关系协定（TPP）、准备减税、恢复“全球禁令——墨西哥城政策”以禁止支持堕胎、冻结环保署所有合同和资金奖励以及“美国优先”等，均显示其在政治光谱里面，更多地偏向于共和党右翼保守派的主张，其世界政治观也将与这一派别的观点相近。其在对外政策上将更为强调美国的国家利益而非全球治理责任，经贸领域推崇贸易保护主义而非新古典自由主义秩序，安全领域主张增加国防预算投入增强军力以达成“以实力求和平”的目标。

（二）特朗普外交决策团队的构成及运作模式

特朗普的外交与安全决策团队已经开始投入运作，传统的三驾马车——国家安全事务顾问、国务卿和国防部部长人选均已经到位；但个性突出的特朗普还打破常规新组建了一个白宫国家贸易委员会，任命彼得·纳瓦罗（Peter Navarro）担任主任以统筹协调对外经贸政策来实现就业岗位回流的目标；总统首席战略专家和高级顾问史蒂夫·班农（Steve Bannon）也被他任命为国安会的正式成员。[①]

现任副总统麦克·彭斯（Michael Richard Pence）属于共和党内保守势力，反对高税收，支持民粹色彩浓厚的“茶党”，2003～2013年连续在5届国会中出任众议院国际关系委员会委员，还是众议院外事委中东分委会主席，彭斯在外交领域更关注中东问题，曾表示“以色列的敌人就是我们的敌人，以色列的事业就是我们的事业”。彭斯对华态度比较温和，当众议员时曾投票赞成给予中国永久正常贸易国地位，支持美国与中国保持良好贸易关系；任印第安纳州长期间还曾访华，为该州争取贸易和投资机会；曾担任特朗普“过渡团队”

① 参见《白宫国安会扩大职能》，海国图智日播报，2017年2月1日，http://mp.weixin.qq.com/s/VFW7SzlvMkqDZIbH0GTQbw。2017年4月5日，据美国联邦公报中的国家安全总统备忘录显示，白宫首席战略顾问班农不再是美国国家安全委员会成员。

的主席，对白宫的人事任免有非常大的话语权。[①] 因此，作为国家安全委员会法定成员的彭斯有可能具备类似小布什时期的副总统切尼一样的决策影响力。

一场有关禁穆令的风波，让相当多的政治观察家和媒体认为，总统首席战略顾问班农才是特朗普所有政策的设计者和执行人。在成为特朗普竞选团队总干事之前，班农是布赖特巴特新闻首席执行官，其间该媒体发展成为美国“另类右翼运动”（alt - right movement）的龙头媒体，该运动反对多元文化，维护“西部价值”，人们通常将其与白人至上主义联系在一起；可以说，这家媒体的价值取向真实反映了班农本人的世界观。他认为以犹太—基督教文明为基础的西方世界处于危机之中，面临着教会的危机、信仰的危机、西方的危机以及资本主义的危机等挑战，基于保守派的立场，班农支持茶党运动以反对仅为大公司牟利的裙带资本主义；在国际政治议题上则意在改变“对美国不公平的国际经济贸易体系”，以重振美国中产阶级及其价值观；他还反对宗教极端势力的恐怖主义威胁与安全挑战。[②] 班农所秉承的保守主义价值观和世界观预计将会对特朗普的外交政策产生较大的影响。

特朗普任命的第一位国家安全事务顾问迈克尔·弗林（Michael T. Flynn）仅在任二十多天就因为涉嫌“通俄”——违反美国关于普通公民不能干预国家外交事务的法律——而被迫辞职。随后，特朗普任命美国现役陆军三星中将麦克马斯特（H. R. McMaster）出任这一职务，麦克马斯特曾参加过海湾战争、伊拉克战争和阿富汗战争，因作战勇敢和善于思考而在军内被奉为“战争英雄”、军事思想家、美国军事历史学者甚至美军未来的设计师，受到过盖茨、哈格尔和帕内

---

① 陈征：《谁会进入特朗普政府安全外交决策圈》，《世界知识》2016 年第 23 期。

② 参见《特朗普首席策略师史蒂夫·班农如何看世界?》，观察者网，http：//www. guancha. cn/SteveBannon/2017_ 02_ 13_ 393920_ 1. shtml。

塔等多位前任防长的赞许，还曾与现任防长马蒂斯在军中共事，因而马蒂斯也对他接任该职表示欢迎。麦克马斯特虽是军人但也是一名历史学博士，并尤为推崇“政治工作”，例如在伊战期间，他主张攻占要地后要与当地的酋长和部落领导人构建互信关系以做好群众工作。在对外政策方面，其是一名对俄鹰派人士，因此美俄关系缓和的进程将有可能延缓。

虽然此前并未在白宫和五角大楼任职，但他在白宫、国会特别是军方中的声望和人脉，都将有助于特朗普决策团队与各方的沟通和协调，从而凝聚政策共识。但他对特朗普外交决策团队的影响力还需要视其获得特朗普信任的程度而定，因为他之前并非属于特朗普的小圈子。[①]

国务卿蒂勒森（Rex Tillerson）是世界最大石油天然气私营生产企业埃克森美孚公司的首席执行官，他完全没有从政经历，但因为公司业务而与俄罗斯有着特殊关系。蒂勒森是美俄商业理事会的董事会成员，1999 年就与普京熟识。在蒂勒森推动下，美孚在 2011 年与俄最大的国营石油公司“俄罗斯石油”签署合作开发和生产协议，2013 年蒂勒森被普京总统授予“俄罗斯人民友谊勋章”。2014 年克里米亚“并入”俄罗斯时，蒂勒森明确反对对俄实施经济制裁。[②]在对华政策方面，其在国会听证会上曾声称，中国在南海岛礁建设并部署军事设施的行为，“等同俄罗斯（从乌克兰手上）夺取克里米亚”，[③] 这一言论尽管可能是出于听证的需要而颇为强硬，但至少意味着南海问题将可能成为中美之间的交锋议题之一。

---

① 参见《特朗普的权力枢纽：麦克马斯特》，http：//mp. weixin. qq. com/s/IEjONnqviga35q5WokzvTw。

② 陈征：《特朗普挑中的国务卿将为美国石油利益集团代言》，《世界知识》2017 年第 1 期。

③ 《美国务卿人选：中国岛礁军事部署　如同俄吞并克里米亚》，《联合早报》2017 年 1 月 13 日，http：//www. zaobao. com/news/china/story20170113 - 712855。

国防部部长马蒂斯（James N. Mattis）有着丰富的一线战场指挥经验，服役期间，曾作为海军陆战队指挥官参加过海湾战争、阿富汗战争和伊拉克战争。2010～2013年，马蒂斯出任美军中央司令部司令，掌管在中东服役的所有美国军队，并监督美军在伊拉克和阿富汗的军事行动。2013年从美国海军陆战队退役，结束达40多年的军人生涯。[①] 在中东问题上，特朗普对其前任的批评可谓不留情面，认为是美国搞乱了中东局势。在这一点上，马蒂斯与特朗普显示出高度的一致。2015年1月，已经退役的马蒂斯对奥巴马政府的防务和国家安全政策进行了严厉的批判。他认为，当前的国际秩序正被破坏，因而呼吁美国"适应不断变化的环境，采取坚定、战略性的立场来维护价值观"。在地区安全问题和美国的影响力方面，马蒂斯认为，美国在中东的影响力已经达到40年来的最低点，应建立一个全新的安全架构，来对抗"政治伊斯兰"。[②] 他强调："美军应该拥有最高防范态势，接受最优质的指挥，配备最好的装备。"但他也声称，与此同时，让全世界跟随美国也很重要。他说道："我相信美国最根本的力量是威慑和感化"，"我一直处于威慑领域，（通过这些）坚守我们理想的民主主义"。[③] 这意味着马蒂斯虽然主张加大国防开支，也深知美军所拥有的巨大力量和责任，但同时他也知道军队不是能够应对所有挑战的主要手段。在对华政策方面，虽然主张与中国保持良性互动，但强调要投入更多的军力以应对中国在南海地区的行动。

国家贸易委员会主任彼得·纳瓦罗曾撰写过几本关于中国的著作，诸如《致命中国》（*Death by China*）、《中国战争即将来到》

---

① 《马蒂斯被提名为美防长　曾宣称用更多军舰应对中国》，凤凰网，http：//news.ifeng.com/a/20161202/50352825_ 0.shtml。

② 马尧：《哪个外号适合美防长马蒂斯?》，《南方周末》，http：//www.infzm.com/content/122605。

③ 蔡秉健：《似国务卿的美国防长　似防长的美国国务卿》，《联合早报》2017年1月18日，http：//www.zaobao.com/forum/views/opinion/story20170118－714960。

(*The Coming China Wars*)、《卧虎：中国军国主义对世界意味着什么》(*Crouching Tiger: What China's Militarism Means for the World*)。根据书名就可以看出他对中国的负面印象，《中国战争即将来到》一书指出，中国正取代宗教极端主义，成为一个藏在暗处的“恶魔”。他也曾拍摄过描述中国对美国经济的威胁，指称中国包藏野心，想以经济和军事力量称霸亚洲的纪录片。他还曾在一部纪录片前言里呼吁观众和读者：“帮助保护美国和美国人的家庭——不要购买‘中国制造’”。这部纪录片描述了在中国经济高速增长时期美国制造业出现的工作岗位流失情况。[①] 2016 年 11 月，他在《外交政策》(*Foreign Policy*) 杂志上发表了《特朗普的亚太政策前景：以实力促和平》一文。他把特朗普的亚太战略描述为与里根时期的“以实力求和平”的战略相类似，并强调实施因应中国崛起的亚太再平衡战略非常必要和迫切，这一点奥巴马政府没有错；他认为 2008 年金融危机之后，美国国力相对衰落，而中国则能够更加强硬地推行自己的政策目标，也正是受益于对美的巨额贸易顺差，这使中国得以大幅度提升军力。[②] 由此可见，纳瓦罗对中国的政策目标和意图的判断都是比较负面的，其对华经济政策主张将在很大程度上影响特朗普决策团队的对华政策。

根据前文对特朗普的分析，相信直觉和不完全依赖顾问的他将是大多数决策的最终拍板人和最关键的角色。因此特朗普决策团队大多数决策将是直接反映其个人价值取向和认知的结果，同时作为高度自信的商界成功人士，其在就任总统后改变美国过往政策的意志和执行力超出之前的各种预料，这样做最直接的目的就是实现特朗普的竞选

---

① 臧涵：《特朗普的亚洲团队已逐渐成形》，中评社香港 2017 年 1 月 16 日电，http://www.crntt.com/crn-webapp/mag/docDetail.jsp? docid=104544319。

② Alexander Gray and Peter Navarro, "Donald Trump's Peace Through Strength Vision for the Asia-Pacific," http://www.chinafile.com/viewpoint/donald-trumps-peace-through-strength-vision-asia-pacific.

纲领——让美国重新伟大，说白了就是重振美国经济，以兑现向选民的承诺并实现最直接的目标——赢得连任，而最根本的考虑则是特朗普作为主动－积极型的领导人把“个人成就”当作根本的价值取向。因此，几乎可以预见的是，起着参谋决策咨询和贯彻执行作用的白宫幕僚和内阁团队更多地将扮演执行落实的角色，因为就特朗普的领导风格而言，一个高效务实的内阁团队也是不可或缺的。

但值得一提的是，特朗普的领导风格中还有一点，就是主张下属可以有一定的自由发挥空间，为此其领导下的决策团队成员之间将能够在一定程度上出现分歧。[①] 而蒂勒森因有经营跨国公司的履历而了解国际事务，再加上商人大多长袖善舞，作为首席部长的他将有助于推动特朗普决策团队弥合分歧、协调一致。

具体的运作模式可以做如下概括：首席战略顾问班农协助特朗普确立施政的理念、价值观和世界观等形而上的思想，国家贸易委员会和国家安全委员会负责制定细化的内政外交政策，最终由国务院和国防部以及其他政府部门予以落实。特别是在最初的一段时间内，特朗普胜选的民意基础、兑现竞选承诺的需求和其本人人格特征以及决策团队的运作模式，都将使其外交政策遵循“由内而外”的特征，即按照他本人和外交决策团队的政治世界观和国内政治需要来确立其外交政策的主体基调，这将在一定程度上与美国政治精英的政策主张有所偏离。

二　特朗普政府东亚地区认知的外部约束条件

特朗普个性非常突出，是一位非主流总统，上任不足一月便已经在美国国内和全球引起巨大的非议，但必须承认一点，其个性必须要

---

① 〔美〕唐纳德·特朗普、比尔·赞克：《特朗普传：激情创造梦想》，唐其芳、顾岳译，北京：中华工商联合出版社，2016，第106页。特朗普强调：“如果你想获得非凡的成就，就必须给人们自由发挥的空间。”

与外在因素——其所面对的权力情境——结合并产生共鸣后才能形成行为的动机和方式。尤其值得一提的是，特朗普政府经过一段时间的施政实践和与政策环境进行磨合适应后，将会更加重视对外在因素的理解，并有可能选择向往届政府的政策靠拢。[①] 下文将分别从全球政治经济环境、国内政治进程两个层面梳理正在形成的特朗普政府东亚地区认知的外部约束条件和塑造因素。

第一，中美结构性矛盾和全球治理赤字膨胀成为突出特点。在奥巴马的 8 年任期里，国际格局经历了复杂而深刻的变化。在政治领域里，主要大国间围绕全球和地区秩序主导权与影响力的战略博弈更趋激烈。一方面，美国必须正式面对如何适应中国崛起的问题，即中国的发展所引起的中美两国力量对比以及中国在国际体系中所处地位的变化，使中美关系在结构性层面的国际化孕育着紧张、摩擦甚至冲突的风险，并呼应着“大国政治悲剧”的宿命论观点，从而构成了中美关系的结构性矛盾。另一方面，后冷战时代全球化的加速发展，导致跨国问题的激增和非传统安全挑战的凸显，如环境污染、气候变暖、非法移民、毒品走私、流行性疾病、恐怖主义等问题突出，[②] 2008 年金融危机更使全球经济治理成为当务之急。因此，全球治理的赤字不断增大，但国际体系的制度供给却严重不足，政策层面也有弱化态势，对此西方国家在创新和提供公共产品方面的能力和意愿却在下降。特朗普竞选中和就职后提出了“美国优先”的政治口号，主张以民族国家为中心解决上述问题，而不是立足全球视野，因此表现出对全球治理和国际合作持怀疑态度，但这些问题的全球性、全面

① 〔美〕罗伯特·盖茨：《责任：美国前国防部部长罗伯特·盖茨回忆录》，陈逾前、迩东晨、王正林译，广州：广东人民出版社，2016，第 274 页。在其回忆录中，效力过 8 任总统的盖茨指出，新上任的团队在最初一段时间里，会对上任总统的政策持批评态度，但是在一段时间后，新团队会比想象中还要连贯地执行以往的政策。

② 吴心伯：《中美关系的重新国际化》，《世界经济与政治》2009 年第 8 期。

性和整体关联性要求各国一起合作解决，单个民族国家着实无能为力。可以预见的是，特朗普政府近期一系列“筑墙”应对非法移民、恐袭等问题的举措未必能够奏效。

第二，世界经济不景气与贸易保护主义、民粹主义和逆全球化并行。近年来，世界经济下行压力持续，复苏动力仍显不足，全球需求、大宗商品行情和原油价格持续低位运行。中国社会科学院世界经济与政治研究所和社会科学文献出版社共同发布的《世界经济黄皮书：2017 年世界经济形势分析与预测》预计，2017 年世界经济增长形势依然不容乐观，按购买力平价（PPP）计算的世界国内生产总值（GDP）增长率约为 3.0%，按市场汇率计算的世界国内生产总值增长率约为 2.4%。[①] 在近年来全球经济整体不景气的大背景下，全球范围内民粹主义、孤立主义和反建制主义甚嚣尘上，英国脱欧公投便是明证，进而导致整个欧盟面临解体的威胁；特朗普利用国内民众的“被剥夺感”和中下层民众的严重不满而成功当选总统更是经济不景气背景下民粹主义大涨的直接结果，于是新古典自由主义国际经济秩序大有崩溃之势。对此，特朗普祭出了贸易保护的大旗，准备通过高额关税和国内减税来促进制造业回流以增加就业岗位，但贸易保护主义政策从来不是有效的政策，并且可能呈现“杀敌一千自损八百乃至更多”以致最终伤及美国国内消费者利益和影响整体经济活力的结果。

第三，国内政治将是一切政策的出发点。其一，特朗普是“美国优先”的坚定支持者，也正是借此得以入主白宫，因此“禁穆令”才如此之快就出台。内政反映在外交政策上就是美国白宫的网站上列出的美国首要外交政策就是打击“伊斯兰国”和极端宗教势力，也

① 辛闻：《2017 年世界经济增长形势依然不容乐观》，中国网，http：//news. china. com. cn/txt/2016 - 12/20/content_ 39949542. htm。

就是说反恐成为最优先的外交和国安议题。其二，特朗普决策团队成员基本都是传统生产力的代表，其背后是制造业、建筑业、钢铁、石油等利益集团，[①] 因此他必须在政策上迎合上述利益集团。其三，在美国政治体制中，外交权为白宫（以总统为代表的行政权）和国会（两院立法权、财权和人事权等）所分别掌握一部分，因此特朗普外交政策的出台还要取决于其与国会之间的合作、制衡与博弈的结果。因此，上述三点因素结合起来看，特朗普施政的核心是经济议题并将聚焦如下三方面：（1）加大基础设施投资，来拉动需求和推动增长；（2）通过税收改革增加企业的核心竞争力，引导全世界的资本到美国来投资建厂，推动美国制造业的复兴；（3）凭借美国的经济强势和国际制度主导权，在全球范围打贸易战，强化美国的贸易地位和争夺贸易边际利润。[②] 如此，特朗普的外交政策也将围绕上述美国版的“以经济建设为中心”展开。

三　特朗普政府当前的东亚地区认知预判及政策逻辑与重心

基于上述分析，特朗普外交决策团队将会遵循“美国优先”的理念及相应的政策议程，透过其世界政治观和全球政策议程来看待东亚地区：经济领域，这一地区的多数国家对美国有着巨大的贸易顺差，中国尤其突出，这是美国就业岗位流失的所谓重要原因；政治上，中国强势崛起，并正在凭借持续快速增长的经济实力在周边地区强势塑造以中国为中心的地区秩序，这给美国送来了重塑地缘政治格局的机遇，因为东亚地区国家都将中国视为一个潜在的侵略者和现状破坏者而选择与美国结盟；安全上，朝核问题是美国关注的焦点，台

---

① 特朗普在 2016 年竞选过程中几乎没有谈到将如何推动高科技产业的发展。

② 朱民：《特朗普冲击——经济政策及全球影响》，在复旦经院全球校友会 2017 年会暨“中国经济后五年：结构改革与全球应对”论坛上的主旨演讲，2016 年 12 月 31 日，http://mt.sohu.com/20170111/n478435093.shtml。

海局势和南海岛礁争端也是美国必须认真对待的难题。其中，对美国最大的挑战是努力应对中国的强势崛起，最首要的问题是如何吸引全球投资以推动美国制造业复兴和解决所谓的贸易不公平问题；而对美国而言，中国崛起所带来的“周边国家不适应”将是美国继续乃至强化其在东亚主导地位和影响力的重要抓手，美国将采取“以实力求和平”的政策来应对挑战和实现政策目标。

基于上述预判的特朗普外交决策团队的东亚地区观，其相应的政策逻辑也就可以大致归纳为：美国将一如既往地重视东亚地区，区域内首先需要应对的是中国崛起所带来的安全和地缘政治议题，为有效应对中国影响力的快速上升，美国必须在这一地区部署更多的军力，以确保有足够的实力应对中国军力的快速上升，制衡中国将是维系美国地区威望和赢得盟国支持的重要手段；美国将进一步强化盟国对与美结盟的信心，并推动盟国加大防务开支，以配合美国对冲中国塑造地区秩序的努力。在此基础上，美国将签订有利于美国制造业复兴的贸易协议，而非类似 TPP 之类为了协议而协议、需要牺牲国内就业的贸易协定，从而服务于“美国优先”的内政目标。这一逻辑如果真正得以实施，那么签订对美有利的贸易协定和应对中国的崛起将作为最重要的目标，从而使美国的东亚政策呈现双重心，但这二者之间的外交资源如何分配和冲突如何平衡预计将为后续的东亚政策逻辑调整留下伏笔。

第二节　特朗普政府对华与对日政策前瞻

基于上述政策逻辑，特朗普政府的对日政策与奥巴马时期相比将不会有太大的变化，预计增加双边经贸协调的内容。例如，在与安倍的通话中，特朗普重申了美日同盟的重要性和对日本安全的承诺，并同意急切赴美的安倍 2 月上旬访美，这都并无新意。值得关注的是要求安倍携副首相兼财政大臣麻生太郎一起访美，以方便双方在经贸领域的协调。

第一，在对华政策方面将比较务实和遵循问题导向。特朗普任命的国家贸易委员会主任纳瓦罗将发挥类似克林顿任期国家经济委员会主任鲁宾的角色，但与鲁宾反对将“最惠国待遇”与“人权”挂钩的对华政策不同的是，他的“中国意象”较为负面，很可能特朗普对中美贸易现状数据的收集和负面评价就来自他。但在大选期间反复强调的汇率问题和对中国产品征收45%的关税等议题上，出任总统后的特朗普态度发生了变化，2017年4月15日美国财政部的报告并没有把中国确定为“汇率操纵国”，同时还在首次“习特会”期间同意开展中美100天的贸易谈判计划。这均表明特朗普外交决策团队在对华政策上的务实态度和期望通过合作而非对抗来实现目标的路径偏好。

第二，中美在南海岛礁争端上的分歧有可能暂时趋于和缓。2017年1月23日，美国白宫发言人斯派塞在其第一场新闻发布会上，就声称美国将在南海捍卫“国际利益”，并表示美国将阻止中国占领任何位于南海国际海域的岛礁。[①] 对此，特朗普外交决策团队中的国务卿蒂勒森于参议院对外关系委员会举行的听证会上表示：“中国在南中国海建岛礁是非法行为，类似俄罗斯从乌克兰手上夺取克里米亚，美国新政府将向中国传递清楚信号，其一是停止建岛，其二是不允许中国进入这些岛屿。”将南海岛礁类比为克里米亚，显示出特朗普外交决策团队的视野里，中国对南海主权与海洋权益的维护已经是一种从他国“夺取领土”的“扩张”行为。在特朗普团队中，持类似的观点的成员还有很多，诸如国家贸易委员会主任纳瓦罗在其发表的

---

① 蔡添成：《美要在南中国海捍卫“国际利益”》，《联合早报》2017年1月24日，http://www.zaobao.com/realtime/world/story20170124-717299。

《特朗普的亚太政策前景：以实力促和平》一文中批评奥巴马政府没有对中国在南海的填海造岛行为采取有力的应对措施；[①] 而被诸多观察家认为在特朗普执政后的一系列决策中发挥关键作用的班农，则更是在 2016 年 3 月公开声称，中美两国将在未来 5～10 年为南海问题一战。[②]

但自特朗普任职以来的数月内，其决策团队却已经否决了三次军方要求到南海进行所谓“航行自由行动”的申请。这背后的逻辑并不难理解，特朗普奉行由内向外的决策流程，那么外交包括对华政策都应该围绕特朗普版的“以经济建设为中心”来展开，南海议题自然也被纳入中美关系的大框架之中。特朗普很可能希望通过南海议题上的缓和来换取中国对其推进国外政策目标实现的配合与支持，例如特朗普更为重视中东地区和极其紧迫的朝核问题等。同时此举还可以为与中国在经贸领域的“交易”形成有利于美方的博弈环境。

第三，台海局势将继续保持平稳。台湾问题是中美之间最敏感和最核心的问题，但崇尚“交易”的特朗普却于就职前在“一中原则”上制造议题，《华尔街日报》1 月 13 日刊登了特朗普的访谈摘录。当记者问特朗普是否支持“一个中国”的政策时，他回答：“一切都在谈判之中，包括一个中国”。[③] 其言外之意就是，除非中国改变货币和贸易政策向特朗普的要求妥协，否则他不会承诺奉行“一个中国”政策。就目前而言，特朗普迫于国内外压力调整了他对台湾问题的立场，充分意识到挑战“一个中国”政策代价非常大。但是在现有美

---

① Alexander Gray and Peter Navarro, “Donald Trump’s Peace Through Strength Vision for the Asia - Pacific,” http://www.chinafile.com/viewpoint/donald - trumps - peace - through - strength - vision - asia - pacific.

② “Donald Trump’s Closest Advisor Thinks that the US will be at War with China in the Next Few Years,” http://www.independent.co.uk/news/world/americas/donald - trump - steve - bannon - china - south - sea - war - chinese - us - president - special - counsellor - a7556546.html.

③ 游润恬：《北京学者：中国有战略定力冷静应对特朗普言论》，《联合早报》2017 年 1 月 15 日，http://www.zaobao.com/realtime/china/story20170115 - 713901。

台关系框架内，他还是有较大的弹性空间，诸如对台军售、提升美台政治关系，等等。因此，如果中美在经贸问题或者朝核问题等领域未能达成共识或者实现预期目标，台湾问题和上述南海议题都可能成为其对华政策的一张牌。

第三节　相关政策建议

（一）统筹各类外交资源影响特朗普决策团队的对华认知

中国的外交政策对于美国历任总统及其领导下的外交决策团队的对华认知都产生过重大的影响，特别是在中美关系正常化以来，中国的外交能动性在很大程度上推动着中美不断管控分歧和持续扩大合作领域。尽管特朗普本人个性鲜明，对自己的直觉高度自信，但不一定是一名“认知固化”的领导者，其外交和国安决策团队中诸如班农、纳瓦罗等人虽然目前的“中国意象”较为负面，但鉴于特朗普的个性、领导风格和在对华政策上表现出的学习与调整能力，这还是为中国推动其认知调整提供了可能性，因此中国仍然可以充分发挥政策能动性。

第一，与特朗普外交决策团队实施战略沟通。

首先是两国领导人的沟通。从历史经验来看，小布什总统在回忆录中对与中国国家主席胡锦涛的沟通记忆尤深，认为胡锦涛主席坦诚地回答说最牵挂的是每年要创造2500万个新的就业机会，这使其意识到胡锦涛主席是一名很实在的领导人，不是一个会挑起他国麻烦的空想家。① 奥巴马时期，中美两国元首的庄园会谈、瀛台夜话、西湖漫步等也均在稳定中美关系中发挥了至关重要的作用。目前的许多分

---

① 〔美〕乔治·沃克·布什：《抉择时刻》，东西网译，北京：中信出版社，2011，第398～399页。

析认为特朗普难以打交道，但是这并不意味着要回避打交道，相反更要积极搭建沟通的平台，使其能够获得第一手的中国领导层对全球治理、地区事务和中美关系的真实想法，避免因信息传递为顾问与官僚人员过滤所产生的失真乃至误判。对于中国而言，也可以在领导人面对面的沟通中了解特朗普的真实诉求，从而在坚持原则和保持定力的前提下，弹性地进行政策互动。在 2017 年 4 月的中美元首海湖庄园会晤期间，两国元首对朝核问题深入交换了意见。中国国家主席习近平通过耐心地向特朗普阐述中朝关系的历史，使得特朗普改变了中国可以轻易消除朝鲜威胁的想法。特朗普本人也意识到朝核问题并不简单。[①] 这正体现了中美元首间直接沟通的重要性。

其次是精心安排特朗普的访华行程。目前特朗普的言论和施政思路表明，他有志于将里根总统及其“以实力求和平”的政策思路作为自己模仿的榜样和学习的路径，而 20 世纪 80 年代里根本人通过对中国的市场进行实地参观考察后，得出了完全不同于以往的判断和对华的正面认知。鉴于此，特朗普本人对中国的实地考察将会加快其中国意象的修正与调整。

再次是加强各个层级的沟通。特朗普团队的各项决策的执行与落实都要依靠各个层级的政府官员，而相互依存的不断深入使国家间的联系日益紧密，复合相互依赖所带来的多渠道联系使主管同类事务的政府官僚之间的联系不仅会改变他们的预期，也会导致在具体政策问题上建立跨政府联盟。[②] 因此，各层级政府官员之间联系的渠道也是不容忽视的沟通渠道，并且需要对沟通渠道进行制度化处理。特朗普执政团队预计将会在汇率、宏观经济政策和贸易投资政策等方面迫使

① 《特朗普回顾“习特会”：听了 10 分钟被习近平说服》，凤凰网，http：//news. ifeng. com/a/20170413/50935401_ 0. shtml。

② 〔美〕罗伯特·基欧汉、约瑟夫·奈：《权力与相互依赖》，门洪华译，北京：北京大学出版社，2002，第 35 页。

中国做出更多的让步，以配合其国内政策议程的实现。中美元首海湖庄园会晤期间，双方建立了外交安全对话、全面经济对话、执法及网络安全对话、社会和人文对话四个高级别对话机制，这都将发挥类似之前中美战略与经济对话机制的功能，成为中美双方管控分歧的重要路径，并使中美双方在不同层级和领域充分沟通，从而更加有利于达成共识和合作态势。

第二，传统现实主义权力政治下的外交能动性。自 20 世纪 70 年代中美接近以来，中美苏大三角格局便成为中国对美外交的重要杠杆之一，即使在冷战后时代，中美俄三边互动依然是三方领导人考虑大国关系时难以回避的考量因素之一。2008 年金融危机和 2010 年中国经济总量超过日本成为全球第二大经济体后，中美之间的国力差距不断缩小，中美之间的竞合关系被许多专家学者乃至政府官员形容为挑战国和主导国家的关系，这在很大程度上压缩了中国通过国际权力结构来影响他国认知的外交回旋空间，但中美俄大三边关系并未完全失效，本书上一节中特朗普对奥巴马中俄政策的批评正说明了中美俄三边关系范式依然在发挥作用。与奥巴马政府不同的是，特朗普自竞选开始便在言论上对俄示好，任命的国务卿蒂勒森也被认为与俄罗斯以及普京关系过于密切，短命的国家安全事务顾问弗林也被视为亲俄派。但其内阁中有不少要员在俄罗斯问题上与特朗普看法相左。国务卿蒂勒森、国防部部长马蒂斯和中央情报局局长迈克·蓬佩奥都曾在俄罗斯问题上与特朗普唱反调，强调“俄罗斯是美国的头号威胁，并且一直试图分化北约，美国必须做好准备，在必要时与莫斯科对抗”。① 副总统彭斯 2017 年 2 月 18 日在德国慕尼黑安全会议上发表特朗普政府首个重要外交演说时指出：“美国在与俄罗斯寻求共同基础

① 《特朗普内阁两准要员称俄罗斯是威胁》，《联合早报》2017 年 1 月 14 日，http：//www.zaobao.com/news/world/story20170114 – 713289。

的同时，也会继续追究俄罗斯的责任。”[①] 再加上近期“通俄门”事件的相关影响，特朗普在美俄关系上渐趋谨慎。这多少令原本期待特朗普上台后美国会改变对俄立场的俄罗斯方面大失所望，也使之前许多预测美俄关系或许将会在特朗普任期内逐步升温的想法落空。因此中美俄大三边的转圜空间虽然较奥巴马时期将打折扣，但并非不存在，中国依然可以在这方面继续努力。

第三，构建跨国政策联盟以营造合作、制度化情境。跨国政策联盟在过往推动美国外交决策团队东亚地区认知转变过程中发挥过重大作用，在经济全球化更加深入的今天，跨国联系无论在深度还是在广度上都比以往更加紧密，政府、社会和反恐等层面的跨国政策联盟将能够继续拓宽中美合作共赢领域，并在一定程度上推动共同利益的制度化。

（1）政府层面。尽管特朗普外交决策团队中将中国视为威胁的成员比例要高一些，但这并不妨碍建立跨政府政策联盟。随着特朗普外交决策团队内部不断磨合和进行决策反馈，其在对华意象上存在不同认知意象的可能性较大，而特朗普并无从政经历，眼下的决策团队是其在竞选期间和当选后与共和党建制派妥协后多次整合重组之后的结果，因而团队成员的价值观、政治立场与文化背景难以完全一致，特朗普尽管强势，但并不完全禁止下属自由发表意见，因此这一决策团队极有可能内部分歧不断，更可能难以形成得到大多数成员认同的集体认知，内部的认知反对派将长期存在并不断对特朗普本人的认知产生影响以谋求成为主流认知。

（2）社会层面。当今世界在经济全球化的推动下，已经发展成为一个全球产业链整合得非常紧密、跨国分工高度发达的有机体。就

---

① 《彭斯：美国坚做北约盟友誓向俄问责，俄表失望但不放弃与美和解》，《联合早报》2017年2月20日，http：//www. zaobao. com/news/world/story20170220 – 726788。

以蒂勒森曾担任首席执行官的埃克森美孚石油公司为例，作为全球规模最大的上市公司之一，该公司在全球50多个国家发展业务，在中国的业务领域也在不断扩张，包括管道天然气和液化天然气销售，发电、炼油化工和成品油营销一体化业务，润滑油等石化产品的生产销售，以及经营连锁加油站等业务领域。因此，蒂勒森本人一定了解中美经济千丝万缕的联系和高度相互依赖。在特朗普政府发展传统能源的背景下，中国可以从美进口石油来减少对美贸易顺差。这些都有助于形成经贸领域的中美跨国政策联盟，最终减少特朗普政府对华消极意象。同时，如果特朗普准备大力投资基础设施建设，那么中国巨大的产能正好可以大显身手，奥巴马任期内中美双方在双边投资协定谈判上一直未能取得较大进展，而对于能够扩大国内就业的制造业和基础设施方面的外国投资，特朗普团队想必不会反对，因此双方有可能达成这一协定。[①] 在金融领域，无论是中国的巨额外汇储备还是持有的国债都是特朗普准备实施强势美元政策的重要支撑，在这方面美国财政部也将能够向特朗普提出切实可行的决策建议，而非简单将中国列为汇率操纵国。另外，美国工商业界曾成功使克林顿政府放弃将对华最惠国待遇与人权挂钩，在中美经济联系更加密切的今天，来自工商业界的努力也必将使特朗普政府不得不统筹考虑对华政策。

（3）反恐层面。反恐合作曾在推动小布什政府对华认知转变方面产生了巨大的影响。特朗普入主白宫后，白宫官网主页上将打击“伊斯兰国”和极端宗教势力的反恐议题列为最具优先性的任务，而恐怖主义组织的跨国性、非具体国家、小型化和分散化都使反恐成为一项最需要跨国合作、信息与情报共享的军事任务，因此在这方面中国的外交能动性大有作为。另外值得一提的是，反恐合作中的军事和

① 《美财长：特朗普计划重启中美双边投资协定谈判》，凤凰网，http：//finance. ifeng. com/a/20170608/15438805_ 0. shtml。

情报合作还将因“溢出效应”而不断扩大和多元化，进而有助于更多跨国政策联盟的形成与巩固。

（二）编制危机预案以影响特朗普决策团队对华认知

国际危机能够使国家间的互动进程、模式和强度发生急剧的变化，从而对决策者的认知产生根本性的影响。2016 年国际关系中的“黑天鹅”事件层出不穷，不排除接下来几年有更严重的国际危机爆发的可能性，特朗普迥异于以往美国领导人的个性、决策模式和施政思路也在一定程度上提升了这一概率，这都可能使危机以预想不到的方式爆发。

一是美国与他国之间的危机。特朗普已经针对伊朗试射导弹做出制裁，而朝鲜正在积极推进其核武器和运载导弹项目并在 2017 年上半年多次试射导弹，目的就是要获得对美国本土的核打击能力，特朗普能否容忍朝鲜跨越这一门槛，将是一大问题。但就目前而言，特朗普政府在朝核问题上还没有切实可行的应对之法，如果在外交努力和制裁之后仍不能达成一致，那么美朝摊牌的威胁将是对中国的一大严峻考验。二是中美之间的危机。特朗普当前充分意识到台湾问题的敏感性和重要性，但在目前的美台关系框架下，尚不能排除美台之间的一些小动作，如果美方肆意挑衅中国底线，将会造成严重的双边关系危机。在南海问题上，2017 年 5 月下旬，美国“杜威”号导弹驱逐舰擅自驶入中国南沙群岛美济礁 12 海里以内，成为特朗普上任后美军首次进入南海进行所谓“自由航行”巡逻行动，算是对前一段时间特朗普政府在南海议题上言行趋向低调的一种反复。这在很大程度上是因为，美国部分智库、官员和军方等相关人员仍然将中美南海博弈定位为中美亚太地缘战略竞争的焦点之一，所以，以特朗普为代表倡导的南海务实路线也不得不出于内政的考虑而在一定时期做出回应。但南海问题是中国的核心利益，如果因为特朗普及其决策团队未能有效约束海军的“航行自由”宣示行动，甚至将南海问题作为对华“交易”的砝码，那将可能导致中美之间意外事件的发生。

为此，如何应对危机以及应对方式会使特朗普决策团队的东亚认知产生怎样的影响都将是一个需要提前思考的议题。中国有必要针对其外交决策团队成员的认知风格、价值观和政治世界观制定相应的预案。第一，确保双方危机热线畅通，以方便双方随时沟通信息和传递信号。第二，树立底线意识，向特朗普外交决策团队传递明确的信号表明中国政策底线，例如台湾问题等核心利益不是可以谈判的问题等。第三，预设危机的沟通和谈判框架，这主要可以归纳为 2 种情境：冲突与合作情境。在冲突情境里，如果特朗普感觉受挫，则要设法传递信息使其意识到改变自身目标的重要性而并非其能力和决心不够；在合作情境里，如果特朗普在双方沟通中未达成政策目标，则需要传递信息使其意识到并非对方在意图上根本不愿意合作，而是受制于客观条件。

（三）保持战略定力和增强综合国力

特朗普崇尚里根总统的“以实力求和平”的外交原则，那么对于中国而言，对美外交最根本的基础则是不断增强自身的综合国力，才能在与特朗普的谈判中立足不败之地。根据认知理论，70 多岁的特朗普的个性与价值观短期内难以幡然改观；同时，多年积累的民粹主义和保护主义思潮所导致的国内政治分化也不会在短期回归常态，更可能伴随着特朗普施政思路的展开而不断激化。所以不论特朗普如何出招，保持自身战略定力而不断推进中国的经济社会发展，才是真正保证自身立于不败之地的根本基础。

结语

本章将对前述各章中所分析的几位总统的东亚政策逻辑和重心的转变（或修正）进行理论抽象方面的努力，以与本书导论的观点和第一章的分析框架相呼应，并提出后续研究的努力方向；最后，本书对中国的对美外交提出一些粗浅的建议，以使研究更好地为现实和未来服务。

第一节　理论贡献与不足

本书旨在提出一个解释二战后美国东亚政策的逻辑和重心形成与转变的理论框架。在以往的研究中，诸多学者已经提出了一些理论。然而，这些理论或者过于注重单一因素而忽视了多种因素的综合影响；或者过于注重对物质因素的分析而未能给予认知等主观方面的因素以足够重视。正是基于此，本书以建立一个新的理论分析框架为目标，提出了一个分析美国东亚政策逻辑与重心的认知—决策分析框架，并阐述了其作用机制。这个理论有什么贡献和需要进一步研究的问题？下文将对此进行阐述。

一　理论贡献

理论创新主要来源于解释新的事实与发现新的规律。总体来说，本书有两个主要的理论贡献：借鉴国际政治的认知理论来分析美国政府东亚地区认知和政策逻辑的演变；构建了一个认知—决策分析框架来解释美国东亚政策逻辑的演变和相应的重心变化。

经过本书前面几章的分析，我们可以看出，美国基于其全球战略目标，在二战后也逐步形成了长期一以贯之的东亚地区战略目标：第一，保持对美国有利的地区均势；第二，增进美国在这一地区的投资和贸易等经贸方面的利益；第三，拓展民主、人权等美式价值观。① 历届政府都致力于巩固和拓展上述战略目标，这是美国东亚政策逻辑中恒定不变的部分。奥巴马政府的8年没有例外，国务卿希拉里·克林顿在其《美国的太平洋世纪》一文中开篇就提出：自伊拉克和阿富汗逐步撤军以后，美国将逐步把注意力和资源转移到亚太地区，综合应用外交、经济、战略等各类手段确保美国能够继续在亚太地区扮演领导角色，维系美国的国家利益和推进美国的价值观。② 现在的特朗普政府也不会轻易从东亚地区撤退。但在不同的时空背景下，不同的外交决策团队在对上述战略目标的取舍和排序上不甚相同，实现目标的政策手段和路径也不尽相同，这二者构成了美国东亚政策逻辑和重心不断变化的基础。

在现实的国际政治中，上述三大战略目标对美国而言并非完全同等重要，不同时期有着不同的偏好和优先考虑，也就是存在着不同的认知。不同的认知会引导一任政府对政策目标进行排序，而排序既是政策实施的需要，也是获取国内政治支持和理解的重要步骤。排序的过程实际上就是推理过程，也就是逻辑逐步成形的过程。不同的总统

---

① Robert G. Sutter, *The United States and East Asia: Dynamics and Implications*, p. 21; Robert G. Sutter, *East Asia and the Pacific: Challenges for U. S. Policy*, Boulder, Colo.: Westview Press, 1992, pp. 1 – 28.

② Hillary Clinton, "America's Pacific Century," *Foreign Policy*, November 2011, http://www.foreignpolicy.com/articles/2011/10/11/americas_pacific_century.

及其决策团队有着不同的政策逻辑形成与转变（或修正）的过程。通过对冷战后美国几任总统东亚政策逻辑演变的阐述与分析，我们可以归纳出以下几点特征。

第一，不同的总统有着不同的政策逻辑。也就是说，决策团队的人事变化是影响政策逻辑的最基本和最重要的因素之一。尽管美国政府在东亚地区的全面利益相对比较固定，但美国政府的周期更替使得美国对于如何看待其在东亚地区的利益和如何巩固与扩大其在东亚地区的利益也相应地产生变化。这是因为，不同的总统及其外交决策顾问团队基于不同的价值观、世界观和政策偏好形成了不同的地区认知，这一点同具体的政策环境相结合最终形成了一任总统的最初政策逻辑。

第二，外交决策团队内部存在着围绕东亚地区认知和政策逻辑的“争论”。正如本书前面所述，围绕“何种关于政治现象的解读是‘主流’的争论”是决策过程的中心要素，而外交决策顾问团队成员通常有着不同的政策取向和偏好，对现实的理解也存在着差异，同时,像小布什等总统还主张决策顾问团队内部应有不同的声音以保证决策的客观与准确。这两者共同构成了美国外交决策团队内部围绕认知产生争论的土壤，也使得后来政策逻辑的改变（或修正）成为可能。

第三，国际环境的变化、政策对象国的能动性和国际危机三者共同构成了推动东亚政策逻辑和重心转变的最重要因素。国际环境中国际结构和国际进程两个方面的变化，会向外交决策团队不断输入新的决策信息，这是形成新的认知意象的客观基础。在政策能动性方面，日本在战后美国占领时期便开始发挥能动性来影响美国的对日认知，使日本得以成功地加入西方阵营。在冷战中后期，中国主要是通过影响美苏两极对峙的力量对比来影响美国的东亚地区认知。日本经济的腾飞使其在 20 世纪 80 年代便能够通过经济杠杆来发挥对美国的政策能动性；相比之下，中国在经贸领域的对美政策能动性则在 90 年代才得到大幅度提升，并随着中国国力的快速上升依然保持着不断增强的态势。最后，本书提到的历次国际危机都在美国的东亚政策逻辑的转变中发挥了类似催化剂的作用。

第四，政策重心直接决定着美国对华和对日政策的变化。在不同的政策逻辑指导下，美国东亚政策的重心也会有所不同，而重心的转变直接影响着美国的对华和对日政策。以克林顿政府为例，其在第二任期的政策逻辑中增加了“塑造”和“全面接触”等政策主题，其政策重心也逐步由强化双边同盟——特别是美日同盟——转变为塑造有利于美国的地区秩序（重点是将中国融入美国主导下的国际社会），由此使得克林顿政府在第二任期顶住国内政治压力，继实现元首互访之后，逐步确立了发展建设性战略合作伙伴关系的政策目标，并成功说服国内各方，授予中国永久性正常贸易伙伴关系地位，从而为中国入世扫除了最大的障碍。毫无疑问，克林顿政府第二任期在东亚地区的外交资源分配方面是向中国倾斜的。

归纳起来，美国作为一个讲究创新的国度，再加上共和、民主两党交替执政，因此，总统更替所带来的外交决策团队的人事更替使新团队不会走前任的“老路”，更多的是基于自身的价值观和外交理念来谋划具有新意的施政蓝图，这就成为东亚政策逻辑形成和转变的最基本要素；但决策团队的集体认知相对于单个个体认知的形成又有所不同，某种对于现实的解读需要经过内部的争论才能成为主流和集体认知；集体认知的形成过程使国际环境的变化、政策对象国的能动性和国际危机得以在认知的形成和转变过程中发挥影响，并最终推动政策逻辑的转变；不同的政策逻辑和相应的政策重心使有限的美国外交资源必然在中、日两国之间有所取舍，从而在很大程度上影响着美国的对华和对日政策。

二　有待进一步研究的问题

诚如歌德在《浮士德》中所述，理论是灰色的，而生命之树常青，理论对现实的解释力是有限度的，一种理论不可能用于解决所有问题。现实世界中没有一种理论能够给予现实全面的解释，而只能是对一定范围内的变量进行逻辑表述。[①] 本书所提出的“认知—决策”分析框架也不例外。从理论建构和理论解释力来看，本书的不足主要表现在对决策团队集体认知形成过程中的争论的解读尚显不足，一种对于现实的解读和认知模式如何说服众多的成员而成为主流认知？某一外交决策团队成员如何说服总统接受自己的认知？这都需要在今后的研究中进一步深化。当然，我们也必须意识到，总统领导下的外交决策团队的内部讨论和政策出台的过程属于高度机密范畴，即使在强调民主和透明的美国也不例外，学者的研究只能依赖当事人的回忆、对当事人的采访和各种渠道流露出来的各类消息，而不能亲临现场进行观摩，所以我们的研究只能是提供一种解读和理解的思路。

第二节　政策启示

很大程度上，美国在东亚地区所面临的“威胁”并非现实的，而是“认知”上的，也就是说，美国担心随着中国力量的迅速上升和地区影响力的不断扩大，其将会挑战美国的地区主导地位甚至最终会把美国挤出亚洲。尽管无论是民主党还是共和党政府都不太可能对华采取遏制政策，但如果中国能够积极影响美国各界特别是官方的对华认知，则可以最大限度地增加中美之间的战略互信，并消弭美国国内的各类“仇华”“反华”言论的负面影响，从而最大限度地缩减中国和平崛起的外在阻力。因此，本书将着重在进一步增强中国影响美国东亚认知的能动性方面提供一些参考。

第一，正确认识中国政策能动性的限度。从历史的角度来看，自

① Glenn H. Snyder, “Process Variables in Neorealist Theory,” p. 167.

尼克松时期开始，中国影响美国认知的能动性便不断提升。1993 年克林顿入主白宫的时候，中国的经济总量是美国的 7%，小布什入主白宫的时候中国占比 13%，小布什离任时中国占比 30%，而在奥巴马第二任期开始时中国占比达到 48%。[①] 这标志着中国塑造美国认知的政策能动性也在大幅度提升。但与此同时，我们也必须充分意识到中国仍将长期属于发展中国家这一事实，中国仍然与美国、日本和欧洲有着较大的差距。从全球经济发展的角度来看，从 2007 年次贷危机到 2008 年全球金融危机都只是一场周期性危机，并没有带来世界经济结构性的转变，因此，以美元为霸权的世界经济金融体系并不会在未来 10 年发生结构性变化。[②] 在军事实力和政治影响力等方面，中国与美国也依然存在着较大的差距。同时，中国实力的增长不一定都会转化为正能量，也可能带来他国的警惕和误读。因为中美两国的民族主义者往往在夸大中国实力的同时还极力渲染美国的衰落态势，而要求政府采取更具进攻性的对外政策。这就需要中国的外交政策制定者谨慎应对民族主义的负面影响，正确认识和定位自身的国际地位以避免挑动民族主义从而危及中美战略互信。

第二，把营造美国各界对中国的正面认知作为对美外交的重要目标之一。美国将自己视为“维持原状强国”（status quo power），而中国则被许多人视为“改变现状强国”（revisionist power）而遭到美国的疑惧和防范。因此，无论美国的东亚政策今后怎样调整，中美两国的结构性矛盾都会使得两国的相处充满坎坷，保持着既合作又竞争的双边关系状态。同时，在未来的中美关系中，中美双方都无法回避各种意外事件和敏感事件的影响，例如南海岛屿争端和中日钓鱼岛争端

① 傅立民等：《中美关系：热点聚焦与发展趋势》，中国社会科学网，http：//www. cssn. cn/news/486235. htm。

② 华民：《经济增长的根本动力来自人人所需的崭新产业》，《文汇报》2013 年 1 月 14 日，http：//whb. news365. com. cn/ftl/201301/t20130114_ 894424. html。

等热点问题的激化，一旦处置不当则很有可能令中美关系陷入停滞乃至倒退，而如果能够做到冷静分析和正确引导则可能深化和扩大中美合作的深度和广度。因此，对中国方面来说，关键在于发挥政策能动性以进一步提高影响美国东亚地区认知的能力，加深中美之间的战略互信，逐渐把中国真正视为“国际社会负责任的利益攸关方”。

第三，继续加大对美国外交决策层东亚和中国认知的影响力度。随着全球化的逐步深入，世界变得日益扁平化，各国之间的沟通机制大幅度增加。因此，国家领导人层面不再像以前那样需要为很多具体议题进行谈判，更多的是需要建立国家之间特别是领导人之间的信任关系，为双方和多边关系定调。因此，随着中国在国际上的影响力不断提升，中国外交更多地要践行“长袖善舞”方面的特色，通过领导人之间彼此联络感情来建立或促进私交，从而使中国外交真正精彩起来，并从战略上巩固美国领导人对中国的信任。这方面的重要性在小布什的回忆录中得到了验证。2002 年 2 月，在小布什访华的欢迎晚宴结束后，江泽民主席为大家演唱了一曲意大利民歌，对此小布什回忆说：“他的歌曲让我感到他态度的变化。种种迹象表明，我们之间的信任更近一步了。”2006 年，胡锦涛主席在回答小布什的提问（有哪些事情会让你夜不能寐呢?）时，坦诚地回答说最牵挂的是每年要创造 2500 万个新的就业机会。这使小布什意识到胡锦涛主席是一名很实在的领导人，不是一个会挑起他国麻烦的空想家。[①] 现在特朗普的外交决策团队刚刚组建，正是中国影响其团队成员东亚和中国认知的关键时刻。

第四，扎实推进公共外交。新形势下，推进公共外交和人文交流，就是要着力促进中国与世界相互认知，深化中国同世界的关系，

① 〔美〕乔治·沃克·布什：《抉择时刻》，东西网译，北京：中信出版社，2011，第 398 ~ 399 页。

推动中国与世界的良性互动和共同发展。2009 年举行的第十一次驻外使节会议指出："公共外交是新形势下完善我国外交布局的客观要求，是我国外交工作重要开拓方向。"[①] 党的十八大报告也明确提出，"我们将扎实推进公共外交和人文交流"。[②] 近年来，我国在开展公共外交方面做了大量工作。我国领导人身体力行，在出访和出席重要国际会议过程中，开展内容丰富、形式多样的公共外交活动。例如 2012 年 2 月时任国家副主席习近平访美期间，到马斯卡廷小镇居民兰迪夫妇家叙旧聊天，并到洛杉矶观看 NBA 篮球比赛，使得这次美国之行变得生动活泼。

随着中国综合国力和国际影响力不断上升，中国与世界的关系发生了历史性的变化，这主要表现为国际社会更加重视中国的地位和作用，更加关注中国内外政策发展走向及对世界的影响。但是，在国际涉华舆论中客观理性成分不断增加的同时，国际上对中国的偏见、误解和疑虑仍然存在。与此同时，国内媒体和公众对国际形势和外交事务的关注度和参与度空前提升。靠单一的官方外交是远远不够的。一方面要积极向公众介绍中国外交政策和外交工作，使公众理性看待中国同外部世界的关系，理解和支持国家对外方针政策，并减轻极端民族主义对外部认知的负面影响。另一方面需要大力加强同世界各国人民的对话交流，促进中国人民与世界人民相互了解、信任、友谊与合作。通过"第二轨道外交"、民间外交等方式引导国际社会树立客观全面的"中国观"。今后，中美两国应充分利用日益形成的 60 多个对话磋商机制，让两国更多的人员、团体、企业、智库和媒体加入到

---

① 参见《杨洁篪部长在中国公共外交协会成立大会上的讲话》，外交部网站，http://www.fmprc.gov.cn/mfa_chn/ziliao_611306/zyjh_611308/t1002005.shtml。

② 胡锦涛：《坚定不移沿着中国特色社会主义道路前进 为全面建成小康社会而奋斗——在中国共产党第十八次全国代表大会上的报告》（2012 年 11 月 8 日），北京：人民出版社，2012，第 48 页。

推进中美公共关系的事业中来，广泛开展对话、交流、沟通和合作，把中美战略互信这个目标的社会基础打造得更加坚实可靠，并通过国内政治进程有效作用于他国内政，从而促进国家间关系的发展。

第五，拓展跨国政策联盟的广度和深度。中美之间的跨国政策联盟无论是在冷战中后期还是后冷战时代，都对中美关系的良性发展起到了巨大的推动作用，成为中美互动的当之无愧的正能量。例如，针对美国国内担忧中国崛起而导致中美冲突的观点，基辛格在其新著《论中国》中指出，“中美关系不必也不应该成为零和博弈”。[①] 布热津斯基也撰文指出：“霸权时代如今已经过去，（美中）为全球争霸而爆发战争的可能性不大。”[②] 上述人士尽管都是出于维护美国的国家利益而积极主张中美关系良性发展，绝非单纯为了中美友好，但其所秉持的思路使得他们在思考地区政策和对华政策时能够更加理性地看待美国所面对的挑战，客观地看待中国的发展，再加上他们自身在美国社会各界的影响力，能够大大推动美国主流对华认知中较为积极的一面。所以在这方面，中国政府一直未曾放松。2012 年 2 月 13 日，时任国家副主席习近平在访美期间会见了美国前国务卿基辛格、奥尔布赖特，前财长保尔森，前国家安全事务助理斯考克罗夫特、布热津斯基、伯杰，前劳工部长赵小兰等，并积极评价他们在担任公职期间和在不同时期为中美关系发展做出的重要贡献。[③]

拓展跨国政策联盟，一方面，应致力于将跨国政策联盟由战略、经济领域进一步向人文、科技等领域拓展，在互动中培育出更多的知华人士和中美关系的支持者、受益者，为中美关系的发展注入更多的社会和民意基础，促进跨国政策联盟广度的拓展。另一方面，还要在

---

① 〔美〕亨利·基辛格：《论中国》，胡利平等译，北京：中信出版社，2012，第 511 页。

② 《美中为全球争霸而战可能性不大》，《环球时报》，2013 年 2 月 16 日，第 6 版。

③ 《习近平会见基辛格等美国前政要》，新华网，http：//news. xinhuanet. com/world/2012 - 02/14/c_ 111522783. htm。

深度上下功夫，这尤其表现在经贸领域上，随着中美两国针对苏联的战略合作的终结，经贸关系一度成为中美关系的最主要支柱。但随着中国经济的发展，中美两国经贸关系的互补性在弱化，而竞争性则在加强，因此需要通过“中美战略与经济对话”等机制来实现中美之间更高层次、更高水平的经贸互利关系。

参考文献

一　中文部分

（一）期刊论文

毕建海：《论美日合霸》，《世界经济与政治》1988 年第 4 期。

陈宝森：《源自“世代”的考虑——中美启动战略经济对话机制》，《世界知识》2006 年第 21 期。

陈庄：《日美经济矛盾及其发展前景》，《现代国际关系》1988 年第 1 期。

陈东晓：《意象在美国外交决策中的作用——以美国军事干预科索沃为例》，《现代国际关系》2003 年第 8 期。

陈积敏：《美国对中国崛起的认知和反应》，《和平与发展》2009 年第 1 期。

丁奎松：《美国对华政策的调整与东亚安全》，《世界经济与政治》2001 年第 8 期。

傅梦孜、袁鹏、牛新春、达巍、王文峰、郭拥军：《战略对话与中美关系》，《现代国际关系》2005 年第 8 期。

高锷：《中美日三边关系的现状与问题》，《战略与管理》1994 年第 6 期。

贾庆国：《中美日三国关系：对亚洲安全合作的影响》，《国际政治研究》2000 年第 2 期。

刘卫东：《美国对中日关系的看法及政策》，《现代国际关系》2007年第3期。

李刚：《美国外交强硬“三人帮”（切尼、拉姆斯菲尔德、沃尔福威茨）》，《世界知识》2001年第14期。

李义虎：《国际格局的定义前提及其基本特征》，《河南社会科学》2005年第3期。

林美妮：《美日之间的经济摩擦》，《国际问题研究》1992年第1期。

刘江永：《国际格局演变与未来的中美日关系》，《日本学刊》2010年第1期。

刘连弟：《美国朝野对李登辉“两国论”的反应》，《国际资料信息》1999年第8期。

刘新华、秦仪：《威胁认知：美国对中国发展的错误知觉》，《现代国际关系》2006年第6期。

马俊威、徐学群：《日美“2+2”会议文件与日美同盟转型》，《现代国际关系》2007年第6期。

邱美荣：《国际危机研究述评》，《欧洲研究》2003年第6期。

申玉庆：《外交决策的微观认知视角——对杰维斯认知理论的几点评价和思考》，《外交评论》2005年第5期。

时殷弘：《1950年美国远东政策剧变的由来》，《南开学报》（哲学社会科学版）1995年第5期。

时殷弘：《中美日“三角关系”——历史回顾·实例比较·概念辨析》，《世界经济与政治》2000年第1期。

唐世平：《寻求中美日相互安全的基点》，《战略与管理》2002年第1期。

唐世平：《社会科学的基础范式》，《国际社会科学杂志》（中文版）2010年第1期。

陶文钊：《美苏缓和与中美建交》，《哈尔滨工业大学学报》2001年第2期。

陶文钊：《朝核问题：进展与挑战》，《和平与发展》2008年第1期。

王帆：《认知联盟理论评析》，《欧洲研究》2003年第1期。

王公龙：《现实主义与保守主义》，《世界经济与政治》2004 年第 12 期。

王新：《美国对华“认知困境”与对华政策变化轨迹》，《世界经济与政治论坛》2005 年第 3 期。

魏宗雷：《美国防部长拉姆斯菲尔德》，《国际资料信息》2002 年第 3 期。

吴澄秋：《东亚结构变迁与中日关系：权力转移理论视角》，《当代亚太》2009 年第 1 期。

吴金平：《中美日三角关系在亚太理论检视与前景展望》，《东南亚研究》2005 年第 6 期。

吴心伯：《谋求中日美三边关系的平衡发展》，《世界经济与政治》1999 年第 2 期。

吴心伯：《中美关系的重新国际化》，《世界经济与政治》2009 年第 8 期。

吴心伯：《论奥巴马政府的亚太战略》，《国际问题研究》2012 年第 2 期。

夏立平：《中美日战略关系：争取共赢和避免安全困境》，《世界经济与政治》2007 年第 9 期。

肖刚：《中美日三角关系的不对称性与应对之策》，《现代国际关系》2008 年第 8 期。

肖蓉：《抗战整理后美国东亚战略的转变——历程、动因及其教训》，《太平洋学报》2005 年第 7 期。

徐莹：《中美智库对两国“第二轨道”外交的参与》，《山西师范大学学报》（社会科学版）2007 年第 6 期。

叶江：《越南和平谈判中的中国因素（1968 ~ 1973）》，《上海师范大学学报》（哲学社会科学版）2003 年第 5 期。

尹继武：《认知心理学在国际关系研究中的应用：进步及其问题》，《外交评论》2006 年第 4 期。

尹继武：《国际冲突的群体社会心理学逻辑》，《中国社会科学报》2011 年 3 月 17 日，第 15 版。

尹继武：《国际政治心理学的知识谱系》，《世界经济与政治》2011 年第 4 期。

喻常森：《认知共同体与亚太地区第二轨道外交》，《世界经济与政治》2007 年第 11 期。

钟开斌：《认知—心理、官僚—组织与议程—政治——西方危机决策解释视角的构建与发展》，《世界经济与政治》2007 年第 1 期。

张家栋：《美国：影响中日关系的重要因素》，《世界知识》2007 年第 5 期。

张立平：《奥尔布赖特的外交风格》，《世界知识》1997 年第 1 期。

张林宏、韩玉贵：《美国亚太安全战略与美对日、对华关系》，《世界经济与政治》1999 年第 3 期。

张清敏：《外交政策分析的认知视角：理论与方法》，《国际论坛》2003 年第 1 期。

张小明：《乔治·凯南与冷战时期美国的东亚政策》，《国际政治研究》2008 年第 3 期。

张焱宇等：《小布什政府内阁成员简介》，《国际资料信息》2001 年第 2 期。

张焱宇等：《小布什政府内阁成员简介（续）》，《国际资料信息》2001 年第 3 期。

张业亮：《布什政府对朝政策与朝核危机》，《美国研究》2004 年第 1 期。

张蕴岭：《转变中的中美日关系》，《当代亚太》1996 年第 6 期。

周琪：《“美国例外论”与美国外交政策传统》，《中国社会科学》2000 年第 6 期。

朱峰：《权力转移理论评述》，《欧洲研究》1998 年第 1 期。

朱锋：《奥巴马政府亚太战略调整及其影响》，《现代国际关系》2012 年第 1 期。

（二）专著和编著

楚树龙：《冷战后中美关系的走向》，北京：中国社会科学出版社，2001。

邓小鹏：《剪不断　理还乱——美国外交与美中关系》，北京：中国社会科学出版社，2000。

丁孝文：《走进国会山——一个中国外交官的亲历》，上海：复旦大学出版社，2007。

樊勇明：《西方国际政治经济学》，上海：上海人民出版社，2006。

宫力：《跨越鸿沟——1969—1979 年中美关系的演变》，郑州：河南人民出版社，1992。

宫力：《峰谷间的震荡：1979 年以来的中美关系》，北京：中国青年出版社，1996。

郝雨凡：《白宫决策：从杜鲁门到克林顿的美国对华政策内幕》，北京：东方出版社，2002。

黄安年：《二十世纪美国史》，石家庄：河北人民出版社，1989。

姜长斌、〔美〕罗伯特·罗斯主编《1955—1971 年的中美关系——缓和之前：冷战冲突与克制的再探讨》，北京：世界知识出版社，1998。

李长久、施鲁佳主编《中美关系二百年》，北京：新华出版社，1984。

李铁城、钱文荣：《联合国框架下的中美关系》，北京：人民出版社，2006。

林利民：《遏制中国：朝鲜战争与中美关系》，北京：时事出版社，2000。

刘建飞：《敌人 朋友 还是伙伴：中美日战略关系演变（1899—1999）》，北京：中央文献出版社，2000。

刘建飞、林晓光：《21 世纪初期的中美日战略关系》，北京：中共中央党校出版社，2002。

刘建飞：《政治文化与 21 世纪中美日关系》，北京：解放军出版社，2006。

刘江永：《彷徨中的日本》，天津：天津人民出版社，2000。

刘连第、汪大为主编《中美关系的轨迹——建交以来大事纵览》，北京：时事出版社，1995。

刘连第编著《中美关系的轨迹：1993 年—2000 年大事纵览》，北京：时事出版社，2001。

刘世龙：《美日关系：1791—2011》，北京：世界知识出版社，2003。

刘同舜：《“冷战”、“遏制”和大西洋联盟：1945～1950年美国战略决策资料选编》，上海：复旦大学出版社，1993。

吕乃澄、周卫平主编《大棋局：中日美关系风云五十年》，北京：当代世界出版社，2001。

毛泽东：《毛泽东选集》第一卷，北京：人民出版社，1967。

倪世雄：《结交一言重　相期千里至——一个中国学者眼中的中美建交30年》，上海：复旦大学出版社，2009。

潘光：《当代国际危机研究》，北京：中国社会科学出版社，1989。

钱其琛：《外交十记》，北京：世界知识出版社，2003。

秦亚青：《霸权体系与国际冲突：美国在国际武装冲突中的支持行为（1945～1988）》，上海：上海人民出版社，2008。

任晓、胡泳浩等：《中美日三边关系》，杭州：浙江人民出版社，2002。

时殷弘：《尼克松主义》，武汉：武汉大学出版社，1984。

宋成有、李寒梅等：《战后日本外交史：1945—1994》，北京：世界知识出版社，1995。

苏格：《美国对华政策与台湾问题》，北京：世界知识出版社，1998。

孙大雄：《宪政体制下的第三种分权：利益集团对美国政府决策的影响》，北京：中国社会科学出版社，2004。

沈志华：《毛泽东、斯大林与朝鲜战争》，广州：广东人民出版社，2003。

沈志华、李滨主编《脆弱的联盟：冷战与中苏关系》，北京：社会科学文献出版社，2010。

苏长和：《全球公共问题与国际合作：一种制度的分析》，上海：上海人民出版社，2000。

唐家璇：《劲雨煦风》，北京：世界知识出版社，2009。

陶文钊：《中美关系史：1972—2000》（下卷），上海：上海人民出版社，2004。

陶文钊:《冷战后的美国对华政策》，重庆：重庆出版社，2006。

王方华:《企业战略管理》，上海：复旦大学出版社，1997。

王绳祖:《国际关系史》（第7、8、9、10卷），北京：世界知识出版社，1995。

王玮主编《美国对亚太政策的演变：1776—1995》，济南：山东人民出版社，1995。

汪伟民：《联盟理论与美国的联盟战略》，北京：世界知识出版社，2007。

汪熙主编《美国国会与美国外交决策》，上海：复旦大学出版社，1990。

王逸舟主编《全球化时代的国际安全》，上海：上海人民出版社，1999。

王勇:《中美经贸关系》，北京：中国市场出版社，2007。

王嵎生:《亲历APEC——一个中国高官的体察》，北京：世界知识出版社，2000。

吴海民:《大国的较量——中美知识产权谈判纪实》，武汉：长江文艺出版社，2009。

吴心伯:《太平洋上不太平——后冷战时代的美国亚太安全战略》，上海：复旦大学出版社，2006。

吴心伯:《世事如棋局局新：二十一世纪初中美关系的新格局》，上海：复旦大学出版社，2011。

项立岭:《中美关系史全编》，上海：华东师范大学出版社，2002。

谢希德、倪世雄主编《曲折的历程：中美建交20年》，上海：复旦大学出版社，1999。

袁明、〔美〕哈里·哈丁主编《中美关系史上沉重的一页》，北京：北京大学出版社，1989。

袁文靖:《越南战争史》，台北：国际形势周刊社，1977。

袁文靖:《里根政府对华政策》，台北：国际形势周刊社，1984。

于群:《美国对日政策研究（1945～1972）》，长春：东北师范大学出版社，1996。

张铭、严强：《政治学研究方法》，苏州：苏州大学出版社，2003。

张曙光：《接触外交：尼克松政府与解冻中美关系》，北京：世界知识出版社，2009。

张沱生、〔美〕史文：《对抗·博弈·合作——中美安全危机管理案例分析》，北京：世界知识出版社，2007。

曾培炎：《西部大开发决策回顾》，北京：中共党史出版社，2010。

赵学功：《巨大的转变：战后美国对东亚的政策》，天津：天津人民出版社，2002。

赵志辉：《罗斯福外交思想研究》，合肥：安徽大学出版社，2009。

钟之成：《为了世界更美好：江泽民出访纪实》，北京：世界知识出版社，2006。

周建明、王成至：《美国国家安全战略解密文献选编：1945～1972》，北京：社会科学文献出版社，2010。

朱锋、〔美〕罗伯特·罗斯主编《中国崛起：理论与政策的视角》，上海：上海人民出版社，2008。

朱明权：《约翰逊时期的美国对华政策：1964～1968》，上海：上海人民出版社，2009。

朱明权：《尼克松时期的美国对华政策：1969～1972》，上海：上海人民出版社，2011。

朱明权：《尼克松—福特时期的美国对华政策：1973～1976》，上海：上海人民出版社，2012。

资中筠、何迪：《美台关系四十年（1949～1989）》，北京：人民出版社，1991。

资中筠：《追根溯源——战后美国对华政策的缘起与发展（1945—1950）》，上海：上海人民出版社，2000。

资中筠主编《战后美国外交史：从杜鲁门到里根》，北京：世界知识出版社，1994。

（三）译文、译著

〔英〕巴瑞·布赞：《中国崛起过程中的中日关系与中美关系》，刘永涛译，《世界经济与政治》2006 年第 7 期。

〔美〕傅高义：《中国的崛起——美国的单边主义和变化中的东亚》，刘慧华译，《国际展望》2003 年第 24 期。

〔美〕傅高义、〔中〕袁明、〔日〕田中明彦主编《中美日关系的黄金时代：1972—1992》，归永涛译，重庆：重庆出版社，2009。

〔美〕斯滕伯格：《认知心理学》，杨炳钧等译，黄希庭校，北京：中国轻工业出版社，2006。

〔美〕斯蒂芬·范埃弗拉：《政治学研究方法指南》，陈琪译，北京：北京大学出版社，2006。

〔美〕汉斯·摩根索：《国家间政治：权力斗争与和平》，徐昕等译，北京：北京大学出版社，2006。

〔美〕约翰·米尔斯海默：《大国政治的悲剧》，王义桅、唐小松译，上海：上海人民出版社，2008。

〔美〕肯尼思·沃尔兹：《人、国家与战争》，倪世雄等译，上海：上海译文出版社，1991。

〔美〕肯尼思·沃尔兹：《国际政治理论》，信强译，上海：上海人民出版社，2003。

〔美〕罗伯特·杰维斯：《国际政治中的知觉和错误知觉》，秦亚青译，北京：世界知识出版社，2003。

〔美〕罗伯特·罗斯：《风云变幻的美中关系（1969～1989）：在谈判中合作》，丛凤辉等译，北京：中央编译出版社，1998。

〔美〕罗伯特·基欧汉、约瑟夫·奈：《权力与相互依赖》，门洪华译，北京：北京大学出版社，2002。

〔美〕小约瑟夫·奈：《理解国际冲突：理论与历史》（第 5 版），张小明译，上海：上海人民出版社，2005。

〔美〕罗伯特·基欧汉：《霸权之后》，苏长和等译，上海：上海人民出版社，2006。

〔美〕亚历山大·温特：《国际政治的社会理论》，秦亚青译，上海：

上海人民出版社，2008。

〔美〕赫伯特·西蒙：《现代决策理论的基石》，杨砾等译，北京：北京经济学院出版社，1989。

〔美〕詹姆士·戴维·巴伯：《总统的性格》，胡杰等译，成都：四川人民出版社，1991。

〔美〕罗伯特·吉尔平：《世界政治中的战争与变革》，宋新宁等译，上海：上海人民出版社，2007。

〔美〕罗伯特·达莱克：《罗斯福与美国对外政策（1932—1945）》（上册），伊伟等译，北京：商务印书馆，1984。

〔美〕罗伯特·达莱克：《罗斯福与美国对外政策（1932—1945）》（下册），陈启迪等译，北京：商务印书馆，1984。

〔美〕尼古拉斯·斯皮克曼：《和平地理学》，刘愈之译，北京：商务印书馆，1965。

〔美〕哈里·杜鲁门：《杜鲁门回忆录》（第一卷），李石译，北京：生活·读书·新知三联书店，1974。

〔美〕克莱·布莱尔：《将军百战归——布雷德利自传》，奥马尔·布雷德利口述，廉怡之译，北京：军事译文出版社，1985。

〔美〕迪安·艾奇逊：《艾奇逊回忆录》，伍协力译，上海：上海译文出版社，1978。

〔美〕理查德·尼克松：《尼克松回忆录》（上册），伍任译，北京：商务印书馆，1978。

〔美〕理查德·尼克松：《尼克松回忆录》（中册），裘克安等译，北京：商务印书馆，1979。

〔美〕亨利·基辛格：《白宫岁月——基辛格回忆录》（第一册），陈瑶华等译，北京：世界知识出版社，1980。

〔美〕亨利·基辛格：《白宫岁月——基辛格回忆录》（第二册），吴继淦等译，北京：世界知识出版社，1980。

〔美〕亨利·基辛格：《白宫岁月——基辛格回忆录》（第三册），杨静予等译，北京：世界知识出版社，1980。

〔美〕亨利·基辛格：《论中国》，胡利平等译，北京：中信出版社，2012。

〔美〕兹比格涅夫·布热津斯基：《实力与原则：1977～1981年国家安全顾问回忆录》，邱应觉译，北京：世界知识出版社，1985。

〔美〕吉米·卡特：《保持信心——吉米·卡特总统回忆录》，裘克安等译，北京：世界知识出版社，1983。

〔美〕塞勒斯·万斯：《困难的抉择——美国对外政策的危机年代》，北京：中国对外翻译出版公司，1987。

〔美〕卡斯珀·温伯格：《在五角大楼关键的七年：美国前国防部长温伯格回忆录》，军事科学院外国军事研究部译，北京：军事科学出版社，1991。

〔美〕小亚历山大·黑格：《黑格回忆录》，现代国际关系研究所选编，北京：时事出版社，1985。

〔美〕罗纳德·里根：《里根回忆录》，萨本望等译，北京：中国工人出版社，1991。

〔美〕保罗·肯尼迪：《大国的兴衰：1500年到2000年的经济变化和军事冲突》，梁于华译，北京：世界知识出版社，1990。

〔美〕艾什顿·卡特、威廉姆·佩里：《预防性防御：一项美国新安全战略》，胡利平等译，上海：上海人民出版社，2000。

〔美〕塞缪尔·亨廷顿：《第三波：20世纪后期民主化浪潮》，刘军宁译，上海：上海三联书店，1998。

〔美〕比尔·克林顿：《我的生活：克林顿回忆录》，李公昭等译，南京：译林出版社，2004。

〔美〕乔治·W. 布什：《勇往直前：通向白宫之路》，史国强译，沈阳：辽宁人民出版社，2001。

〔美〕邹谠：《美国在中国的失败：1941～1950》，王宁、周先进译，上海：上海人民出版社，1997。

〔美〕乔治·沃克·布什：《抉择时刻》，东西网译，北京：中信出版社，2011。

〔美〕彼得·德鲁克：《管理的实践》，北京：机械工业出版社，2006。

〔美〕阿拉斯泰尔·伊恩·约翰斯顿、罗斯·罗伯特主编《与中国接触：应对一个崛起的大国》，黎晓蕾、袁征译，北京：新华出版社，2001。

〔美〕艾伦 D. 龙伯格（容安澜）：《悬崖勒马：美国对台政策与中美关系》，贾宗宜、武文巧译，北京：新华出版社，2007。

〔美〕戴维·兰普顿：《中国力量的三面：军力、财力和智力》，姚芸竹译，北京：新华出版社，2009。

〔美〕亨利·明茨伯格等：《战略历程：纵览战略管理学派》，刘瑞红等译，北京：机械工业出版社，2002。

〔美〕彼得·沃尔：《美国政府内幕——人物与政治》，李洪、徐昕等译，北京：社会科学文献出版社，1992。

〔美〕罗伯特·麦克纳马拉：《回顾：越战的悲剧与教训》，北京：作家出版社，1996。

〔美〕兹比格涅夫·布热津斯基：《竞赛方案：进行美苏竞争的地缘战略纲领》，刘晓明等译，北京：中国对外翻译出版公司，1988。

〔美〕埃兹拉·沃格尔（傅高义）、天津市政协编译组：《独占鳌头的日本：对美国的教训》，哈尔滨：黑龙江人民出版社，1981。

〔美〕孔华润：《美国对中国的反应——中美关系的历史剖析》，张静尔译，上海：复旦大学出版社，1997。

〔美〕理查德·伯恩斯坦、罗斯·芒罗：《即将到来的美中冲突》，隋丽君等译，北京：新华出版社，1997。

〔美〕亨利·保尔森：《峭壁边缘：拯救世界金融之路》，乔江涛译，北京：中信出版社，2010。

〔美〕埃兹拉·沃格尔（傅高义）主编：《与中国共处：21 世纪的美中关系》，田斌译，北京：新华出版社，1998。

〔加〕罗伯特·W. 考克斯：《生产权力与世界秩序：社会力量在缔造

历史中的作用》，林华译，北京：世界知识出版社，2004。

〔德〕冯·克劳塞维茨：《战争论》（第一卷），中国人民解放军军事科学院译，北京：解放军出版社，2005。

〔德〕迪特·海茵茨希：《中苏走向联盟的艰难历程》，张文武等译，北京：新华出版社，2001。

〔英〕安东尼·艾登：《艾登回忆录（清算）》（中册），瞿同祖、赵会玖，北京：商务印书馆，1976。

〔日〕五百旗头真主编《新版战后日本外交史：1945—2005》，吴万虹译，北京：世界知识出版社，2007。

〔日〕信夫清三郎：《日本外交史》，天津社会科学院日本研究所译，北京：商务印书馆，1992。

〔日〕中曾根康弘：《政治与人生——中曾根康弘回忆录》，王晓梅译，北京：东方出版社，2008。

〔日〕吉泽清次郎：《战后日美关系》，上海无线电三厂译，上海：上海人民出版社，1977。

〔日〕吉津清次郎主编《战后日美关系史》，上海：上海人民出版社，1997。

〔日〕盛田昭夫、石原慎太郎：《日本可以说"不"：新日美关系的对策》，军事科学院外国军事研究部译，北京：军事科学出版社，1990。

〔日〕泷田洋一：《日美货币谈判：内幕20年》，李春梅译，北京：清华大学出版社，2009。

（四）博士论文

王联合：《美国新保守主义及其对布什政府外交政策的影响》，博士学位论文，复旦大学国际关系与公共事务学院，2004。

二　英文部分

（一）论文

Bandura, Albert, "Human Agency in Social Cognitive Theory," *American Psychologist*, Vol. 44, No. 9 (September 1989), pp. 1175 – 1184.

Bergsten, C. Fred, "Economic Imbalances and World Politics," *Foreign Affairs*, Vol. 65, Issue 4 (Spring 1987), pp. 770 – 794.

Christensen, Thomas J., "China, The U. S. – Japan Alliance, and the Security Dilemma in East Asia," *International Securit*, Vol. 23, No. 4 (Spring 1999), pp. 49 – 80.

Curtis, Gerald L, "U. S. Policy Toward Japan from Nixon to Clinton: An Assessment," In Gerald L. Curtis, ed., *New Perspectives on U. S. – Japan Relations*. Tokyo: Japan Center for International Exchange, 2000, pp. 1 – 38.

Dittmer, Lowell, "The Strategic Triangle: An Elementary Game – Theoretical Analysis," *World Politics*, Vol. 33, No. 4 (July 1981), pp. 485 – 515.

Etheredge, Lloyd S, "Personality Effects on American Foreign Policy, 1898 – 1968: A Test of Interpersonal Generalization Theory," *The American Political Science Review*, Vol. 72, No. 2 (June 1978), pp. 434 – 451.

Fallows, James, "Containing Japan," *The Atlantic Monthly*, Vol. 263, No. 5 (May 1989), pp. 40 – 55.

Farnham, Barbara, "Roosevelt and the Munich Crisis: Insights from Prospect Theory," *Political Psychology*, Vol. 13, No. 2, Special Issue: Prospect Theory and Political Psychology (June 1992), pp. 205 – 235.

Friedberg, Aaron L., "The Future of U. S. – China Relations: Is Conflict Inevitable?" *International Security*, Vol. 30, No. 2 (Fall 2005), pp. 7 – 45.

Glaser, Charles L., "Realists as Optimists: Cooperation as Self – Help," *International Security*, Vol. 19, No. 3 (Winter 1994/1995), pp. 50 – 90.

Goldgeier, J. M., and P. E. Tetlock, "Psychology and International Relations Theory," *Annual Review of Political Science* 4 (2001), pp. 67 – 92.

Hellmann, Donald C., "The Emergence of an East Asian International Subsystem," *International Studies Quarterly*, Vol. 13, No. 4, Special Issue on International Subsystems (December 1969), pp. 421 – 434.

Jervis, Robert, "Political Psychology: Some Challenges and Opportunities," *Political Psychology*, Vol. 10, No. 3 (September 1989), pp. 481 – 493.

Johnstone, Chrisopher B, "Strained Alliance: U. S. – Japan Diplomacy in the Asian Financial Crisis," *Survival*, Vol. 41, No. 2 (Summer 1999), pp. 121 – 138.

Kang, David C., "Getting Asia Wrong: The Need for New Analytical Frameworks," *International Security*, Vol. 27, No. 4 (Spring 2003), pp. 57 – 85.

Keohane, Robert, "International Liberalism Reconsidered," In John Dunn, ed., *The Economic Limits to Modern Politics*, Cambridge: Cambridge University Press. 1990.

Kydd, Andrew, "Sheep in Sheep's Clothing: Why Security Seekers Do Not Fight Each Other," *Security Studies*, Vol. 7, Issue 1 (September 1997), pp. 114 – 155.

Labs, Eric J., "Beyond Victory: Offensive Realism and the Expansion of War Aims," *Security Studies*, Vol. 6, No. 4 (Summer 1997), pp. 1 – 49.

Lampton, David M., "The Stealth Normalization of U. S. – China Relations," *National Interest*, Vol. 73 (Fall 2003), pp. 37 – 48.

Lincoln, Edward J., "Japan's Financial Mess," *Foreign Affairs*, Vol. 77, No. 3 (May/June 1998), pp. 57 – 66.

Nixon, Richard M., "Asia After Vietnam." *Foreign Affairs*, Vol. 46, No. 1 (October 1967), pp. 111 – 125.

Nye, Joseph S. , "The Case for Deep Engagement. " *Foreign Affairs*, Vol. 74, No. 4 (July – August 1995), pp. 90 – 102.

DA Baldwin, " Neorealism and Neoliberalism," *World Politics*, Vol. 40, No. 2 (January 1988), pp. 235 – 251.

Oksenberg, Michel, " A Decade of Sino – American Relations," *Foreign Affairs*, Vol. 61, No. 1 (Fall 1982), pp. 183 – 184.

Perry, William F. , "Defense in an Age of Hope," *Foreign Affairs*, Vol. 75, No. 6 (November/ December 1996), pp. 64 – 79.

Rice, Condoleezza, " Promoting the National Interest," *Foreign Affairs*, Vol. 79, No. 1 (January/February 2000), pp. 45 – 62.

Rosati, Jerel A. , "The Power of Human Cognition in the Study of World Politics," *International Studies Review*, Vol. 2, No. 3 (Autumn 2000), pp. 45 – 75.

Ross, Robert S. , " The 1995 – 96 Taiwan Strait Confrontation: Coercion, Credibility, and the Use of Force," *International Security*, Vol. 25, No. 2 (Autumn 2000), pp. 87 – 123.

Roy, Denny, "Hegemon on the Horizon? China's Threat to East Asian Security," *International Security*, Vol. 19, No. 1 (Summer 1994), pp. 149 – 168.

Shambaugh, David, " Containment or Engagement of China? Calculating Beijing's Responses," *International Security*, Vol. 21, No. 2 (Autumn 1996), pp. 180 – 209.

David Shambaugh, "Sino – American Relations Since September 11: Can the New Stability Last?" *Current History*, Vol. 101 (September 2002), pp. 243 – 249.

Simon, Herbert Alexander, " A Behavioral Model of Rational Choice," *The Quarterly Journal of Economics*, Vol. 69, No. 1 (February

1955), pp. 99 – 118.

Herbert Alexander Simon, "A Behavioral Model of Rational Choice," In Herbert Alexander Simon, ed., *Models of Man: Social and Rational*, New York: Wiley, 1957.

Herbert A. Simon, "Human Nature in Politics: The Dialogue of Psychology with Political Science," *The American Political Science Review*, Vol. 79, No. 2 (June 1985), pp. 293 – 304.

Snyder, Glenn H., "Process Variables in Neorealist Theory," *Security Studies*, Vol. 5, No. 3 (March 1996), pp. 167 – 192.

Soeya, Yoshihide, Jianwei Wang, and David A. Welch, "A New Look at the U. S. – China – Japan Triangle: Toward Building a Stable Framework," *Asian Perspective*, Vol. 27, No. 3 (2003), pp. 177 – 219.

Sutter, Robert, "The United States and Asia in 2005: Managing Troubles, Sustaining Leadership," *Asian Survey*, Vol. 46, No. 1 (January – February 2006), pp. 10 – 21.

Talbott, Strobe, "Democracy and the National Interest," *Foreign Affairs*, Vol. 75, No. 6 (November/ December 1996), pp. 47 – 63.

Tang, Shiping, "Fear in International Politics: Two Positions," *International Studies Review*, Vol. 10, No. 3 (September 2008), pp. 451 – 471.

Tong, Kurt W., "Revolutionizing America's Japan Policy," *Foreign Policy*, Vol. 105 (Winter 1996 – 1997), pp. 107 – 124.

Tucker, Robert W., "The Future of a Contradiction," *National Interest*, No. 43 (Spring 1996), pp. 20 – 27.

Vance, Cyrus, "American Foreign Policy for Pacific Nations," *International Security*, Vol. 5, No. 3 (Winter 1980/1981), pp. 3 – 13.

Wendt, Alexander, "Collective Identity Formation and the

International State," *The American Political Science Review*, Vol. 88, No. 2 (June 1994), pp. 384 – 396.

Wheeler, Nicholas and Ken Booth. "The Security Dilemma." In John Baylis and N. J. Rengger, eds., *Dilemmas of World Politics: International Issues in a Changing World*, New York: Oxford University Press, 1992.

Wolferen, Karel Van, "The Japan Problem," *Foreign Affairs*, Vol. 65, No. 3 (Winter 1986/1987), pp. 288 – 303.

Young, Michael D., and Mark Schafer, "Is There Method in Our Madness? Ways of Assessing Cognition in International Relations," *Mershon International Studies Review*, Vol. 42, No. 1 (May 1998), pp. 63 – 96.

Zagoria, Donald, "Soviet Policy and Prospects in East Asia," *International Security*, Vol. 5, No. 2 (Autumn 1980), pp. 66 – 78.

Zheng Bijian, "China's 'Peaceful Rise' to Great – Power Status," *Foreign Affairs*, Vol. 84, No. 5 (September-October 2005), pp. 18 – 24.

（二）著作

Alagappa, Muthiah, ed., *Asian Security Practice: Material and Ideational Influences*, Stanford, Calif.: Stanford University Press, 1998.

Alagappa, Muthiah, ed., *Asian Security Order: Instrumental and Normative Features*, Stanford, Calif.: Stanford University Press, 2003.

Albright, Madeleine Korbel, *Madam Secretary: A Memoir*, New York, NY: Miramax Books, 2003.

Ayoob, Mohammed, ed. *Regional Security in the Third World: Case Studies from Southeast Asia and the Middle East.* Boulder, Colo.: Westview, 1986.

Azar, Edward, and Chung – in Moon, *National Security in the Third World: The Management of Internal and External Threats*, Aldershot, U. K.:

Edward Elgar, 1988.

Barnett, A. Doak, *China Policy: Old Problems and New Challenges.* Washington D. C. : Brookings Institution, 1977.

Baylis, John, and N. J. Rengger, eds, *Dilemmas of World Politics: International Issues in a Changing World.* Oxford: Clarendon Press; New York: Oxford University Press, 1992.

Beeson, Mark, *Bush and Asia: America's Evolving Relations with East Asia*, New York: Routledge, 2006.

Binnendijk, Hans, and Ronald N. Montaperto. *Strategic Trends in China*, Washington D. C. : Institute for National Strategic Studies, National Defense University, 1998.

Booth, Ken, and Nicholas J. Wheeler, *The Security Dilemma: Fear, Cooperation and Trust in World Politics*, New York: Palgrave Macmillan, 2008.

Bourke, John, *Congress and the Presidency in US Foreign Policy Making: A Study of Interaction and Influence, 1945 – 1982*, Boulder, Colorado: Westview Press, 1983.

Braybrooke, David, and Charles E. Lindblom, *Strategy of Decision*, New York: Free Press, 1963.

Buckley, Roger, *U. S. –Japan Alliance Dlomacy: 1945 – 1990*, New York: Cambridge University Press, 1992.

Bush, Richard C. , *Untying the Knot: Making Peace in the Taiwan Strait*, Washington D. C. : Brookings Institution Press, 2005.

Calder, Kente E. , *Pacific Alliance: Reviving U. S. – Japan Relations*, New Haven: Yale University Press, 2009.

Chan, Steve, *China, The U. S. and the Power – Transition Theory: A Critique*, London: Routledge, 2008.

Chang, Gordon H. , *Friends and Enemies: The United States, China, and The Soviet Union, 1948 – 1972*. Stanford, Calif. : Stanford University Press, 1990.

Chay, John, and Cho Chang – Hyun, *The Problems and Prospects of American – East Asian Relations*. Boulder, Colo. : Westview Press, 1977.

Chen, Jie, *Ideology in U. S. Foreign Policy: Case Studies in U. S. China Policy*. Westport, Conn. : Praeger, 1992.

Christopher, Warren, *In the Stream of History: Shaping Foreign Policy for a New Era*, Stanford, Calif. : Stanford University Press, 1998.

Cimbala, Stephen J. , *National Security Strategy: Choices and Limits*, New York: Praeger, 1984.

Conable, Barber B. , Jr. , and John C. Whitehead, and David M. , Lampton, and Alfred D. Wilhelm, Jr. , eds. , *United States and China Relations at a Crossroads.* , Lanham, Md. : University Press of America, 1995.

Cooney, Kevin J. , and Yoichiro Sato. *The Rise of China and International Security: America and Asia Respond*, New York: Routledge, 2008.

Cossa, Ralph A. , ed. , *Restructuring the U. S. – Japan Alliance: Toward a More Equal Partnership.* Washington D. C. : The CSIS Press, Center for Strategic and International Studies, 1997.

Cottam, Martha L. , *Foreign Policy Decision Making*, Boulder, Colo. : Westview Press, 1986.

Crabb, Cecil V. , and Kevin V. Mulcahy, *Presidents and Foreign Policy Making: From FDR to Reagan*, Baton Rouge: Louisiana State University Press, 1986.

Dougherty, James E. , and Robert L. Pfaltzgraff, *American Foreign*

Policy: *FDR to Reagan*, New York: Harper & Row, 1986.

Dougherty, James E. , and Robert L. Pfaltzgraff, *Contending Theories of International Relations*: *A Comprehensive Survey* (5th *Edition*), 北京：北京大学出版社, 2004.

Dulles, Foster Rhea, and John K. Fairbank. *American Policy Toward Communist China*, *1949 – 1969*, New York: Thomas Y. Crowell Co. , 1972.

Foot, Rosemary, *The Wrong War*: *American Policy and the Dimensions of the Korean conflict*, 1950 – 1953, Ithaca: Cornell University Press, 1985.

Funabashi, Yoichi, *Alliance Adrift*, New York: Council on Foreign Relations Press, 1999.

Gaddis, John Lewis, *Strategies of Containment*: *A Critical Appraisal of Postwar American National Security Policy*, New York: Oxford University Press, 1982.

Garrison, Jean A. , *Making China Policy*: *From Nixon to G. W. Bush*. Boulder, Colo. : Lynne Rienner Publishers, 2005.

Garthoff, Raymond L. , *Detente and Confrontation*: *America Soviet Relations from Nixon to Reagan*, Washington D. C. : Brookings Institution, 1985.

George, Alexander L. , *Presidential Decision Making in Foreign Policy*: *The Effective Use of Information and Advice*, Boulder Colo. : Westview Press, 1980.

Green, Michael J. , *Arming Japan*: *Alliance Production and the Post – war Search for Autonomy*, New York: Columbia University Press, 1995.

Green, Michael J. , and Patrick M. Cronin, *The U. S. – Japan Alliance*: *Past*, *Present*, *and Future*, New York: Council on Foreign Relations Press, 1999.

Green, Michael J., and Bates Gill, eds., *Asia's New Multilateralism: Cooperation, Competition, and the Search for Community*, New York: Columbia University Press, 2009.

Gurtov, Melvin, *Pacific Asia? Prospects for Security and Cooperation in East Asia*, Lanham, Md.: Rowman & Littlefield, 2002.

Harding, Harry, *A Fragile Relationship: The United States and China Since 1972*, Washington D. C.: Brookings Institution, 1992.

Haass, Richard N., and Meghan L. O'sullivan, eds., *Honey and Vinegar: Incentive, Sanctions and Foreign Policy*, Washington D. C.: Brookings Institution Press, 2000.

Heinrichs, Waldo H., and Dorothy Borg, eds., *Uncertain Years: Chinese – American Relations, 1947 – 1950*, New York: Columbia University Press, 1980.

Herz, John H., *International Politics in the Atomic Age*, New York: Columbia University Press, 1959.

Hosoya, Chihiro, and Tomohito Shinoda, eds., *Redefining the Partnership: The United States and Japan in East Asia*, Lanham, Md.: University Press of America, 1998.

Hoffman, Aaron M., *Building Trust: Overcoming Suspicion in International Conflict*, Albany: State University of New York Press, 2006.

Hollis, Martin, *Trust within Reason*, Cambridge: Cambridge University Press.

Hull, Cordell, *The Memoirs of Cordell Hull*, New York: The Macmillan Co., 1948.

Ikenberry, G. John, and Michael Mastanduno, *International Relations Theory and the Asia – Pacific*, New York: Chichester, West Sussex, 2003.

Iriye, Akira, *Across the Pacific: An Inner History of American – East Asian*

Relations, Chicago: Imprint Publications, Inc. , 1992.

Iyengar, Shanto, and William J. McGuire, eds. , *Explorations in Political Psychology*, Durham: Duke University Press, 1993.

Janis, Irving, *Groupthink: Psychological Studies of Foreign Policy Decisions and Fiascoes*, Boston: Houghton Mifflin, 1982.

Johnston, Alastair Iain, and Robert S. Ross, eds. , *Engaging China: The Management of an Emerging Power*, London and New York: Routledge, 1999.

JÖnsson, Christer, ed. , *Cognitive Dynamics and International Politics*, London: Frances Pinter (Publisher) Limited, 1982.

Lake, Anthony, 6 *Nightmares: Real Threats in a Dangerous World and How America Can Meet Them*, Boston: Little, Brown, 2000.

Marsh, Christopher, and June Teufel Dreyer, *U. S. – China Relations in the Twenty – first Century: Policies, Prospects and Possibilities*, Lanham, Md. : Lexington Books, 2003.

McDougall, Derek, *The International Politics of the New Asia Pacific*, Boulder, Colo. : Lynne Rienner Publishers, 1997.

Mintz, Alex, and Karl R. DeRouen, *Understanding Foreign Policy Decision Making*, New York: Cambridge University Press, 2010.

Janis, Irving L. , *Groupthink: Psychological Studies of Foreign Policy Decisions and Fiascoes*, Boston: Houghton Mifflin Company, 1982.

Jervis, Robert, *The Logic of Images in International Relations*, New York: Columbia University Press, 1989.

Kang, David C. , *China Rising: Peace, Power, and Order in East Asia*, New York: Columbia University Press, 2007.

Kataoka, Tetsuya, *Defending an Economic Superpower: Reassessing the U. S. – Japan Security Alliance.* Boulder, Colo. : Westview Press, 1989.

Kennedy, Scott, ed. , *China Cross Talk: The American Debate over China Policy Since Normalization: A Reader*, Lanham, Md. : Rowman & Littlefield, 2003.

Kennan, George Frost, *Memoirs: 1925 – 1950*, New York: Pantheon Books, 1983.

—— *Memoirs: 1950 – 1963*, New York: Pantheon Books, 1983.

Kissinger, Henry, and William Burr, *The Kissinger Transcripts: The Top Secret Talks with Beijing and Moscow*, New York: New Press, 1999.

Krasner, Stephen D. , *Structural Conflict: The Third World Against Global Liberalism*, Berkeley: University of California Press, 1985.

Krauss, Ellis S. , and T. J. Pempel, *Beyond Bilateralism: U. S. – Japan Relations in the New Asia – Pacific.* Stanford, Cal. : Stanford University Press, 2004.

Lampton, David M, *Same Bed, Different Dreams: Managing U. S. – China Relations, 1989 – 2000*, Berkeley: University of California Press, 2001.

Lardy, Nicholas R, *China's Entry into the World Economy: Implications for Northeast Asia and The United States*, Lanham, MD: University Press of America, 1987.

Larson, Deborah Welch, *Origins of Containment: A Psychological Explanation*, N. J. : Princeton University Press, 1985.

Lindsay, James, *Congress and the Politics of US Foreign Policy*, Baltimore: The John Hopkins University Press, 1994.

Lobell, Steven E. , Norrin M. Ripsman, and Jeffrey W. Taliaferro, eds. , *Neoclassical Eealism, the State, and Foreign Policy*, Cambridge, UK; New York: Cambridge University Press, 2009.

Mann, James, *About Face: A History of America's Curious Relationship with China from Nixon to Clinton*, New York: Vintage Books, 2000.

McDermott, Rose, *Political Psychology in International Relations*, Ann Arbor: The University of Michigan Press, 2004.

Millis, Walter, ed. , *The Forrestal diaries.* New York: Viking Press, 1951.

Miscamble, Wilson D. , *George F. Kennan and the Making of American Foreign Policy, 1947 – 1950*, Princeton, N. J. : Princeton University Press, 1992.

Mochizuki, Mike M. , *Toward A True Alliance: Restructuring U. S. – Japan Security Relations*, Washington D. C. : Brookings Institution Press, Washington D. C. , 1997.

Morrison, Charles E. , and Wendy K. Dobson … [et al.], *East Asia and the International System: Report of a Special Study Group to the Trilateral Commission*, New York: Trilateral Commission, 2001.

Nagai, Yonosuke and Akira Iriye, eds. , *The Origins of the Cold War in Asia*, New York: University of Columbia Press, 1977.

Organski, A. F. K. , *World Politics*, New York: Alfred Aknopf, 1958.

Organski, A. F. K. , and Jacek Kugler, *The War Ledger*, Chicago: University of Chicago Press, 1980.

Owen, Henry, and Charles L. Schultze, *Setting National Priorities: The Next Ten Years*, Washington D. C. : Brookings Institute, 1976.

Oye, Kenneth A. , Robert J. Lieber, and Donald S. Rothchild, *Eagle Resurgent? The Reagan Era in American Foreign Policy*, Boston: Little, Brown, 1987.

Pollack, Jonathan D. , *The Lessons of Coalition Politics: Sino – American Security Relations*, the Rand Corporation, February, 1984.

Range, Willard, *Franklin D. Roosevelt's World Order*, Athens: University of Georgia Press, 1959.

Romarus, Charles F., and Riley Sunderland, *Stilwell's Command Problems*, Washington D. C.: Office of the Chief of Military History, Dept. of the Army, 1956.

Ross, Robert S., *Negotiating Cooperation: the United States and China, 1969 – 1989*, Stanford, Calif.: Stanford University Press, 1995.

Rosati, Jerel A., *The Carter Administration's Quest for Global Community: Beliefs and Their Impact on Behavior*, South Carolina: University of South Carolina Press, 1987.

Schaller, Michael, *Altered states: The United States and Japan Since the Occupation*, New York: Oxford University Press, 1997.

Sewell, James Patrick, *Functionalism and World Politics: A Study Based on United Nations Programs Financing Economic Development*, Princeton, N. J.: Princeton University Press, 1966.

Shambaugh, David ed., *Power Shift: China and Asia's New Dynamics*, Berkeley: University of California Press, 2005.

Shultz, George Pratt, *Turmoil and Triumph: My Years as Secretary of State*, New York: Scribner's; Toronto: Maxwell Macmillan Canada; New York: Maxwell Macmillan International, 1993.

Simon, Herbert Alexander, *Models of Bounded Rationality*, Cambridge, Mass.: MIT Press, 1982.

Snyder, Glenn H., and Paul Diesing, *Conflict Among Nations: Bargaining, Decision – Making and System Structure in International Crises*, Princeton, NJ: Princeton University Press, 1977.

Snyder, Jack L., *Myths of Empire: Domestic Politics and International Ambition*, Ithaca: Cornell University Press, 1991.

Sniderman, P. , and P. Tetlock, *Reasoning and Choice: Explorations in Political Psychology*, New York: Cambridge University Press, 1991.

Stoessinger, John George, *Nations in Darkness: China, Russia, and America*, New York: McGraw - Hill, 1990.

Suettinger, Robert L. , *Beyond Tiananmen: The Politics of U. S. - China Relations, 1989 - 2000*, Washington, D. C. : Brookings Institution Press, 2003.

Sutter, Robert G. , *The United States and East Asian: Dynamics and Implication*, Lanham, MD: Rowman & Littlefield, 2003.

The United States in Asia, Lanham, Md. : Rowman & Littlefield Publishers, 2009.

Sylvan, Donald A. , and Steve Chan, eds. , *Foreign Policy Decision Making: Perception, Cognition, and Artificial Intelligence*, New York: Praeger, 1984.

Tammen, Ronald L. , Jacek Kugler, Douglas Lemke, Allan C. Stam Ⅲ, Mark Abdollahian, Carole Alsharabati, Brian Efird, and A. F. K. Organski, *Power Transitions: Strategies for the 21st Century*, New York: Chatham House Publishers, 2000.

Tang, Shiping, *A Theory of Security Strategy for Our Time: Defensive Realism*, New York: Palgrave Macmillan, 2010.

Thomas, Caroline, *In Search of Security: The Third World in International Relations*, Boulder, Colo. : Lynne Rienner, 1987.

Tyler, Patrick, *A Great Wall: Six Presidents and China: An Investigative History*, New York: Public Affairs, 2000.

Wang, Jianwei, *Limited Adversaries: Post - Cold War Sino - American Mutual Images*, New York: Oxford University Press, 2000.

Weinstein, Franklin B. , *U. S. -Japan Relations and the Security of East Asia: The Next Decade.* Boulder, Colo. : Westview Press, 1978.

Wight, Martin, *Systems of States*, Leicester: Leicester University Press, 1977.

Yergin, Daniel, *Shattered Peace: The Origins of the Cold War and the National Security State*, Boston: Houghton Mifflin, 1977.

Young, Oran R., *The Intermediaries: Third Parties in International Crises*, Princeton, N. J.: Princeton University Press, 1967.

Zhang, Ming, and Ronald N. Montaperto, *A Triad of Another Kind: The United States, China and Japan*, Macmillan, 1999.

Zhao, Suisheng, *China - U. S. Relations Transformed: Perspectives and Strategic Interactions*, New York: Routledge, 2008.

—— *China and the United States: Cooperation and Competition in Northeast Asia*, New York: Palgrave Macmillan, 2008.

三　美国政府公告与研究报告

《美国对亚洲的外交政策：美国康伦公司研究报告》，何慧译，北京：世界知识出版社，1960。

Ronald Reagan, *National Security Strategy of The United States*, New York, Pergamon - Brassey's Press, 1988.

U. S. Department of Defense, *United States Security Strategy for the East Asia - Pacific Region*, February, 1995.

U. S. Department of Defense, *United States Security Strategy for the East Asia - Pacific Region*, November, 1998.

William J. Clinton, *A National Security Strategy of Engagement and Enlargement*: 1995 - 1996, Washington D. C.: Brassey's, 1995.

The White House, *The National Security Strategy of The United States of America*, September, 2002.

The White House, *The National Security Strategy of The United States of*

America, May, 2010.

Department of Defense, *Quadrennial Defense Review Report*, February, 2010.

"The United States and Japan: Advancing Toward a Mature Partnership," Institute for National Strategic Studies, National Defense University, October 11, 2000.

Richard L. Armitage, Joseph S. Nye, "The U. S. – Japan Alliance Getting Asia Right Through 2020," February 2007, CSIS Report.

"China – U. S. Aircraft Collision Incident of April 2001: Assessments and Policy Implications," CRS Report for Congress, Updated October 10, 2001.

Martin Indyk, Tanvi Madan and Thomas Wright, eds., *Big Bets Black Swans*, A Presidential Briefing book, Policy Recommendations for Obama's Second Term by the Foreign Policy Scholars at Brookings, January, 2013.

Yoshihide Soeya, "U. S. – Japan – China Relations and The Opening To China: The 1970s," Working Paper, No. 5, Faculty of Law, Keio University.

Public Papers of the President of The United States: Dwight D. Eisenhower, 1954 [Z], Washington D. C.: GPO, 1960.

United States Departmentof the State, *Foreign Relations of the United States*, All Published by U. S. Government Printing Office (GPO), Washington D. C.,

1942, China.

1946, Vol. Ⅵ.

1949, Vol. Ⅶ.

1950, Vol. Ⅰ.

1950, Vol. Ⅶ.

1969 – 1972, Vol. Ⅰ.

1969 – 1972, Vol. XVII.

图书在版编目(CIP)数据

二战后美国东亚政策的逻辑与重心：美国对华、对日政策竞合研究 / 李少丹著. -- 北京：社会科学文献出版社，2017.9

（国际政治论坛）

ISBN 978-7-5201-1193-5

Ⅰ.①二… Ⅱ.①李… Ⅲ.①美国对外政策-研究-东亚 Ⅳ.①D871.20

中国版本图书馆 CIP 数据核字（2017）第 192039 号

国际政治论坛
二战后美国东亚政策的逻辑与重心
——美国对华、对日政策竞合研究

著　　者 / 李少丹

出 版 人 / 谢寿光
项目统筹 / 祝得彬
责任编辑 / 王小艳

出　　版 / 社会科学文献出版社 · 当代世界出版分社（010）59367004
地址：北京市北三环中路甲 29 号院华龙大厦　邮编：100029
网址：www.ssap.com.cn
发　　行 / 市场营销中心（010）59367081　59367018
印　　装 / 三河市东方印刷有限公司

规　　格 / 开　本：787mm × 1092mm　1/16
印　张：26.75　字　数：359 千字
版　　次 / 2017 年 9 月第 1 版　2017 年 9 月第 1 次印刷
书　　号 / ISBN 978-7-5201-1193-5
定　　价 / 98.00 元

本书如有印装质量问题，请与读者服务中心（010-59367028）联系